专利管理工程师任职资格考试丛

上海市知识产权局组织编写

李建蓉◎主编

[第2版]

专利信息与利用

ZHUANLI XINXI YU LIYONG

知识产权出版社

全国百佳图书出版单位

图书在版编目（CIP）数据

专利信息与利用/李建蓉主编. —2 版. —北京：知识产权出版社，2011.3
（专利管理工程师任职资格考试丛书）
ISBN 978 – 7 – 5130 – 0413 – 8

Ⅰ. ①专… Ⅱ. ①李… Ⅲ. ①专利—情报检索—资格考核—自学参考资料
Ⅳ. ①G252. 7

中国版本图书馆 CIP 数据核字（2011）第 027927 号

内容提要

　　本书是"专利管理工程师任职资格考试丛书"（中级本）的一册，其根据企业在专利管理中的实际需求，结合具体案例，系统介绍了专利信息的分类及几种主要的专利信息检索系统，并重点阐述了如何对专利信息进行检索、分析与利用，具有很强的实际操作指导性。

读者对象： 企业知识产权管理人员。

责任编辑：卢海鹰　孙　昕　　　　　　　　责任校对：董志英

版式设计：卢海鹰　　　　　　　　　　　　责任出版：卢运霞

执行编辑：徐施峰

专利管理工程师任职资格考试丛书（中级本）

专利信息与利用（第 2 版）

上海市知识产权局　组织编写

李建蓉　主编

出版发行：知识产权出版社有限责任公司　网　　址：http://www.ipph.cn

社　　址：北京市海淀区马甸南村 1 号　　　邮　　编：100088

责编电话：010 – 82000860 转 8122

发行电话：010 – 82000860 转 8101/8102　　发行传真：010 – 82000893/82005070/82000270

印　　刷：保定市中画美凯印刷有限公司　　经　　销：各大网络书店、新华书店及相关专业书店

开　　本：787mm×1092mm　1/16　　　　印　　张：27.75

版　　次：2011 年 7 月第 2 版　　　　　　印　　次：2017 年 5 月第 8 次印刷

字　　数：451 千字　　　　　　　　　　　定　　价：46.00 元

ISBN 978 -7 -5130 -0413 -8/G · 381（3313）

《专利信息与利用》修订说明

根据知识产权出版社的要求，国家知识产权局专利局文献部《专利信息与利用》编写组于 2010 年 7 月初完成该书第一次修订。受主编李建蓉和副主编严笑卫之托，两位副主编吴泉洲和黄迎燕共同主持本次修订。参加各章修订、统稿、审稿的人员如下：

第一章：黄迎燕（1.1，1.4）、王一民（1.2，1.3）；

第二章：霍庆芸；

第三章：霍庆芸；

第四章：郑　洁；

第五章：吴泉洲（5.1）、赵欣（5.2）、宋瑞玲（5.3，5.7）、何艳霞（5.5）、闫晓苏（5.4，5.6）；

第六章：吴泉洲（6.1，6.3）、那英（6.2，6.4，6.5）；

第七章：黄迎燕；

修订统稿：吴泉洲；

全书审改：黄迎燕（第一、四、七章）、吴泉洲（第二、三、五、六章）。

序　言

当今世界，随着知识经济和经济全球化不断发展，知识产权在自主创新和经济发展中的地位日益重要。大力提高知识产权创造、管理、保护、运用能力，已成为我国科技进步、经济发展和增强国家核心竞争力的必然选择，成为我国增强自主创新能力、建设创新型国家的迫切需要。

提高对知识产权的创造、管理、保护、运用能力，关键在人才，培养和造就一大批知识产权人才是赢得未来知识产权国际竞争的关键所在。胡锦涛总书记在中共中央政治局第 31 次集体学习时指出，要加强知识产权专门人才的培养，加强对企事业管理人员的知识产权工作的培训，提高他们做好知识产权工作的能力和水平。这是对我们知识产权管理部门提出的明确要求和光荣任务，我们一定要身体力行，做好这项工作。

上海市知识产权局会同上海市人事局在全国率先推出专利管理工程师制度，这是上海市知识产权局响应胡总书记号召、加强专利管理专业人才队伍建设的一个创举。此举对提高专利管理工作人员的素质和业务水平，促进知识产权战略的实施，为知识产权事业的发展和提高自主创新能力提供重要的人才保障，同时对全国各地知识产权局系统，也具有积极的借鉴意义。

"专利管理工程师任职资格考试丛书"，面向企事业单位，立足于专利管理实际应用，结合上海和我国专利管理工作的具体实践，辅之以专利管理和专利案例，以案说法，深入浅出，针对企事业专利管理工作中面临的实际问题，生动翔实地提出切实可行的解决办法、建议和法律依据。这一丛书的编写和出版，有利于企事业单位广大专利管理人员掌握专利管理工作所必需的基本理论、法律知识、实务技能，提高运用有关知识分析问题、解决问题的能力，是一套学有所得的实用教材。

希望专利管理工程师培训这项工作以点带面，深入持久、持之以恒地开展下去，为广大企事业单位培养一大批专利管理人才，响应胡锦涛总书记的号召，把我国知识产权创造、管理、保护、运用能力提高到一个新水平。

二〇〇六年八月

编写说明

近几年来，随着知识产权事业的快速发展和全社会知识产权意识的不断提高，社会各界迫切需要一大批知识产权管理人才。胡锦涛总书记在中共中央政治局第 31 次集体学习会上指出："要加强知识产权专门人才的培养，特别是要加大知识产权高层次人才培养的力度。要加强对党政领导干部、行政执法和司法人员、企事业管理人员的知识产权工作培训，提高他们做好知识产权工作的能力和水平。"上海市知识产权局高度重视知识产权人才培养工作，近年来，会同上海市委组织部、市委党校连续举办四期领导干部知识产权战略研讨班；会同上海市教委在上海大学、同济大学、华东政法学院三所大学的知识产权学院，复旦大学、上海交通大学等六所大学知识产权研究中心培养了一批知识产权法学本科生、硕士生；自 2005 年起，又会同美国教育基金会启动上海知识产权高级人才培养"650"工程（即在 6 年内选送 50 名优秀人才赴美国相关大学培养和深造），但这些举措还远远不能满足上海社会各界对知识产权人才日益增长的需求。

企事业单位最为迫切需求的是专利管理人才。为此，上海市知识产权局在最近六年，委托上海市知识产权服务中心培养了 6 000 多名专利工作者。加上前十五年原上海市专利管理局（上海市知识产权局前身）培养的近 6 000 名专利工作者，上海已有 12 000 多名专利工作者。这些专利工作者经过每期 44 学时专利基础知识的培训，考试合格者，发给上海市知识产权局颁发的专利工作者证书，持证上岗，走上专利管理工作岗位。从人数上看，12 000 多名专利工作者只占到上海企业总数的 1/50，数量上远远不能满足需要。从培训课时上看，44 学时只能上一些专利基础知识课，企事业单位需要的许多专利课程和知识不可能讲全、讲深、讲透。此外，从事专利管理工作的同志，由于没有对应职称可评，许多专利工作者又改行从事其他工作，专利管理人才相继流失。

为了改变这种状况，上海市知识产权局领导和有关处室同志和上海市人事局沟通，得到了上海市人事局领导和有关处室同志的大力支持。两局经反复磋商和研究，决定在全国率先建立专利管理工程师制度，把专利管理专业人员纳入工程技术人员职称系列，2006年2月24日联合发文出台了《上海市专利管理专业工程技术人员任职资格暂行办法》（沪人〔2006〕20号，以下简称《办法》）。《办法》将专利管理专业工程技术人员任职资格分为专利管理助理工程师、专利管理工程师和专利管理高级工程师三个层次，其中专利管理助理工程师资格采取用人单位经考核直接聘任的办法获得；专利管理工程师资格必须通过考试方式取得，考试合格者，颁发上海市人事局统一印制的《中级专业技术职务资格证书》；专利管理高级工程师资格必须通过考试和评审相结合的方式取得，考试合格并经评审通过者，颁发上海市人事局统一印制的《高级专业技术职务资格证书》。《办法》出台后，引起了国家知识产权局的高度重视和兄弟省市知识产权局的普遍关注。国家知识产权局向全国各省市知识产权局转发了上海市人事局和上海市知识产权局联合颁发的《上海市专利管理专业工程技术人员任职资格暂行办法》。

为了实施《办法》，上海市知识产权局制订了专利管理工程师培训计划，在"十一五"期间，计划培养和造就1万名专利管理工程师，以满足上海市企事业单位对专利管理工程师的迫切需求。

实施专利管理工程师培训，首先要有一套适合专利管理工程师工作要求的教材。虽说目前专利教材不少，但有的偏重于基础理论，有的偏重于法律知识，相对于专利管理工程师培养目标——既掌握专利法律知识，又具备专利操作技能，既懂得专利基础理论，又熟悉专利相关实务的复合型、实用型专利管理人才来说，目前国内还缺少一套理论联系实际、以案说法、实用性、操作性的专利管理工程师教材。为此，上海市知识产权局在知识产权出版社的大力支持下，组织北京和上海的知识产权专家，编写了《专利管理工程师任职资格考试丛书》中级本。该丛书坚持理论与实际相结合，采用最新素材，选取典型案例，从专利管理工程师应该掌握的相关基础理论、法律基础知识和实务操作技能出发，推出了一套四本培训教材：《知识产权基础》《专利信息与利用》《专利申请与审查》《专利纠纷与处理》，分别由相关领域中实践经验丰富、理论水平较高的专家领衔组织编写。其中《知识产权基础》由上海大学知识产权学院院长陶鑫良教授组织编写、《专利信息与利用》由国家知识产权局专利局文献部李建蓉部长组织编写、《专利申请与审查》由北京金之桥知识产权代理有限公司林建军总经理组织编写、《专利纠纷与处理》由北京市高级人民法院知识产权庭原副庭长程永顺组织编写。

　　开展专利管理工程师培训是知识产权事业发展迫切需要的一项重要工作，编写《专利管理工程师任职资格考试丛书》中级本是我们开展专利管理工程师培训的初步尝试，不足之处，在所难免。使用本丛书的教师和读者若有好的意见和建议，希望与我们及时联系，以利于我们再版时改进，同时便于我们编好《专利管理工程师任职资格考试丛书》高级本。

　　《专利管理工程师任职资格考试丛书》中级本的编写工作得到了国家知识产权局领导及有关部门和许多专家学者的热情关心和大力支持，在此一并表示衷心的感谢。

上海市知识产权局

二〇〇六年九月三日

关于转发《上海市专利管理专业工程技术人员任职资格暂行办法》的通知

国知发管函字〔2006〕61 号

各省、自治区、直辖市及计划单列市、副省级城市、新疆生产建设兵团知识产权局，各知识产权示范城市创建市、试点城市知识产权局：

现将上海市人事局、上海市知识产权局联合印发的《关于印发〈上海市专利管理专业工程技术人员任职资格暂行办法〉的通知》（沪人〔2006〕20 号）转发给你们，请根据本地实际，研究借鉴上海市的做法，从多层面、多渠道和多方式培养知识产权人才，进一步加强知识产权人才队伍建设。

特此通知。

国家知识产权局

二〇〇六年三月三十一日

关于印发《上海市专利管理专业工程技术人员任职资格暂行办法》的通知

沪人〔2006〕20 号

各委、办、局（集团公司），各区县人事局、知识产权局，各有关单位：

为提高本市专利管理工程技术人员的专业素质和工作能力，加强专利管理专业人才队伍建设，促进上海知识产权战略的实施，现将《上海市专利管理专业工程技术人员任职资格暂行办法》印发给你们，请遵照执行。本通知相关文件可在上海市人事局网站（www.21cnhr.gov.cn）和上海市知识产权局网站（www.sipa.gov.cn）查询下载。

特此通知。

上海市人事局

上海市知识产权局

二〇〇六年二月二十四日

上海市专利管理专业工程技术人员任职资格暂行办法

第一条 为了实施知识产权战略，提高本市专利管理工程技术人员的素质和业务水平，促进创造发明，规范专利管理，增强自主创新能力，决定对在本市企事业单位从事专利管理的工程技术人员，实行本办法。

第二条 专利管理专业工程技术人员任职资格分为助理工程师、工程师和高级工程师三个级别。

专利管理助理工程师采取直接聘任的办法，用人单位可以根据受聘人员的学历、资历、工作能力及工作需要，经考核聘任专利管理助理工程师专业技术职务。

专利管理工程师资格通过考试方式取得。

专利管理高级工程师资格通过考试和评审相结合的方式取得。

第三条　专利管理助理工程师应具备从事专利管理工作的基本能力。

专利管理工程师应具备独立承担专利管理岗位工作的能力，能制定专利工作计划和管理办法并组织实施，承担与专利相关的管理工作。

专利管理高级工程师应具备专利信息分析、专利资产评估运作、专利战略制订与运用、专利预警及涉外纠纷应对等高级专利管理岗位工作的能力。除了可以承担专利管理工程师相应工作外，还应指导专利管理工程师开展工作。

第四条　凡上海市户籍（含取得《上海市居住证》一年以上）从事专利管理工作的在职在岗人员，遵纪守法，完成相应的继续教育科目，并具备以下条件之一者，可申请参加专利管理工程师资格考试：

1、理工科及相关专业大学专科毕业，从事专业技术或专利管理工作满6年或聘任助理工程师满4年；

2、理工科及相关专业大学本科毕业，从事专业技术或专利管理工作满5年或聘任助理工程师满4年；

3、理工科及相关专业硕士研究生毕业，从事专业技术或专利管理工作满2年；

4、理工科及相关专业博士研究生毕业，从事专业技术或专利管理工作。

第五条　凡上海市户籍（含取得《上海市居住证》一年以上）从事专利管理工作的在职在岗人员，遵纪守法，完成相应的继续教育科目，并具备以下条件之一者，可申请参加专利管理高级工程师资格考试：

1、理工科及相关专业大学本科毕业及以上学历，并按规定评聘工程师职务满5年；

2、理工科及相关专业博士研究生毕业，评聘工程师职务满2年。

考试合格者，可在2年内申请参加高级工程师资格的评审（评审办法另行公布）。

第六条　专利管理专业工程技术人员任职资格考试和评审工作由上海市人事局和上海市知识产权局共同负责。

上海市知识产权局负责拟订考试科目、编制考试大纲、编写教材等有关工作。上海市人事局确定考试科目、组织专家制定考试大纲，建立试题库，并对考试进行监督、检查和指导。上海市职业能力考试院负责实施考务工作。

第七条　专利管理工程师资格考试合格者，颁发上海市人事局统一印制的《中级专业技术职务资格证书》；专利管理高级工程师资格考试合格者，发给相应的考试合格通知；并经评审通过者，颁发上海市人事局统一印制的《高级专业技术职务资格证书》。

第八条 专利管理专业工程技术人员取得《中级专业技术职务资格证书》，即取得工程师任职资格；取得《高级专业技术职务资格证书》，即取得高级工程师任职资格。用人单位可以根据工作需要，对取得证书的专利管理专业工程技术人员聘任工程师和高级工程师专业技术职务。

第九条 本办法由上海市人事局、上海市知识产权局按照职责分工负责解释。

第十条 本办法自发布之日起施行。

目　录

第 1 章　专利文献信息概述

现代社会进入了信息社会，信息资源已成为现代社会中最重要的战略资源之一。信息资源开发已经成为推动科技、经济、文化和社会发展的重要杠杆，因而也成为广大公众和各国政府关切的热点话题。专利保护制度导致了专利信息的产生，从而产生大量的专利文献信息资源，并大大丰富了整个社会的资源种类和总量。

专利文献信息是首选的竞争情报资源，它是一个取之不尽、用之不竭的宝藏，是专利制度的基础。专利文献信息能否有效传播、开发和利用，是决定专利制度能否有效地发挥作用的关键之一，是依靠科技进步促进经济发展的重大战略问题。

本章从实际出发，论述了专利文献和专利信息的基本概念、主要特点、重要作用及其发展趋势，为专利文献信息的采集、分析和应用作了理论上的铺垫。

1.1　专利文献信息的概念

1.1.1　专利文献

1.1.1.1　专利文献的起源

在专利制度的发展历史中，虽然专利文献的萌芽在一些偶然事件中显现过，但专利文献的起源，应直接追溯到 17 世纪。1611 年，英国专利申请人斯特蒂文特自愿在专利申请书中附了一份描述其发明的文件，这可以说是专利文献的起源。而第一份成为印刷体的专利文献，当数英国 1617 年的第 1 号专利说明书，不过这件专利说明书被正式印刷出版却是在 1852 年。为了适应经济与社会发展，促进科技进步，1852 年英国进行了近现代世界专利史上最重要的变革：建立了现代意义上的专利局，并颁布《专利法修正法令》（*The Patent Law Amendment Act* 1852）。该法令明确规定：发明人必须充分陈述其发明内容并予以公布，专利在申请后无论是否授权都要公开出版。这项规定体现了现代专利制度的基本理念——"以技术公开换法律保护"。这是专利文献首次在专利法中有了明确的规定，它标志着专利文献的正式诞生，也代表了具有现代特点的专利制度的最终形成。

英国专利局将从 1617 年第 1 号专利开始的专利说明书，编上系列号，正式印刷出版。现存第一份英国专利文献是 1/1617 号（即 1617 年的第一件专利）拉思伯恩和伯吉斯申请的专利 "Engraving and Printing Maps, Plans, & C."。这份 5 页的专利文献说明了专利权保护范围，阐述了发明的实施方案（见图 1-1）。

图 1-1　第一份英国专利文献

世界上许多对人类文明产生重要影响的发明都以专利文献形式予以公开并被授予专利权，如 1752 年富兰克林发明的避雷针、1812 年斯蒂芬森发明的火车、1867 年诺贝尔发明的炸药、1887 年爱迪生发明的留声机以及 1893 年狄塞尔发明的内燃机；现代的发明有瓦瑞金的电视、惠特尔的喷气式推进器、卡尔松的施乐静电复印术、雷德勒的 CT 扫描仪以及斯迪贝茨的现代数字计算机等。

1985 年 4 月 1 日，新中国第一部专利法——《中华人民共和国专利法》（以下简称《专利法》）付诸实施。根据 1985 年《专利法》的规定，对发明、实用新型、外观设计实行专利保护。我国第一件专利文献出版于 1985 年 9 月 10 日，图 1－2 是 1985 年 9 月 10 日出版的第一件发明专利申请审定说明书。其后开始出版的各类专利说明书，随专利审批程序的变化不断推陈出新，主要有：发明专利申请公开说明书（2007 年 1 月改称发明专利申请公布说明书，2010 年 4 月改称发明专利申请）、发明专利申请审定说明书（1993 年 1 月改称发明专利说明书，2010 年 4 月改称发明专利）、实用新型专利申请说明书（1993 年 1 月改称实用新型专利说明书，2010 年 4 月改称实用新型专利）、外观设计申请公告（1993 年改称为外观设计授权公告，2006 年 1 月开始出版外观设计专利单行本）。截至 2010 年 5 月，我国已公布发明专利申请 170 多万件，发明专利 63 万多件，实用新型专利 149 万多件，外观设计专利 127 万多件。

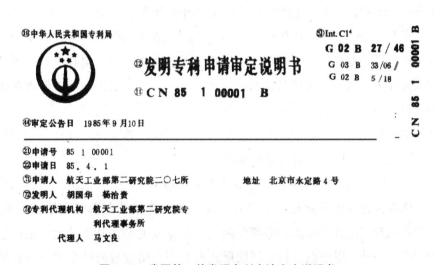

图 1－2　我国第一件发明专利申请审定说明书

1.1.1.2　专利文献的定义

世界知识产权组织（World Intellectual Property Organisation，以下简称 WIPO）1988 年编写的《知识产权法教程》将专利文献定义为："专利文献是包含已经申请并被确认为发现、发明、实用新型和工业品外观设计的研究、设计、开发和试验成果的有关资料，以及保护发明人、专利所有人及工业品外观设计和实用新型注册证书持有人权利的有关资料的已出版或未出版的文件（或其摘要）的总称。"

上述概念包含的内容是：

（1）专利文献所涉及的对象是申请或批准为专利的发明创造，即"已经申请或被确认为发现、发明、实用新型和工业品外观设计的研究、设计、开发和试验成果"，而申请专利的发明创造都须经过专利局的审批。

（2）专利文献是关于申请或批准为专利的发明创造的资料。它既有关于"发现、发明、实用新型和工业品外观设计的研究、设计、开发和试验成果"的技术性资料，又有关于"保护发明人、专利所有人及工业品外观设计和实用新型注册证书持有人权利"的法律性资料，而这些资料是在专利审批过程中产生的文件。

（3）专利文献所包含的资料中有些是公开出版的，有些则仅为存档或仅供复制使用。因此，专利文献是上述各种资料及其出版物的总称。

该教程还进一步指出："专利文献按一般的理解主要指各国专利局的正式出版物"，即专利文献主要是指实行专利制度的国家、地区及国际专利组织在审批专利过程中产生的官方文件及其出版物的总称。

WIPO 标准 ST. 10 中说明：术语"专利文献"包括发明专利、植物专利、外观设计专利、发明人证书、实用证书、实用新型、增补专利、增补发明人证书、增补实用证书及其所公布的申请。也就是说，按一般理解作为公开出版物的专利文献主要有：各种类型的发明、实用新型、外观设计及植物专利说明书，各种类型的发明、实用新型、外观设计及植物专利公报、文摘、索引以及有关的分类资料。

1.1.1.3　我国及世界其他各国专利文献的出现

随着世界各国陆续建立现代专利制度，专利文献也相继在各国产生。尽管各国专利法各有特点，但都反映了专利制度的两大基本功能：法律保护和技术公开。以出版专利文献的形式来实现发明创造向社会的公开和传播是专利制度走向成熟的最显著特征。

目前，我国和其他部分国家保存的第 1 件专利说明书的时间如下：

中国	1985 年
美国	1836 年*
法国	1791 年
俄国	1814 年

---

* 美国现存的第 1 件有正式编号的专利说明书是关于一件于 1836 年 7 月 15 日颁发的专利。另外，美国在 1790～1836 年还有 9 957 件早期专利说明书。

德国	1877 年
瑞典	1885 年
瑞士	1888 年
丹麦	1894 年
奥地利	1899 年
澳大利亚	1904 年
荷兰	1903 年
波兰	1924 年
韩国	1948 年

专利制度在世界范围内发展迅速，据统计，1873 年世界范围内实行专利制度的国家只有 22 个，1890 年有 45 个，1925 年有 73 个，1958 年有 99 个，1973 年有 120 个，1984 年有 158 个。到目前为止，世界上建立起专利制度的国家和地区已经超过 175 个。在这些国家和地区中，有的出版全部专利文献，有的出版部分专利文献，有的只出版题录式专利公报。也有些国家和地区不出版专利文献，或与其他国家和地区共同出版专利文献。

1.1.2 专利信息

一直以来，人们混淆了专利信息和专利文献的概念。谈专利信息时，就认为是在谈专利文献，谈专利文献时，就认为是在谈专利信息。事实上，这两个概念相辅相成，它们之间既有区别又有联系。

专利信息包括文献型专利信息和非文献型专利信息，而且它的很大一部分是以文献信息的形式存在的。因专利制度而产生的专利文献，例如，各种类型的发明、实用新型、外观设计单行本，各种类型的专利公报、文摘、索引以及有关的分类资料等，构成了承载专利信息的主要组成部分。因此，狭义地讲，专利信息即为文献型专利信息，即由专利文献所反映的信息。所以说专利文献是专利信息的载体，专利信息是专利文献所承载的内容。

1.1.2.1 专利信息的由来

专利活动是人类发明创造的智力活动和法律活动的结合与交叉，是人们依据国家法律，对自己的智力活动所获得的成果谋取权利保护和维护权利的过程。人们在谋取和维护专利权利的过程中必然会产生信息，如专利文献公布的技术信息等。人们在科技交流与经济交往中涉及的、在法律上引用的，都是各种具体的信息。因而，专利信息是对这些具体信息的高度概括，是对专利权产生、发展以及灭亡过程中产生的信息的抽象规定，即专利信息泛指人类从事一切专利活动所产生的相关信息的总和。

专利信息的产生与发展，依赖于人类认识能力的提高；专利信息的传播与作用，反过来又影响着人类的认识范围和认识深度。人们借助于专利信息，可以充分认识技术发明的新进展和技术水平的提高对社会的重大意义；可以充分了解人类对自然界和对人类自身认识已达到的深度和广度；可以借鉴他人的智力成果，促进新的智力成果的研究、开发。

由于专利信息是专利活动的产物，因此专利信息与专利活动本身有着以下密切的联系：

（1）专利信息是专利活动的一种反映。专利作为一种客观事物，是人类社会的客观存在，专利信息是这种客观存在的表现形式。

（2）专利信息是专利现象的表述。专利现象不能够自我显示和表述，信息在专利的产生、发展中同时产生，其主要目的是表达和显现专利作为客观事物的存在。

（3）专利信息是人们认识专利的中介。人们在从事政治、经济、技术等活动中都要接触和利用专利，而人们认识专利现象则必须通过显示专利存在方式的专利信息，专利信息是连接认识主体和客体的中介与桥梁。

1.1.2.2 专利信息的内涵

专利信息是表征专利属性的信息，这种属性既包括专利作为整体的属性，又包括专利内各种具体智力成果权的属性。同时，专利信息又是表征专利保护客体的内涵信息。因而，专利信息有以下两层含义：

（1）表征专利保护客体的内涵信息。专利文献所包含的信息以及专利开发、交流、传播中的信息，都是这种客体的内涵信息。

（2）表征专利的信息。这种信息主要是指专利的产生、发展、变更中所产生的信息。

第一种信息的涉及面十分广泛，它不仅包括人类已有的技术开发活动、商贸活动、科学技术与文化活动的信息，甚至还包括人类社会的任何信息，因为人类的智力活动可以说是无所不包的。第二种信息涉及面相对较窄，它主要包括权利信息，即关于权利的发生、运动、变化各环节的信息，以及和权利信息有密切内在联系的各种贸易信息、技术经济信息。

1.1.2.3 专利信息的特征

1. 一般特征

（1）可共享性。与物质和能源不同，专利信息是不会被磨损、消耗的，人们可以共同使用它，共同享有它。例如，互联网上的专利信息资源，每天都被成千上万的人们检索和使用。

（2）寄载性。专利信息的很大一部分以文献信息的形式存在，因此它是一种文献信息。所谓文献信息是指以文献为载体所表达的信息，这种信息既包括文献所载内容，又包括文献载体形式。一系列因法律规定而产生的专利文献，是专利信息的主要载体。例如，根据专利法规定由申请人递交的专利申请书、专利局定期公布的专利单行本、专利证书等，构成了承载专利信息的主要组成部分。此外，专利许可证以书面形式提供各种专利信息。

但是专利信息又是一种非文献信息，专利信息可以借助文献载体之外的其他载体来表达、传播与利用。例如，专利产品所表达的专利信息是一种实物信息；专利贸易过程与诉讼过程中借助人的语言、行为所传递的专利信息等，则是一种重要的人际信息。

2. 独特特征

（1）法律性。专利信息是依据专利法而存在的，专利法规定着专利信息的种类、范围和时效等。专利信息是一种法律信息，它有助于人们据此从事专利法律活动。例如，在专利的申请、审查、授权过程中，在专利许可贸易中，在专利纠纷解决中，人们往往都需要开发与利用专利信息，以维护自己的权益。

（2）地域性。专利的法律效力有地域的限制，因为各国的法律只能在其主权管辖范围内有效。专利所具有的地域性特征，决定了专利信息具有地域性。

（3）特殊时效性。专利的法律效力是有时间限制的，大多数国家的专利法规定专利自申请日算起保护 20 年。专利所具有的时效性特征，决定了专利信息具有特殊的时效性，当专利失去法律效力后，专利权利随之消亡，专利权利信息随之改变。

1.1.2.4 专利信息的多样性

与其他信息不同的是，专利信息既是关于专利保护客体内涵的信息，同时又是有关专利权利的信息，它集技术、法律、经济信息于一体，是一种复合型的信息源。

1. 技术性

专利保护的客体涉及人类科学技术的研发成果，是有关人员在这些领域从事智力活动所创造的认识成果，因而专利信息首先是人类有关科技的认识。它包括反映最新科技信息的新发明、新创造、新设计，而且经审查的专利技术信息内容可靠。这些有关技术开发、智力成果的信息，有助于人类更新对现有技术水平和未来发展前景的认识，对研究与发展活动有着十分重要的作用。

技术信息一般在专利的说明书、权利要求书、附图和摘要等中披露，专利文献所附的检索报告或相关文献间接提供相关的技术信息。

2. 法律性

专利信息基于法律活动而存在，因而它必然表现法律活动的存在状态。它包含了发明创造的权利保护范围、专利权生效日期和保护期限、优先权及其保护的地域范围、专利权是否有效、获得许可证情况等信息，同时也包括在权利要求书、专利单行本扉页、专利公报及专利登记簿等专利文献中记载的与权利保护范围和权利有效性有关的信息。

3. 经济性

在专利文献中记载着一些与国家、行业或企业经济活动密切相关的信息，如专利的申请人或专利权人的名称、专利的国家标识、专利的申请年代等。这些信息反映出专利申请人或专利权人的经济利益趋向和市场占有欲。

通过对经济信息的分析可以获取许多商业情报。例如，一个国家的专利申请量反映该国的技术水平及动态；各个行业中专利申请量的改变，可以指示工业生产中的变化，并可使人们对未来活动作出预测；通过对专利申请人或专利权人申请专利的信息进行分析，可以发现他们正从事的经营活动以及专利申请的趋势，加上其他来源情报的分析，可以分析出其正在开拓的新市场。

1.2 专利文献信息的特点

1.2.1 数量巨大，连续定期公布

如果按单一种类统计，专利文献是世界上数量最大的信息源之一。据统计，全世界累积可查阅的专利文献已达到 7 000 万件。

世界知识产权组织的统计表明，世界上每年发明创造成果的 90% ~ 95% 可以在专利文献中查到。美国专利商标局曾经在 1978 年 5 月的《科学技术》杂志上公布了一项调查。该调查显示，在 1967 ~ 1972 年出版的专利文献中，有 70% 未在非专利文献上发表。最新的研究也同样指明类似的倾向，汤森路透集团的研究认为有 70% ~ 90% 的专利文献未在其他刊物上发

表；欧洲专利局则认为这个比例为 80%。

专利文献以连续报道的形式公布。2000 年以来，各国、地区或组织专利机构专利文献的年度公布出版逐年上升（见表 1 - 1），至 2006 年以后每年公布约 300 万件。

表 1 - 1　近 20 年专利文献公布量统计表

年代	文献公布量（件）	年代	文献公布量（件）
1989	1 273 743	1999	1 580 236
1990	1 264 660	2000	1 699 786
1991	1 285 357	2001	1 790 393
1992	1 406 696	2002	1 961 838
1993	1 352 156	2003	2 007 709
1994	1 366 950	2004	2 263 396
1995	1 254 439	2005	2 768 105
1996	1 254 439	2006	3 179 286
1997	1 322 756	2007	2 936 130
1998	1 429 332	2008	2 925 791

各国专利机构会在本国或本组织的官方网站上定期公布专利文献。例如，中国国家知识产权局每星期三在官方网站上公布一次最新发明专利申请和三种授权专利；美国专利商标局每星期二在其官方网站上公告各种授权专利。

1.2.2　内容广博，基本覆盖实用技术的各个领域

专利文献涵盖了绝大多数技术领域，从小到大，从简到繁，几乎涉及人类生活的各个领域。影响世界科技发展的重要发明，如瓦特的蒸汽机、爱迪生的留声机和电灯、贝尔的电话、莱特的飞机、贝尔德的电视机、奔驰的汽车、王选的激光照排技术等发明创造的内容都是第一时间在专利文献中予以披露的。

专利制度的特点决定了专利信息随时在传播最新科技信息。首先，大多数国家的专利机构采用先申请制。当两个以上的申请人分别就同样的发明创造申请专利时，专利权授予最先申请的人。因此，申请人在一项发明创造完成之后总是以最快速度提交专利申请，以防竞争对手抢占先机。德国的一项调查表明，有 2/3 的发明创造是在完成后的 1 年之内提出专利申请的，第 2 年提出申请的接近 1/3，超过 2 年提出申请的不足 5%。

其次，由于新颖性是专利性的首要条件，因此，发明创造总是首先以专利文献而非其他科技文献的形式向外界公布。否则，将影响其专利的新颖性。

最后，从 20 世纪 70 年代以来，大多数国家实行了专利申请早期公开制度，使专利申请的公开时间大为提前，更加快了技术信息向社会的传播速度。

1.2.3 内容详尽，集多种信息于一体

就技术信息而言，专利文献记载了人类取得的每一个技术进步，是一部活的技术百科全书。专利文献对技术信息的揭示完整而详尽，主要体现在申请人必须按照专利法的有关规定，在专利申请的说明书中对发明创造作出清楚、完整的说明，并且这种说明以所属技术领域的技术人员能够实现为准。为了满足上述要求以及对专利申请的新颖性、创造性及工业实用性的审查要求，专利申请的说明书一般都对发明创造的技术方案进行完整而详尽的描述，而且参照现有技术指明其发明点所在，说明具体实施方式，并给出有益效果。专利文献不仅详细说明本发明的内容，同时也对该技术领域的已知技术作简要介绍，有些国家在出版专利文献时还附带检索报告或在专利单行本的扉页上刊登在先发表的相关文献。因此，专利文献提供了一个对特定技术的发展进程进行探索的独特视角。通过阅读专利文献，人们可以在较短时间内对某一技术领域的发展历史及最新进展有概括性的了解。

此外，专利文献又是法律文件。其中的权利要求书用于说明发明创造的技术特征，清楚、简要地表述请求保护的范围，经审查授权后的权利要求书内容是判断是否侵权的法律依据。专利文献还对专利的有效性、地域性予以即时报道，包括专利申请的驳回、撤回、视为撤回，著录项目的变更等，专利权的视为放弃、撤销、终止、转移、恢复等，以及复审、无效宣告决定等内容。这些都是对专利实施法律保护的可靠依据。

专利文献与经贸活动结合紧密，所报道的发明创造应用性强、价值高，且因受法律保护而易于实施和市场化。通过对专利文献信息的分析研究，可以在国际贸易和引进技术活动中规避侵权、掌握主动，还可以了解竞争对手在国内外市场上所占的市场份额、核心技术竞争力、专利战略和技术发展动态。另外，鉴于专利文献在国家制定经济、科技发展规划和企业实施知识产权战略及技术创新计划等方面的重要作用，应将专利文献提高到战略性信息资源的高度来认识。

1.2.4　形式统一，数据规范，便于检索

专利文献是依据专利法和有关标准撰写、审批、出版的文件资料。其扉页上的专利文献著录项目有统一的编排体例，并采用国际统一的专利文献著录项目识别代码［Internationally agreed Numbers for the Identification of (bibliographic) Data，以下简称 INID 码］，这在一定程度上排除了在阅读专利文献著录项目时的语言障碍。此外，扉页上还带有文摘和主要附图，使读者在几分钟内就可了解一项发明的大致内容，比直接读全文节省很多时间。

专利单行本具有法定的文体结构，从发明创造名称、所涉及的技术领域和背景技术，到发明内容、附图说明和具体实施方式等，每项内容都有具体的撰写要求和固定的顺序，并严格限定现有技术与发明内容之间的界线。其独立权利要求从整体上反映发明创造的技术方案，记载解决技术问题的必要技术特征。这种统一的撰写风格与其他科技文章有很大不同。读者在阅读专利文献时不需要将自己的思路调整到作者思路上来，以适应不同人的写作风格。统一的格式使专利文献的阅读更加方便。特别是在当今信息化社会，这种特点为专利文献的信息化建设打开了方便之门。

另外，自 1971 年国际专利分类法（International Patent Classification，以下简称 IPC）问世以来，各国专利机构都统一使用该分类法对专利文献依所属技术领域进行分类，用于建立和管理审查检索文档，完成对现有技术的检索。目前使用的第 8 版 IPC（高级版）包括了 8 个部、约 70 000 个组，同一 IPC 分类组下的专利文献构成了一个该技术领域技术发展的浓缩历史。IPC 不但是实现简单快捷检索专利文献的工具，而且，由于 IPC 分类号的组成及结构超越了各种自然语言的禁锢，从而为实现计算机智能检索打下了良好的工作基础。

1.3　专利文献信息的作用及应用

1.3.1　专利文献信息的作用

1.3.1.1　专利文献是体现专利制度根本目的的媒介

专利制度的根本目的是推动科学技术的进步，这一根本目的是通过在法律保护下公开通报新发明创造体现出来的。公开通报新发明创造的媒介就是专利文献。因此，只有连续不断地公开、出版新的专利文献，以促进发明创造技术的传播，才能体现专利制度的根本目的。同时，专利文献又

是专利制度两大功能即法律保护和技术公开的集中体现。从抽象的角度讲，专利是一种权利，是一项受法律保护的发明创造；就具体而言，一项专利就实实在在地表现为专利证书和专利说明书等专利文献。

1.3.1.2　专利文献传播专利信息，促进科技进步

专利是人类智慧的结晶，专利文献是这种结晶的宝库。每一项发明创造都使技术向前迈进了一步，同时又成为新技术发展的一个起点。因此，利用专利文献可以在制定科研计划以及确定科研课题时，帮助我们去伪存真，明确研究方向，提高技术创新活动的起点，避免盲目性和重复性研究。同时，通过查阅专利文献还可以开阔思路、激发灵感，在别人的基础上作出新的发明创造。据世界知识产权组织的调查资料介绍，充分利用专利文献可以缩短60%的科研周期，节约40%的科研经费。特别是像我国这样的发展中国家，要实现建设创新型国家的目标，必须重视专利文献对促进科技、经济发展的作用，充分运用专利文献信息资源，利用后发优势，走跨越式发展之路。

1.3.1.3　专利文献为经济活动提供参考信息

基于专利文献具有技术信息、法律信息和经济信息的特点，通过查阅专利文献，可以帮助我们在日益频繁的国际贸易中确定货物贸易或技术贸易的目的地，避免专利侵权纠纷，获取最大利益；或者在技术引进过程中，正确选择、准确评估所引进的专利技术，避免吃亏上当，造成不必要的经济损失。

另外，通过对专利文献的战略性研究，可以为政府机构制定宏观经济科技发展计划、进行重大战略决策以及制定与实施各个层面的知识产权战略等提供依据。

1.3.1.4　专利文献是对专利实施法律保护的依据

专利制度以公开为条件，依法给发明创造以法律保护，并将专利文献作为印证发明创造受法律保护的文件，即通过每件特定的专利文献确定每项发明创造的权利保护范围及法律效力，从而体现其法律保护功能。因此，一旦发生法律纠纷，专利权人要拿着专利文献去起诉，司法机关或行政执法部门要参照专利文献来审理。也就是说，不论是在法院审理专利侵权案件，或者是在地方管理专利工作的部门处理侵权纠纷或查处假冒及冒充专利的行为时，都必须以专利文献作为实施专利保护的参考。

1.3.1.5　专利文献是专利机构审批专利的基础和保障

专利机构，即各国专利局或国际性专利组织，在对发明创造授予专利

权之前所进行的专利性审查是建立在对现有技术充分检索的基础上的。多数国家对现有技术进行检索的工具是各国拥有的专利文献检索数据库和电子文档。对在先公布的专利文献的检索保证了专利审查的科学性和可靠性。从某种意义上说，专利文献的多寡、组织管理的优劣以及信息化建设水平，决定着专利审批的质量和数量。因此，专利文献在专利审查过程中具有举足轻重的作用，是专利审查的基础和保障，也是一个专利机构审批能力的标志。为此，《专利合作条约》（*Patent Cooperation Treaty*，以下简称 PCT）专门对 PCT 国际检索单位作出了最低文献量的规定。

1.3.2 专利文献信息的应用

由于专利文献是体现专利制度根本目的的媒介，起着传播专利信息、促进科技进步的作用，为经济活动提供参考信息，是对专利实施法律保护的依据，是专利机构审批专利的基础和保障，因此，在政府部门、企业、科研机构、高校以及中介机构中受到高度重视和广泛应用。

1.3.2.1 支持国家政策的制定

近年来，我国已经在政策层面对包括专利文献和专利信息传播与利用在内的知识产权战略予以重视和支持。2008 年 6 月 5 日，国务院国发 18 号文正式印发《国家知识产权战略纲要》，标志着作为国家重要战略的国家知识产权战略的正式实施。2008 年 7 月 11 日，国务院批准印发的《国家知识产权局主要职责内设机构和人员编制规定》中，明确了国家知识产权局"负责全国专利信息公共服务体系的建设，会同有关部门推动专利信息的传播利用"。

国外政府机构在制定宏观科技发展规划和战略方面，已取得许多充分利用专利文献的经验。早在 20 世纪 70 年代，美国、日本、前苏联等就相继通过对专利文献的统计分析进行技术评估与预测，制定国家各项发展规划，指导工业发展、进出口贸易及科研发展方向。我国政府机构近年来在制定宏观科技发展规划中，通过有组织、有系统地开展对国内外专利文献的统计、分析与研究工作，使各级政府计划部门能够系统地了解与掌握各个特定技术领域的专利活动情况、工业发展趋势以及在各个国家的发展情况，从而比较科学地制定出切实可行的科技发展规划。

自我国加入世界贸易组织（World Trade Organization，以下简称 WTO）以来，发达国家凭借自身经济、科技的竞争优势，通过知识产权保护取得更大的市场份额，这对我国的民族工业发展及科研造成了新的压力。我国必须加快制定知识产权信息检索和重大事项预警等制度，充分利用专利信息的研究，积极制定与实施专利战略，帮助各级政府制定切实可行且具有中国特色的经济发展对策和预警制度，使我国的科学技术的研究与开发工作既能借鉴国外好的经验和先进的做法，又能避免知识产权纠纷的出现。

1.3.2.2　引导企业专利战略的制定与实施

专利信息作为重要的战略性信息资源，在企业知识产权战略的制定与实施，以及围绕企业经营发展所制定的有关技术创新、市场开拓、人才发展等各个战略决策中，发挥着强有力的保障作用。近年来，国内已有不少企业逐渐认识到专利文献在企业经营发展中的重要作用，在制定企业综合发展的专利战略的过程中，重视和发挥专利信息的作用，全面提升企业的创新能力和核心竞争能力，并产生了积极的效果。

我国企业的专利战略不仅体现在专利申请量的增长上，更多的企业开始尝试专利技术的商品化和效益化。2006 年，兰州石化催化剂厂与兰州化工研究中心合作，将兰州化工研究中心的一系列专利技术投入工业化生产，3 年来其生产的新型降烯烃催化剂累计生产销售 8.9 万吨，实现销售收入14.78 亿元，利润 4.8 亿元，税收 1.3 亿元，现已被国内 20 多家企业的 30余套催化裂化装置采用。在进行技术交易、知识产权许可、投资、企业并购等合作时，需要利用专利信息进行深入、专业的分析，并在此基础上确定合作的内容及合作的伙伴。通过对专利信息的检索分析，还可以随时掌握竞争对手在产品、技术方面的研发现状、自主知识产权及核心竞争力、专利战略意图和市场范围，做到知己知彼、正确应对。

专利信息中包含了丰富的人才信息，这些信息可以应用到企业制定与实施人才战略的过程中。通过对相关技术与发明人的关联检索，就可以掌握不同时期、活跃于不同技术领域的专家以及他们在各个时期所提交专利申请的水平，同时根据专利信息分析出该发明人的专业特长以及常用的技术路线等。这些信息可以为企业有目的地选择合作伙伴、挖掘技术创新人才提供客观准确的科学依据。

1.3.2.3　增强知识产权保护、运用能力

在经济活动中，既要善于创新和保护自己的知识产权，又要善于规避侵犯他人知识产权的侵权指控。因此，企业在专利申请之前进行专利信息检索，确定所申请的产品技术是否具有专利性及其保护范围的准确度，可以减少申请的风险，提高申请质量和获权的可能性，有效保护企业发明创造；在取得研究成果之后积极地在国内和产品可能销往的国家和地区申请专利、商标或版权。

在签订出口或加工合同之前，应先进行专利检索，或委托有关机构进行必要的知识产权调查，确定是否会侵犯其他国家知识产权人的权利。

在发生知识产权纠纷的情况下，企业往往能够通过有效的专利信息检索与分析和充分准备，从浩如烟海的专利信息中寻找对自己有利的证据来支持自己的主张，保护企业合法权益，从而赢得诉讼和市场。

此外，企业还应当认识到失效专利技术，包括国外没有在我国申请过的专利技术，也是一个待合理开发的宝贵资源，这有助于缓解我国普遍存在的企业研发经费的不足，特别是对广大中小企业而言尤为重要。

1.3.2.4　实施国家战略，推动科技研发

在科技活动中，利用知识产权信息的目的就是掌握科技发展的进展、动向和趋势，避免重复劳动，提高科技创新起点和层次。

2006 年年底，科技部与国家知识产权局联合签发的《关于提高知识产权信息利用和服务能力推进知识产权信息服务平台建设的若干意见》，指出"有效利用知识产权信息，可以掌握科技发展的进展、动向和趋势，促进和完善创新构思，科学地制定科技创新战略，缩短研究开发进程，避免重复劳动，提高科技创新起点和层次"；要求"科研机构和高等学校要引导科研人员把利用知识产权信息与利用科学文献放到同等重要的位置，特别是应用研究和技术开发领域的科研人员尤其要重视知识产权信息的利用。科研机构和高等学校的科研开发项目，要把对相关领域知识产权信息的检索分析作为立项评审和成果评价的一项重要指标"。

上述《若干意见》中还指出"多渠道、多层次推进知识产权信息服务人才培养，通过学校教育和在职培训，培养专业化的知识产权信息服务人才队伍。在实践中锻炼和造就一批高水平人才。针对知识产权信息服务的特点，注重培养懂技术、懂法律、懂信息管理的复合型人才，在数据加工、信息化建设、知识产权分析等领域培养一批高水平的专门人才。充分发挥继续教育在知识产权信息服务人才培养中的作用，为知识产权信息服务人员提供在职培训、出国交流学习的机会。指导和帮助企业、科研机构、高等学校培养知识产权信息服务专门人员"。现在国内高校教育的教学方向已越来越紧密地服务于创新型国家建设这一总任务。从 1993 年北京大学知识产权学院成立开始，截止到 2009 年 11 月，国内已经有上海大学、华东政法大学、暨南大学等至少 18 所高校成立了专业性的知识产权学院（系）。

1.4 专利文献信息的发展趋势

专利文献的发展一直受到各国政府和国际组织的重视。各国和国际组织纷纷制定计划，投入巨资，应用最新信息技术，加快对专利文献与信息的传播。目前，专利文献的发展呈现出三大趋势，即标准化、网络化和数字化。

1.4.1 专利文献信息的标准化

专利文献具有规范性、系统性，因为它是依据专利法和有关标准撰写、审批、出版的文件资料。其格式统一规范，高度标准化，并且具有统一的分类体系，这些特点为专利文献的标准化建设打开了方便之门。

1.4.1.1 专利单行本格式的标准化

多数国家的各种专利单行本均按国际统一格式出版，它一般都有扉页、权利要求书、说明书和附图（如果有的话）。

其扉页上的专利文献著录项目有统一的编排体例，并采用国际统一的 INID 码。这使得专利文献系统性强，著录项目齐全，便于管理和检索。

权利要求书从整体上反映发明创造的技术方案，记载解决技术问题的必要技术特征。

说明书具有法定的文体结构，从发明创造名称、所涉及的技术领域和背景技术，到发明内容、附图说明和具体实施方式等，每项内容都有具体的撰写要求和固定的顺序，并严格限定已有技术与发明内容之间的界线。这种统一的撰写风格与其他科技文章相比有很大的不同。

1.4.1.2 著录项目的标准化

专利文献著录项目是各国专利局或国际性专利组织为揭示每件专利的特征以及提供可用于综合分析的信息而编制的。专利的技术信息、法律信息或外部特征信息，可由不同的专利文献著录项目表示。

为了帮助读者在浏览各国专利文献时克服语言障碍，20 世纪 70 年代初，各国专利局开始在其出版的专利文献上标注由巴黎联盟专利局间信息检索国际合作委员会（Paris Union Committee for International Cooperation in Information Retrieval among Examining Patent Offices，以下简称 ICIREPAT）规定使用的专利文献著录项目识别代码，即 INID 码，它由两位阿拉伯数字表示。

1998 年 WIPO 工业产权信息常设委员会（PCIPI）通过了一项新版专利

文献著录数据标准，即 ST. 9《关于专利及补充保护证书著录数据的建议》。该标准将专利文献著录项目分为 9 个部分，即将 INID 代码分为 9 个系列，不同系列表示不同的信息。该标准适用于发明、实用新型及其补充保护证书，在各国专利单行本扉页、专利公报以及其他检索工具中得到了广泛应用。

1.4.1.3 专利文献种类的标准化标识

专利申请在不同专利审查制度、不同审批程序中公布，具有不同的法律属性。专利文献种类标识就是对在不同专利审查制度、不同审批程序中公布的不同种类的专利申请所作出的标识。通过这些种类标识人们可以很清晰地了解不同种类的专利申请所具有的不同法律信息。

20 世纪 70 年代制定的 WIPO 的标准 ST. 16《专利文献种类识别代码推荐标准》规定了用于标识各工业产权局公布的不同种类专利文献的几组英文字母代码，这些代码简化了各国文献种类的标识形式，因此它在各国出版的专利文献中得以陆续使用。1997 年 WIPO 工业产权信息常设委员会对标准 ST. 16 进行了修改，新版标准对各种专利文献种类作了调整，其中一个显著变化就是字母代码之后辅以一位阿拉伯数字作为补充信息使用，从而使标识更为简洁直观。

1.4.1.4 对比文件的标准化标识

对比文件是专利审查员通过对现有技术进行检索，所得出的与发明创造申请技术主题有关的专利或非专利文献。目前，一些国际性专利组织如欧洲专利局、欧亚专利局和世界知识产权组织国际局采用检索报告的形式来反映专利审查员对现有技术进行检索的结果。检索报告的格式基本相同，相当于一份与专利申请所述发明创造有关的对比文献清单，通常与专利申请说明书一起出版或单独出版。检索报告对于评价发明创造的新颖性和创造性、决定是否授予专利权十分有用。申请人可根据检索结果对权利要求进行删改。对于申请人的竞争对手或其他任何人而言，检索报告是预测该申请能否授权的参考依据。

除了以检索报告这一形式来反映对比文件外，还有另一种形式，即以专利文献著录项目的形式将对比文件刊登在专利单行本的扉页上。大多数国家采用这种形式刊登对比文件。

为了表示对比文件与发明创造申请技术主题的相关程度，WIPO 在标准 ST. 14《专利文献中参考引文指南》中规定了用一组字母表示检索报告的对比文件与发明创造申请技术主题的相关程度。

1.4.1.5 专利分类的标准化

为了使各国对专利文献的分类科学化、统一化、国际化，使世界绝大部分技术信息通过统一的分类而有机地融汇在一起，1971 年 3 月 24 日，《巴黎公约》成员国在法国斯特拉斯堡召开全体会议，通过了《国际专利分类斯特拉斯堡协定》（以下简称 IPC 协定），该协定于 1975 年正式生效。根据 IPC 协定，IPC 被确定为《巴黎公约》成员国统一的专利分类法。任何《巴黎公约》的成员国都可以成为 IPC 协定的成员，该协定的成员国最重要的权利是参与不断改进 IPC 的工作，最重要的义务是采用国际专利分类法对本国出版的每份专利文献进行分类。

自 IPC 问世以来，各专利机构都统一使用该分类法对专利文献依所属技术领域进行分类，并将其用于建立和管理审查检索文档，完成对现有技术的检索。1968 年 9 月 1 日出版的《发明专利的国际（欧洲）分类表》，从 1971 年 3 月 24 日起被称为第 1 版分类表。目前的第 8 版《国际专利分类表》包括了 8 个部，约 7 万个组，同一 IPC 分类小组下的专利文献构成了一个该技术领域技术发展的浓缩历史。IPC 不但是实现专利文献简单快捷检索的工具，而且其分类号的组成及结构超越了各种自然语言的禁锢。人们只需借助属于自己从事的技术领域的国际专利分类号，即可获得世界各国的专利文献。

国际专利分类法是以发明创造的技术主题为特征进行分类的。为了便于检索，将相同的技术主题都归在同一分类位置，而且应能从这一位置上再把它找到。随着科学技术的不断发展、新技术的不断涌现，IPC 技术主题的分类位置也必须适应新技术的发展要求，使 IPC 分类表成为一个有效的检索工具，因此就必须对 IPC 进行修改并使其逐步完善。第 7 版以前，IPC 分类表每 5 年修订一次。

为了使国际专利分类成为适用于世界各国科技文献的专利分类，使其在电子环境中得以有效地使用，1999 年 IPC 开始改革。改革的重要内容之一是将国际专利分类分成两级结构体系：包含现行版的部分内容的基本版（Core Level），以及包含 IPC 全部内容的高级版（Advanced Level），以满足不同需求的用户使用。其中，基本版分类适用于专利文献收藏较少的国家及社会公众使用；高级版分类比基本版更详细、准确，适用于国际专利文献检索。另外，第 8 版以后的 IPC 分类表基本版每 3 年修订一次，如果在有修订的情况下，高级版每 3 个月修订一次。

IPC 协定规定国际专利分类法主要是对发明专利申请单行本、发明证书单行本、实用新型单行本和实用证书单行本等（统称为专利文献）进行分类。

1.4.2 专利文献信息的数字化

在数字图书馆的建设过程中，服务模型、技术平台和数字资源是组成数字图书馆的三个核心要素。在这三个要素中，数字资源是重要的基础内容。所谓数字资源应该是包含多种格式的、经过良好的组织和管理的、可长期保存和使用的、可以方便地在网络环境中进行交换的、"天生的"或者"再生的"、海量的数字信息对象。数字资源的生成、管理和获取，是数字图书馆建设中重要的基本环节和组成部分。它在数字图书馆资源的建设中具有举足轻重的地位。资源数字化已经成为时代的标志。

在过去短短的几年中，随着数字图书馆建设的开展，非数字资源，特别是文献资源数字化的浪潮风起云涌。世界各国的专利机构、国际性专利组织，如欧洲专利局（EPO）、美国专利商标局（USPTO）、日本专利局（JPO）和我国国家知识产权局（SIPO）都先后开展了一系列针对自己馆藏专利文献进行的数字化项目。

目前，美国专利商标局的检索系统中包括 1790 年起的美国专利全文图像数据和从 1920 年起的美国专利全文文本数据（USPat）、美国授权前公开文献数据（PGPubs），此外，美国专利商标局正在建设 1790~1919 年以及 1920~1971 年的两个时间段的美国专利 OCR 数据库。

欧洲专利局可供审查员检索的数据包括覆盖 90 多个国家、地区和组织的超过 6 500 万专利记录，5 400 万可供检索的非专利摘要记录，包括专利和非专利的 1 600 万全文检索记录，5 560 万帧扫描图像。

日本专利局的国内专利文献数据库收录了约 3 500 万件国内专利文献的著录项目信息（申请日、公开日、分类、检索词等）、公报概况以及全文。外国专利文献数据库收录了约 1 500 万件外国专利文献的著录项目信息（申请日、公开日、分类、检索词等）、文摘和全文。非专利文献数据库收录了约 80 万件非专利文献的书志信息（公开日、检索词等）、文摘及全文。

中国国家知识产权局非常注重中国专利数字化工作。经过多年的信息化建设，目前已经拥有 1985 年以来所有公开的中国专利可检索的文摘数据以及全文图像数据，而且通过运用 OCR 软件系统，成功地将中国专利全文图像转换为代码化的可检索的数字资源。另外，中国国家知识产权局还拥有英文文摘数据以及一些特殊技术行业的数据，如中药、化学等。

1.4.3 专利文献信息的网络化

随着专利制度在世界经济、贸易、科技活动中地位的不断提高，社会各阶层对专利信息的需求越来越迫切。为适应这种需求，各国专利局及专利情报机构都在不断丰富其专利信息产品的种类，以资源优势为促进信息向社会的传播提供物质保障。网络时代的到来，使人们通过计算机网络远程获取和共享数据库中的信息成为时尚。与单机使用光盘等电子化专利文献的最大区别在于，采用联机上网，用户不必拥有并保存全部专利数据，而只需在需要时联通相关主机，获得使用这些数据的权利即可。通过网络共享专利信息资源可以有三种不同的形式：一是数据库的生产商有偿提供，二是商业性服务机构有偿提供，三是通过因特网免费获取，这是当前发展最为迅猛的网络化专利文献服务方式。

网络化使公众对专利信息的获取手段发生了质的飞跃。以自动化和资源共享为特征的信息网络化服务必将使专利信息最大限度地为人类生产生活服务。

专利信息作为一种知识财富是没有国界的。对专利信息资源的统一规划管理、缩小发达国家与发展中国家之间的技术差距已成为国际社会关注的热点。世界知识产权组织在专利信息国际化方面作出了大量努力。

1.4.3.1 WIPONET 的建设

1998 年世界知识产权组织成员国大会决定建立各知识产权局之间的全球信息网络，取名为 WIPONET。WIPONET 将利用互联网建立各成员国之间及各成员国与私营机构之间的联系渠道，实现对工业产权信息的交流与共享。

WIPONET 为整个知识产权界相互沟通、合作、信息交流提供了一个现代化的崭新工具，而网络内的知识产权信息资源建设则通过数字化图书馆计划逐步实现。所谓知识产权数字化图书馆，即图书馆在纸件馆藏转变为电子化、数字化馆藏的基础上，利用网络技术向用户传递电子化的知识产权信息，实现信息获取的自动化。

该计划鼓励和帮助各国知识产权机构创建和利用知识产权数字化图书馆，并最终将其合成为一个全球性的工业产权图书馆（Industrial Propety Digital Library，以下简称 IPDL），从而简化各 IPDL 的现有工作，共享其他馆的信息资源，促进世界知识产权界对知识产权信息的获取和利用。IPDL 计划对于发展中国家的知识产权信息建设和社会经济发展有特殊意义。为了实现 IPDL 计划，世界知识产权组织首先开发了自己的知识产权数字化图书馆，并以此作为 IPDL 计划的样本向各国推广。

世界知识产权组织的 IPDL 建设始于 1997 年，1998 年 4 月起通过其因特网主页正式建立 IPDL。该数字图书馆的专利文献数据不断丰富，从扉页扩展到全文，并从专利扩展到全部知识产权领域。目前可提供 PCT 条约、马德里协定、海牙协定等工业产权方面的数据库服务。IPDL 计划的目标是由各知识产权局及相关组织建立各自独立的分散数据库，通过 WIPONET 进行集成。WIPO 鼓励所有知识产权局的加入，WIPO 国际局将规定统一的标准，保证各系统的协调一致以实现数据交换与共享。WIPO 将向这些知识产权局及组织提供技术援助，并且建立各国 IPDL 与 WIPO 的 IPDL 的链接。

1.4.3.2　互联网上的中国专利检索系统

中国国家知识产权局非常重视专利信息的传播与利用。从 2000 年开始陆续制定了国家知识产权局《专利信息化建设"十五"计划》，在全国范围内实施"专利战略推进工程"，加大力度推进"全国专利信息服务平台"、"全国专利信息管理平台"和"知识产权远程教育平台"等 3 个信息化平台的建设，计划用 5 ~ 10 年时间实现我国专利信息化建设的跨越式发展，赶上并超过世界发达国家水平。

2001 年 11 月 1 日，中国国家知识产权局网站的中国专利检索数据库上线，对公众提供中国专利数据库检索，该数据库收录了 1985 年 9 月 10 日以来公布的全部中国专利信息，包括发明、实用新型和外观设计三种专利的著录项目及摘要，并可浏览到各种说明书全文及外观设计图形。

2006 年 4 月底，中国国家知识产权局网站进行全新改版，推出了"专利信息服务实验系统"，实现了中国专利信息的中英文检索，同时还可查阅国家知识产权局最新公告、法律状态信息、收费信息等相关信息。

1.4.3.3　esp@cenet 检索系统

在 1998 年夏天，欧洲专利局、欧洲专利组织成员国及欧洲委员会聚集在一起着手进行被称为 esp@cenet 的一项新服务，该项服务旨在促进专利信息的利用和拓宽已有传播专利文献的渠道。esp@cenet 于 1998 年 10 月正式开通。esp@cenet 检索系统包含三个数据库：EP 数据库、WIPO 数据库和 Worldwide 数据库，其免费提供来自于世界范围内 90 多个国家、地区或组织的、超过 6 500 万件专利文献，内容包括专利申请的著录项目数据、专利申请说明书、同族专利和法律状态信息以及非专利文献的著录项目等数据。

1.4.3.4 互联网上的美国专利检索系统

1999 年 4 月，美国专利商标局在其网站上开始提供免费因特网专利数据库服务。当时该数据库包括 1976 年以来的 200 多万件的文本格式及图像格式的美国专利文献，还有 1870 年以来的 100 多万件注册及未结案的商标。自 2000 年 10 月 1 日起，美国专利商标局网站开始提供 1790 ~ 1975 年的美国专利文献数据库。至此，在美国专利商标局网站，公众可以获取所需任意一件出版的美国专利文献。美国专利商标局网站不仅提供专利检索、专利公报、专利分类，还提供专利法律状态等信息。

1.4.3.5 互联网上的日本专利检索系统

日本专利局（JPO）于 1999 年 3 月 31 日开始通过 IPDL 提供免费的因特网的日本专利检索服务，使更多的公众能够便捷、有效地检索和获取日本工业产权文献与信息。IPDL 收录了自 1885 年以来公布的所有日本专利、实用新型和外观设计的电子文献。IPDL 设计成英文和日文两种文字的版面。

本章思考与练习

1. 什么是专利文献？

2. 什么是专利信息？

3. 专利文献信息有哪些特点？

4. 专利文献信息有哪些作用和应用？

5. 专利文献信息的发展趋势如何？

第 2 章　专利文献的类型

本章以专利文献类型划分为基础，对各种专利文献的主要内容、编排格式、专利信息特征、文献编号体系几方面作出整体性和综合性概括介绍，旨在归纳各国专利文献的共同规律及共性特征，便于全面了解、系统学习专利文献基础知识。

2.1　专利文献类型的划分

专利文献的类型划分源于图书馆学和信息管理学的理论基础。根据《信息管理概论》一书的观点，"文献按其内容性质和加工层次可分为一次文献、二次文献和三次文献。一次文献是作者创作的原始文献，如专著、研究论文、专利说明书、手稿、档案等。二次文献是为便于查找利用而对各种文献进行加工整理的产物，如文摘、题录、目录等。三次文献是利用二次文献选择一次文献的内容，加以分析、综合后编写出来的，如专题综述、文献综述、进展报告、年鉴等。"专利文献记载着人类几百年来的发明创造，其多学科，跨领域，集技术、法律、经济信息为一体的综合性特点，使其成为图书资料中的特种文献。本节将重点讨论现代专利文献的三大类型：一次专利文献、二次专利文献和专利分类资料。

2.1.1　一次专利文献

一次专利文献是指各工业产权局、专利局及国际（地区）性专利组织（以下简称各工业产权局）出版的各种专利单行本，包括授予发明专利、发明人证书、医药专利、植物专利、工业品外观设计专利、实用证书、实用新型专利、补充专利或补充发明人证书、补充保护证书、补充实用证书的授权单行本及其相应的申请单行本。一次专利文献统称专利单行本。

专利单行本是专利文献的主体，有出版发行和内部查阅两种形式。目前世界上约有 170 个国家和地区建立了专利制度，有 90 多个国家、地区及国际（地区）性专利组织用大约 30 种文字出版专利文献，每年出版的专利文献 100 多万件。以日本、美国、英国、德国、法国、加拿大、澳大利亚、俄罗斯（前苏联）、欧洲专利局、世界知识产权组织出版量最大，约占世界专利文献出版量的80%。这是针对各种专利单行本而言的。还有许多国家的专利单行本只根据公众的请求，在本国范围内提供阅览和复印，如南非、阿根廷、智利、希腊、伊朗、新加坡、秘鲁、菲律宾、葡萄牙、斯里兰卡、突尼斯、土耳其、委内瑞拉等。

专利单行本的主要作用：一是清楚、完整地公开新的发明创造，二是请求或确定法律保护的范围。

2.1.2 二次专利文献

二次专利文献是指各工业产权局出版的专利公报、专利文摘和专利索引等出版物。

专利公报有广义和狭义两种解释。广义上是指专利公报、实用新型公报、外观设计公报，或指其总和——工业产权公报。它们是各工业产权局根据各自工业产权法、公约及条约的要求，报道有关工业产权申请的审批状况及相关法律法规信息的定期出版物。狭义上仅指报道有关专利申请的审批状况及相关法律法规信息的定期出版物。专利公报通常以著录项目、著录项目与文摘或者著录项目与权利要求的形式报道新的发明创造，因而分为题录型、文摘型、权利要求型三种类型的专利公报。

专利文摘出版物通常为题录型专利公报的补充性出版物，作为报道最新专利申请或授权专利的技术文摘，它与题录型专利公报同步出版。

专利索引是各工业产权局以专利文献的著录项目为条目编制的检索工具，按出版周期划分为：专利年度索引、专利季度索引、专利月索引等；按索引编制条目划分为：号码索引、人名索引、分类索引等。

二次专利文献的主要作用在于帮助用户快速、有针对性地从一次专利文献中寻找、选择所需要的文献，了解发明创造的主要内容，避免可能的侵权行为，跟踪有关专利申请的审批状况等动态的法律信息。

此外，汤森路透集团的德温特世界专利索引（Derwent World Patent Index，以下简称DWPI）、美国《化学文摘》等是报道专利信息的二次文献，在专利信息检索方面发挥着帮助专利文献用户克服语言障碍、用一种语言检索各国专利信息的作用，可使用户在进行专利信息检索时达到事半功倍的效果。

2.1.3 专利分类资料

专利分类资料是按发明技术主题对专利申请进行分类和对专利文献进行检索的工具。专利分类资料包括：专利分类表、分类表索引、工业品外观设计分类表等。

2.1.3.1　专利分类表

专利分类表是专利分类方法的具体表现形式，将技术领域按一定原则分成若干类，用特定的符号系统（如数字系统或字母加数字系统），表示相应技术主题的类目排列表。

专利分类不同于一般的图书分类。图书分类侧重于各学科图书资料的管理，因而涉及知识领域面广、类宽。如饮食用具只有一个类目：TS972.23，包括餐具、酒具、茶具等。专利分类只涉及应用技术领域，解决的是十分具体的技术问题。如有关餐具的发明创造涉及类目共计 41 个大组和小组，包括叉、匙、盘、碟，桌上用的容器或锅、茶壶、咖啡壶及盐、胡椒、砂糖等的搅拌器等。专利分类的目的是对发明创造的技术内容进行组织和建立索引，以便将特定主题或某一技术领域的专利说明书归属一类，并能够准确、容易地再检索出来。因而专利分类着眼于专利申请的审查需求和检索便利，由专利审查员制定并修订。在 18 ~ 19 世纪，各国相继制定了各自的专利分类体系，基于不同的分类思想和分类原则，颇具代表性的有：美国专利分类表、英国专利分类表、国际专利分类表、ECLA 分类表（详见第 4 章介绍）。

2.1.3.2　工业品外观设计分类表

各个国家和地区的工业品外观设计分类也有各自的分类体系和分类表，这里主要介绍 1968 年缔结的《建立工业品外观设计国际分类洛迦诺协定》中规定的工业品外观设计分类表。该分类即指工业品外观设计国际分类，也称洛迦诺分类。该分类表以不同产品类型为基础，由以下三部分组成。

（1）大类和小类。大类 32 个，小类 233 个。就原则而言，大类以用途为依据分类。因此，分类表中大类的概念是上位的，并以类名揭示该类号主题，如 1 类食品、26 类照明设备。小类则以产品为依据划分，大类和小类之间的关系可看成在该用途下有哪些产品，如 2 类服装和服饰用品，而其下小类包括服装、头饰、袜子等产品。

（2）使用工业品外观设计的按字母顺序排列的产品表。列有 7 024 个产品条目。

（3）使用说明。

目前，已有 100 多个国家建立了工业品外观设计保护制度。截至 2010 年 4 月，有 59 个国家使用工业品外观设计国际分类。使用国家外观设计分类体系的主要有美国和日本（详见第 4 章介绍）。

2.2 专利单行本

专利单行本，原被称为专利说明书，本书根据 2010 年 1 月 9 日《国务院关于修改〈中华人民共和国专利法实施细则〉的决定》，将专利说明书统称为专利单行本。

2.2.1 专利单行本的由来

众所周知，专利文献是专利制度的产物。世界各国的经济和科学技术发展水平参差不齐，专利制度的实施都以鼓励国民创造热情、保护民族工业、促进本国科技经济发展为目的。因而对发明创造的法律保护形式、申请的审批制度各有不同。这些不同点反映在专利文献上，就形成了各种类型的专利单行本。概括地说，专利单行本的由来主要取决于以下两个因素。

2.2.1.1 专利权种类及其保护形式

世界上实行专利制度的国家大多将发明创造分为三类：发明、实用新型和工业品外观设计，对这三大客体的法律保护形式，即授予的法律保护文件主要有专利和注册证书，前苏联、东欧及其他一些原社会主义国家曾授予发明人证书，随着 1991 年前苏联的解体和东欧国家的剧变，发明人证书的保护形式也逐渐被取缔。以专利形式保护发明是世界各国的通行做法，对于工业品外观设计和实用新型，或以专利形式保护，或单独立法以注册证书形式保护。

一般来说，各国专利法保护的发明包括四种类型：方法、产品、设备和材料。对于这四类发明授予的专利权，在名称上一般不再加以细分，统称为发明专利或专利。但有些国家依据发明内容的特殊性，在名称上进一步划分为植物专利和医药专利（药品专利）；依据发明的相互依存性，可划分为基本专利和补充专利（改进专利）；依据发明创造性的高低及保护期限的长短，还可区分为标准专利和短期专利。

实用新型一般指对机器、设备、装置、用具等产品形状、构造或其组合提出的技术解决方案，与发明相比创造性水平较低，只涉及有形物品。各国对实用新型的法律保护形式主要有实用新型专利、实用新型证书或实用证书。

工业品外观设计一般指对产品的外形、图案、色彩或其组合所作出的富于美感又适用于工业应用的新设计，包括产品外形和表面二维及三维特征。因此，工业品外观设计既有式样的概念，也有模型的概念。各国对工业品外观设计的法律保护形式主要有工业品外观设计专利、设计专利、工业品外观设计证书或设计证书。

综上所述，各国根据不同专利权种类及其保护形式出版相应名称的专利单行本，这是不同种类专利单行本产生的主要原因。常见的专利单行本有（中国）发明专利、（中国）实用新型专利、美国植物专利、（法国）药品专利等。由于工业品外观设计文献通常仅由一些图片构成，因此外观设计一般不出版单行本，而是将图片刊登在专利公报或单独的外观设计公报中。

2.2.1.2　专利申请的审查制度及审批程序

各个国家的任何一种专利申请或注册证书申请文件都必须按照本国法律或专利公约等规定的审查制度，经过申请受理、审查、授权不同阶段的审查流程，由各工业产权局出版不同公布阶段、法律状态各异的单行本。

专利申请的审查制度是指各工业产权局对受理的专利申请或注册证书申请依照本国相关工业产权法或专利公约规定的程序进行审查、授权的制度。目前世界上的审查制度主要有以下几种类型。

（1）登记制。登记制也称注册制、形式审查制。这种审查制度主要对申请文件的齐备、格式要求以及费用交纳等形式进行审查。申请经形式审查合格，即予以登记并授予专利权或注册证书。登记制产生的专利单行本有两种：第一种是经过形式审查授予专利权的专利单行本，第二种是经过形式审查尚未授予专利权的公告单行本。产生申请公告单行本的缘由是登记制中加入了异议程序，便于公众对公告的专利申请提出异议，因而其实际上是一种专利申请单行本。

采用登记制对专利申请审查的国家不多，多数国家对实用新型和外观设计申请才实行登记制。采用登记制的主要国家和地区有：意大利、比利时、卢森堡、希腊、秘鲁、南非等。

（2）初审制。初审制也称初步审查制。这种审查制度不仅对申请文件的齐备、格式要求以及费用交纳等形式进行审查，还要求对申请文件是否符合专利法的有关规定，是否明显属于专利法规定的不能取得专利权的情形进行审查。申请经初步审查合格，即予以登记并授予专利权或注册证书。我国对实用新型和外观设计专利申请即采取初审制。

（3）半审查制。半审查制也称文献报告制、审查报告制。这种审查制度要求对申请文件不仅进行形式审查，还要进行新颖性审查并作出文献检索报告，用于发明和实用新型申请的审查。半审查制产生的专利单行本有两种：第一种是尚未授予专利权的专利申请单行本，第二种是经过新颖性审查授予专利权的专利单行本。

实行半审查制的国家主要有法国、瑞士。

（4）完全审查制。完全审查制也称自动审查制、即时审查制。完全审查制是指对专利申请既进行形式审查，又进行专利性（新颖性、创造性、工业实用性）审查（也称为实质性审查）。用于发明、实用新型、工业品外观设计申请的审查。这种实质性审查无需申请人提出请求，由各工业产权局自动进行。完全审查制产生的专利单行本是经过实质性审查授予专利权的专利单行本。

实行完全审查制的国家主要有 2000 年以前的美国、前苏联以及 1989 年以前的加拿大等。

（5）延迟审查制。延迟审查制又称早期公开、延迟审查制。这是指对专利申请进行形式审查后，实质性审查延迟一段时间进行的一种审查制度。根据这种制度，专利申请经形式审查合格，自申请提出之日或优先权日起满 18 个月予以公布，称为早期公开，这是延迟审查制最显著的标志。申请人自申请日起一定时间内（一般 3～7 年不等）随时提出实质性审查请求，各工业产权局据此进行实质性审查。用于发明、实用新型申请的审查。

延迟审查制产生的专利单行本种类最多、最复杂，皆由延迟审查制中两种审批程序所致，其大致可分为以下两种情况。

①专利申请经早期公开、公告，两次公布之后授予专利权。因而一些国家出版三种单行本：在专利申请早期公开时，出版一种未经实质性审查也尚未授予专利权的单行本，通常称为专利申请单行本（专利申请公开说明书）；在专利申请公告、供公众提异议时，又出版一种经实质性审查但尚未授予专利权的单行本，通常称为专利申请公告单行本（专利公告说明书、展出说明书），也是一种专利申请单行本；在授予专利权时，再出版一种经实质性审查并授予专利权的单行本，这才是名副其实的专利单行本。也有一些国家，虽然专利申请要经两次公布才能授予专利权，但只出版两种单行本：专利申请单行本和专利申请公告单行本；授予专利权时只在专利公报上公告，不再出版专利单行本。

②专利申请经早期公开、一次公布之后授予专利权。这种审批程序产生的单行本通常有两种：专利申请早期公开时出版的专利申请单行本，授予专利权时出版的专利单行本。

以上列举的是专利审查制度的五种基本类型。各国无论采用哪种审查制度，都有一定的审批程序。专利单行本在不同国家、不同审查制度、不同审查程序中具有不同的名称和法律属性。目前，世界各国发明、实用新型、工业品外观设计申请量出现迅猛增长的势头，迫使各国调整各自的专利审查制度和审批程序，其中有以下三点趋势比较突出：改完全审查制为延迟审查制，撤销专利授权前的异议程序，将实用新型实质性审查改以登记制审查。

2.2.2　专利单行本的种类

为协调各国工业产权信息活动，WIPO 负责制定整套《工业产权信息与文献标准、建议和指南》，长期以来向各国推荐使用，以便各国专利文献格式标准化、著录数据规范化，从而促进工业产权信息的数据交换及国际合作。其中 ST.16《用以标识不同种类专利文献的推荐标准代码》（以下简称 ST.16），规定了专利文献种类的划分及其标识代码。

2.2.2.1　专利文献种类划分

早在 20 世纪 70 年代初，ST.16 由 ICIREPAT 制定通过，并在各国出版的专利文献中陆续使用。该标准规定了几组字母代码用于各工业产权局公布的不同种类的专利文献，字母代码简化了这些文献的存储、识别与检索程序。

现行标准 ST.16 为 2001 年 6 月版，该版标准对专利文献种类作了调整，从而使其识别更为简洁直观、使计算机检索更加迅速准确。

根据标准 ST.16，专利文献种类划分的依据主要有以下几种：（1）专利权种类；（2）不同审批程序中出版的专利文献；（3）专利文献出版时的编号序列。

标准 ST.16 明确指出：按照一些国家法或工业产权法，以及地区、国际公约或工业产权条约的规定，一件专利申请可以在不同程序阶段公布。为此，标准 ST.16 根据相应的程序阶段确定公布级，并用字母代码加以表示。必要时，在字母代码之后辅以一位阿拉伯数字作为补充。

2.2.2.2　专利文献种类标识代码

标准 ST.16 将字母代码划分为 7 组，用以表示专利文献、非专利文献和专利局（工业产权局）内部使用的文献。

第 1 组，用于在专利申请基础上形成并作为基本或主要编号序列的文献。

A　第一公布级

B　第二公布级

C 第三公布级

第2组，用于编号序列不同于第1组的实用新型文献。

U 第一公布级

Y 第二公布级

Z 第三公布级

第3组，用于特殊系列的专利文献。

M 药物专利文献

P 植物专利文献

S 外观设计专利文献

第4组，用于未被上述第1~3组涵盖的，由专利申请衍生或者与之相关的特殊类型文献。

L 该文献未被字母W涵盖，但与专利文献有关并包含著录项目信息，且仅有文摘和/或权利要求及附图（如果有的话）

R 单独公布的检索报告

T 对其他工业产权局或机构已经公布的专利文献的全文或部分译文公布

W 与第2组实用新型文献有关，并包含著录项目信息，且仅有文摘和/或权利要求及附图（如果有的话）

第5组，用于未被上述第1~4组涵盖的专利文献系列。

E 第一公布级

F 第二公布级

G 第三公布级

第6组，用于未被上述第1~4组涵盖的专利文献系列或者由专利申请衍生或与之相关的文献系列，具体含义由各工业产权局自行规定。

H

I

第7组，用于其他类型文献。

N 非专利文献

X 仅限于工业产权局内部使用的文献

2.2.2.3 专利文献类型标识代码的含义

标准ST.16规定的专利文献类型标识代码不仅用于表示一次专利文献，即各种专利说明书，也用于表示二次专利文献，即专利公报、专利文摘及其他检索工具中的专利信息。各字母代码对应的专利文献具体名称应根据不同国家而定。现将各组字母代码含义举例如下。

第 1 组，是指以各国基本或主要的专利权种类（通常指发明专利）为对象出版的专利单行本。如美国专利、前苏联发明说明书。但基本或主要专利文献并非仅指发明专利单行本，有些国家的专利权种类很多，各种专利单行本名称也有明显区别，但采用一个共同混编的文献序列号，从而构成这些国家基本或主要的序列编号专利文献。例如法国，其不同专利权共用一套混编的文献序列号，因而视为基本或主要的序列专利文献。

如前所述，专利申请在不同专利审查制度、不同审批程序中公布，具有不同的法律属性。因此第 1 组专利文献分为三个公布级，对应关系如表 2 - 1 所示。

表 2 - 1 三个公布级例

公布级 \ 审查制	登记制 （如瑞士）	半审查制 （如法国）	完全审查制 （如美国，2001 年前）	延迟审查制 （如德国）
第一公布级 A	专利说明书 A5	发明专利申请 A1	美国专利 A	公开说明书 A1
第二公布级 B		发明专利 B1	美国专利再审查证书 B （经诉讼再次授权）	展出说明书 B2 （1981 年取消）
第三公布级 C				专利说明书 C3

需要注意的是，三个公布级并非每个国家都使用，尤其是实行延迟审查制的国家，会根据各自的法律规定出版第一、二公布级，第一、三公布级或第一、二 、三公布级。同一公布级中还会有多次公布。

第 2 组，是指单独编排文献号的实用新型文献。尽管实用新型通常被认为是小发明、小改进，但一些国家对实用新型的审查制度同样采用上述四种审查制度，因而实用新型文献的出版规律与发明专利相同，也设有三个公布级。对应关系与发明专利基本 一致，所不同的是，由于各国对实用新型的保护形式既有专利，也有注册证书，因此具体名称应视不同国家而定。

第 3 组，是指单独编排文献序列号的医药、植物、工业品外观设计专利文献。应指出的是，有些国家曾用 D 表示工业品外观设计文献，如中国、美国、拉脱维亚等。但这不是标准 ST. 16 规定的字母代码，而是英文 design 的第一个字母。

第 4 组，表示特殊类型的专利文献或专利文摘、权利要求、附图形式的专利信息。例如，在斯洛文尼亚 L 表示发明专利的英文文摘；在西班牙

R 表示附有扉页的单独出版的检索报告，T 表示欧洲专利权利要求的译文；在丹麦 W 表示实用新型文摘。

第 5 组，这一组字母代码较为少见。在美国、加拿大 E 为再颁专利；在摩尔多瓦 F 表示未经实质审查授予专利权决定的公布，G 表示未经实质审查授予专利权的专利。

第 6 组，标准 ST.16 在这一组字母代码后未列出任何说明。美国用 H 表示依法登记的发明，日本用 I 表示权利要求变更的实用新型，摩尔多瓦用 I 表示未经审查注册的实用新型。

第 7 组，匈牙利和罗马尼亚用 X 表示晚些时候予以公布的发明专利。

2.2.2.4 标识代码与数字的组合使用

在各国出版的专利文献中，标识代码，即字母代码之后辅以一位阿拉伯数字作为补充信息的做法十分普遍。字母代码简洁地标识出文献在不同审批程序中的公布级，与数字结合使用，对专利文献种类的解释更为准确、直观，易于识别和检索。数字 1~7 的使用范围及含义由各专利局（工业产权局）视其需要自行决定。数字 0 则为一些工业产权局的内部用法，并非该标准的规定。但对于数字 8 和 9，标准 ST.16 作出具体规定：8 表示在专利文献扉页以及再版扉页上的著录项目，文中的某一部分，附图或化学式上有更正；9 表示在专利文献任一部分有更正，而这种更正导致该文献部分或完全再版。

以下是字母代码与数字组合在不同国家或组织专利单行本中种类各异的简单示例（见表 2-2）。

表 2-2 字母代码与数字组合在不同国家或组织专利单行本中的表示

标识代码 国家或组织	A1	A2	A3	A4	B2
欧洲专利局国际申请欧亚专利局	附有检索报告的专利申请	未附检索报告的专利申请	单独出版的检索报告	欧洲专利局对国际检索报告所做的补充检索报告	欧洲、欧亚专利局的专利说明书
法国	发明专利申请	补充发明专利申请	实用证书申请	补充实用证书申请	补充专利说明书
日本	日本国际申请的再公开				专利公告单行本

此类示例不胜枚举，在阅读和检索专利文献时应视具体国家而定。一般来说，各国收藏的专利文献都是有限的。由于长期以来纸载体专利文献对空间的需求，各国大多只选择一些工业发达国家的部分专利文献种类予以收藏。随着近年来专利文献载体的改变，尤其是网上专利文献的便于检索，使人们不再受文献种类收藏不全的限制，获得更为丰富全面的各国专利文献类型。因此，熟悉和掌握标准 ST.16 规定的专利文献种类标识代码及其数字的补充说明具有十分重要的现实意义。

2.2.3　专利单行本的组成部分

目前各国出版的专利单行本基本组成部分为：扉页、权利要求书、说明书及附图，有些国家出版的专利单行本还附有检索报告。专利单行本各组成部分从多角度揭示了发明创造的技术信息和法律信息。因此，了解专利单行本的各组成部分，对阅读、理解专利文献内容，迅速获取有用信息至关重要。

2.2.3.1　扉页

20 世纪 70 年代末，专利单行本扉页——类似书籍的标题页——相当于专利单行本的一览表，成为了解整篇文献中非常有用的一页。这是由各工业产权局在出版专利单行本时增加的，基本结构大致相同：均包括专利文献著录项目、摘要或权利要求、一幅主要附图（机械图、电路图、化学结构式等，如果有的话）三部分内容。

1. 专利文献著录项目

专利文献著录项目用 INID 码表示。该码由圆圈或括号中的两位阿拉伯数字构成。INID 码的优点在于浏览各国专利文献时不受语言限制，起到快速引导专利文献用户寻找相关专利信息和简要解释的作用（参见本书 2.2.4 的内容）。

2. 摘要或权利要求

摘要是说明书技术内容的概要，一般写明发明创造的名称和所属技术领域，并清楚地反映所要解决的技术问题、解决该问题技术方案的要点及主要用途。化学方面的摘要还应有最能说明发明创造主题的化学式。各国对摘要字数均作出限制，最多不超过 250 个词，我国规定在 300 字以内。通过阅读摘要，判断是否需要查阅全文，是进一步检索的有效手段。

有些国家在扉页中刊登独立权利要求，表述请求法律保护的范围。

3. 主要附图

扉页中的主要附图一般是一幅最能说明发明创造技术方案主要技术特

征的附图。

2.2.3.2 说明书

说明书是清楚完整地描述发明创造的技术内容的文件。各国对说明书中发明描述规定大体相同，以中国为例，说明书应当包括下列内容。

（1）技术领域。写明要求保护的技术方案所属的技术领域。

（2）背景技术。写明对发明或者实用新型的理解、检索、审查有用的背景技术；有可能的，并引证反映这些背景技术的文件。

（3）发明内容。写明发明或者实用新型所要解决的技术问题以及解决其技术问题采用的技术方案，并对照现有技术写明发明或者实用新型的有益效果。

（4）附图说明。说明书有附图的，对各幅附图作简略说明。

（5）具体实施方式。详细写明申请人认为实现发明或者实用新型的优选方式；必要时，举例说明；有附图的，对照附图。

实际上，一些国家的说明书有时不可能提供足够多的数据或详细内容。例如，保留在专利局内的额外的信息，根据《布达佩斯条约》规定的微生物菌种保藏刊登在扉页的固定位置上，DNA 说明书越来越长，以致实际的基因序列有时以单独文件记载而不在说明书中描述，生物技术或化学领域的说明书通常给出最佳实施方案。

2.2.3.3 权利要求书

权利要求书是申请人请求专利保护的范围，说明发明或实用新型的技术特征，清楚、简要地表述请求保护的范围。当发明创造授予专利权之后，权利要求书就是确定该发明创造专利权范围的依据，也是判断他人是否侵权的依据，权利要求书具有直接的法律效力。权利要求书与说明书之间有着密切的关系，权利要求书应当以说明书为依据，说明要求专利保护的范围。

权利要求分为独立权利要求和从属权利要求。以我国为例，独立权利要求从整体上反映发明或者实用新型的技术方案，记载解决技术问题的必要技术特征。从属权利要求用附加的技术特征，对引用的权利要求作进一步限定。

权利要求的撰写，对于发明创造取得有效保护至关重要。如果撰写不好，一项有价值的专利申请会因权利要求没有覆盖所有新的实质性特征或表述不当而得不到保护。

2.2.3.4　附图

附图用于补充说明书文字部分。在许多国家，附图被看成是专利申请文件中的一个独立部分；而在中国，附图是说明书中的一部分。附图和说明书一起构成权利要求的基础。

附图包括示意图、顺序图、流程图、数据图表、线路图、框图和化学结构式等，但多数化学结构式并不作为附图单独刊载，而是随着对发明创造内容的描述出现在说明书中相应的各部位中。在摘要中，化学结构式则以附图的形式出现。

2.2.3.5　检索报告

检索报告是专利审查员通过对现有技术进行检索，反映检索结果的文件。其相当于一份与专利申请所述发明创造有关的相关文献清单，通常与专利申请单行本一起出版或单独出版。检索报告对于评价发明创造的新颖性和创造性，决定是否授予专利权十分有用。申请人可根据检索结果对权利要求进行删改。对于申请人的竞争对手或任何人而言，检索报告是预测该申请能否授权的参考依据。

检索报告有两种形式，一种直接采用检索报告的形式，另一种则以专利文献著录项目的形式刊登在单行本扉页上。目前，一些专利组织，如欧洲专利局、欧亚专利局和世界知识产权组织国际局，采用检索报告的形式，格式基本相同；大多数国家则采用著录项目的形式刊出。

检索报告用一组字母表示对比文件与发明创造申请技术主题的相关程度，以下列出的是 WIPO 工业产权信息与文献推荐标准中 ST. 14《关于在专利文献中列入引证参考文献的建议》规定的字母含义。

X：仅考虑该文献，权利要求所记载的发明不能被认为具有新颖性或创造性；

Y：当该文献与另一篇或多篇此类文献结合，并且这种结合对于本领域技术人员显而易见时，权利要求所记载的发明不能认为具有创造性；

［下列字母用于表示其他与现有技术相关的引证文献（参考文献）的相关程度］

A：一般现有技术文献，无特别相关性；

D：由申请人在申请中引证的文献，该文献（参考文献）是在检索过程中要参考的，代码 D 应始终与一个表示引证文献相关性的类型相随；

E：PCT 细则第 33 条第 1 款第（c）项中确定的在先专利文献，但是在国际申请日当天或之后公布的；

  L：可能引起对优先权要求产生怀疑的文献，为了确定其他引证文献的公布日期而引证的文献，或由于其他特殊原因（应指出文献引证的理由）而引证的文献；

  O：涉及的口头公开、使用、展出或其他方式公开的文献；

  P：申请日前公布的文献（在 PCT 申请的情况下，即国际申请日），但其公布日迟于申请中所要求的优先权日，代码 P 始终与 X、Y 或 A 类型之一相随；

  T：在申请日（在 PCT 申请的情况下，即国际申请日）或优先权日后公布的文献，它与申请不抵触，但引证它是为了理解构成发明的原理或理论；

  &：同族专利中的文献，或者它的内容还没有被检索审查员核实，但被认为与检索审查员检查过的另一篇文献内容完全相同。

  上述类型的文献中，字母 X、Y 和 A 表示对比文献与申请文件的权利要求在内容上的相关程度；字母 E 表示对比文献与申请文件在时间上的关系和在内容上的相关程度；而字母 P 表示对比文献与申请文件在时间上的关系，其后应附带标明文献内容相关程度的字母 X、Y、E 或 A，它属于在未核实优先权的情况下所作的标记。

  上述字母代码所标记对比文件与申请文件的相关度解释在不同国际组织公布的检索报告中会有一些差异，以下是世界知识产权组织国际局出版的 PCT 国际申请单行本所附的检索报告（见图 2－1 和图 2－2）。

(12) INTERNATIONAL APPLICATION PUBLISHED UNDER THE PATENT COOPERATION TREATY (PCT)

(19) World Intellectual Property Organization
International Bureau

PCT

(43) International Publication Date
18 November 2004 (18.11.2004)

(10) International Publication Number
WO 2004/100112 A3

(51) International Patent Classification⁷: G09F 11/30

(21) International Application Number:
PCT/EP2004/005002

(22) International Filing Date: 10 May 2004 (10.05.2004)

(25) Filing Language: English

(26) Publication Language: English

(30) Priority Data:
0310776.0　　10 May 2003 (10.05.2003)　GB
0408855.5　　21 April 2004 (21.04.2004)　GB

(71) Applicant and
(72) Inventor: DEMOLE, Frederic, Jean-Pierre [GB/GB]; 2 Old Brompton Road, London SW7 3DQ (GB).

(34) Agent: ROLAND, André; André Roland S.A., P.O.BOX 1255, 15 Avenue Tissot, 1001 Lausanne (CH).

(81) Designated States *(unless otherwise indicated, for every kind of national protection available)*: AE, AG, AL, AM, AT, AU, AZ, BA, BB, BG, BR, BW, BY, BZ, CA, CH, CN, CO, CR, CU, CZ, DE, DK, DM, DZ, EC, EE, EG, ES, FI, GB, GD, GE, GH, GM, HR, HU, ID, IL, IN, IS, JP, KE, KG, KP, KR, KZ, LC, LK, LR, LS, LT, LU, LV, MA, MD, MG, MK, MN, MW, MX, MZ, NA, NI, NO, NZ, OM, PG, PH, PL, PT, RO, RU, SC, SD, SE, SG, SK, SL, SY, YJ, TM, TN, TR, TT, TZ, UA, UG, US, UZ, VC, VN, YU, ZA, ZM, ZW.

(84) Designated States *(unless otherwise indicated, for every kind of regional protection available)*: ARIPO (BW, GH, GM, KE, LS, MW, MZ, NA, SD, SL, SZ, TZ, UG, ZM, ZW), Eurasian (AM, AZ, BY, KG, KZ, MD, RU, TJ, TM), European (AT, BE, BG, CH, CY, CZ, DE, DK, EE, ES, FI, FR, GB, GR, HU, IE, IT, LU, MC, NL, PL, PT, RO, SE, SI, SK, TR), OAPI (BF, BJ, CF, CG, CI, CM, GA, GN, GQ, GW, ML, MR, NE, SN, TD, TG).

Published:
— *with international search report*

(88) Date of publication of the international search report:
2 March 2006

For two-letter codes and other abbreviations, refer to the "Guidance Notes on Codes and Abbreviations" appearing at the beginning of each regular issue of the PCT Gazette.

(54) Title: A DISPLAY SYSTEM

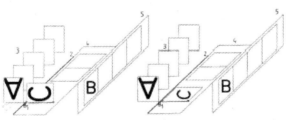

(57) Abstract: A system for displaying alphanumeric characters in airports, train stations or cinemas. The system comprises a small robot (1) on a rail (2) that can move along a stack of cards (3) on which alphanumerical characters are printed. The robot (1) is able to pick-up any card, place it on a mobile holding means (4). By repeating this operation words, numbers or codes can be formed. The holding means (4) is mobile in order to be in such a position as to exchange cards or in a position to display the composed information. The system provides for simplified pick-up, placing and retrieving operation and does not expose the hardware of the system to the public.

WO 2004/100112 A3

图 2-1　PCT 国际申请单行本的检索报告——首页

INTERNATIONAL SEARCH REPORT

International Application No
PCT/EP2004/005002

A. CLASSIFICATION OF SUBJECT MATTER
G09F11/30

According to International Patent Classification (IPC) or to both national classification and IPC

B. FIELDS SEARCHED
Minimum documentation searched (classification system followed by classification symbols)
G09F

Documentation searched other than minimum documentation to the extent that such documents are included in the fields searched

Electronic data base consulted during the international search (name of data base and, where practical, search terms used)

EPO-Internal, WPI Data

C. DOCUMENTS CONSIDERED TO BE RELEVANT		
Category *	Citation of document, with indication, where appropriate, of the relevant passages	Relevant to claim No.
A	WO 84/02791 A (WESTERN TECHNOLOGY LIMITED) 19 July 1984 (1984-07-19) cited in the application abstract; claim 1; figure 3	1-8
A	EP 0 702 345 A (BRIBEX LIMITED) 20 March 1996 (1996-03-20) the whole document	1-8
A	US 5 210 969 A (SUAREZ ET AL) 18 May 1993 (1993-05-18) abstract; figures 2-4	1-8

☐ Further documents are listed in the continuation of box C.	☒ Patent family members are listed in annex.

° Special categories of cited documents :

"A" document defining the general state of the art which is not considered to be of particular relevance

"E" earlier document but published on or after the international filing date

"L" document which may throw doubts on priority claim(s) or which is cited to establish the publication date of another citation or other special reason (as specified)

"O" document referring to an oral disclosure, use, exhibition or other means

"P" document published prior to the international filing date but later than the priority date claimed

"T" later document published after the international filing date or priority date and not in conflict with the application but cited to understand the principle or theory underlying the invention

"X" document of particular relevance; the claimed invention cannot be considered novel or cannot be considered to involve an inventive step when the document is taken alone

"Y" document of particular relevance; the claimed invention cannot be considered to involve an inventive step when the document is combined with one or more other such documents, such combination being obvious to a person skilled in the art.

"&" document member of the same patent family

Date of the actual completion of the international search	Date of mailing of the international search report
5 December 2005	14/12/2005
Name and mailing address of the ISA European Patent Office, P.B. 5818 Patentlaan 2 NL – 2280 HV Rijswijk Tel. (+31-70) 340–2040, Tx. 31 651 epo nl, Fax: (+31-70) 340–3016	Authorized officer Pavlov, V

Form PCT/ISA/210 (second sheet) (January 2004)

图 2-2 PCT 国际申请单行本的检索报告——第二页

2.2.4 专利文献著录项目

著录项目源于图书馆学专业术语。图书馆为帮助读者认识、选择文献，广泛传播文献所载知识信息，要为其馆藏文献编制目录，这项工作的基础就是对文献进行著录，编制出每种文献的项目，作为检索文献的途径和索取文献的依据。一般来说，著录按一定规则，对表示文献内容、外表形式和物质形状的特征进行分析、选择，最后将这些项目记录下来。由于项目产生于著录过程之中，所以被称为著录项目。

专利文献的著录项目是各工业产权局为揭示专利申请或其他工业产权保护种类申请的技术、经济信息特征以及文献外在形式信息特征，并可作为进行综合分析的信息线索而编制的项目，其包括专利及补充保护证书的著录项目、工业品外观设计的著录项目。

2.2.4.1　专利及补充保护证书的著录项目

对专利文献的著录项目的使用由来已久，但采用国际统一标准则始于 20 世纪 70 年代初。1973 年，各国专利局出版的专利文献开始标注由 ICIR-EPAT 规定使用的 INID 码，从而消除了专利文献用户在浏览各国专利文献时的语言困惑。

2004 年通过新版专利文献著录数据目录标准，即标准 ST. 9《关于专利及补充保护证书著录项目数据的建议》（参见附录 2），它适用于发明、实用新型、补充保护证书等专利文献的著录。该标准将原来著录项目的八大内容扩充为九大内容，广泛用于各国专利说明书扉页、专利公报以及其他检索工具中。

2.2.4.2　专利及补充保护证书 INID 码的使用说明

下面结合附录 2，对各国出版的发明及实用新型专利文献中 INID 码的使用需要注意的问题作一归纳说明。

（11）补充保护证书或专利文献号

一般统称为文献号。文献号名称依不同种类单行本而定，如对于专利申请公布单行本为公布号，对于专利公告单行本为公告号，对于专利单行本为专利号，对于补充保护证书单行本为补充保护证书号。

（12）文献种类文字释义

通常由文字和文献种类标识代码共同构成，解释单行本的种类，如（中国）发明专利申请 A。

（19）WIPO 标准 ST. 3 规定的代码，或公布文献的工业产权局或组织的其他标识

WIPO 标准 ST. 3 规定使用两位字母代码表示公布专利文献的国家或机构（参见附录 1：标准 ST. 3《表示国家、其他实体及政府间组织代码的推

荐标准》）。

（22）申请日期

各国专利局对申请日有不同规定，我国专利法规定申请日是指专利局收到专利申请文件的日期或者寄出专利申请文件的邮戳日期。

（24）工业产权权利开始生效日期

指专利权、补充保护证书、实用新型证书等其他工业产权权利生效的日期，并非权利保护期限的起始日，应区别对待。

（31）优先申请号，（32）优先申请日期，（33）优先申请国家或组织代码

这三项共同组成《巴黎公约》优先权数据，是构成同族专利的基础。

（43）未经审查的专利文献，对于该专利申请在此日或此日前尚未授权，通过印刷或类似方法使公众获悉的日期，和（41）未经审查的专利文献，对于该专利申请在此日或此日前尚未授权，通过提供阅览或经请求提供复制的方式使公众获悉的日期

这两项是指专利申请公开程序中单行本的公布日期。区别在于前者是这种单行本的出版日期；后者指不出版这种单行本，公开的申请文件经请求仅提供阅览、复制的日期。

（44）经过审查的专利文献，对于该专利申请在此日或此日前尚未授权或仅为临时授权，通过印刷或类似方法使公众获悉的日期，和（42）经过审查的专利文献，对于该专利申请在此日或此日前尚未授权，通过提供阅览或经请求提供复制的方式使公众获悉的日期

这两项是指专利申请审定公告（也称展出公告）程序中单行本的公布日期。两者区别同上所述。

（45）此日或此日前已经授权的专利文献，通过印刷或类似方法使公众获悉的日期，和（47）此日或此日前已经授权的专利文献，通过提供阅览或经请求提供复制的方式使公众获悉的日期

这两项是指专利单行本的公布日期。两者区别与前相同。

（56）单独列出的现有技术文献清单

如前所述，属于检索报告的一种形式，通常刊登在经过专利性审查的专利说明书扉页上，如德国展出说明书和专利说明书、日本专利单行本、美国专利单行本等。与检索报告作用一样，但两者的报道形式及详略程度不同。美国专利单行本扉页上，该项目冠以"引用的相关文献"，分为本国专利文献、外国专利文献、其他文献三部分。

（71）申请人名称或姓名

在专利授权前公布的单行本上使用，表示提出专利申请的人。

（75）发明人兼申请人姓名

主要在美国专利说明书上使用。美国实行先发明制原则，美国专利法规定发明申请必须由发明人提出，因而在美国发明人与申请人同是一人。

（81）依据《专利合作条约》的指定国

指国际申请可进入的国家或组织范围。2004 年之前，指定国须由申请人在提出国际申请时指定；2004 年起，所有《专利合作条约》成员国自动成为指定国。因此这一著录项目提供的专利地域效力仅供参考。

（84）依据地区专利条约指定的缔约国

根据地区专利公约提出的专利申请一旦被授予专利，该专利权在所有指定的缔约国生效。

（91）～（97）是标准 ST.9 新增加的一组代码。由于欧洲共同体委员会 1992 年 6 月 18 日的规程引入了对于药品实行补充保护证书而产生的一种保护客体的特殊类型，因此标准 ST.9 特为这类补充保护证书制定了专用代码。

2.2.4.3　工业品外观设计著录项目

目前世界上有 100 多个国家对工业品外观设计实行法律保护。工业品外观设计与发明、实用新型一样，也有一套著录数据的目录标准。2004 年 WIPO 工业产权信息常设委员会（PCIPI）通过的标准 ST.80《关于工业品外观设计著录项目数据的建议》（参见附录 3），共八项内容，同样用 INID 码表示。由于各国工业品外观设计一般都在专利公报或单独出版的工业品外观设计公报中刊登，因此，工业品外观设计著录项目主要见于上述两种公报中。

2.2.4.4　专利信息特征

专利文献著录项目是表示专利信息的特征。无论是纸载体的专利检索工具书、专利光盘数据库还是网上专利检索系统，多以专利文献著录项目为检索入口，人们依据某一个或几个特征检索、获取专利文献。检索结果往往获得另外一些专利信息特征，并以此进行再检索或扩大检索。专利信息特征主要包括三个方面：技术信息特征、法律信息特征和文献外在形式信息特征。

1. 技术信息特征

顾名思义是指揭示发明创造技术内容的信息特征，包括：某一技术领域内的新发明创造，某一特定技术的发展历史，某一技术关键的解决方案，某项发明创造的所属技术领域，某项发明创造的技术主题，某项发明创造的内容提要等。反映在专利文献著录项目中一般有专门的一组 INID 代码，如用于发明和实用新型的著录项目：

（50）技术信息

（51）国际专利分类

（52）内部分类或国家分类

（54）发明名称

（56）单独列出的现有技术文献清单

（57）文摘或权利要求

（58）检索领域

用于工业品外观设计著录项目中也有类似的一组：

（51）工业品外观设计国际分类（洛迦诺分类）

（52）国家分类

（53）包含在一项组合（成套）申请或注册里的工业设计标识

（54）工业设计所涵盖的物品或产品的名称，或者工业设计名称

（55）工业设计的再现（例如，图片、照片）和与再现相关的解释

（56）现有技术文献清单

（57）包含色彩指示的工业设计实质特征的描述

著录项目代码（51）、（52）提供专利文献分类的相关信息，十分有用。可根据该项目下提供的分类号检索不同时期的相同技术主题的发明创造，对于外观设计而言则提供同类产品的不同设计。尤其是国际分类号，可以检索不同国家、不同时期的同类技术主题（或同类产品）的专利文献，从而了解发明创造所属技术领域在世界范围内的发展状况。

现有技术文献清单，揭示的是同类技术主题的现有技术信息，近年来欧洲专利局、美国专利商标局、汤森路透集团将其开发成专门的引文数据库，用于专利文献的综合分析。

检索领域，是审查员对发明创造申请技术主题的检索范围，对于扩大检索很有参考价值。

2. 法律信息特征

也称权利信息特征，是指揭示与发明创造的法律保护及权利有关的信息特征，包括：某项发明创造申请是否授权，某项发明创造申请请求法律保护的范围，某件专利受保护的地域范围，某件专利的有效期，某件专利

的权利人等。反映在专利文献著录项目中涉及的 INID 代码有许多，按类别划分包括以下内容：

各种号码：（11）文献号、注册号和/或外观设计文献号；（21）申请号等。

各种日期：包括（22）申请日期、（24）权利生效日期、（41）、（42）、（43）、（44）、（45）、（47）等使公众获悉的日期。（22）申请日揭示的法律信息非常重要，它不仅是新颖性判定、先用权认定的界定日，也是大多数国家专利或注册证书有效期计算的起始日；（44）经过审查的专利文献，对于该专利申请在此日或日前尚未授权或仅为临时授权，通过印刷或类似方法使公众获悉的日期，这一项也是一个重要的权利有效期的时间起点，因为有些国家将文献的公告日作为权利有效期计算的起始日。

优先权数据：包括（31）优先权号、（32）优先权日期、（33）优先权国家。

当事人标识：包括（71）申请人姓名，（73）权利人、持有者、受让人或权利所有人名称或姓名，（78）当权利人变更时，新权利人的名称和地址等，（88）权利人拥有真实有效的工业或商业场所的所在国。

专利地域信息：（81）依据《专利合作条约》的指定国，（84）依据地区专利条约的缔约国。

药品专利实施信息：（92）第一次国家允许作为医药品向市场供货的日期及号码（用于补充保护证书），（93）第一次允许作为药品向地区经济共同体市场供货的号码、实施日期及国家（用于补充保护证书）。

3. 文献外在形式信息特征

专利文献的外在形式特征是指专利单行本的名称、文献号、公布专利文献的机构、公布日期等。说明书的页数、权利要求的项数、附图的页数等虽属于专利文献的外在形式特征，但在标准中未设专项及 INID 码。

2.2.5　专利文献的编号体系

专利文献的编号从形式上看，是一些简单的阿拉伯数字的排列，但这些简单的阿拉伯数字排列却有着极严格的使用场合和各自不同的作用。因此，搞清各种专利文献编号具有很重要的意义。

专利文献的编号包括申请号和文献号。

2.2.5.1 申请号

1. 申请号的作用

申请号，确切地说为申请注册号，是各工业产权局在受理专利（注册证书）申请时编制的序号。如中国发明专利申请号 93105342.1。申请号有临时申请号和申请号之分。

临时申请号是少数国家为临时申请案编制的序号。如在澳大利亚，专利申请 AU—41788/89 的临时申请号为 PJ0609。

申请号是确定发明创造申请受理的标志。申请号通常用于各工业产权局内部各类申请和审批流程中的文档管理，也是申请人与其进行有关专利事务联系的依据。例如：申请文件的补正、各种通知的答复、各种费用的缴纳、异议或无效请求的提出等都以申请号为依据。申请号还经常是引证同族专利中所有文献的唯一标识。

2. 申请号的编号方式

专利申请号的编号方式主要有两种：按年编号和连续编号。

（1）按年编号，即申请号由年代和当年申请序号组成。表示年代的方式又分为：公元年、本国纪年以及用某一特定数字表示。

①按公元年编号，例如：

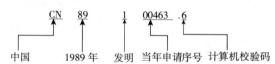

②按本国纪年编号，例如：

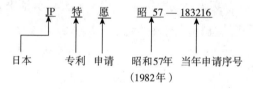

③用某一特定数字表示年代编号，例如：

（2）连续编号，即申请号的组成仅为连续编排的序号，包括按总顺序编号和多年循环编号。

①按总顺序编号，例如：

②多年循环编号，例如：

3. 与申请号有关的专利文献标准

世界进入新的千年后，申请号年代的准确表示引起各国广泛关注，WI-PO 也给予高度重视。

为了解决现有的各国专利文献申请号在现代信息技术加工处理过程中的实际问题，PCIPI 于 1997 年修订并出版了新的专利文献申请号标准，即 ST. 13《关于专利、补充保护证书、工业品外观设计及集成电路布图设计申请的编号建议》，该标准对各国专利文献申请号的编号方式提出以下建议：

（1）申请号应包括两个基本要素：4 位数字表示的公历年代、申请顺序编号。数字位数由各国自行决定，但不应超过下述（3）中规定的长度。

（2）建议在申请号组成中使用以下字母表示工业产权保护客体的种类：

"a" 用于发明专利申请

"v" 用于植物专利申请

"s" 用于外观设计专利申请

"u" 用于实用新型申请

"c" 用于补充保护证书申请

"f" 用于工业设计申请

"q" 用于与工业品外观设计申请不同编号系列的工业模型申请

"t" 用于集成电路布图设计申请

（3）申请号中字母与数字组合总数不应超过 12 个。

（4）申请号年代、字母、顺序编号间留有间隔。

综合以上要求，该标准列出以下各类申请号范例（见表 2-3）。

表 2-3　各类申请号范例

申请号组成	说　　明
a 2000 1234567	2000 年提交的发明专利申请，号码为 1234567
v 2001 4321	2001 年提交的植物专利申请，号码为 4321
s 2002 654321	2002 年提交的外观设计专利申请，号码为 654321
u 2003 00123	2003 年提交的实用新型申请，号码为 00123
c 2004 0010	2004 年提交的补充保护证书申请，号码为 0010
f 2005 1234	2005 年提交的工业设计申请，号码为 1234
q 2006 0123	2006 年提交的工业模型申请，号码为 0123
t 2007 0046	2007 年提交的集成电路布图设计申请，号码为 0046
2008 1234567	2008 年提交的不指明工业产权保护客体种类的申请，号码为 1234567，但应遵守申请号的一般规则

需要说明的是，该标准中"工业设计"包括客体形状和表面的二维和三维特征。因此，既包括设计的概念也包括模型的概念。"工业设计"不包括外观设计专利。

2.2.5.2　文献号

1. 文献号的作用

文献号是各工业产权局在公布专利文献（包括公开出版和仅提供阅览复制）时编制的序号。

各国对公布的专利文献一般有两种方式管理：一种根据某一专利分类体系按类存放，另一种则依公布的文献号顺序存放（一般称为流水号文档）。当文献号按公布日先后顺序连续编排时，流水号文档能有效地保证文档的完整性。因此，文献号是索取专利单行本的唯一依据。

2. 文献号的特点

如果说唯一性是申请号的特点，那么文献号的特点就是多重性。如前所述，申请一经受理，随后便依审查制度和审批程序可以一次公布或多次公布，从而导致一件申请只有一个申请号，却有多个文献号。

一次公布：一般是实行登记制和完全审查制的结果。通常出版已授权的专利单行本或公告的单行本时，文献号为专利号或公告号。

多次公布：一般是实行半审查制、延迟审查制的结果。一件申请在不同阶段公布，相应地就有不同文献号。如未经审查的公布阶段，文献号为公布号；经过审查、尚未授权的公告阶段，文献号为公告号（审定号、展出号）；授权公告阶段，文献号为授权公告号或专利号（证书号）。

3. 文献号编号方式

WIPO 为使各国在制定本国专利文献号体系时采取统一标准，特制定标准 ST.6《对公布的专利文献编号的建议》。该标准对文献号的构成作了限定：文献号仅由一组阿拉伯数字表示，国别代码和文献类型标识代码不能构成文献号的组成部分，但对于一份专利单行本来说，这两种代码应与文献号组合使用。

各国文献号编号方式基本分为顺序编号和按年编号两种。文献号与审查制度及审查程序公布阶段的对应关系参见表 2-4 示例。

表 2-4 文献号与审查制度及审查程序公布阶段的对应关系

	按年编号		连续编号
一次公布	登记制	RU1245U	CN88300457S
	完全审查制	US4561236A	
多次公布	半审查制、延迟审查制（未经审查阶段）	FR2780604A	DE3038914A（特定数字为年代）
			AU35782/99（按公元年编号）
		CN1087369A	JP57-164100A（按本国纪年编号）
	延迟审查制（经审查、尚未授权阶段）	AU405922B	DE3038914B（特定数字为年代）
			JP58-101208B（按本国纪年编号）
	半审查制、延迟审查制（授权阶段）	FR2780604B	DE3038914C
		JP1179566C	

2.3 专利公报、专利文摘出版物

本节重点介绍二次专利文献，即专利公报、专利文摘出版物的共性特征、主要内容及其作用。

2.3.1 专利公报

2.3.1.1 专利公报的特点和作用

如前所述，专利公报有广义和狭义两种解释。这里主要介绍广义的专利公报，它是二次专利文献最主要的出版物。出版形式有周刊、半月刊和月刊，目前以周刊为多。

专利公报以其连续出版、报道及时、法律信息准确而丰富的特点，成为一种可靠的工业产权信息源。因此，专利公报即可用于了解近期有关工业产权申请和授权的最新情况，也可用于进行专利文献的追溯检索，还可用于掌握各项法律事务变更信息以及各国工业产权保护方面的发展动态。

2.3.1.2 专利公报的类型

专利公报的类型根据专利申请及授权的报道形式可分为题录型专利公报、文摘型专利公报和权利要求型专利公报。无论哪种类型都以专利文献著录项目作为检索标目。

1. 题录型专利公报

题录型专利公报仅以著录项目的形式报道最新专利申请或专利信息。题录型专利公报报道的每项专利申请或授权专利包括以下著录项目：专利分类号、文献号、申请号、申请日期、申请人（或受让人）、发明人（或设计人）、发明创造名称。题录型专利公报同时辅以专利文摘出版物。出版题录型专利公报的国家及组织主要有：欧洲专利局、英国、德国、瑞士等。

2. 文摘型专利公报

文摘型专利公报以著录项目和文摘的形式报道最新专利申请或专利信息。文摘型专利公报通常还包括一幅主图（如果有图的话）。目的是简要介绍发明创造的主要技术内容。出版文摘型专利公报的国家及组织主要有：中国、法国以及 WIPO 国际局。

3. 权利要求型公报

权利要求型公报以著录项目和权利要求的形式报道最新专利申请或专利信息。一般刊登独立权利要求，也有刊登独立权利要求及从属权利要求的情况。权利要求型公报还包括一幅主图（如果有图的话）。目的是公布专利申请请求法律保护的范围或法律限定的技术特征范围。更重要的是，有的权利要求型公报以公布专利申请或授权专利权利要求的方式，代替相应全文说明书某一公布级的出版，如俄罗斯。出版权利要求型专利公报的国家及地区主要有：美国、俄罗斯（前苏联）、我国台湾地区。

2.3.1.3 专利公报的主要内容及编排格式

按照专利文献标准 ST. 18《关于专利公报及其他专利期刊的建议》和标准 ST. 11《关于专利公报或及相关出版物最低限索引的建议》的规定，各国专利公报的主要内容分为以下三大部分，并有严格的编排格式。

1. 申请的审查和授权情况

各国专利公报均按工业产权的审批程序公布以下信息：（1）有关申请

报道；（2）有关授权报道；（3）作为地区性、国际性专利组织的成员国，有关地区性、国际性专利组织在该国的申请及授权报道；（4）与所公布的申请和授权有关的各种法律状态的变更信息。这一点是专利公报与一般二次文献最突出的区别。

前三项内容的报道形式有：

（1）仅以著录项目的形式。采用 INID 代码标准，当某种类型（如授权公布）的报道采取同样的著录项目内容时，一般在前面或标目中举例说明。各国公报著录项目一般包括：（51）（52）分类号（11）文献号（21）申请号（22）申请日（30）优先权数据（70）人事引证项（54）发明名称。

（2）著录项目、文摘或权利要求的形式。

（3）采用著录项目、文摘或权利要求、主要附图的形式。

专利公报无论以哪种形式报道，申请和授权有关信息都按国际专利分类或国内专利分类排序。

2. 其他信息

（1）由专利局（工业产权局）以及其他机构通过的有关工业产权领域的决定、决议。

（2）上述机构的有关法律实践或相关程序报道。

（3）专利文献的订购、获得信息。

（4）专利分类的使用及检索方法。

（5）负责某项内容报道的人员姓名、签名、职务或有关机构。

（6）工业产权局专利图书馆服务的有关信息。

（7）权利继承人、申请人、发明人或专利权人准备签订许可合同的有关信息。

（8）涉及工业产权问题的书籍、文章。一般刊登在公报的第二页或最后一页，也可单独出版。

此外，专利公报还定期公布根据标准 ST. 9《关于专利及补充保护证书著录数据的建议》和标准 ST. 3《代表国家、机构及政府间组织代码的推荐标准》在专利公报中使用的 INID 代码和国别代码目录。

3. 专利索引

各国专利公报一般包括以下几种索引。

（1）号码索引，包括：分类与号码对照索引，人名与号码对照索引。

（2）分类索引，包括：号码与分类号对照索引，人名与分类号对照索引。

（3）人名索引，包括：号码与人名对照索引，分类号与人名、号码对照索引。

（4）号码、分类号索引：人名与号码或人名与分类号、号码对照索引。

2.3.2 工业品外观设计公报

如前所述，各工业产权局出版的专利公报遵照一定之规，已有成型模式。然而，工业品外观设计公报无论是单独出版，还是作为其他工业产权公报的一部分，在其内容、著录项目选用和各类信息报道顺序上都各行其是、区别很大。尽管如此，工业品外观设计公报还是采用类似专利公报的三大内容及编排格式。由于工业品外观设计审查制度和程序，以及保护客体的特性，工业品外观设计公报与专利公报虽然有些不同，但都报道工业品外观设计专利或注册证书延期，工业品外观设计保存延期的有关信息，以及其他法律变更的有关信息。工业品外观设计公报对申请审批情况的报道有两种形式，著录项目形式和著录项目、图片形式。

2.3.3 专利文摘出版物

专利文摘出版物是题录型专利公报的补充性出版物，作为报道最新专利申请或授权专利的技术文摘之用，多与题录型专利公报同步出版。这时文摘出版物多按专利分类编排，因而被称为分类文摘。文摘出版物与文摘型专利公报的区别是不报道有关专利申请审批过程及专利授权情况的各类法律信息。

本章思考与练习

1. WIPO 标准 ST. 9 和 ST. 80 的内容和作用是什么？

2. WIPO 标准 ST. 13 的内容和作用是什么？

3. WIPO 标准 ST. 14 的内容和作用是什么？

4. WIPO 标准 ST. 16 的内容和作用是什么？

5. 专利文献编号的构成、编号特点和作用是什么？

第3章 主要国家、国际（地区）性
专利组织专利文献

　　本章对中国、美国、日本、欧洲专利局和世界知识产权组织出版的专利文献及其类型、主要内容、编排格式、编号体系等作出具体介绍，旨在便于深入了解、系统学习这些国家、国际（地区）性组织的专利文献知识。

3.1 中国专利文献

　　本节内容包括我国 1985 年《专利法》实施以后的专利文献，以及我国香港特别行政区和台湾地区的专利文献。下面分别介绍。

3.1.1 中华人民共和国专利文献

3.1.1.1 中国专利制度的建立与发展

　　我国专利制度的萌芽初见于 1859 年的《资政新篇》，太平天国领导人洪仁玕写道："倘有能造如外邦火轮车，一日夜能行七八千里者，准自专其利，限满准他人仿做。"1898 年 5 月，第一部有关专利的法规《振兴工艺给奖章程》出台，规定了实质上是专营权的专利权期限：10 年、30 年和 50 年。1912 年 12 月颁布的《奖励工艺品暂行章程》标志着专利制度建立并形成，其规定对发明或者除食品、药品之外的改良产品授予 5 年以内的专利权，直到 1944 年的 32 年间总计批准专利 692 件。然而，我国历史上第一部正式的专利法是 1944 年 5 月 29 日由当时的国民党政府颁布并于 1949 年 1 月 1 日施行的专利法，该法成为现在我国台湾地区"专利法"的基础。

　　新中国成立之后，于 1950 年 8 月公布《保障发明权与专利权暂行条例》，其后又有若干关于发明奖励条例的法规出台。可以说，直至 1985 年 4 月 1 日我国实际上实行的是发明奖励制度。

　　1978 年改革开放以后，我国开始筹建专利制度并着手起草专利法。1985 年 4 月 1 日，新中国第一部《中华人民共和国专利法》付诸实施。根据 1985 年《专利法》的规定，对发明、实用新型、外观设计实行专利保护。随着我国市场经济的发展、完善，为了逐步顺应国际专利制度发展趋势，《专利法》先后于1992年和2000年、2008年进行了三次修订，并分别于1993年1月1日和2001年7月1日、2009年10月1日施行。这三次修订对专利文献出版的影响主要有以下几点：（1）三种专利保护期的延长。1985年《专利法》规定，发明专利权有效期为15年，实用新型和外观设计专利权有效期各为5年，分别可延长3年，均自申请日计算。1992年《专利法》规定，发明专利专利权为20年，实用新型和外观设计专利权各为10年，均自申请日起计算。（2）简化专利审批程序。1985年《专利法》规定，对发明专利申请实行早期公开、延迟审查的制度，专利申请经实质审查后到授予专利权期间设异议程序。对实用新型、外观设计专利申请实行初步审查制，专利申请经初审公告到授予专利权期间设异议程序。1992年《专利法》取消了三种专利的异议程序，改为授予专利权后6个月内的撤销程序和6个月后的无效程序。2000年《专利法》再度取消撤销程序，对于实用新型增设授权后的检索报告制度。2008年《专利法》将实用新型检索报告制度修改为实用新型及外观设计专利权评价报告制度。

3.1.1.2 中国专利单行本

中国各种专利单行本自1985年9月开始出版以来，随专利审批程序的变化而不断变化。现将不同审批阶段出版的专利单行本汇总如下。

1. 1985～1992年的各类专利单行本

（1）发明专利申请公开说明书，文献种类标识代码A。

这是一种未经实质性审查、尚未授予专利权的单行本。发明专利申请提出后，经形式审查合格，自申请日或优先权日起满18个月即行公布，出版发明专利申请公开说明书单行本。1985～2006年均以此名称出版。

（2）发明专利申请审定说明书，文献种类标识代码B。

这是一种经过实质性审查、但尚未授予专利权的说明书。1985年《专利法》规定，发明专利申请自申请日起3年内，专利局可根据申请人随时提出的请求，对其申请进行实质性审查。经实审合格的，予以审定公告，出版发明专利申请审定说明书单行本。自公告日起3个月内为异议期，期满无异议或异议理由不成立的，对专利申请授予发明专利权。仅在1985～1992年出版。

（3）实用新型专利申请说明书，文献种类标识代码U。

我国对实用新型专利申请实行初步审查制，申请提出后，经初步审查合格即行公告，出版实用新型专利申请说明书单行本。自公告日起3个月内为异议期，期满无异议或异议理由不成立的，对专利申请授予实用新型专利权。仅在 1985 ~ 1992 年出版。

（4）外观设计申请公告，文献种类标识代码 S。

外观设计专利申请同样实行初步审查制。申请提出后，经初步审查合格即行公告。由于外观设计仅由简要说明、图片或照片组成，因而不出版单行本，只在专利公报上进行公告。自公告日起 3 个月内为异议期，期满无异议或异议理由不成立的，对专利申请授予外观设计专利权。

为减少重复出版，对上述授权的三种专利一般不再出版专利说明书。如果经异议或无效程序，对发明专利申请审定说明书单行本或实用新型专利申请说明书单行本作出较大修改，则才出版相应的修改后的发明专利说明书单行本或实用新型专利说明书单行本。在此阶段这两种单行本只出过若干件。

2. 1993 ~ 2010 年 3 月的各种专利单行本

1993 年《专利法》第一次修改后，由于取消了三种专利申请授权前的异议程序，专利单行本出现以下新的种类。

（1）发明专利说明书，文献种类标识代码 C。

发明专利申请经实审合格即可授予专利权，自 1993 年 1 月 1 日起开始出版发明专利说明书单行本，从而取代了发明专利申请审定说明书单行本的出版。

（2）实用新型专利说明书，文献种类标识代码 Y。

实用新型专利申请经初审合格即可授予专利权，自 1993 年 1 月 1 日起开始出版实用新型专利说明书单行本，从而取代了实用新型专利申请说明书单行本的出版。

（3）外观设计授权公告，文献种类标识代码 D。

外观设计专利申请经初审合格即可授予专利权，自 1993 年 1 月 1 日起开始在外观设计公报中公告，外观设计申请公告也随之取消。

（4）外观设计专利，文献种类标识代码 D。

自 2006 年起，除在外观设计公报中登载外观设计授权公告之外，同时还出版外观设计专利单行本。外观设计专利单行本由扉页和外观设计图片或照片页构成，图片或照片按申请人提交的原稿色彩出版（见图 3 - 1）。

（5）发明专利申请公布说明书，文献种类标识代码 A。

2007 年 1 月，发明专利申请公开说明书单行本更名为发明专利申请公布说明书，法律性质和公布级均未变化。

3. 2010 年 4 月以后的各类专利单行本

2010 年 4 月，随着新修订的《专利法实施细则》的生效，所有中国专

利单行本名称、扉页上的专利文献著录项目及出版格式也作了以下相应的
调整：发明专利申请公布说明书单行本名称更名为发明专利申请（见图 3－
2），文献种类代码仍为 A；发明专利说明书单行本名称更名为发明专利
（见图 3－3），文献种类代码更改为 B；实用新型专利说明书单行本名称更
名为实用新型专利（见图 3－4），文献种类代码更改为 U；外观设计专利单
行本的文献种类代码更改为 S。

可用以下示意图（见图 3－5、图 3－6、图 3－7）对以上各种单行本的
产生和变更进行归纳、总结。

（19）中华人民共和国国家知识产权局

（12）外观设计专利

（10）授权公告号 CN 301266846 S
（46）授权公告日 2010. 06. 23

（21）申请号 200930296386. 6

（22）申请日 2009. 10. 26

（73）专利权人 江苏陈老六服饰有限公司
地址 215500 江苏省常熟市南三环路（立交
桥堍）

（72）设计人 陈均景

（74）专利代理机构 常熟市常新专利商标事务所
52115
代理人 朱伟军 何艳

（51）LOC(8)Cl.
02-02

银片或照片 2 幅 简要说明 1 页

（64）使用外观设计的产品名称
裤子（1）

主视图

图 3－1　外观设计专利单行本扉页

(19) 中华人民共和国国家知识产权局

(12) 发明专利申请

(10) 申请公布号 CN 101692094 A
(43) 申请公布日 2010.04.07

(21) 申请号 200910162680.6

(22) 申请日 2009.08.18

(71) 申请人 刘维甲
　　地址 102218 北京市昌平区天通苑东一区
　　　　　57 号楼 1804 室
　　申请人 王新华

(72) 发明人 刘维甲　王新华

(74) 专利代理机构 北京方韬法业专利代理事务
　　　　　　　　　所 11303
　　代理人 岳亚

(51) Int. Cl.
　　G01N 37/00 (2006.01)

権利要求书 1 页　说明书 4 页　附图 1 页

(54) 发明名称
　　一种物质分析方法和仪器系统

(57) 摘要
　　本发明公开了一种物质分析方法和仪器系统，前端设备对被检测物质进行采样，取得被检测物质的物理化学数据、曲线或者图象；前端设备将物理化学数据、曲线或者图象进行数字化并压缩；前端设备将数字化的物理化学数据、曲线或者图象通过网络传输给网络中心服务器；网络中心服务器对数字化的物理化学数据、曲线或者图象进行分析，获得分析结果；然后网络中心服务器将分析结果通过网络传输给前端设备；前端设备显示或者发表分析结果。采用本发明的技术方案，能够提高物质分析仪器的分析处理水平和能力，降低每台物质分析仪器的成本，而且分析仪器的操作极为简单。

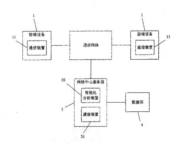

图 3-2　发明专利申请单行本扉页

(19) 中华人民共和国国家知识产权局

(12) 发明专利

(10) 授权公告号 CN 1655197 B
(45) 授权公告日 2010.04.28

(21) 申请号 200510056076.7

(22) 申请日 2003.03.13

(30) 优先权数据
2002-068022 2002.03.13 JP

(62) 分案原申请数据
03120541.0 2003.03.13

(73) 专利权人 欧姆龙株式会社
地址 日本京都府

(72) 发明人 赤木哲也

(74) 专利代理机构 隆天国际知识产权代理有限
公司 72003
代理人 高龙鑫 王玉双

(51) Int.CI.
G08B 13/194 (2006.01)
F16P 3/14 (2006.01)

(56) 对比文件
JP 2000182165 A, 2000.06.30, 说明书第
2—5栏及附图1.
CN 2265526 Y, 1997.10.22, 全文.
CN 1056574 A, 1991.11.27, 全文.
JP 200199615 A, 2001.04.13, 全文.

审查员 何毅

权利要求书 1 页 说明书 22 页 附图 36 页

(54) 发明名称
监视装置

(57) 摘要

本发明涉及一种例如在适用于人体进入危险区域的监视或者人体接近危险物体的监视时，无论进入路径如何，都可以确实监视其进入或者接近的监视装置。该监视装置包括在三维区域中检测侵入物体输出对应的检测信息的检测装置；用于设定成为监视对象的三维区域内的侵入物体的位置和动向进行监视所必要的信息的设定装置；根据上述检测装置生成的检测信息和上述设定装置设定的设定信息、生成有关在上述成为监视对象的三维区域内上述侵入物体的位置和动向的监视信息的监视信息生成装置；向外部输出与有关由上述监视信息生成装置生成的侵入物体的位置和动向的监视信息相对应的控制输出和显示输出的外部输出装置。

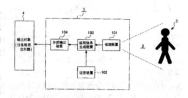

图 3-3 发明专利单行本扉页

(19) 中华人民共和国国家知识产权局

(12) **实用新型专利**

(10) 授权公告号 CN 201442161 U
(45) 授权公告日 2010.04.28

(21) 申请号 200920016912.2

(22) 申请日 2009.08.25

(73) 专利权人 沈阳元生电气有限公司
地址 110144 辽宁省沈阳市于洪区沙岭街道
沙河路 H 区 1 号

(72) 发明人 李兴云　李富佳

(74) 专利代理机构 沈阳科威专利代理有限责任
公司 21101
代理人 张述学

(51) Int.Cl.
B23K 37/04 (2006.01)
B23K 37/00 (2006.01)
B23K 37/047 (2006.01)
B23K 26/42 (2006.01)

权利要求书 1 页　说明书 5 页　附图 20 页

(54) 实用新型名称
连续焊上料侧齿条机构

(57) 摘要
　　一种连续焊上料侧齿条机构，它包括底座、超薄气缸，其特征是：底座上固定连接导柱，在导柱上滑动组装带内齿条的齿条滑动座，齿条滑动座设置作用底板，在作用底板的上表面设置作用斜面，在作用斜面的上方留有作用轴承运行空间，超薄气缸的活塞杆连接吊耳，在吊耳上通过连接轴连接作用轴承，在齿条滑动座的下面组装顶起弹簧。本实用新型能实现对不等厚两块短板、多组进行输送定位，也能对板长超过 3.5M 的不等厚两块钢板实施连续输送定位，从而满足精密导轨输送定位机的使用要求。

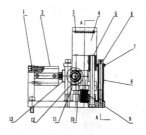

图 3-4　实用新型专利单行本扉页

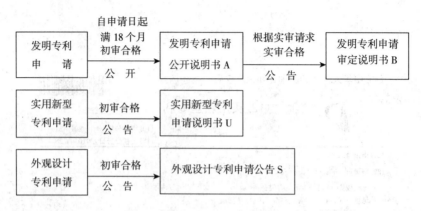

图 3-5 1993 年《专利法》第一次修改前的专利文献

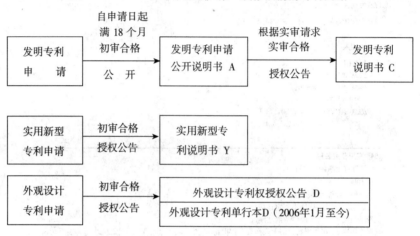

图 3-6 1993 年《专利法》第一次修改后的专利文献

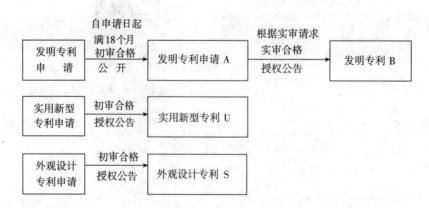

图 3-7 2008 年《专利法》第三次修改后的专利文献

3.1.1.3 中国专利编号

在查阅和使用中国专利文献的过程中，人们经常会困惑于令人眼花瞭乱的专利编号。中国专利编号有以下六类：

申请号：是在提交专利申请时给出的编号；

专利号：是在授予专利权时给出的编号；

申请公布号：也称申请公开号，简称公开号或公布号，是对发明专利申请单行本的编号；

审定公告号：简称审定号，是对发明专利申请审定说明书单行本的编号；

申请公告号：简称公告号，是对实用新型专利申请说明书和公告的外观设计专利申请的编号；

授权公告号：是对发明专利单行本、实用新型专利单行本、公告的外观设计专利和外观设计专利单行本的编号。

中国专利编号主要在 1989 年、1993 年、2003 年、2007 年和 2010 年作过几次调整，据此可将其分为四个阶段：1985 ~ 1988 年、1989 ~ 1992 年、1993 ~ 2010 年 3 月（其中 2003 年 10 月 1 日申请号升位和 2007 年 7 ~ 8 月文献号升位）、2010 年 4 月以后。

1. 第一阶段：1985 ~ 1988 年（见表 3 - 1）

表 3 - 1　1985 ~ 1988 **年的专利编号**

	申请号	申请公开号	申请公告号	审定公告号	专利号
发　明	85100001	CN 85100001 A		CN 85100001 B	ZL 85100001
实用新型	85201109		CN 85201109 U		ZL 85201109
外观设计	86399425		CN 86399425 S		ZL 86399425

此阶段编号的特点是：

（1）刊登在专利文献上的三种专利申请号均由 8 位数字组成，按年编排，如 85100001。其中，前 2 位数字表示受理专利申请的年代；第 3 位数字表示专利申请的种类：1——发明，2——实用新型，3——外观设计；后 5 位数字表示当年申请的顺序号。

（2）所有文献号沿用申请号，也称一号多用。一号多用的编号方式突出的优点是方便查阅，易于检索；不足之处是专利审查过程中的撤回、驳回、修改或补正，使申请文件不可能全部公开或按申请号的顺序依次公开，从而造成中国专利文献的缺号和跳号（号码不连贯），给纸件中国专利文献的收藏、管理与使用带来诸多不便。因此，中国专利文献的编号体系于 1989 年就此作了调整。

（3）专利号前的 ZL 为"专利"二字汉语拼音的声母组合。

2. 第二阶段：1989～1992 年（见表 3-2）

表 3-2　1989～1992 年的专利编号

	申请号	申请公开号	申请公告号	审定公告号	专利号
发 明	89100002. X	CN1044155A		CN1014821B	ZL 89100002. X
实用新型	89200001.5		CN2043111U		ZL 89200001.5
外观设计	89300001.9		CN3005104S		ZL 89300001.9

此阶段编号的特点是：

（1）自 1989 年开始出版的专利文献中三种专利申请号和专利号开始显示校验位了，如 89200001.5 和 ZL 89200001.5，小数点后面的数字即为计算机校验码。

（2）自 1989 年开始出版的所有专利单行本的文献号均由 7 位数字组成，按各自流水号序列顺排。起始号分别为：发明专利申请公开号自 CN1030001A 开始，发明专利申请审定公告号自 CN1003001B 开始，实用新型申请公告号自 CN2030001U 开始，外观设计申请公告号自 CN3003001S 开始。首位数字表示专利权种类：1——发明，2——实用新型，3——外观设计。

3. 第三阶段：1993～2010 年 3 月（见表 3-3）

表 3-3　1993～2010 年 3 月的专利编号

种 类	申请号	申请公布号	授权公告号	专利号
发明专利	93100001.7	CN 1089067 A	CN 1033297 C	ZL 93100001.7
进入中国国家阶段的 PCT 发明专利	94190008.8	CN 1101484 A	CN 1044447 C	ZL 94190008.8
	96180555.2	CN 1242105 A	CN 1143371 C	ZL 96180555.2
	98805245.8	CN 1258422 A	CN 100440991 C	ZL 98805245.8
实用新型专利	93200001.0		CN 2144896 Y	ZL 93200001.0
进入中国国家阶段的 PCT 实用新型专利	94290001.4		CN 2402101 Y	ZL 94290001.4
	98900001. X		CN 2437102 Y	ZL 98900001. X
外观设计专利	93200001.0		CN 3021827 D	ZL 93300001.4

此阶段编号的特点是：

（1）自 1993 年开始出版的发明专利说明书、实用新型专利说明书、外观设计授权公告的编号都称为授权公告号，分别延续原审定公告号或原申请公告号的序列，文献种类标识代码相应改为 C、Y、D。

（2）中国于 1994 年加入《专利合作条约》（PCT），进入中国国家阶段的国际申请均给予国家申请号，仍由 9 位数字组成。前 2 位数字表示受理专利申请的年代；第 3 位数字表示国际申请的种类：1——发明，2——实用新型；第 4 位数字 9 或 8 表示进入中国国家阶段的国际申请；后 4 位数字表示进入中国国家阶段的顺序编号；小数点后第一位数字是计算机检验码，如 94190008.8。自 1998 年开始，进入中国国家阶段的发明和实用新型国际申请的申请号再度改变，仍由 9 位数字组成，第 3 位数字 8 表示进入中国国家阶段的发明专利的国际申请，第 3 位数字 9 表示进入中国国家阶段的实用新型专利的国际申请，后 5 位数字表示进入中国国家阶段的顺序编号，其他含义不变。如 98805245.8，98900001.X。进入中国国家阶段的国际申请出版时的说明书名称以及文献编号均纳入相应的说明书及文献编号系列，不再另行编排。

（3）此外，对确定为保密的发明专利申请和实用新型专利申请，授权后解密的，出版解密的发明或实用新型专利说明书，同时在专利公报上予以公告。解密专利说明书的编号，对发明专利申请公开号的表示为：解密 CN1×××××C；对实用新型专利申请公告号的表示为：解密 CN2××××××Y。

另外，专利申请号和专利文献号分别于 2003 年 10 月和 2007 年 7~8 月进行过升位调整，两次升位以后的专利文献编号如表 3-4 所示。

表 3-4　2003 年 10 月以及 2007 年 7~8 月升位以后的专利编号

种 类	申请号	申请公开号	授权公告号	专利号
发明专利	200710055212.X	CN 100998275 A	CN 100569061 C	ZL 200710055212.X
进入中国国家阶段的 PCT 发明专利	200780000001.4	CN 101213848 A	CN 100440991 C	ZL200780000001.4
实用新型专利	200620075737.0		CN 200938735 Y	ZL 200620075737.0
进入中国国家阶段的 PCT 实用新型专利	200790000002.4		CN 201201653 Y	ZL 200790000002.4
外观设计专利	200630128826.1		CN 300683009 D	ZL 200630128826.1

两次升位的具体说明如下：

（1）2003年10月专利申请号升位。三种专利申请号由12位数字组成，按年编排，如200780000001.4。申请号中，前4位数字表示受理专利申请的年代；第5位数字表示专利申请的种类：1——发明，2——实用新型，3——外观设计，8——进入中国国家阶段的发明专利的国际申请，9——进入中国国家阶段的实用新型专利的国际申请；后7位数字表示当年申请顺序号；小数点后一位数字为计算机检验码。

（2）2007年7~8月专利文献号由7位升至9位。例如，发明专利申请公布号100234567A、发明专利授权公告号100567894C、实用新型授权公告号200234567Y、外观设计授权公告号300123456D，分别按各自序列号码编排。

4. 第四阶段：2010年4月以后（见表3-5）

表3-5　2010年4月以后的专利编号

种　类	申请号	申请公布号	授权公告号	专利号
发明专利	200710195983.9	CN 101207268 A	CN 101207268 B	ZL 200710195983.9
进入中国国家阶段的PCT发明专利	200680012968.X	CN 101164163 A	CN 101164163 B	ZL 200680012968.X
实用新型专利	200920059558.1		CN 201435998 U	ZL 200920059558.1
进入中国国家阶段的PCT实用新型专利	200790000064.5		CN 201436162 U	ZL 200790000064.5
外观设计专利	200930140521.7		CN 301168542 S	ZL 200930140521.7

此阶段编号的特点是：

（1）2010年4月出版的各种类型专利单行本文献编号，启用国家知识产权局2004年1月7日制定的《专利文献号标准》（ZC0007-2004）。此标准规定专利文献号编号规则遵守的原则有"基于一件专利申请形成的专利文献只能获得一个专利文献号"，该专利申请在后续程序中公布或公告（如该专利申请的修正版，专利部分无效宣告的公告）时被赋予的专利文献号与首次获得的专利文献号相同的，不再另行编号。

（2）文献种类标识代码相应地改动为：与发明专利授权公告号配合使用的专利文献种类代码改为B，与实用新型专利授权公告号配合使用的专利文献种类代码改为 U，与外观设计专利授权公告号配合使用的专利文献种类代码改为 S。

3.1.1.4　中国专利公报

中国专利公报分《发明专利公报》《实用新型专利公报》和《外观设计专利公报》三种，1985 年 9 月创刊，开始为月刊，自 1990 年起，三种公报均为周刊。

三种专利公报封面的底部，标有卷期号。专利公报每年为 1 卷，1985 年为第 1 卷，依次排下去。卷号后面是期号，即出版周数，如第 26 卷第 14 号，表示 2010 年第 14 周出版的公报，又称第 14 期。

三种专利公报大体上均包含以下三个部分：第一部分，公布专利申请、授权决定、专利权部分无效审查结论公告、保密专利解密等。1989 年以前出版的专利公报上，文献号前面加注 GK、GG、SD、ZL，分别为"公开"、"公告"、"审定"、"专利"汉语拼音的声母组合，1989 年以后取消。第二部分，专利事务。1993 年增加"专利权的撤销"，2001 年 9 月开始增加"专利实施许可合同"、"专利权的质押、保全及解除"。第三部分，索引。均有固定栏目，标出页码的表示该期公报含有相关内容的报道。

1. 《发明专利公报》

《发明专利公报》为文摘型专利公报，其第一部分以文摘形式公布发明专利申请并以著录项目形式公布发明专利申请审定（1993 年起取消）或发明专利权的授予。我国加入《专利合作条约》后，于 1995 年增加进入中国国家阶段的国际申请文摘的公开。文摘形式如图 3 - 8 所示，著录项目形式如图 3 - 9 所示。

[51]Int.Cl.^{7}　A21D　2/08　[11]公开号　CN 1240109A

[21]申请号　98115727.0　[22]申请日　1998.6.22

[43]公开日　2000.1.5

　申请人　刘云机

　　地址　　400055重庆市巴南区道角经建村130–25号

　发明人　刘云机

　发明名称　一种玉米为主要原料的制面配方

[57]摘要　　本发明属于一种食品加工技术领域，具体涉及一种玉米为主要原料的挂面配方。其配方为玉料胚乳制成100目以上的精制玉米细粉，比例为70%，精小麦粉25%，淀粉4.4%，羧甲基纤维素纳FH6–A1‰，黄原胶5‰，上述比例混搅拌制成玉料挂面。

---

[51]lnt.Cl.^{7}　A01N25/04　[11]公开号　　CN 1240330A

　　　　　　　　A01N25/06

[21]申请号　97180681.0　　[22]申请日　　1997.12.18

[43]公开日　2000.1.5

[30]优先权　[32]1996.12.18 [33]US [31]08/768,547

[86]国际申请　PCT/US97/23682　　1997.12.18

[87]国际公布　WO98/26655　英　1998.6.25

[85]进入国家阶段日期　1999.6.16

[71]申请人　约翰逊父子公司

　　　地址　美国威斯康星

[72]发明人　J　D　莩<h傤

[74]专利代理机构　中国国际贸易促进委员会专利商标事

　　　　　　　　　务所

　　　代理人　杜京英

[54]发明名称　微乳剂昆虫防治组合物

[57]摘要　　　在这里公开的是不含常规活性成分的杀虫微乳剂。该微乳剂形式允许通过使用油/表面活性剂的混合物来杀死昆虫。

图 3–8　以文摘形式公布发明专利申请

Int.Cl.⁵　H04B　1/16　　H04B　7/26

专利号　88101334.X

授权日　92.3.18

申请号　88101334.X

申请日　88.2.20

优先权　87.2.20　JP　37008/87

专利权人　日本电气株式会社

　　地址　日本东京都

　　发明人　丸次夫

专利代理机构　中国专利代理（香港）有限公司

　　代理人　叶凯东　何关元

发明名称　便携式无线电装置

Int.Cl.⁷　A01N 65/00　　授权公告号　CN 1047917C

　　　　　A01N 25/12

　　　　　A01N 25/02

专利号　ZL 94105885.9　　颁证日　1999.11.20

申请号　94105885.9　　　申请日　1994.6.1

授权公告日　2000.1.5

专利权人　西北农业大学

　　地址　712100陕西省咸阳市杨陵区

　　发明人　张　兴

专利代理机构　农业部专利事务所

　　代理人　董金和　罗永娟

发明名称　砂地柏杀虫剂及其制造方法

图 3 - 9　以著录项目形式公布发明专利权的授予

　　第二部分为专利事务。记载与专利申请的审查及授权专利的法律状态有关的事项，如申请的撤回，专利权的撤销、无效宣告、终止、继承或转让等。该部分是跟踪了解专利申请动态的法律信息必不可少的检索工具，如"实质审查请求"一栏。我国《专利法》规定，发明专利申请自申请日起 3 年内应提出实质审查请求，逾期未提出的视为撤回。因此，可以借以了解发明专利申请提出实质审查请求的状况。

　　第三部分为索引。分为申请公开索引、审定公告索引（1993 年起取消）和授权公告索引。每种索引都按照 IPC 分类号、申请号和申请人（专利权人）的顺序编排了三个子索引。1993 年起，索引部分专利号前面加有 ZL，以区别于申请号。以申请公开索引为例，如图 3 - 10 所示。

1. IPC 索引

IPC	公开号	IPC	公开号	IPC	公开号
A01B 73/02	CN 1340293A	A21D 8/00	CN 1340995A	A23L 1/36	CN 1340306A
A01D 41/12	CN 1340294A	A21D 13/00	CN 1340995A	A23L 2/04	CN 1340314A
A01G 7/00	CN 1340295A	A21D 13/04	CN 1340995A	A23L 2/04	CN 1340315A
A01G 7/00	CN 1340482A	A21D 13/06	CN 1340995A	A23L 2/38	CN 1340316A
A01G 23/00	CN 1340295A	A21D 13/08	CN 1340299A	A23L 2/39	CN 1340317A

2. 申请号索引

申请号	公开号	申请号	公开号	申请号	公开号
00110600. 7	CN 1340502A	00111308. 9	CN 1340463A	00111322. 4	CN 1340657A
00111302. X	CN 1340667A	00111309. 7	CN 1340464A	00111326. 7	CN 1340460A
00111303. 8	CN 1340344A	00111314. 3	CN 1340495A	00111327. 5	CN 1340828A
00111305. 4	CN 1340297A	00111315. 1	CN 1340749A	00111329. 1	CN 1340456A
00111306. 2	CN 1340613A	00111318. 6	CN 1340406A	00111330. 5	CN 1340457A
00111307. 0	CN 1340462A	00111319. 4	CN 1340342A	00111336. 4	CN 1340706A

3. 申请人索引

申请人	公开号	申请人	公开号	申请人	公开号
A·沃本	CN1341289A	N·爱德华·伯格	CN 1341044A	阿尔斯特罗姆玻璃纤维有限公司	CN 1341183A
B·G·罗伯特	CN1341311A	NKT 研究中心有限公司	CN 1341263A	阿克佐诺贝尔公司	CN 1340994A
BASF 公司	CN1340310A	RMF 迪克塔吉恩有限公司	CN1341150A	阿克佐诺贝尔公	CN 1341144A

图 3-10　申请公开索引

　　此外，每部分索引还分别列有：公开号/申请号对照表，审定号/申请号对照表（自 1993 年以后取消），授权公告号/专利号对照表（自 1993 年开始）。

　　2.《实用新型专利公报》

　　《实用新型专利公报》为文摘型专利公报。其编排形式和三部分内容与《发明专利公报》基本一致。审查制度和审批程序的不同，决定其在内容和性质上与《发明专利公报》有以下区别：

　　第一部分以文摘形式公告实用新型专利申请，以著录项目形式公布实用新型专利权的授予。1993 年以后两者合并，改为以文摘形式公布实用新型专利权的授予，文献编号改为授权公告号。

　　第二部分法律事务中无"实质审查请求"以及申请公开的相关程序。

　　第三部分索引。分为申请公告索引和授权公告索引两部分。1993 年起，申请公告索引取消。每部分索引的编排与《发明专利公报》相似，同时给出公告号/申请号对照表（1993 年起取消），授权公告号/专利号对照表（1993 年开始）。

《发明专利公报》和《实用新型公报》第一部分均按公开号、公告号或授权公告号顺序、按照国际专利分类 A ~ H 八大部分排列。

3.《外观设计专利公报》

由于外观设计专利申请主要是利用照片或示意图，从不同视觉角度（主视、俯视、侧视、仰视等）对使用该外观设计的工业产品进行展示。因此，《外观设计专利公报》第一部分公告经过初步审查的外观设计专利申请的全部内容。自 1993 年起，这一部分改为外观设计专利权授予，文献号改为授权公告号。《外观设计专利公报》按公告号或授权公告号顺序排列。与上述两种公报的区别还在于：发明和实用新型使用《国际专利分类》（IPC），而外观设计使用的是《工业品外观设计国际分类》，即洛迦诺分类（LOC）（见图 3 – 11）。

第二部分和第三部分的编排和修改同于《实用新型专利公报》。

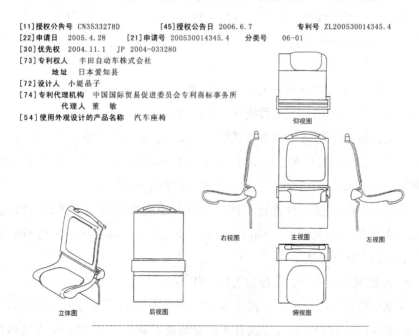

[11]授权公告号　CN3533278D　　　[45]授权公告日　2006.6.7　　　　专利号　ZL200530014345.4
[22]申请日　2005.4.28　　[21]申请号　200530014345.4　　分类号　　06-01
[30]优先权　2004.11.1　JP 2004-033280
[73]专利权人　丰田自动车株式会社
　　　地址　日本爱知县
[72]设计人　小堤晶子
[74]专利代理机构　中国国际贸易促进委员会专利商标事务所
　　　代理人　董　敏
[54]使用外观设计的产品名称　汽车座椅

仰视图
右视图　　主视图　　左视图
立体图　　后视图　　俯视图

图 3 – 11　外观设计专利授权公告

3.1.2　中国香港特别行政区专利文献

3.1.2.1　中国香港特别行政区专利制度

香港回归前没有自己独立的专利法，不能直接受理专利申请。1932 年颁布实施的香港《专利注册条例》依附英国专利法而存在，规定任何人的发明要在香港获得专利权保护，首先应向英国专利局提出申请，或向欧洲专利局提出申请并指定英国，在专利权授予后 5 年内，可在香港申请注册，批准后，专利权即在香港受到保护，有效期为自在英国申请日起 20 年。香港回归前外观设计保护的做法是：凡在英国根据 1949 年《英国注册外观设计法》注册的外观设计，在香港无需办理任何注册自动生效。

1997 年 7 月 1 日香港回归中国，新的香港《专利条例》和香港《注册外观设计条例》于 1997 年 5 月 29 日、6 月 4 日获香港立法局相继通过，并于 6 月 27 日同时生效实施。这标志着香港本地化的知识产权制度正式建立。

新的香港《专利条例》仍保留原有的专利注册制度（登记制），但将专利分为标准专利和短期专利两种。标准专利权的最长有效期为 20 年，自原专利申请提交之日起计算，但须每年续期。短期专利权的最长有效期为 8 年，自申请日起 4 年后续期一次。短期专利申请也可享有巴黎公约优先权。

按照新的香港《注册外观设计条例》的规定，香港知识产权署直接受理外观设计注册申请，经形式审查后予以注册并公布。注册外观设计的有效期为 5 年，自注册申请提交日起计算，可有 4 次 5 年期续展，因此最长可受法律保护 25 年。

3.1.2.2　中国香港特别行政区专利单行本

1. 指定专利申请，文献种类标识代码 A

这是在指定专利局（中国国家知识产权局、英国专利局、欧洲专利局）提出专利申请并由其公布后的 6 个月内，向香港知识产权署申请备案（香港称为记录请求），经形式审查后公布的一种指定专利申请。

指定专利申请在《香港知识产权公报》中登载著录项目和题录信息，并在互联网上（参见网址：http：//ipsearch. ipd. gov. hk/patent）公布原指定局的专利申请单行本。

2. 标准专利说明书，文献种类标识代码 B

这是在指定专利局审查、授予专利权并公布后的 6 个月内，向香港知识产权署申请注册专利权（香港称为注册与批予请求），经形式审查后即授予专利权并予以公布的一种标准专利的单行本。标准专利一经注册，即成为独立的香港特别行政区专利，就是说标准专利的撤销或宣告无效不影响原专利的有效性，反之亦然。

标准专利在《香港知识产权公报》中登载著录项目和题录信息，并在互联网上公布标准专利说明书单行本的扉页（见图 3 – 12），同时公布原指定专利局的专利单行本。

经过修订或更正的标准专利说明书用文献种类代码 C 表示。

图 3 – 12　标准专利说明书扉页

3. 短期专利说明书，文献种类标识代码 A

短期专利是香港《专利条例》新增加的一种专利权种类，目的是保护商业寿命短的发明。短期专利申请由香港知识产权署直接受理，经形式审查后，并以一个 PCT 的国际检索单位或上述一个指定局的检索报告为基础授予专利权，并予以公布。

短期专利在《香港知识产权公报》中登载著录项目和题录信息，并在互联网上公布短期专利说明书的扉页（见图 3 – 13），同时公布短期专利说明书单行本正文和检索报告（见图 3 – 14 和图 3 – 15）。

经过修订或更正的短期专利说明书用文献种类代码 B 表示。

[19] Patents Registry
The Hong Kong Special Administrative Region
香港特別行政區
專利註冊處

[11]   1081382 A

[12]
SHORT-TERM PATENT SPECIFICATION
短期專利說明書

[21] Application No. 申請編號
06103085.4

[51] Int.Cl.⁷   A43B

[22] Date of filing 提交日期
10.03.2006

[45] Publication Date of granted patent 批予專利的發表日期
12.05.2006

[73] Proprietor 專利所有人
Meter International Company Limited
Hong Kong
銘瑤國際有限公司
香港
九龍長沙灣青山道 485 號
九龍廣場 12 樓 1212 室

[72] Inventor 發明人
Leung Kwok Keung 梁國強

[74] Agent and / or address for service 代理人及/或送達地址
安力知識產權有限公司
香港中環德輔道中 10 號
東亞銀行大廈 15 樓

[54] SHOE WITH CHANGEABLE UPPER 可更換鞋幫的鞋子

[57] The present invention relates to a shoe with changeable upper 20. It provides a solution for changing the upper 20 of shoe conveniently. The present invention comprises a shoe sole 10, an upper 20 and at least one detachable connecting device 30. The connecting device 30, which comprises a button 40 and a base 50, is operated by a key 60. The button 40 further comprises a cap 41 and a T-shape shaft 42. The T-shape shaft 42 extends from the back of the cap 41 perpendicularly. The base 50 is cap-shaped and is hollow inside. A rectangular opening 51 is disposed on the top of the base 50. The shape and the size of the rectangular opening 51 match those of the bottom of the T-shape shaft 42. The key 60 is cap-shaped and is hollow inside. At least one flange 63 is disposed at the opening inside the key 60. A plurality of notches 44, which are of the same size and shape as the flange 63, are disposed at the edge of the surface of the button 40 at the corresponding positions. The user may change the upper 20 by using the key 60 to turn the button 40 and detach the connecting device 30. The upper 20 can be fixed on the shoe firmly and easily by applying this invention. The upper 20 will not depart from the shoes easily. This invention will not have any adverse effect on the appearance, the degree of comfort and the durability of the shoe.

本發明涉及一種可更換鞋幫 20 的鞋子，提供一種方便更換鞋幫 20 的技術方案。它包括鞋底 10、鞋幫 20 和一個以上的活動連接裝置 30。連接裝置 30 由鈕扣體 40 和鈕底盤 50 所組成，並由鎖合工具 60 所操作。鈕扣體 40 由鈕帽 41 和在鈕帽 41 背後垂直伸延的 T 形桿 42 所組成，鈕底盤 50 為一中空的蓋體，它的蓋面設置一長形開孔 51，形狀大小與 T 形桿 42 的底部相配合，鎖合工具 60 為一中空的蓋體，蓋體內於開口位置設置至少一個凸緣 63。鈕扣體 40 的蓋面周緣於與凸緣 63 相對應的位置設置有與凸緣 63 大小相對應的缺口 44，使用者可用鎖合工具 60 轉動鈕扣體 40，打開連接裝置 30 以更換鞋幫 20。該技術方案可簡易地把鞋幫 20 繫固在鞋子上，使鞋幫 20 不容易移位或滑脫，也不影響鞋子的外觀，舒適度和耐用性。

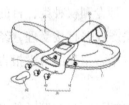

图 3 - 13   短期专利说明书扉页

HK 1081394 A

中华人民共和国国家知识产权局

香港短期专利申请检索报告

HK06047

检索名称：具有电子发声装置之书本结构		
权利要求数目：4	说明书页数：5	附图页数：4

审查员确定的 IPC 分类号： G09B5/04

审查员实际检索的 IPC 分类号：G09B G06K

机检数据（数据库名称、检索词等）：CNPAT,CNKI， WPI,EPODOC,PAJ

（书本，声音，电子，播放，扬声器，控制，连接；book，sound，voice，audio，movement，part, elements, structure, generating）

缩微平片号

相 关 专 利 文 献

类型	国别以及代码[11]给出的文献号	代码[43]或[45]给出的日期	IPC 分类号	相关的段落和/或图号	涉及的权利要求
A	CN2736874Y	2005-10-26	G09B5/04	全文	1-4
A	CN2618234Y	2004-05-26	G09B5/00	全文	1-4
A	CN2491904Y	2002-05-15	G06K9/00	全文	1-4
A	CN2722333Y	2005-08-31	G06K11/06	全文	1-4
A	CN2700982Y	2005-05-18	G09B5/04	全文	1-4
A	JP2005091769A	2005-04-07	G09B5/04	全文	1-4
A	TW566637Y	1999-11-02	G09B5/04	全文	1-4
A	WO0247782A	2002-06-20	G09B5/04	全文	1-4

图 3－14 短期专利申请检索报告扉页

HK 1081394 A

相 关 非 专 利 文 献					
类型	书名(包括版本号和卷号)	出版日期	作者姓名和出版者名称	相关页数	涉及的权利要求
类型	期刊或文摘名称(包括卷号和期号)	发行日期	作者姓名和文章标题	相关页数	涉及的权利要求

表格填写说明事项:

1. 说明书的页数,在有附图的情况下应当包括附图的页数,但不包括权利要求书和摘要的页数。

2. 审查员实际检索领域的 IPC 分类号应当填写到大组和 / 或小组所在的分类位置。

3. 当被审查的是外国申请量,审查员应当检索缩微平片,并填写平片号。

4. 期刊或其它定期出版物的名称可以使用符合一般公认的国际惯例的缩写名称。

5. 相关文件的类型说明:

X: 一篇文件影响新颖性或创造性

与本报告中的另外的 Y 类文件组合而影响创造性

A: 背景技术文件   E: 抵触申请   P: 中间文件

审查 一 部四 室	审查员签章	完成检索日期:2006-2

图 3 - 15　短期专利申请检索报告次页

3.1.2.3　中国香港特别行政区专利文献（说明书）的编号体系

表 3 - 6　中国香港特别行政区专利文献（说明书）的编号体系

文献名称 文献编号	申请号	文献号
指定专利申请	05105238.6	HK1072896A
标准专利	05105421.3	HK1072897B
短期专利	06102264.9	HK1081051A
外观设计		0501224.0

其文献编号主要有以下特点：

（1）三种专利申请号均由 8 位数字加校验位组成，按年编排。前 2 位数字表示受理专利申请的年号，小数点后的数字为计算机校验码。

（2）三种专利文献号按照统一编号系列，混合编排。

（3）外观设计文献号由 8 位数字组成，前 2 位数字表示受理申请的年号；后 5 位数字为当年顺序号；小数点后的数字为计算机校验码。

（4）外观设计为系列申请时，文献号后标注 M。如：0410185.7M001，0410185.7M002，0410185.7M003，表示该外观设计有 3 个系列申请。

3.1.2.4　中国香港特别行政区知识产权公报

《香港知识产权公报》于 2004 年 5 月 7 日增加专利和外观设计专刊，每逢周五出版。

《香港知识产权公报》将商标、专利和外观设计三部分分刊出版，但封面一致，靠目录内容加以区别。

1.《香港知识产权公报》专利专刊

《香港知识产权公报》专利专刊为题录型公报，包括以下几部分内容：

（1）依据香港《专利条例》第 20 条指定专利申请记录请求的公布。分别按国际专利分类、文献号、申请号和申请人姓名/名称编排登载指定专利申请的著录项目和题录信息。

（2）依据香港《专利条例》第 27 条授权标准专利的公布。分别按国际专利分类、文献号、申请号和专利权人姓名/名称编排登载指定专利申请的著录项目和题录信息。

（3）依据香港《专利条例》第 118 条授权短期专利的公布。分别按国际专利分类、文献号、申请号和专利权人姓名/名称编排登载指定专利申请的著录项目和题录信息。

（4）依据香港《专利条例（第 514 章）》公布的其他公告（见图 3 -

16）。

2. 《香港知识产权公报》外观设计专刊

《香港知识产权公报》外观设计专刊包括以下两部分内容：

（1）依据香港《注册外观设计条例》第 25 条公布注册的外观设计。仅按注册号编排登载注册的外观设计的著录项目、题录信息，以及外观设计的主视图。

（2）依据香港《注册外观设计条例（第 522 章)》公布的其他公告。

香港外观设计使用工业品外观设计国际分类（见图 3 – 17）。

---

[51] **A46D**　　[11] **1082393***
　　　A46B　　　　CN1713838 A
　　　　　　　　[13] A
[25] De
[21] 06102817.1　[22] 03.03.2006
[86] 26.09.2003　PCT/EP2003/010748
[87] 08.07.2004　WO2004/056235
[30] 19.12.2002　DE 10259723.5
[54] TOOTHBRUSH AND METHOD FOR PRODUCING THE SAME
　　　牙刷及其製造方法
[71] TRISA HOLDING AG
　　　KANTONSSTRASSE, CH-6234 TRIENGEN
　　　Switzerland
[72] PFENNIGER, Philipp
　　　FISCHER, Franz
[74] China Patent Agent (H.K.) Ltd.
　　　22/F, Great Eagle Centre
　　　23 Harbour Road, Wanchai
　　　Hong Kong

图 3 – 16　《香港知识产权公报》专利专刊

公報編號 Journal No.: 167　　　公布日期 Publication Date: 09-06-2006
分項名稱 Section Name: 外觀設計註冊 Designs Registered

[30]　30-08-2005 / DE / 4 05 04 548.4
[51]　Cl. 19 - 06
[54]　具有三種不同顏色書寫工具的支座
　　　Holder with three writing utensils of different colours
[73]　Merz & Krell GmbH & Co. KGaA
　　　Bahnhofstrasse 76,
　　　64401 Gross-Bieberau,
　　　Germany
[74]　NTD Patent & Trademark Agency Ltd.
　　　Units 1805-6, 18/F, Greenfield Tower,
　　　Concordia Plaza, No. 1, Science Museum Road,
　　　Tsimshatsui East, Kowloon, Hong Kong.

图 3 - 17　《香港知识产权公报》外观设计专刊

3.1.3　中国台湾地区专利文献

3.1.3.1　中国台湾地区专利制度

我国台湾地区沿用了中国历史上 1944 年 5 月 29 日颁布的"专利法"，于 1949 年 1 月 1 日起施行，历经七度修订，台湾地区于 2001 年 10 月 24 日公布修订后的"专利法"，2001 年 10 月 26 日生效，其中部分条款自 2002 年 1 月 1 日起施行。2003 年，台湾地区"专利法"再度修改，修改后的"专利法"于 2004 年 7 月 1 日起实施。几经修订后的"专利法"作出重大调整，涉及专利文献的主要有以下几点：

（1）增设"国内优先权"。

（2）发明专利申请改为早期公开、延迟审查制，自申请日起 3 年内任何人可提实审请求。

（3）专利权有效期的计算：台湾地区 1994 年"专利法"将发明、新型、新式样的专利权有效期分别由为自公告日起 15 年、10 年和 5 年，改为自申请日起 20 年、10 年和 12 年。对于 1994 年 1 月 21 日前已经授权的发明专利，至 2002 年 1 月 1 日仍然有效的，其有效期由原来的 15 年补为 20

年。对于药品、农药或其制造方法的发明专利，在专利公告 2 年后才取得实施许可证的，专利权人可申请一次性延长专利权 2～5 年。

（4）取消专利申请授权前的异议程序，保留授权后的无效程序。

（5）新型专利申请改为形式审查制，并引入专利技术（检索）报告制。

2001 年 10 月 24 日以前，台湾地区"专利法"对发明、新型及新式样专利申请均采取完全审查制，经审查合格在其专利公报中予以审定公告，并公布权利要求及附图。自审定公告之日起 3 个月内为公众异议期，期满无异议、异议理由不成立或异议被驳回即为审查确定，授予发明、新型、新式样专利权，颁发相应专利证书。专利说明书不公开出版发行，仅限于台湾地区"智慧财产局"内经请求阅览、复制。近年来，为便利公众查询台湾地区专利文献，提升专利审查的质量，2003 年 7 月 1 日起可在互联网上检索浏览，内容包含核准公告公报及早期公开公报的相关信息。因而，台湾地区各种类型的专利说明书的出版格式与其他国家和地区所遵循的 WIPO 专利文献的相关标准出版格式不同。

3.1.3.2 中国台湾地区专利单行本

1. 早期公开专列单行本

台湾地区称之为早期公开专利说明书。这是一种未经实质性审查、尚未授予专利权的单行本。

2001 年 10 月 24 日公布的台湾地区"专利法"引入早期公开延迟审查制度。为使公众了解并给予申请人以适应期，该"专利法"特规定其公布施行 1 年后，即自 2002 年 10 月 26 日起提出的发明专利申请适用早期公开、延迟审查制。发明专利申请提出后，经初步（形式）审查合格，自申请日（或优先权日）起满 18 个月在《早期公开公报》中即行予以公布，任何人可请求阅览、复制。早期公开说明书于 2003 年 5 月 1 日开始公布。

2. 发明专利单行本

台湾地区称之为核准公告专利说明书。这是一种经过实质性审查、授予专利权的单行本。依据 2001 年 10 月 24 日修正并公布的台湾地区"专利法"的规定，发明专利申请自申请日起 3 年内，根据任何人随时提出的请求，对其申请进行实质性审查。经实审合格的即授予专利权。

3. 实用新型专利单行本

台湾地区称之为新型专利说明书。这是一种经过形式审查合格即授予专利权的单行本。依据 2001 年 10 月 24 日修正并公布的"专利法"的规定，对实用新型专利申请改为形式审查制，并引入新型专利技术报告制度，任何人在新型专利公告后均可请求台湾地区"智慧财产局"提供技术报告。
2004 年 7 月 1 日，台湾地区开始实施新型专利申请形式审查制，2005 年 3
月 30 日，台湾地区"智慧财产局"发出第一份新型专利技术报告。

4. 外观设计专利单行本

台湾地区称之为新式样专利说明书。这是一种经过实质审查授予专利
权的外观设计专利单行本。

下列示意图概括了我国台湾地区专利申请的审批流程（见图 3 - 18）：

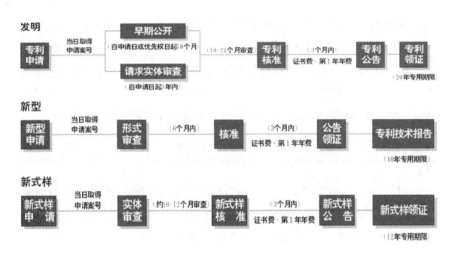

图 3 - 18　我国台湾地区专利申请的审批流程

3.1.3.3　中国台湾地区专利公报

台湾地区专利公报由台湾地区"智慧财产局"出版。

台湾地区专利公报 1950 年创刊。原名为《标准公报》，登载专利、商
标信息。自 1974 年 1 月开始单独出版《专利公报》，每年一卷，多期出版。
自 1989 年起改为旬刊，全年出版 36 期。自 1999 年 2 月 1 日起，《专利公
报》正式改名为"台湾经济部智慧财产局官方公报"。

《专利公报》为权利要求型公报。内容大致分为以下四个部分。

第一部分是经过审查的三种专利申请的审定公告目录，即按发明、新
型和新式样的顺序编制的公告号索引，其内容包括：公告号、分类号（只
分到小类，自 2005 年 10 月 1 日起外观设计采用外观设计国际分类第 8 版，
2005 年 10 月 1 日以前未经审定的外观设计申请仍适用第 7 版）、申请号和
专利申请的标题。

第二部分对经过审查的三种专利申请按发明、新型、新式样的顺序刊
载著录项目、权利要求，并附有机、电示意图和化学式。对新式样则附有

若干图片和一句简短的说明。

值得注意的是，著录项目申请号有特殊表达，例如：

"（21）申请案号：86215436 追加一"，表示这是一件追加专利（补充专利）。台湾地区"专利法"曾规定，在发明、新型专利权有效期内，专利权人对于其利用原发明（基本发明）的主要技术内容所完成的再发明可申请追加专利。追加专利有效期随原专利权有效期同时届满。原发明专利权撤销，追加专利未撤销的，视为独立专利权，另外颁发专利证书，有效期为原专利剩余期限。台湾地区现行"专利法"删除了此项条款。

"（21）申请案号：86305250 联合一"，表示这是一件联合新式样专利。在新式样专利权有效期内，专利权人对于其提出的相近似的新式样可申请联合新式样专利。联合新式样专利权的有效期与原专利权有效期同时届满。原新式样专利权撤销或失效时，联合新式样专利权应一并撤销或失效。

第三部分是颁发专利证书的目录。包括专利证书号、审定公告号、申请号、专利权人、专利名称、发证日期几项内容。

第四部分是专利事务。包括专利证书补发、作废，异议理由的成立或不成立，专利权的转让、变更、失效等。

3.1.3.4 中国台湾地区专利文献的编号体系

我国台湾地区专利文献的编号体系大体上经历了两个阶段，以 2003 年 5 月为界，2003 年 5 月以前为第一阶段，2003 年 5 月以后为第二阶段。

1. 第一阶段：2003 年 5 月以前（见表 3 - 7）

表 3 - 7　2003 年以前专利编号

	申请号	公告号	专利号（专利证书号）
发 明	68 1 1204	28214	11765
实用新型（新型）	68 2 3392	28389	10486
外观设计（新式样）	67 3 0877	28390	2388

此阶段专利编号的特点是：

（1）三种专利申请号由 7 位数字组成，按年编排。其中前 2 位数字是"中华民国"年号，与公元年的换算关系为："民国年号" + 1911 = 公元年号，68 即为 1979 年。第 3 位数字表示专利种类：1—发明，2—新型，3—新式样；第 4~7 位数字（共 4 位）表示当年申请顺序号。

（2）三种专利公告号遵循一次公布、号码连排的原则，即按发明、新型、新式样顺序连续编排。例如：1980 年第 1 期公报的公告号是 28063～28149，其中，发明专利申请公告号为 28063～28214，新型专利申请公告号为：28215～28389，新式样专利申请公告号为：28390～28419。1980 年第 2 期公报自 28420 起，继续按此规律编排。

（3）专利号即专利证书号，三种专利号依各自编号序列，均从 1 号开始顺排。

2. 第二阶段：2003 年 5 月以后（见表 3 - 8）

表 3 - 8　2003 年 5 月以后专利编号

	申请号	公开号 （2004.8.1 起公布）	公告号 （2004.8.1 起公布）	专利号
发明	91 1 34545	200300001		
	92 1 26515		I220001	I220001
实用新型（新型）	92 2 01581		M240001	M240001
外观设计（新式样）	92 3 05576		D100001	D100001

此阶段专利编号的特点：

（1）三种专利申请号由 8 位数字组成，按年编排。前 3 位数字意义同前，第 4～8 位数字（共 5 位）表示当年申请顺序号。

（2）发明专利公开号自 2003 年 5 月 1 日起使用。公开号由 9 位数字组成，前 4 位数字表示发明专利申请的年号，后 5 位数字表示当年申请公布的顺序号，顺序号不足 5 位数字的以零补位。

（3）三种专利公告号自 2004 年 8 月 1 日起增加文献种类代码：I—发明，M—新型，D—新式样。三种专利公告号不再遵循一次公布、号码连排的原则，即按发明、新型、新式样顺序连续编排，而是依各自文献编号序列编排。起始号分别为：发明 I220001，新型 M240001，新式样 D100001。

（4）专利号即专利证书号，自 2004 年 8 月 1 日起专利号同于公告号。

3.2　美国专利文献

3.2.1　美国专利制度的建立与发展

美国 1776 年独立后不久，在 1787 年的制宪会议上，讨论了保护发明者及著作者有关权益的事宜，并认为：专利给社会带来的利益，将大大超过国家给予发明者个人的利益，通过在有限时间内对发明独占权的保护，将会鼓励人们把聪明才智贡献给社会。1787 年 9 月 5 日通过了将有关保护发明权及版权的条文写进《联邦宪法》（Constitution of the United States）的提案。于是，在《联邦宪法》第 1 条第 8 款中有了这样的规定："国会有权通过在有限时间内保护著作者和发明者对其作品和发明享有独占权，以促进发展科学和有用的技术。"根据这一条款，美国国会于 1790 年 4 月通过了美国第一部专利法，正式建立了专利制度。

美国现行的专利法是 1952 年制定公布的（1953 年 1 月 1 日起生效），它被收集在《美国法典》（United States Code）第 35 卷中。1984 年 11 月，美国专利法作过一次较大的修订。1994 年年底，美国国会通过了关贸总协定关于知识产权实施法规的有关议案，美国专利法再作重大修改，并于 1995 年 6 月 8 日生效。

美国专利法保护的客体包括：（1）实用专利（utility patent）。涉及一般和机械、化工及电气领域中的各种新颖、独特的方法、设备、产品、物质组合等，与大多数国家的发明专利别无二致，所以，一般译为专利。专利的有效期为自授权日起 17 年，1995 年 6 月 8 日以后，发明专利申请的有效期改为自申请日起 20 年。（2）植物专利。任何人的发明、发现及用无性繁殖方法培育出的独特的植物新品种，包括培育出的变态的、变异的、新发现的种子苗（除块茎繁殖的植物和在非栽培状态下发现的植物以外），都可申请植物专利。植物专利的有效期为自申请日起 20 年。（3）设计专利。任何个人作出了新的、非显而易见的装饰设计，可申请设计专利。设计专利的有效期为自授权日起 14 年。（4）依法登记的发明（Statutory Invention Registration）。其前身是防卫性公告（Defensive Publication），1985 年改为现名。依法登记的发明不是专利，它具有专利的防卫性特征，而不具有专利的实施性特征。依法登记的发明的意义在于使其他相同发明丧失新颖性，从而保护了发明人的利益。

长期以来，美国专利法对专利申请坚持完全审查制。《1999 年美国发明人保护（AIPA）》规定，除设计专利外，专利申请应自申请日起满 18 个月公开，并且可以按照申请人的要求提前公开，适用于 2000 年 12 月 29 日以后的专利申请。

3.2.2 美国专利文献

根据新修改的美国专利法，自 2001 年起美国专利单行本的公布出版作出全面调整。目前主要出版美国专利、专利申请公布、美国植物专利、植物专利申请公布、再版专利、设计专利、依法登记的发明等单行本。

3.2.2.1　美国专利单行本

美国专利（United States Patent）（见图 3 - 19），自 1790 年开始出版，属于经审查授予专利权的文件，2001 年以前其文献种类代码为 A，2001 年以后，未经过申请公布的授权文件的代码为 B1，经申请公布的授权文件的代码为 B2。

这种专利单行本扉页中一些 INID 代码的使用体现了美国专利法的诸多特点，例如：

（1）"［75］发明人"美国实行先发明制。当多人申请同一发明的情况发生时，按照美国专利法的规定，专利权将授予最先完成发明的人，而不是最先提出申请的人。这样可以使发明人安心从事研究和试验工作，不必担心别人在先申请。但这一原则只适用于美国人在美国完成的发明，来自美国以外的申请只能以其申请日为准，在美国以外的发明日的证据是无效的。1994 年修改后的美国专利法的修改中，对于美国之外提出的发明证据已开始予以承认。

（2）"［22］申请日期"1994 年修改后的美国专利法中新增一项内容——临时专利申请。临时专利申请中可以不提出正式的权利要求、誓词及声明、相关资料及在先的技术公开。临时专利申请可以在产品（或方法）第一次销售、第一次为销售而提供、第一次公知公用等情况发生后的 1 年内提出，1 年后自动作废。临时专利申请为申请人评估该发明潜在的商业价值提供了条件；也可确定专利申请日及《巴黎公约》的优先权日，允许先提出多个申请，最后在正式的申请中合为一体。

（3）"［63］继续申请/部分继续申请数据"继续申请（Continuation Application）和部分继续申请（Continuation - in - part Application）都是对同样的发明提出的二次申请，其原始申请必须是一个正式的专利申请，并且处于等待批准的阶段。继续申请中所揭示的内容必须与原始申请相同；而部分继续申请增加了原始申请中没有揭示的内容，使原始申请的内容只为部分继续申请的一个部分。

继续申请和部分继续申请一般是由于发明人对原始申请的内容有了新的改进而提出的。只有在原始申请中已经得到叙述的内容，才可以享受原始申请的申请日。

美国专利的说明书和权利要求颇具特点，每部分均以小标题引导，一目了然。一般包括以下内容：

（1）发明背景（Background of the Invention）。指明本发明所属技术领

域、现有技术状况和存在的不足，以及解决问题的方法要达到的目的。

（2）发明概要（Summary of the Invention）。概述本发明内容。

（3）附图简介（Brief Description of the Drawings）。简要说明附图的参看方法。

（4）最佳方案详述（Detailed Description of the Preferred Embodiment）。详细、完整、清晰地对发明内容予以叙述，使任何熟悉该发明所属技术领域的一般工程技术人员阅后，能制作及使用该发明。发明如有附图，应结合加以说明。这是说明书的主要部分，提供了解决技术问题的最佳方案。

（5）权利要求（Claim）。在说明书的最后，一般以"What is claimed is:"开始陈述。

3.2.2.2 专利申请公布

专利申请公布（Patent Application Publication），是根据《1999年美国发明人保护法案》的规定，自正式专利申请日（或优先权日）起18个月后公布的单行本（见图3-20）。自2001年3月15日起，每周四仅以电子载体形式出版。

它属于未经审查尚未授予专利权的文件，其文献种类代码：申请首次公布为A1，申请再次公布为A2，申请公布更正为A9。

3.2.2.3 美国植物专利

美国植物专利（United States Plant Patent），属于经审查授予专利权的文件，2001年以前，其文献种类代码为P；2001年以后，未经申请公布的授权文件的代码为P2，经申请公布的授权文件的代码为P3。

这是自1930年起开始出版的单行本。植物专利的附图揭示该植物所有鉴别性的特点，当色彩是新品种的鉴别性的特征时，附图必须是彩色的（见图3-21）。

3.2.2.4 植物专利申请公布

植物专利申请公布（Plant Patent Application Publication），是根据《1999年美国发明人保护法案》的规定，自正式专利申请日（或优先权日）起18个月后公布的单行本，自2001年3月15日起，每周四仅以电子载体形式出版。

它属于未经审查尚未授予专利权的文件，其文献种类代码：申请首次公布为P1，申请再次公布为P4，申请公布更正为P9。

3.2.2.5 再版专利

再版专利（Reissued Patent），又译为再公告专利、再颁专利，1838年开始出版并单独编号。在发明专利授权后的任何时候，若发明人发现说明书或附图由于非欺骗性失误或者权利要求过宽或过窄而影响原专利的完全或部分有效性，则可向美国专利商标局提交再版专利申请，对上述问题进行修正。经审查授予再版专利时，出版再版专利单行本（见图 3 - 22），文献种类代码为 E。再版专利号前冠有"Re"，扉页上也有原来专利的有关信息。再版专利中可以修改权利要求，但不允许加入新的实质性内容。凡是原说明书内容删掉的部分要用重括号【 】注明，新增加的部分用斜体字印刷以示区别。

3.2.2.6　再审查证书

2003 年 1 月 1 日之前只有 Reexamination Certificate，2003 年 1 月 1 日之后分为 Ex Parte Reexamination Certificate（单方再审查证书说明书）和 Inter Parte Reexamination Certificate）（双方再审查证书说明书），经再审查授予专利权。其文献种类标识代码：2001 年 1 月 1 日之前为 B1（第一次再审查）、B2（第二次再审查）和 B3（第三次再审查），2001 年 1 月 1 日之后为 C1（第一次再审查）、C2（第二次再审查）和 C3（第三次再审查）。

美国自 1981 年 7 月 1 日实行再审查制。专利授权后，任何人（包括专利权人或第三人）在其有效期内可对该专利提出质疑，即提交再审查请求。但请求的证据仅限于在案卷中引证的在先专利或公开出版物。

1999 年以前，无论是专利权人还是第三人提出请求，该程序都按照单方当事人程序审查，称为单方再审查请求。第三人仅有提出请求和针对专利权人的书面意见一次性陈述意见的权利，不参与该程序，也无权对再审查决定进行申诉。1999 年，该程序扩大为包括双方当事人程序。2002 年进一步修改，根据修改后的规定，如果请求人是第三人，则既可以选择单方当事人程序，也可以选择双方当事人程序。如果选择后者，则有权参加整个程序，包括申诉权和后续申诉程序。此即称为双方再审查请求。

依据再审查请求，美国专利商标局对该专利进行复审之后，颁发再审查证书，并出版复审之后的再审查证书单行本（见图 3 - 23），仍沿用原专利号，只是在原专利号前加上"B1"。第一件再审查证书于 1981 年 12 月 29 日出版。再审查证书单行本扉页中有"再审查请求"（Reexamination Request）和"再审查证书与原专利有关事项"（Reexamination Certificate for）等有关项目。经再审查后仍维持原结论时，扉页后注明"该专利无修正"（No amendments have been made to the patent）；经再审查后内容有所修正时，扉页后将注明"该专利补充如下"（The patent is hereby amended as indicated below)。

3.2.2.7 依法登记的发明

依法登记的发明（Statutory Invention Registration）的文献种类标识代码H（见图3-24）。

依法登记的发明的前身是防卫性公告（Defensive Publication），1985年改为现名。依法登记的发明不是专利，它具有专利的防卫性特征，而不具有专利的实施性特征。

当发明人不愿意或认为自己的发明不值得申请正式专利，但又怕别人以同样的发明申请专利而对自己不利时，依法登记的发明是一种选择。这样可使相同的发明丧失新颖性，从而保护了发明人的利益。

3.2.2.8 美国设计专利

美国设计专利（United States Design Patent）的文献种类标识代码S。

美国设计专利申请经实质审查授予专利权时，出版美国设计专利单行本（见图3-25），其于1843年开始出版。与多数国家不同的是，美国至今对设计专利申请采取实质审查，规定一件设计专利申请只能有一项权利要求。设计专利单行本包括扉页和续页两部分，扉页刊登著录项目、权利要求、图片描述、主视图，续页刊登整套图片。

US006753404B2

(12) **United States Patent** (10) Patent No.: **US 6,753,404 B2**

Suh et al. (45) **Date of Patent:** **Jun. 22, 2004**

(54) **CONTINUOUS PROCESS FOR THE PREPARATION OF COPOLYCARBONATE RESINS**

(75) Inventors: **Young Wook Suh**, Daejeon (KR); **Sung Hwan Cho**, Daejeon (KR); **Jae Hwan Lee**, Daejeon (KR)

(73) Assignee: **Samyang Corporation**, Seoul (KR)

(*) Notice: Subject to any disclaimer, the term of this patent is extended or adjusted under 35 U.S.C. 154(b) by 74 days.

(21) Appl. No.: **10/169,453**

(22) PCT Filed: **Dec. 21, 2000**

(86) PCT No.: **PCT/KR00/01503**

§ 371 (c)(1), (2), (4) Date: **Jul. 1, 2002**

(87) PCT Pub. No.: **WO01/49772**

PCT Pub. Date: **Jul. 12, 2001**

(65) **Prior Publication Data**

US 2003/0018159 A1 Jan. 23, 2003

(30) **Foreign Application Priority Data**

Dec. 31, 1999　(KR) 1999-67767

(51) **Int. Cl.**[7] **C08G 64/00**

(52) **U.S. Cl.** **528/196**; 264/176.1; 264/219; 422/131; 528/198

(58) **Field of Search** 422/131; 264/176.1, 264/211; 528/196, 198

(56) **References Cited**

U.S. PATENT DOCUMENTS

3,030,331 A	4/1962	Goldberg	
3,169,121 A	2/1965	Goldberg	
3,207,814 A	9/1965	Goldberg	
3,220,976 A	11/1965	Goldberg	
4,059,565 A	11/1977	Yoshizaki et al.	
4,130,548 A	12/1978	Kochanowski	
4,286,083 A	8/1981	Kochanowski	
4,677,183 A	6/1987	Mark et al.	
4,774,315 A	9/1988	Miller	
4,788,275 A	11/1988	Miller	
5,025,081 A	6/1991	Fontana et al.	
5,286,834 A *	2/1994	Sakashita et al.	.... 528/198
5,321,114 A	6/1994	Fontana et al.	

OTHER PUBLICATIONS

Journal Of Polymer Science: polymer chemistry edition, vol. 18, pp. 75–90 (1980).
E.P. Goldberg, S.F. Strause and H.E. Munro, Polym. Prepr., 5, pp. 233–238 (1964).
Handbook Of Polycarbonate Science and Technology, pp. 80–83, Donald G. LeGrand and John T. Bendler, Marcel Drekker, Inc.

* cited by examiner

Primary Examiner—Terressa Boykin
(74) *Attorney, Agent, or Firm*—Anderson Kill & Olick; Eugene Lieberstein; Michael N. Meller

(57) **ABSTRACT**

A continuous process for the preparation of copolycarbonate resins has great advantages in preparing molding materials of intricate structure or of thin-wall: the molding process may be conducted easily at a relatively low temperature; the copolycarbonate has excellent impact strength especially at a low temperature; and they have excellent melt flow, i.e. 2 to 3 times of the conventional polycarbonates. The present invention is a new polycondensation process which is carried out sequentially by using serially connected tube-type reactors to simplify the process; and enhancing the rate of reaction for an incorporation of comonomer into the polymer backbone resulting from varying Reynols Number, Linear Viscosity and Weber Number.

15 Claims, 1 Drawing Sheet

图 3 – 19　美国专利单行本扉页

(19) **United States**

(12) **Patent Application Publication** (10) Pub. No.: US 2003/0018159 A1

Suh et al. (43) Pub. Date: **Jan. 23, 2003**

(54) CONTINUOUS PROCESS FOR THE PREPARATION OF COPOLYCARBONATE RESINS

(76) Inventors: Young Wook Suh, Daejeon (KR); Sung Hwan Cho, Daejeon (KR); Jae Hwan Lee, Daejeon (KR)

Correspondence Address:
Anderson Kill & Olick
1251 Avenue of the Americas
New York, NY 10020-1182 (US)

(21) Appl. No.: 10/169,453

(22) PCT Filed: Dec. 21, 2000

(86) PCT No.: PCT/KR00/01503

(30) Foreign Application Priority Data

Dec. 31, 1999 (KR) 1999/67767

Publication Classification

(51) Int. Cl.⁷ C08G 64/00
(52) U.S. Cl. 528/196

(57) **ABSTRACT**

A continuous process for the preparation of copolycarbonate resins has great advantages in preparing molding materials of intricate structure or of thin-wall: the molding process may be conducted easily at a relatively low temperature; the copolycarbonate has excellent impact strength especially at a low temperature; and they have excellent melt flow, i.e. 2 to 3 times of the conventional polycarbonates. The present invention is a new polycondensation process which is carried out sequentially by using serially connected tube-type reactors to simplify the process; and enhancing the rate of reaction fast an incorporation of comonomer into the polymer backbone resulting from varying Reynols Number, Linear Viscosity and Weber Number.

图 3-20　专利申请公布单行本扉页

US00PP14495P29

(12) **United States Plant Patent**
Anderson et al.

(10) Patent No.: **US PP14,495 P2**
(45) Date of Patent: ***Jan. 27, 2004**

(54) **CHRYSANTHEMUM PLANT NAMED MN98-89-7**

(50) Latin Name: *Dendranthema×hybrida*
Varietal Denomination: **MN98-89-7**

(75) Inventors: **Neil Anderson**, St. Paul, MN (US);
Peter Ascher, Bowler, WI (US); **Esther Gesick**, Maple Grove, MN (US)

(73) Assignee: **Regents of the University of Minnesota**, Minneapolis, MN (US)

(*) Notice: Subject to any disclaimer, the term of this patent is extended or adjusted under 35 U.S.C. 154(b) by 0 days.

This patent is subject to a terminal disclaimer.

(21) Appl. No.: **09/999,733**

(22) Filed: **Oct. 30, 2001**

(51) Int. Cl.[7] **A01H 5/00**
(52) U.S. Cl. **Plt./286**
(58) Field of Search Plt./297, 286

(56) **References Cited**

U.S. PATENT DOCUMENTS

PP7,513 P	4/1991	VandenBerg
PP7,754 P	12/1991	VandenBerg
PP9,445 P	1/1996	VandenBerg
PP10,848 P	4/1999	VandenBerg
PP10,909 P	5/1999	Wain
PP10,943 P	6/1999	Fuess
PP11,009 P	7/1999	Davino, Jr.
PP11,032 P	8/1999	Glicenstein

OTHER PUBLICATIONS

http://www.extension.umn.edu/distribution/horticulture/DG7352.html, "Maxi–Mums", 1997, pp. 1–2.*
Peter Ascher, et al., "Maxi–Mums A Horticulture Breakthrough!" Minnesota Report 242–1997 University of Minnesota, Distribution Center Publication MR–67280B Minnesota Agricultural Experiment Station, University of Minnesota (1997).
R.B. Clark, History of Culture of Hardy Chrysanthemums, National Chrysanthemum Society 18(3):144 (1962).
W.W. Garner, et al., Flowering and Fruiting of Plants as Controlled by the Length of Day, 1920, p. 377–400, Yearbook of the Department of Agriculture, 1920 USA.
Peter Ascher, et al., Breeding and New Cultivars, Academic Perspective, Tips on Growing and Marketing Garden Mums, Ohio Florists Association 1996.
Bradford Bearce et al., Chrysanthemums A Manual of the Culture, Diseases, Insects and Economics of Chrysanthemums, Jun. 1964, pp. 6–19, Prepared for The New York State Extension Service Chrysanthemum School with the Cooperation of the New York State Flower Growers Association, Inc.

Neil O. Anderson, et al., Rapid Generation Cycling of Chrysanthemum Using Laboratory Seed Development nd Embryo Rescue Techniques, Journal of the American Society of Horticultural Science, Mar. 1990, pp. 329–336, vol. 115(2), Alexandria, Virginia 22314.
Leon Glicenstein, Breeding and New Cultivars, Commercial Perspective, Tips on Growing and Marketing Garden Mums, Ohio Florist's Association 1996.
M.A. Nazeer, et al., Cytogenetical Evolution of Garden Chrysanthemum, Current Science, Jun. 20, 1982, vol. 51, No. 12.
Edward Higgins, Containers and Marketing, Tips on Growing and Marketing Garden Mums, Ohio Florists Association 1996.
Naomasa Himotomai, Bastardierungsversuche bei Chrysanthemum I., Journal of Science of Hiroshima University, Series B, Div.2, vol. 1, Art. 3, 1931.
Naomasa Shimotomai, Basterdierungsversuche bei Chrysanthemum II. Eentstehung eines fruchtbaren Bastardes (haploid $4n^2$) aus der Kreuzung von *Ch. marginatum* (hapl. 5n) mit *Ch. morifolium* (hapl. 3n), Journal of Science of the Hiroshima University, Series B, Div. 2, vol. 1, Art. 8, 1932.
Ernest L. Scott, The Breeder's Handbook, 1957, pp. 1–76 Handbook No. 4, National Chrysanthemum Society, Inc., USA.
John Woolman, Chrysanthemums for Garden and Exhibition, 1953, pp. 1–103, W.H. & L. Collingridge Ltd., Tavistock Street, London WC2 and Transatlantic Arts Incorporated, Forest Hills, New York.
H.G. Witham Fogg, Chrysanthemum Growing, 1962, pp. 171, John Gifford Limited, London, W.C.2.
National Agricultural Statistics Service, USDA Additional Floriculture Information, pp. 1–84, National Agricultural Statistics Service, Floriculture Crops, 1998 Summary, Jun. 1999.
Handbook on Chrysanthemum Classification, A Publication of the Classification Committee National Chrysanthemum Society, Inc., U.S.A., 1996 Edition.
C. Ackerson, Chapter 12, Development of the Chrysanthemum in China, pp. 146–155, National Chrysanthemum Society Bulletin 1967.
C. Ackerson, Chapter 11, Original Species of the Chrysanthemum, pp. 105–107, National Chrysanthemum Society Bulletin, 1967.
G.J. Dowrick, The Chromosomes of Chrysanthemum I: The Species, *Heredity*, 6:365–375 (1952).
Junyu, C., et al., *Acta Horticulturae*, 404:30–36 (1995).

* cited by examiner

Primary Examiner—Anne Marie Grunberg
(74) *Attorney, Agent, or Firm*—Wood, Phillips, Katz, Clark & Mortimer

(57) **ABSTRACT**

A new and distinct Chrysanthemum plant named MN98-89-7 is provided. This new cultivar was the result of a cross between *Dendranthema weyrichii* and *Dendranthema× grandiflora*.

5 Drawing Sheets

1

Latin name of the genus and species of the plant claimed: Dendranthema×hybrida.
Variety denomination: 'MN98-89-7'.

BACKGROUND OF THE INVENTION

The present invention comprises a new and distinctive chrysanthemum plant, hereinafter referred to by the culti-

2

varname 'MN98-89-7'. This new cultivar was the result of a cross in 1989 between *Dendrathema weyrichii* and *Chrysanthemum morifolim*. More specifically, the breeding program which resulted in the production of the new cultivar was carried out at St. Paul, Minn. The female or seed parent of MN98-89-7 was *Dendranthema weyrichii* 'Pink Bomb', commercially available from White Flower Farms, Con-

图 3–21 美国植物专利单行本扉页

US00RE38399E

(19) **United States**

(12) **Reissued Patent**

Montgomery

(10) Patent Number: **US RE38,399 E**

(45) Date of Reissued Patent: **Jan. 27, 2004**

(54) **SAFETY CLOSURE AND CONTAINER**

(75) Inventor: **Gary V. Montgomery**, Evansville, IN (US)

(73) Assignee: **Rexam Medical Packaging Inc.**, Evansville, IN (US)

(21) Appl. No.: **10/205,971**

(22) Filed: **Jul. 15, 2002**

Related U.S. Patent Documents

Reissue of:

(64) Patent No.: **6,102,223**
Issued: **Aug. 15, 2000**
Appl. No.: **08/781,410**
Filed: **Jan. 10, 1997**

(51) Int. Cl.[7] **B65D 55/02**

(52) U.S. Cl. **215/216**; 215/44; 215/45; 215/218; 215/343; 215/330; 215/351; 220/281; 220/288; 220/DIG. 34

(58) Field of Search 215/44, 45, 901, 215/216–218, 220, 329–331, 342–344, 351, 321, 252, 219, 221; 220/DIG. 34, 288, 281

(56) **References Cited**

U.S. PATENT DOCUMENTS

2,752,060 A	6/1956	Martin
3,450,289 A	6/1969	Esposito, Jr.
3,608,763 A	9/1971	Smith et al.
3,700,133 A	10/1972	Bagguley
3,826,395 A	7/1974	Montgomery
3,877,597 A *	4/1975	Montgomery et al. 215/221
3,894,647 A *	7/1975	Montgomery .... 215/221 X
3,917,097 A *	11/1975	Uhlig 215/216
3,923,181 A	12/1975	Libit
3,941,268 A *	3/1976	Owens et al. 215/216
4,213,534 A *	7/1980	Montgomery 215/216
4,280,631 A *	7/1981	Lohrman .... 215/330 X
4,310,102 A	1/1982	Walter
4,345,690 A	8/1982	Hopley
4,351,443 A	9/1982	Uhlig

4,375,858 A	3/1983	Shah et al.
4,410,097 A	10/1983	Kusz
4,437,578 A	3/1984	Bienek et al.
4,579,239 A	4/1986	Hart
4,610,372 A	9/1986	Swartzbaugh
4,658,976 A *	4/1987	Pohlenz 215/252
4,667,836 A *	5/1987	McLaren 215/216

(List continued on next page.)

FOREIGN PATENT DOCUMENTS

FR	858575	11/1940	.... 215/344
FR	1230375	9/1960	.... 215/344
FR	2339539	8/1977	
GB	1073124	6/1967	.... 215/344

Primary Examiner—Robin A. Hylton
(74) *Attorney, Agent, or Firm*—Charles G. Lamb; Middleton Reutlinger

(57) **ABSTRACT**

A child resistant cap including relatively thin threads which, when the cap is in a relaxed condition, are spaced from the bottle neck, said spacing permitting the cap to be squeezed inward at points on opposite sides of the cap so that the cap responds to the squeezing by expanding outward at points ninety degrees from the squeezing points so that stops on the cap at the cap expanding location will miss the stops normally engaged when in a relaxed condition, thereby permitting the cap to be removed from the bottle. The cap may also include a guide ring in the cap interior to guide the cap over the bottle neck to help ensure that the cap is centered on the bottle opening. The cap may include pressure pads on the cap skirt outside near the cap bottom showing the user where to press and stiffening the portion of the cap where pressure is to be applied. And, the cap may include a tamper indicating ring which will separate from the cap the first time the cap is removed from the bottle. Furthermore, in an alternative cap and bottle combination, an imaginary line connecting the cap threads and an imaginary line defined by the bottle neck will intersect at an angle of from one to eight degrees, thereby providing an increasing gap between the cap threads and the bottle neck as one gets further from the cap top, this angle creating non-vertical changes to the cap or the bottle or both.

21 Claims, 8 Drawing Sheets

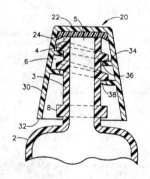

图 3－22　再版专利单行本扉页

US005650703B1

REEXAMINATION CERTIFICATE (3747th)

United States Patent [19]

Yardley et al.

[11] **B1 5,650,703**

[45] Certificate Issued **Mar. 2, 1999**

[54] **DOWNWARD COMPATIBLE AGV SYSTEM AND METHODS**

[75] Inventors: **James V. Yardley**, Centerville; **Gary L. Whatcott**, Holladay; **John A. M. Petersen**; **Bryan A. Bloomfield**, both of Bountiful; **Vaughn W. Guest**, Farmington; **Rick S. Mottes**, Roy; **Robert K. Forman**, Taylorsville; **L. Bruce Christensen**, Kaysville, all of Utah; **Joseph Zuercher**, Brookfield; **Herman P. Schutten**, Milwaukee, both of Wis.

[73] Assignee: **Harris Trust and Savings Bank**, Chicago, Ill.

Reexamination Request:
No. 90/004,773, Sep. 30, 1997

Reexamination Certificate for:
Patent No.:	**5,650,703**
Issued:	**Jul. 22, 1997**
Appl. No.:	**637,919**
Filed:	**Apr. 25, 1996**

Related U.S. Application Data

[62] Division of Ser. No. 251,560, Jul. 18, 1994, which is a division of Ser. No. 908,691, Jun. 26, 1992, Pat. No. 5,341,130, which is a division of Ser. No. 621,486, Dec. 3, 1990, Pat. No. 5,281,901, which is a continuation-in-part of Ser. No. 618,793, Nov. 27, 1990, Pat. No. 5,187,664, and Ser. No. 602,609, Oct. 24, 1990, Pat. No. 5,191,528, which is a continuation-in-part of Ser. No. 545,174, Jun. 28, 1990, abandoned.

[51] Int. Cl.^{6} **B62D 1/28**
[52] U.S. Cl. **318/587**; 318/586; 901/1; 180/167; 180/168; 364/424.02
[58] Field of Search 318/587, 586; 901/1, 3; 180/167, 168; 364/424.02, 449

[56] **References Cited**

U.S. PATENT DOCUMENTS

2,847,080　8/1958　Zworykin et al. .

3,245,493　4/1966　Barrett, Jr. .

(List continued on next page.)

FOREIGN PATENT DOCUMENTS

0 159 680　4/1985　European Pat. Off. .

(List continued on next page.)

OTHER PUBLICATIONS

Cox, Ingemar J. "Blanche—An Experiment in Guidance and Navigation of an Autonomous Robot Vehicle," *IEEE Trans*

(List continued on next page.)

Primary Examiner—Paul Ip

[57] **ABSTRACT**

An automated guided vehicle (AGV) control system which is downward compatible with existing guidewire systems providing both guidewire navigation and communication and autonomous navigation and guidance and wireless communication between a central controller and each vehicle. FIGS. **90, 91, 92, 93**, and **94** provide a map showing relative orientation of the schematic circuits seen in FIGS. **90A–B, 91A–B, 92A–B, 93A–B**, and **94A–B**, respectively over paths marked by update markers which may be spaced well apart, such as fifty feet. Redundant measurement capability using inputs from linear travel encoders from the vehicle's drive wheels, position measurements from the update markers, and bearing measurements from a novel angular rate sensing apparatus, in combination with the use of a Kalman filter, allows correction for navigation and guidance errors caused by such factors as angular rate sensor drift, wear, temperature changes, aging, and early miscalibration during vehicle operation. The control system employs high frequency two-way data transmission and reception capability over the guidewires and via wireless communications. The same data rates and message formats are used in both guidewire and wireless communications systems. Substantially the same communications electronics are used for the central controller and each vehicle. Novel navigation and guidance algorithms are used to select and calculate a non-linear path to each next vehicle waypoint when the vehicle is operating in the autonomous mode. The non-linear path originates with an initial direction equal to the heading of the vehicle as it enters the path and a waypoint heading defined as part of the message received from the central control system which plans and controls travel of each vehicle in the system.

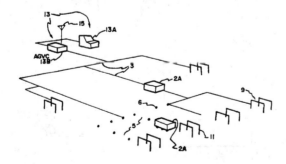

图 3 - 23　再审查证书单行本扉页

US00H002096H

(19) **United States**

(12) **Statutory Invention Registration**

Erderly et al.

(10) Reg. No.: **US H2096 H**

(43) **Published:** **Jan. 6, 2004**

(54) **THERMOPLASTIC ELASTOMER COPOLYMER FILMS**

(75) Inventors: **Thomas Craig Erderly**, Baytown, TX (US); **John Hugh MacKay**, Chicago, IL (US); **Russell Harrel Narramore**, Brentwood, TN (US)

(73) Assignee: **Exxon Chemical Patents, I**, Wilmington, DE (US)

(21) Appl. No.: **08/469,835**

(22) Filed: **Jun. 6, 1995**

Related U.S. Application Data

(60) Division of application No. 08/189,465, filed on Jan. 31, 1994, now abandoned, which is a continuation-in-part of application No. 08/013,518, filed on Feb. 3, 1993, now abandoned.

(51) **Int. Cl.**^{7} C08L 9/00; C08L 53/00; C08F 293/00

(52) **U.S. Cl.** **525/98**; 525/93; 525/314

(58) **Field of Search** 525/98, 93, 314

(56) **References Cited**

U.S. PATENT DOCUMENTS

3,299,174 A	1/1967	Kuhre et al.	525/98
3,424,649 A	1/1969	Nyberg et al.	428/517
3,562,356 A	2/1971	Nyberg et al.	525/93
3,678,134 A	7/1972	Middlebrook	525/98
4,171,411 A	10/1979	Ehrenfreund	521/98
4,173,612 A	11/1979	Kelly	264/176.1
4,476,180 A	10/1984	Wnuk	428/220
4,479,989 A	10/1984	Mahal	428/35
5,272,236 A	* 12/1993	Lai et al.	526/348.5
5,278,272 A	* 1/1994	Lai et al.	526/348.5

FOREIGN PATENT DOCUMENTS

EP	0 114 964 A1	8/1984

* cited by examiner

Primary Examiner—Michael J. Carone
Assistant Examiner—Aileen B. Felton
(74) *Attorney, Agent, or Firm*—Douglas H. Elliott; Moser, Patterson & Sheridan, L.L.P.

(57) **ABSTRACT**

Disclosed are (1) a thermoplastic elastomeric film comprised of an elastomeric arene-diene block copolymer and particular ethylene/β-olefin copolymers having low ethylene crystallinity and (2) the process of preparing films thereof. The disclosed films have superior strength and elasticity characteristics which render them particularly useful in apparel and healthcare items such as disposable diapers.

4 Claims, 1 Drawing Sheet

A statutory invention registration is not a patent. It has the defensive attributes of a patent but does not have the enforceable attributes of a patent. No article or advertisement or the like may use the term patent, or any term suggestive of a patent, when referring to a statutory invention registration. For more specific information on the rights associated with a statutory invention registration see 35 U.S.C. 157.

BASIC BLOWN FILM LINE

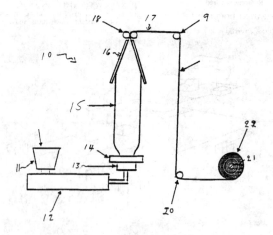

图 3－24　依法登记的发明单行本扉页

US00D485045S

(12) **United States Design Patent**
Davis, Jr.

(10) Patent No.: **US D485,045 S**
(45) **Date of Patent:** ✱✱ **Jan. 6, 2004**

(54) **COIN HOLDER OR DISPENSER**

(76) Inventor: **Elijah Douglas Davis, Jr.,** 622 Colorado Woods Ct., Orlando, FL (US) 32824

(**) Term: **14 Years**

(21) Appl. No.: **29/176,064**

(22) Filed: **Feb. 14, 2003**

(51) **LOC (7) Cl.** **99-00**
(52) **U.S. Cl.** **D99/34**
(58) **Field of Search** D99/34, 35, 36, D99/28; 206/0.81, 0.83, 0.84; 453/49, 50, 54

(56) **References Cited**

U.S. PATENT DOCUMENTS

200,962	A	* 3/1878	Amesbury	453/54
D20,977	S	* 8/1891	Kleberg et al.	D99/34
954,589	A	* 4/1910	Reizenstein	453/54
2,654,376	A	* 10/1953	Hultberg	453/54
D210,699	S	* 4/1968	Miziolek	D99/34
D289,217	S	* 4/1987	Murphy	D99/34
D395,131	S	* 6/1998	Steinhagen	D99/34
D455,245	S	* 4/2002	Bakker	D99/34

* cited by examiner

Primary Examiner—Paula A. Mortimer
(74) *Attorney, Agent, or Firm*—Sturm & Fix LLP

(57) **CLAIM**

The ornamental design for a coin holder or dispenser, as shown and described.

DESCRIPTION

FIG. **1** is a perspective view of the coin holder or dispenser incorporating my decorative design;
FIG. **2** is a top plan view thereof;
FIG. **3** is a bottom plan view thereof;
FIG. **4** is a side elevation view thereof, the right and left sides being identical; and,
FIG. **5** is an end view thereof, the opposite ends being identical.

1 Claim, 1 Drawing Sheet

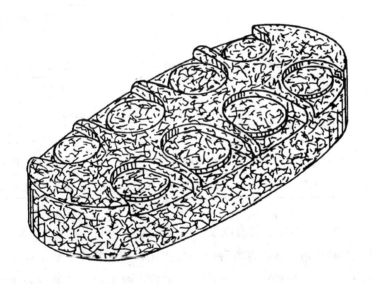

图 3 - 25　美国设计专利单行本扉页

3.2.3 美国专利编号

3.2.3.1 美国专利申请编号

表 3 - 9 美国专利申请编号

申请种类	系列码/申请顺序号	申请提交年代
专利申请 植物专利申请 再公告专利申请 依法登记的发明请求	01/000001 ~	1925 ~ 1934
	02/000001 ~	1935 ~ 1947. 12
	03/000001 ~	1948. 1 ~ 1959. 12
	04/000001 ~	1960. 1 ~ 1969. 12
	05/000001 ~	1970. 1 ~ 1978. 12
	06/000001 ~	1979. 1 ~ 1986. 12
	07/000001 ~	1987. 1 ~ 1992. 12
	08/000001 ~	1993. 1 ~ 1997. 12
	09/000001 ~	1998. 1 ~ 2001. 10
	10/000001 ~	2001. 10 ~ 2004. 12
	11/000001 ~	2004. 12 ~ 2007. 12
	12/000001	2007. 12 至今
设计专利申请	29/000001 ~	1992. 10. 1 至今
临时专利申请	60/000001 ~	1995. 6. 8 ~ 2007. 12
	61/000001	2007. 12 至今
单方再审查请求	90/000001 ~	1981. 7. 1 至今
双方再审查请求	95/000001 ~	2001. 7. 27 至今

美国专利申请编号主要有以下特点（见表 3 - 9）：

（1）美国专利商标局将各种申请分成几大类，各类申请循环编号。循环期的年代跨度大小不等，由申请量决定。一般来说，各类专利申请号每轮循环均从 1 ~ 999999 号以内连续编排，周而复始。

（2）为区别不同循环期的申请号，使用申请号系列码（Application Number Series Code）。这一点对于美国专利文献的数据库检索十分重要。

（3）申请号系列码同时用于表示申请种类：

① 01 ~ 28 用于表示发明和植物专利申请，两者混合编排。例如，"08/ 101840"为一件植物专利申请号，"08/101841"则为一件发明专利申请号。迄今为止，发明专利申请已进入第 12 个循环。

② 29 用于表示设计专利申请。

③ 60~61 用于表示临时专利申请。

④ 90 用于表示单方再审查请求（ex parte reexamination requests）。

⑤ 95 用于表示双方再审查请求（inter partes reexamination requests）。

需要说明的是，在美国专利说明书的扉页中常见到的是 1~6 位数的申请顺序号，如"Appl. No.：1"，"Appl. No.：600 000"。近几年美国专利商标局才开始在专利说明书的扉页中刊登申请号系列码，并规定专利申请号由 2 位数字的申请号系列码和 6 位数字的申请顺序号两部分组成，不足位数的以零补位，如"Appl. No.：09/000001"。

3.2.3.2　美国专利文献编号

表 3-10　美国专利文献编号

文献种类	2001. 1. 2 之前	2001. 1. 2 之后
专利		
专利申请公布	无	US 2001/0001111 A1
专利申请再公布	无	US 2001/0002222 A2
专利申请的更正	无	US 2001/0003333 A9
美国专利（无授权前公布的单行本）	5123456	US 6654321 B1
美国专利（有授权前公开的单行本）	无	US 6654322 B2
植物专利		
植物专利申请公布	无	US 2001/0004444 P1
美国植物专利（无授权前公开的单行本）	Plant 11000	US PP12345 P2
美国植物专利（有授权前公开的单行本）	无	US PP12345 P3
植物专利申请再公布	无	US 2001/0005555 P4
植物专利申请的更正	无	US 2001/0006666 P9
设计专利	Des. 456789	US D654321 S
再版专利	RE 36543	US RE12345 E
再审查证书		
发明专利、植物专利、外观设计或再版专利的第一次再审查	B1 5123456 B1 Plant 11000 B1 Des. 123456 B1 RE 12345	US 6654321 C1 US PP12345 C1 US D654321 C1 US RE 12345 C1
发明专利、植物专利、外观设计或再版专利的第二次再审查	B2 5123456	US 6654321 C2
发明专利、植物专利、外观设计或再版专利的第三次再审查	B3 5123456	US 6654321 C3
其他文献		
依法登记的发明文献	H1234	US H2345 H

美国专利文献编号主要有以下特点（见表 3 – 10）：

（1）自 2001 年起，美国专利商标局开始出版专利申请公布和植物专利申请公布的单行本。公布号由 4 位数字的文献公布年代和 7 位数字的文献公布顺序号两部分组成，不足位数的以零补位。需要注意的是，专利申请公布和植物专利申请公布中包括申请的再公布单行本（A2、P4），以及申请的更正（A9、P9），所有申请公布单行本均按流水号顺序编排，如"US 2006/0070159 P1"，"US 2006/0070160 A1"。

（2）其他专利文献按各自的文献编号系列顺序编排，如"US 6654321 B1"，"US PP12345 P2"。

（3）2001 年以前，美国专利商标局对其出版的专利文献常采取在文献号前使用英文缩写表示文献种类，如"Des. 456789"，"RE 12345"。自 2001 年起，美国专利商标局在其出版的专利文献上全面采用 WIPO 标准 ST. 16《用于标识不同种类专利文献的推荐标准代码》中规定的专利文献种类标识代码，但仍保留在文献号前使用英文缩写、缩拼或首字母表示文献种类的做法，如"RE 12345 C1"，"PP12345 C1"，"D654321 C1"。

3.2.4　美国专利公报

美国专利商标局专利公报（Official Gazette of the United Patent and Trade Mark Office，Patent），于 1872 年创刊，由专利局报告（Patent Office Report）改为现名。其为周刊，每月出版的各期合为一卷，全年 12 卷，为权利要求型公报。该专利公报包括以下三大部分。

第一部分：报道有关专利事务的各种通知、命令，法规的变化，分类的改变，对公众开放的收藏美国专利的图书资料馆名单等。

第二部分：报道各类授权专利的著录项目、主权利要求、附图。报道顺序依次为再审查证书、依法登记的发明、再版专利、植物专利、专利、设计专利。专利分为一般与机械、化学、电气等三大技术领域，各类专利均按专利号顺序排列。

第三部分：各种索引，如专利权人索引、分类号索引等。

美国专利公报中还有关于可用于转让和出售的专利的名单。

3.3　日本专利文献

3.3.1　日本专利制度

日本对发明、实用新型、外观设计单独立法给予保护。

1885 年日本通过《专卖特许条例》，正式建立专利制度，对发明实行专利保护并确立先发明制，此后经历几次重大修改：1888 年确立审查制；1921 年将先发明制改为先申请制，对专利申请进行实质性审查（对比文献仅限于日本国内范围），并采取申请公告和异议申诉制度；1959 年将实质性审查扩展到世界范围；1971 年实行早期公开、延迟审查制。此后专利法屡屡修订，20 世纪 90 年代，日本顺应世界各国专利法的发展趋势，对本国专利法再作重要调整，涉及文献出版的主要变化有：（1）原发明专利权有效期自公告日起 15 年，自申请日起不超过 20 年，1995 年 7 月 1 日起改为自申请日起 20 年；（2）1995 年起取消公告制，将专利授权前的异议程序挪至授权后。

日本《外观设计法》首次出台于 1889 年，最近一次修改发生在 1996 年，并于 1997 年 4 月 1 日生效。日本对外观设计实行登记制，以注册证书形式保护，外观设计专利权有效期自注册日起 15 年。

第一部《日本实用新型法》制定于 1905 年，近百年来不断补充和完善。尽管日本对实用新型以注册证书的形式进行保护，但长期以来，采取与发明专利申请同样的审批程序，即经过实质性审查授予实用新型注册证书。20 世纪 90 年代，《日本实用新型法》再作重大修改，涉及文献出版的修改主要有：（1）注册的实用新型有效期的缩短。1995 年 7 月 1 日之前，实用新型权期限为自公告日起 10 年，自申请日起不超过 15 年，1995 年 7 月 1 日起改为自申请日起 6 年。（2）1994 年将早期公开延迟审查制改为登记制，并实行注册后的技术评价报告制。

3.3.2　日本专利文献的特点

日本专利文献的出版与其他国家相比独具特色。大多数国家的做法是：在出版一次专利文献（即各种专利单行本）的同时，出版二次专利文献（即专利公报），公布各种专利单行本的著录项目、文摘或权利要求、附图以及专利事务等法律信息。日本则将发明、实用新型分别按产业部门（后按国际专利分类）划分，在相应名称的公报中全文公布；而专利事务等法律信息则在日本专利局公报中报道。因而日本出版以下四种类型的专利文献：

第一类，"特許公报"、"实用新案公报"、"公开特許公报"、"公开实用新案公报"、"公表特許公报"、"公表实用新案公报"。实际上就是各种类型的专利单行本。

第二类，"商標公报"、"意匠公报"。相当于其他国家出版的相应公报。

第三类，"审决公报"。即日本专利局复审委员会的复审决定，公布发明、实用新型、外观设计、商标等诉讼案件审判结果的审判书全文。

日本专利局将上述三类公报划分为一次专利文献。

第四类，"特許庁公报"。即专利局公报，包括发明、实用新型、商标的注册目录，发明、实用新型的审查请求，发明、实用新型、商标的申请放弃、驳回、无效、统计年报等，是报道各种目录和专利事务等法律信息的官方公报。

本节主要介绍第一、二、四类文献。

3.3.3 日本专利单行本

日本专利制度历史悠久，专利申请审批制度几经变化，因而专利说明书种类繁多，为叙述简便，现将不同审批阶段出版的各种专利说明书以1971 年为界分别介绍。

3.3.3.1 1971 年以前出版的单行本

1971 年以前日本对发明专利申请和实用新型申请实行审查制与异议公告程序并举，因而出版的单行本有以下几种。

（1）专利公告合订单行本（"特許公报"），文献种类标识代码 B。

经过实质性审查、尚未授予专利权的专利公告单行本，自公告之日起 2个月内为异议期，期满无异议或异议理由不成立的，即授予专利权。

（2）专利说明书（"特許明細書"），文献种类标识代码 C。

授予专利权时出版的专利单行本。1950 年停止出版，此后改为授予专利权时只接排专利号，不再出版这种专利单行本。

（3）实用新型公告合订单行本（"実用新案公报"），文献种类标识代码 Y。

经过实质性审查、尚未授予注册证书的实用新型公告单行本。自公告之日起 2 个月内为异议期，期满无异议或异议理由不成立的，即授予注册证书。

（4）注册实用新型说明书（"登録実用新案明細書"），文献种类标识代码 Z。

授予注册证书时出版的注册实用新型单行本。1950 年停止出版，此后改为授予注册证书时只接排注册号，不再出版这种注册实用新型单行本。

3.3.3.2 1971 年以后出版的单行本

自 1971 年 1 月 1 日起，发明专利申请和实用新型申请同时改为早期公开、延迟审查制，并保留公告异议程序，此后出版的单行本有以下几种。

（1）专利申请公开合订单行本（"公开特許公报"），文献种类标识代码 A。

这是一种未经实质审查、也尚未授予专利权的专利申请公开单行本，为第一公布级出版物（见图 3 - 26）。

（2）国际申请日文译文合订单行本（"公表特許公报"），文献种类标识代码 A。

这是日本针对指定国的国际专利申请单行本。即在其他受理局提交的非日文国际专利申请在 WIPO 国际局公布并被译成日文进入日本国家阶段后，在日本国内再次公布。1979 年开始出版，为第一公布级。

（3）日文国际申请再公布（"再公表特許"），文献种类标识代码 A1。

这也是一种国际专利申请单行本。即在日本专利局提交的日文国际专利申请在 WIPO 国际局公布并进入日本国家阶段后，在日本国内再次公布。1979 年开始出版，为第一公布级。

（4）专利公告合订单行本和专利合订单行本（"特許公报"），文献种类标识代码 B2。

根据 1971 年《日本专利法》，申请人可自申请日起 7 年内提实审请求，因而继续出版这种经过实质性审查、尚未授予专利权的专利公告单行本。1971～1996 年 3 月 29 日出版的"特許公报"法律属性没有改变，但已是第二公布级。为此，日本也称之为"特許公告公报"，但单行本的名称仍是"特許公报"，其扉页上的著录项目——文献号（11）注明的是专利申请公告号（见图 3 - 27）。

《日本专利法》于 1996 年再次修改，取消公告制，规定发明专利申请经实质审查合格即授予专利权。自 1996 年 5 月 29 日开始出版的"特許公报"，实际上为授权专利单行本，虽然仍为第二公布级，名称、文献种类代码也没有改变，但法律属性已与以前不同（见图 3 - 28）。B2 表示该专利申请在先出版过"公开特許公报"。

从 2001 年 10 月 1 日起，实审请求提交期限缩短为自申请日起 3 年。2001 年 10 月 1 日及以后受理的专利申请适用此修改，2001 年 10 月 1 日以前受理的专利申请的实审请求期限仍为 7 年。

（1）实用新型申请公开合订单行本（"公开实用新案公报"），文献种类标识代码 U。

这是一种未经实质性审查，也尚未授予注册证书的实用新型申请公开单行本，为第一公布级。

（2）实用新型国际申请日文译文合订单行本（"公表实用新案公报"），文献种类标识代码 U1。

这是日本作为指定国的实用新型国际申请单行本。即在其他受理局提交的非日文国际实用新型申请在 WIPO 国际局公布并被译成日文进入日本国家阶段后，在日本国内再次公布。其与"公表特許公报"的区别是，前者为实用新型申请，而后者为实用新型专利申请。1979 年开始出版。

（3）实用新型公告合订单行本（"实用新案公报"），文献种类标识代码 Y2。

根据 1971 年《日本实用新型法》，申请人可自申请日起 4 年内提出实审请求，进而继续出版这种经过实质性审查、尚未授予注册证书的实用新型公告单行本。1971～1996 年 3 月 29 日出版的"实用新案公报"法律属性没有改变，但属于第二公布级出版物。为此，日本也称之为"实用新案公告公报"，但说明书的名称上仍用"实用新案公报"，扉页上的著录项目——文献号（11）注明的是实用新型申请公告号。Y2 表示该申请在先出版过"公开实用新案公报"。

《日本实用新型法》于 1994 年再次修改，将早期公开延迟审查制改为登记制。因而实用新型说明书出现以下新的种类：

（4）注册实用新型合订单行本（"登録实用新案公报"），文献种类标识代码 U。

自 1994 年 1 月 1 日起，新的实用新型新申请改为登记制，即形式审查之后予以注册，授予实用新型注册证书。1994 年 4 月 27 日开始出版，由于实施注册后的技术评价报告制，在这种单行本的扉页上要注明是否提出技术评价请求（见图 3－29）。

（5）实用新型注册合订单行本（"实用新案登録公报"），文献种类标识代码 Y2。

1994 年 1 月 1 日以前已经提出的申请，继续按照 1971 年《日本实用新型法》规定的早期公开、延迟审查制度进行审批，但是 1996 年《日本实用新型法》与《日本专利法》同时修改，取消公告制，实用新型申请经实质审查合格即授予注册证书。因而，1996 年 6 月 5 日开始出版的这种实用新型注册单行本，尽管文献种类代码与"实用新案公报"一样，仍为第二公布级，但法律属性已与之不同。Y2 表示该申请在先出版过"公开实用新案公报"。

（6）外观设计合订单行本（"意匠公报"），文献种类标识代码 S。

其根据 1889 年《日本外观设计法》出版。外观设计单行本出版量很大，每 2～3 天出版一期，每期公布 100 件注册的外观设计，包括著录项目、各种视图，有时甚至刊登制品的内视图（见图 3－30）。

---

(19)日本国特許庁（JP）　　(12) **公 開 特 許 公 報**（A）　　(11)特許出願公開番号

特開平11－171834

(43)公開日　平成11年(1999) 6月29日

(51)Int.Cl.⁶	識別記号	FI	
C07C 69/716		C07C 69/716	Z
67/313		67/313	
67/343		67/343	
69/738		69/738	Z

審査請求　未請求　請求項の数 2　OL　（全 7 頁）

(21)出願番号　特願平9－342342

(22)出願日　平成 9 年(1997)12月12日

(71)出願人　000000206
宇部興産株式会社
山口県宇部市西本町 1 丁目12番32号

(72)発明者　吉田　浩
山口県宇部市大字小串1978番地の 5　宇部興産株式会社宇部研究所内

(72)発明者　大森　潔
山口県宇部市大字小串1978番地の 5　宇部興産株式会社宇部研究所内

(72)発明者　布施　建策
山口県宇部市大字小串1978番地の 5　宇部興産株式会社宇部研究所内

最終頁に続く

---

(54)【発明の名称】　４－フルオロ－３－オキソカルボン酸エステル及びその製法

(57)【要約】　　（修正有）
【課題】　殺虫剤，殺ダニ剤，殺菌剤，殺センチュウ剤
として有用なアミノピリミジン誘導体の新規な合成中間
体である４－フルオロ－３－オキソカルボン酸エステル
とその製法を提供する。
【解決手段】　４－フルオロ－３－オキソペンタン酸メ
チルエステルのような一般式 1 の４－フルオロ－３－オ
キソカルボン酸エステル，および例えば２－フルオロプ
ロピオン酸メチルと酢酸メチルとを塩基下で反応させる
その製造方法。

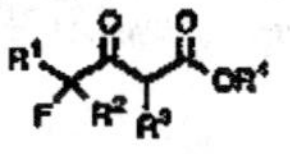

$$R^1 - \underset{F}{\overset{O}{\underset{R^2}{|}}} \underset{R^3}{\overset{O}{|}} - OR^4 \qquad (1)$$

〔R¹ はアルキル基又はアリール基；R² と R³ は水素
又はアルキル基；R⁴ はアルキル基を表す。〕

图 3－26　"公開特許公報"扉页

(19)日本国特許庁（JP）　　　(12) 特　許　公　報（B2）　　　(11)特許出願公告番号

特公平8－34772

(24)(44)公告日　平成8年(1996)3月29日

(51)Int.Cl.⁶	識別記号	庁内整理番号	FI	技術表示箇所
HO1L 21/3065			HO1L 21/ 302	L

発明の数1(全 4 頁)

(21)出願番号　特願昭60－135204	(71)出願人　999999999
	ヒューレット・パッカード・カンパニー
(22)出願日　昭和60年(1985)6月20日	アメリカ合衆国カリフォルニア州パロアルト
	ト　ハノーバー・ストリート　3000
(65)公開番号　特開昭61－10240	(72)発明者　ドナルド・エル・パートン
(43)公開日　昭和61年(1986)1月17日	アメリカ合衆国オレゴン州コーバリス　ランス・ウエイ　ノースウエスト　1894
(31)優先権主張番号　622439	(74)代理人　弁理士　上野　英夫　（外1名）
(32)優先日　1984年6月20日	
(33)優先権主張国　米国（US）	審判の合議体
	審判長　松村　貞男
審判番号　平6－14637	審判官　左村　義弘
	審判官　松田　悠子
	(56)参考文献　特開　昭60－115234（JP，A）
	特開　昭60－5527（JP，A）
	特開　昭57－73940（JP，A）

(54)【発明の名称】　半導体素子の製造方法

1

【特許請求の範囲】
【請求項1】その上に導電パターンが形成されてメサ部分と溝部分とを有する基板上に、該メサ部分上での厚さが第1の厚さを有する第1誘電体層を形成する段階と、前記メサ部分の高さにほぼ等しいかそれ以上の第2の厚さを前記溝部分上で有する第2誘電体層を前記第1誘電体層上に形成する段階と、前記第2誘電体層上に表面がほぼ平坦なポリマー層を形成する段階と、前記ポリマー層をエッチングして、前記メサ部分上に前記第2誘電体層を露出させると共に、前記溝部分上に前記ポリマー層を残す段階と、前記第2誘電体層をエッチングして、前記メサ部分上に前記第1誘電体層を露出させると共に、前記溝部分において前記第1誘電体層上に第2誘電体層を残す段階と、を備えて成る、前記メサ部分上の露出された第1誘電体層と前記溝部分における前記第1誘電体

2

層上の前記第2誘電体層とがほぼ平坦な表面を形成するようにした半導体素子の製造方法であって、前記ポリマー層と前記第2誘電体層とに対するエッチング速度がほぼ等しく、前記第1誘電体層に対するエッチング速度が前記第2誘電体層に対するエッチング速度より遅くなるようにしたことを特徴とする半導体素子の製造方法。
【発明の詳細な説明】
〔産業上の利用分野〕
　本発明は、集積回路製造において、半導体ウエーハ上の導電層間の絶縁膜を平坦化する方法に関する。
〔従来技術とその問題点〕
　シリコンチップ上の回路密度を増加させるためには、単一チップ上の多数の集積シリコン素子間の相互接続能力の改善を必要としてきた。集積回路内のアクティブ領域の寸法上の制限によって、多層配線による垂直方向の

10

図3-27　"特許公報"（尚未授予专利权）扉页

(19)**日本国特許庁(JP)**　　　　(12)**特　許　公　報(B2)**　　　(11)特許番号

特許第3564982号
(P3564982)

(45)発行日　**平成16年9月15日(2004.9.15)**　　　(24)登録日　平成16年6月18日(2004.6.18)

(51)int.Cl.^{7}　　　　　　　　　　　　F I
　C O 7 C　69/716　　　　　C O 7 C　69/716　　Z
　C O 7 C　67/343　　　　　C O 7 C　67/343
　C O 7 C　69/738　　　　　C O 7 C　69/738　　Z
　// **C O 7 D　239/04**　　　　C O 7 D 239/04

請求項の数 2　（全 12 頁）

(21)出願番号	特願平9-342342	(73)特許権者　000000206
(22)出願日	平成9年12月12日(1997.12.12)	宇部興産株式会社
(65)公開番号	特開平11-171834	山口県宇部市大字小串１９７８番地の９６
(43)公開日	平成11年6月29日(1999.6.29)	(72)発明者　吉田　浩
審査請求日	平成13年1月30日(2001.1.30)	山口県宇部市大字小串１９７８番地の５

(72)発明者　吉田　浩
　　山口県宇部市大字小串１９７８番地の５
　　宇部興産株式会社　宇部研究所内

(72)発明者　大籔　滉
　　山口県宇部市大字小串１９７８番地の５
　　宇部興産株式会社　宇部研究所内

(72)発明者　布施　建継
　　山口県宇部市大字小串１９７８番地の５
　　宇部興産株式会社　宇部研究所内

(72)発明者　森田　一弘
　　山口県宇部市大字小串１９７８番地の５
　　宇部興産株式会社　宇部研究所内

最終頁に続く

(54)【発明の名称】４－フルオロ－３－オキソカルボン酸エステル及びその製造

(57)【特許請求の範囲】
【請求項1】
次式（1）：
【化1】

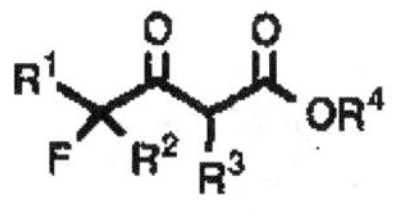

（式中、R^1　は、アルキル基又はアリール基を表し；R^2　及びR^3　は、水素原子又はアルキル基を表し；R^4　は、アルキル基を表す。）
で示される４－フルオロ－３－オキソカルボン酸エステル。
【請求項2】
次式（2）：

图 3－28　"特許公報"（授予专利权）扉页

(19) **日本国特許庁(JP)** (12) **登録実用新案公報(U)** (11) 実用新案登録番号

実用新案登録第3113678号
(U3113678)

(45) 発行日 平成17年9月15日(2005.9.15) (24) 登録日 平成17年8月3日(2005.8.3)

(51) Int.Cl.^{7} F I
A47L 9/02 A47L 9/02 D

評価書の請求 未請求 請求項の数 4 OL (全 5 頁)

(21) 出願番号 実願2005-4427 (U2005-4427) (73) 実用新案権者 504401466
(22) 出願日 平成17年6月14日 (2005.6.14) 関口 明美
出願変更の表示 特願2004-313507 (P2004-313507) 神奈川県南足柄市塚原2624
の変更 (74) 代理人 100107711
原出願日 平成16年10月28日 (2004.10.28) 弁理士 嫉邪 智生
(72) 考案者 関口 明美
神奈川県南足柄市塚原2624

(54) 【考案の名称】電気掃除機の吸込みヘッド用アダプター

(57) 【要約】 (修正有)

【課題】電気掃除機の吸込みヘッドに装着される起毛布部分の埃を吸込みヘッドにより吸い込んで掃除をすることができるようにする電気掃除機の吸込みヘッド用アダプター。

【解決手段】電気掃除機の吸込みヘッドYに装着される電気掃除機の吸込みヘッド用アダプターXであって、前記吸込みヘッドの吸込み面を覆いかつゴミを吸う開口を設けた起毛布よりなるモップ部10と、前記モップ部を前記吸込みヘッドの吸込み面を覆った状態で前記吸込みヘッドに着脱可能に固定する固定手段とを有するように構成する。

【選択図】図2

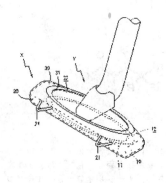

图3-29 "登録実用新案公報"扉页

(19)日 本 国 特 許 庁 　 (11)登録意匠番号

(45)平成11年(1999)12月17日発行　(12)意 匠 公 報 (S)　1056878

(52)H1-540 D

(21)意願 平9-73945　(22)出願　平9(1997)11月5日
　　　　　　　　　　(24)登録　平11(1999)9月10日

(72)創 作 者　柳 在▲ウク▼　大韓民国京畿道水原市長安區亭子洞508-8
(73)意 匠 権 者　柳 在▲ウク▼　大韓民国京畿道水原市長安區亭子洞508-8
(74)代 理 人　弁理士 蘭條 眞一郎
　　審 査 官　楽 　 勝広
(54)意匠に係る物品　ロータリスイッチ
(51)国際意匠分類(参考) 08-06, 13-03
(55)説 　 　 明　家庭用電気製品・家庭用電子製品の設定回転速度の切り替えに使用する。
(56)参 考 文 献　なし。

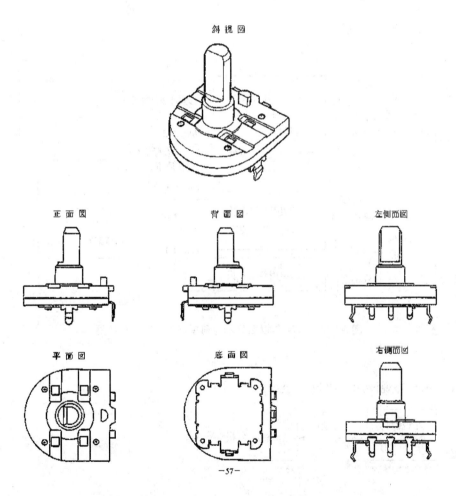

斜 視 図

正 面 図　　　　背 面 図　　　　左側面図

平 面 図　　　　底 面 図　　　　右側面図

-57-

图 3-30　"意匠公報"扉页

下面以 1971 年为界用示意图（见图 3 - 32、图 3 - 33、图 3 - 34）对上述各种日本专利单行本的产生和变更进行归纳、总结。

1. 1971 年以前

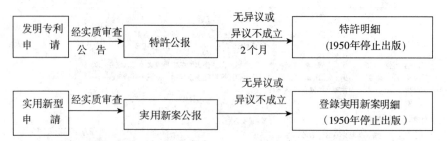

图 3 - 31   1971 年以前日本专利单行本的产生和变更

2. 1971 年以后

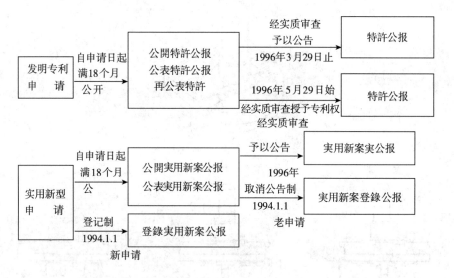

图 3 - 32   1971 年以后日本专利单行本的产生和变更

3. 外观设计（1889 年至今）

图 3 - 33   日本外观设计专利文献出版情况

3.3.4　日本专利编号

由于相关法律变化频繁，日本专利编号也随之改变，颇具特点。为叙述方便，现将申请编号、专利文献编号、实用新型文献编号、外观设计文献编号分别列表举例如下。

3.3.4.1　申请编号

表 3 - 11　申请编号

	申请号格式	2000 年以前	2000 年以后
发明专利申请	种类 + 申请 + 年代 + 当年序号	特願平 3 - 352420	特願 2000 - 1234
实用新型申请		实願平 6 - 289	实願 2000 - 2356
外观设计申请		意願平 5 - 2365	意願 2000 - 4728

申请编号（见表 3 - 11）的特点是：

（1）三种申请号均有固定格式，按年编排。其中，第一个字表示申请种类："特"——专利，"实"——实用新型，"意"——外观设计。第二个字："願"——申请。第三个字和破折号前的数字组合是用日本纪年表示申请年代，与公元年的换算关系为：明治年（代码 M） + 1867 = 公元年，大——大正年（代码 T） + 1911 = 公元年，昭——昭和年（代码 S） + 1925 = 公元年，平——平成年（代码 H） + 1988 = 公元年。

（2）自 2000 年起申请年代改为公元年，其他含义不变。

3.3.4.2　发明专利单行本的文献编号体系

表 3 - 12　发明专利单行本的文献编号

单行本名称	文 献 号		
	编号名称	2000 年以前	2000 年以后
公开特許公报 A	特許出願公开番号 （专利申请公开号）	特开平 5 - 344801	P2000 - 1A
公表特許公报 A	特許出願公表番号 （专利申请公开号）	特表平 1 - 500001	P2000 - 500001A
再公表特許 A1	國際公开番号 （国际申请公布号）	WO98/23680	WO00/12345A

续表

单行本名称	文 献 号		
	编号名称	2000 年以前	2000 年以后
特許公報 B2	特許出願公告番号（专利申请公告号）	1996. 3. 29 日为止 特公平 8 – 34772	
特許公報 B2	特許番号（专利号）	1996. 5. 29 日开始 第 2500001 ~	特許第 2996501 号（P2996501）
特許明細書 C （1885 – 1950 年）	特許番号（专利号）	1 – 216017，1950 年以后的专利号继续沿此序列接排。1996 年改法后从第 2500001 号开始顺排	

专利文献编号（见表 3 – 12）的特点是：

（1）公开、公告号总的特点与申请号一样，按年编排，固定格式：种类 + 公布方式 + 年代 + 当年序号。其与申请号的区别在于第二个字，即公布方式：開——公开，表——再公开，公——公告。2000 年以后，按公元年编排，字母 P 表示专利。

（2）国际申请日文译文的公开号每年从第 500001 号开始编排。

（3）"再公表特許"的编号沿用国际申请公布号。

（4）专利号有些特别。"特許明細書"的专利号从第 1 号开始大流水号顺排。1950 年以后不再出版这种专利单行本，但授予专利权时给予专利号，并继续沿此序列接排，直到 1996 年 5 月 29 日开始出版的"特許公報"（实际上为专利单行本），专利号另从第 2500001 号开始顺排。

3.3.4.3　实用新型与外观设计文献编号

表 3 – 13　实用新型与外观设计文献编号

单行本名称	文 献 号		
	编号名称	2000 年前	2000 年后
公開実用新案公報 U	実用新案出願公開番号（实用新型申请公开号）	実開平 5 – 344801	実用新案出願公開番号実開 2000 – 1（U2000 – 1A）
登錄実用新案公報 U	実用新案登録番号（实用新型注册号）	1994 年 7 月 26 日开始 第 3000001 号 ~	実用新案登録第 3064201 号（U3064201）

续表

单行本名称	文 献 号		
	编号名称	2000 年前	2000 年后
公表实用新案公报 U1	实用新案出願公表番号（实用新型申请公开号）	实表平 8 – 500003	U2000 – 600001U
实用新案公报 Y2	实用新案出願公告番号（实用新型申请公告号）	1996 年 3 月 29 日为止 实公平 8 – 34772	
实用新案登録公报 Y2	实用新案登録番号（实用新型注册号）	1996 年 6 月 5 日开始 第 2500001 号 ~	实用新案登録第 2602201 号（U2602201U）
登録实用新案明細书 Z（1905 ~ 1950 年）	实用新案登録番号（实用新型注册号）	1 – 406203，1950 年以后的注册号继续沿此序列编排。1994 年新申请的注册号从 3000001 号开始，1994 年前老申请的注册号从 2500001 号开始	
意匠公报 S	意匠登録番号（外观设计注册号）	自 1 号开始顺排	

实用新型文献编号（见表 3 – 13）的特点是：

（1）公开、公告号总的特点也是按年编排，其固定格式为：种类 + 公布方式 + 年代 + 当年序号，种类中第一个字"实"表示实用新型。

（2）"公表实用新案公报"的公开号每年自第 500001 号开始编排。2000 年以后按公元年编排，字母 U 表示实用新型。

（3）注册号有些特别。"登録实用新案明細书"的注册号从 1 号开始大流水号顺排。1950 年不再出版这种单行本，但授予注册证书时给予注册号，并继续沿此序列接排，直到 1994 年实用新型改为登记制，对于 1994 年 1 月 1 日以后提出的新申请，经形式审查合格即授予注册证书，因而自 1994 年 7 月 26 日开始出版的注册实用新型合订单行本，注册号另从第 3000001 号开始顺排。同时，对于 1994 年前的老申请继续按照早期公开延迟审查程序出版，由于取消公告程序，经实审合格即授予注册证书，因而自 1996 年 6 月 5 日开始出版的实用新型注册合订单行本，注册号从第 2500001 号开始顺排。由此造成实用新型注册号分为三段。

3.3.5　日本专利局公报（"日本特許庁公报"）

如前所述，这是报道专利事务的日本专利局官方公报，包括发明、实用新型、商标的注册目录，发明、实用新型的审查请求，专利、实用新型、商标的申请放弃、驳回、无效，统计年报等。其按各种分册发行，一般为月刊，是一整套详细报道日本专利局各项专利事务和行政管理的检索工具及资料性文献。其主要包括以下几种：

（1）审查请求目录（《審查請求リスト》），提出审查请求的申请案公开号目录。

（2）专利目录（《特許目錄》），专利号与公开号或公告号对照目录。

（3）注册实用新型目录（《登錄实用新案目錄》），注册号与公开号或公告号对照目录。

（4）驳回、申请案放弃、撤销、无效目录（《拒絕查定、出願放棄、取下、无效リスト》），驳回、放弃、撤销、无效的专利申请，以及逾期未提实审请求而视为撤销的公开号目录。

（5）年报（《年報》），公布专利局当年各项统计数据的出版物。

3.4　欧洲专利局专利文献

3.4.1　欧洲专利公约

欧洲是专利制度最早的发源地，从1474年威尼斯诞生世界上第一部专利法，到18～19世纪欧洲各国专利法的相继颁布，相互间在立法思想上较为接近，为国家法之间的协调及《欧洲专利公约》的最终形成奠定了基础。

随着欧洲各国经济、科技的发展，逐渐显露出统一协调欧洲各国专利法并建立一个从申请到授权一体化专利制度的热切愿望。经过几十年一波三折的磨合与磋商，终于在1973年由欧洲14国签订了《欧洲专利公约》，并于1978年正式生效。目前，《欧洲专利公约》成员国已达37个。

欧洲专利公约组织是一个地区性国家间专利组织，只对欧洲国家开放。《欧洲专利公约》为各成员国提供了一个共同的法律制度和统一授予专利的程序。审查程序采取早期公开、延迟审查及授权后的异议制度。申请人提出欧洲专利申请时，可以指定一个、几个或全部成员国，当申请依照该公约授予欧洲专利后，在成员国的生效需要一个国内注册程序。一般而言，申请人在收到欧洲专利授权通知后，必须在指定国中选择生效国，根据各生效国的规定，需要将该欧洲专利的全部或部分内容翻译成生效国的语言，并提交给生效国，以便该欧洲专利在该国生效。一般欧洲成员国要求在授权公告起3个月内完成翻译工作并在各国生效。在所有指定的成员国生效，与指定的各成员国依国家法授予的专利具有同等效力，欧洲专利权有效期为自申请日起 20 年。然而，这仅仅是一个负责审查和授予欧洲专利的公约，对于欧洲专利的维持、行使、保护，以及他人请求宣告欧洲专利无效，则均由各指定的成员国依照国家法进行。

3.4.2　欧洲专利单行本

根据欧洲专利公约成立的欧洲专利局，负责欧洲专利申请的审查、批准及欧洲专利授权公告后异议的审理以及文献出版工作。欧洲专利单行本有以下种类。

3.4.2.1　欧洲专利申请单行本

欧洲专利申请单行本（European Patent Applications），文献种类代码为：A 加上 1 位阿拉伯数字。

这是一种自欧洲专利申请日（或优先权日）起满 18 个月未经实质审查，也尚未授予专利权的专利申请单行本，1978 年开始出版。

《欧洲专利公约》规定，对专利申请经形式审查后进行专利检索，即对发明的新颖性和创造性作必要的调查。因而公开出版的全部欧洲专利申请单行本都应附有检索报告。检索报告通常作为欧洲专利申请单行本的一部分与其一起出版，当不能与欧洲专利申请说明书一起出版时则单独出版。

为了表明所出版的欧洲专利申请单行本是否同时附有检索报告，在文献种类代码 A 后加注一位阿拉伯数字，例如：

A1——附有检索报告的欧洲专利申请单行本（见图 3-34）；

A2——未附检索报告的欧洲专利申请单行本；

A3——单独出版的检索报告（见图 3-35）；

A4——对国际申请检索报告所做的补充检索报告。

此外，还有两种经过修正的欧洲专利申请单行本，在文献种类代码 A 后分别加注一位阿拉伯数字 8 或 9 表示：

A8——专利申请单行本的扉页更正；

A9——专利申请单行本的全文再版。

3.4.2.2　欧洲专利说明书单行本

欧洲专利说明书单行本（European Patent Specification），文献种类代码为：B 加上 1 位阿拉伯数字。

欧洲专利申请人应在检索报告公布之日起 6 个月内提出实质审查请求。经实质审查合格，即公告授权，出版欧洲专利说明书单行本，文献种类代码为 B1（见图 3-36）。

自授权公告日起 9 个月内任何人可以提出异议，欧洲专利说明书单行本一旦修改，将再公告一次，出版新的欧洲专利说明书单行本，文献种类代码为 B2。欧洲专利说明书单行本自 1980 年开始出版。

此外，还有三种经过修改再次公告的欧洲专利说明书单行本，在文献种类代码 B 后分别加注一位阿拉伯数字 3、8 或 9 表示：

B3——根据限制性程序修改的欧洲专利说明书单行本；

B8——欧洲专利说明书单行本的扉页更正；

B9——欧洲专利说明书单行本的全文再版。

Europäisches Patentamt

(19) European Patent Office

Office européen des brevets

(11) Publication number: **0 402 973 A1**

(12) **EUROPEAN PATENT APPLICATION**

(21) Application number: 90201356.4

(22) Date of filing: 29.05.90

(51) Int. Cl.⁵: G11B 20/10, H04J 3/16, H04N 7/08

(30) Priority: 02.06.89 NL 8901402
13.02.90 NL 9000338

(43) Date of publication of application:
19.12.90 Bulletin 90/51

(84) Designated Contracting States:
AT BE CH DE DK ES FR GB GR IT LI LU NL SE

(71) Applicant: N.V. Philips' Gloeilampenfabrieken
Groenewoudseweg 1
NL-5621 BA Eindhoven(NL)

(72) Inventor: Lokhoff, Gerardus Cornelis Petrus
c/o INT. OCTROOIBUREAU B.V., Prof.
Holstlaan 6
NL-5656 AA Eindhoven(NL)

(74) Representative: van der Kruk, Willem
Leonardus et al
INTERNATIONAAL OCTROOIBUREAU B.V.
Prof. Holstlaan 6
NL-5656 AA Eindhoven(NL)

(54) Digital transmission system, transmitter and receiver for use in the transmission system, and record carrier obtained by means of the transmitter in the form of a recording device.

(57) The transmitter (1) in a digital transmission system derives from a wideband digital signal S_{BB} having a sample frequency F_s a second digital signal appearing on its output (7), which signal comprises successive frames, each frame being made up of information packets (IP) each having a length of N bits. The number of information packets (B) in a frame is determined as follows:
If P in the formula

$$P = \frac{BR}{N} \times \frac{n_s}{F_s}$$

is an integer, where
BR is the bit rate of the second digital signal,
n_s is the number of samples of the wide-band digital signal,
S_{BB} in which the information, after having been converted into the second digital signal, is present in one frame of the second digital signal,
the number of information packets B in a frame is equal to P. If P is not an integer, B is equal to P' for a number of frames, P' being the next lower integer following P, whereas B for the other frame is equal to P'+1, in such a way that the average frame rate of the second digital signal is substantially equal to F_s/n_s.

A frame comprises a first frame portion (FD1), a second frame portion (FD2), and a third frame portion (FD3). The first frame portion contains synchronising information and system information. The second frame portion contains allocation information, and the third frame portion contains samples of and, if applicable, scale-factor information for the second digital signal.

FIG.2

EP 0 402 973 A1

Xerox Copy Centre

图 3 - 34　附有检索报告的欧洲专利申请单行本扉页

EP 0 949 763 A3

 **European Patent Office**　　EUROPEAN SEARCH REPORT　　Application Number

EP 99 20 2037

Category	Citation of document with indication, where appropriate, of relevant passages	Relevant to claim	CLASSIFICATION OF THE APPLICATION (Int.Cl.7)
A	EP 0 289 080 A (PHILIPS NV) 2 November 1988 (1988-11-02) * the whole document *	1-9	H04B1/66 G11B20/10 H04S3/00 H04H1/00
D,A	KRASNER M A: "The critical band coder-digital encoding of speech signals based on the perceptual requirements of the auditory system" ICASSP 80 PROCEEDINGS. IEEE INTERNATIONAL CONFERENCE ON ACOUSTICS, SPEECH AND SIGNAL PROCESSING IEEE NEW YORK, NY, USA, vol. II, no. 9.4.1980, 11 April 1980 (1980-04-11), pages 327-331, XP002308081 * the whole document *	1-9	H04H5/00 G11B20/00 G10L19/02 G10L19/14
A	VOROS P: "High-quality sound coding within 2*64 kbit/s using instantaneous dynamic bit-allocation" ICASSP 88: 1988 INTERNATIONAL CONFERENCE ON ACOUSTICS, SPEECH, AND SIGNAL PROCESSING (CAT. NO.88CH2561-9) IEEE NEW YORK, NY, USA, no. 11.4.1988, 14 April 1988 (1988-04-14), pages 2536-2539, XP002308082 * abstract *	1-9	
			TECHNICAL FIELDS SEARCHED (Int.Cl.7) G10L

The present search report has been drawn up for all claims

Place of search	Date of completion of the search	Examiner
The Hague	29 November 2004	Quélavoine, R

CATEGORY OF CITED DOCUMENTS

X : particularly relevant if taken alone
Y : particularly relevant if combined with another document of the same category
A : technological background
O : non-written disclosure
P : intermediate document

T : theory or principle underlying the invention
E : earlier patent document, but published on, or after the filing date
D : document cited in the application
L : document cited for other reasons

& : member of the same patent family, corresponding document

图 3-35　单独出版的欧洲专利检索报告

(19) Europäisches Patentamt
European Patent Office
Office européen des brevets

(11) **EP 0 751 520 B1**

(12) **EUROPEAN PATENT SPECIFICATION**

(45) Date of publication and mention
of the grant of the patent:
17.03.2004 Bulletin 2004/12

(51) Int Cl.[7]: **G11B 20/12**, G11B 20/10,
G11B 20/00

(21) Application number: 96201857.8

(22) Date of filing: 29.05.1990

(54) **Transmission of digital signals by means of a record carrier**

Digitale Signalübertragung durch einen Aufzeichnungträger

Transmission de signaux numériques au moyen d'un support d'enregistrement

(84) Designated Contracting States:
AT BE CH DE DK ES FR GB GR IT LI LU NL SE

(30) Priority: 02.06.1989 NL 8901402
13.02.1990 NL 9000338

(43) Date of publication of application:
02.01.1997 Bulletin 1997/01

(62) Document number(s) of the earlier application(s) in
accordance with Art. 76 EPC:
94200240.3 / 0 599 825
90201356.4 / 0 402 973

(73) Proprietors:
• **Koninklijke Philips Electronics N.V.**
5621 BA Eindhoven (NL)
• **FRANCE TELECOM**
75015 Paris (FR)
• **S.A. TELEDIFFUSION DE FRANCE**
75015 Paris (FR)
• **Institut für Rundfunktechnik GmbH**
80939 München (DE)

(72) Inventors:
• **Lokhoff, Gerardus Cornelis Petrus**
5656 AA Eindhoven (NL)
• **Déhery, Yves François**
Cesson-Sévigné (FR)
• **Stoll, Gerhard**
80939 München (DE)

(74) Representative: van der Kruk, Willem Leonardus
Philips
Intellectual Property & Standards
P.O. Box 220
5600 AE Eindhoven (NL)

(56) References cited:
EP-A- 0 271 866

• THEILE G ET AL: "LOW BIT-RATE CODING OF
HIGH-QUALITY AUDIO SIGNALS, AN
INTRODUCTION TO THE MASCAM SYSTEM"
EBU REVIEW- TECHNICAL, no. 230, 1 August
1988, pages 158-181, XP000003965

Printed by Jouve, 75001 PARIS (FR)

EP 0 751 520 B1

图 3－36　欧洲专利说明书单行本扉页

3.4.3　欧洲专利编号

3.4.3.1　申请编号

欧洲专利申请号按年编排，前 2 位数字表示申请年号，中间 6 位数字为序号，小数点后数字为计算机校验位。如：86116190.9。

3.4.3.2　文献编号

第一次公布的欧洲专利申请单行本的文献号按总流水顺序编排。同一件专利申请第二次或其后公布的所有单行本的文献号沿用该申请第一次公布的公布号，如下表中列出的三种情况示例（见表 3 - 14）。

表 3 - 14　欧洲专利文献编号

文献种类	例1	例2	例3
附有检索报告的欧洲专利申请单行本 A1	EP591199A1		EP1025426 A1
未附检索报告的欧洲专利申请单行本 A2		EP509230A2	
单独出版的检索报告 A3		EP509230A3	
对国际申请检索报告所做的补充检索报告 A4			
欧洲专利申请单行本的扉页更正 A8			
欧洲专利申请单行本的全文再版 A9			
欧洲专利说明书单行本 B1	EP591199B1	EP509230B1	EP1025426B1
新的欧洲专利说明书单行本（部分无效）B2		EP509230B2	
根据限制性程序修改的欧洲专利说明书单行本 B3	EP591199B3		
欧洲专利说明书单行本的扉页更正 B8	EP591199B8		
欧洲专利说明书单行本的全文再版 B9		EP509230B9	

3.4.4　欧洲专利公报及文摘

3.4.4.1　欧洲专利公报

《欧洲专利公报》（Europaisches Patentblatt/Eruopean Patent Bulletin/Bulletin Européen des Brevets），为题录型专利公报，于 1978 年创刊，现为周刊，用德、英、法三种文字同时出版。每期公报由以下两部分组成：

第一部分，欧洲专利申请和将欧洲专利局作为指定局的国际申请著录项目，按国际专利分类编排的专利申请信息，检索报告的有关信息，各种法律状态变更信息。

第二部分，为授予专利权的欧洲专利著录项目，按国际专利分类编排的欧洲专利信息，对欧洲专利异议的有关信息，各种法律状态变更信息。

上述两大部分中，按国际专利分类号编排的专利申请和授权专利的目录是公报中的主要内容，著录项目有：国际专利分类号（包括所有分类号）、文献号、说明书类型代码、申请时所用语言、公布时所用语言、申请号、申请日期、指定国、巴黎公约优先权数据、发明名称、申请人、发明人、代理人、批准专利的目录及申请公开日期。

3.4.4.2 欧洲专利分类文摘

《欧洲专利分类文摘》（Klassifizierte Zusammenfassungen/Classified Abstracts/Abrèges classès）是《欧洲专利公报》的补充出版物。该文摘按国际专利分类 A ~ H 八个大部的 20 个分部共计 21 个分册出版，用英语、法语、德语中任意一种语言报道。该文摘按国际专利分类号顺序编排，一页刊载 2 条文摘，每条文摘包括著录项目、文摘及附图。

3.5 国际专利申请文献

3.5.1 专利合作条约

20 世纪 70 年代初，几乎是在同一时期，伴随着建立《欧洲专利公约》的热烈讨论，签订《专利合作条约》的时机已趋成熟。

1970 年 6 月 19 日在美国华盛顿举行的外交会议上，《专利合作条约》的签订迈出了专利制度从地区性走向国际化关键性的一步。1978 年 1 月 24 日，《专利合作条约》生效实施，并于 1979 年和 1984 年两次修订。目前，《专利合作条约》成员国（含地区）已达 184 个。

《专利合作条约》（PCT）是一个非开放性公约，只对《巴黎公约》成员国开放。其宗旨是简化国际专利申请手续和程序，加快技术信息的传播和利用。PCT 作为《巴黎公约》下的一个专门性条约，其行政管理工作归于 WIPO 管理，即由 WIPO 国际局负责国际申请的公布、管理及其他一些有关国际申请的工作，如接受委托作为受理局等。

《专利合作条约》有以下特点：

（1）统一申请。申请人可用英、德、日、法、俄、中、西班牙、韩等任意一种语言，向 PCT 受理局用一种格式、一种货币提出国际申请，即可取得相当于成员国国家或地区专利申请的效力。

（2）两个阶段。国际阶段和国内阶段。前者解决国际申请的受理、公布、检索和审查；后者决定是否授予国家或地区专利。

（3）国际检索。该条约规定，国际申请必须经过国际检索，由指定的专利局（中国、美国、俄罗斯、日本、澳大利亚、奥地利、西班牙、瑞典、韩国等国的专利局及欧洲专利局）担任国际检索单位。WIPO 国际局（IB）只受理国际专利申请，进行文献检索和初步审查，最终的专利授权与否由申请案提交时的指定国各自决定，因此 WIPO 只出版国际申请单行本。

3.5.2　国际专利申请单行本

由于国际申请的实质审查及授予专利权的决定权在各指定成员国，因而国际局只出版一种单行本：国际专利申请单行本（International Applications），文献种类代码为：A 加上 1 位阿拉伯数字。

这是申请人通过受理局按照 PCT 程序向多个国家申请专利，国际局收到申请文件后，自国际专利申请的优先权日起满 18 个月公布并出版的一种未经各指定国实质性审查也尚未被各指定国授予专利权的国际专利申请单行本。PCT 规定，国际专利申请经形式审查后由国际检索单位进行专利检索，并作出检索报告。因而公开出版的国际专利申请单行本都应附有检索报告。检索报告通常作为国际申请单行本的一部分与其一起出版，当不能与国际专利申请单行本一起出版时则单独出版。

为了表明所出版的国际专利申请单行本是否同时附有检索报告，文献种类代码字母后加注一位阿拉伯数字：

A1——附有检索报告的国际专利申请单行本（见图 3 - 38）；

A2——未附检索报告的国际专利申请单行本；带有依条约第 17 条（2）（a）款的宣布的国际专利申请单行本；

A3——单独出版的检索报告。

此外，还有三种经过修正的国际专利申请单行本，在文献种类标识代码字母后分别加注一位阿拉伯数字 4、8 或 9 表示：

A4　带有修订的权利要求和/或声明（依条约第 19 条）的在后公布（从 2009 年 1 月 1 日）；

A8——国际专利申请单行本的扉页更正；

A9——国际专利申请或检索报告再公布，更正、变更或补充（参见 WIPO 标准 ST. 50）。

(12) NACH DEM VERTRAG ÜBER DIE INTERNATIONALE ZUSAMMENARBEIT AUF DEM GEBIET DES PATENTWESENS (PCT) VERÖFFENTLICHTE INTERNATIONALE ANMELDUNG

(19) Weltorganisation für geistiges Eigentum
Internationales Büro

(43) Internationales Veröffentlichungsdatum
10. Februar 2005 (10.02.2005)

PCT

(10) Internationale Veröffentlichungsnummer
WO 2005/012345 A1

(51) Internationale Patentklassifikation⁷: C07K 14/505, 1/00, C12M 13/06

(21) Internationales Aktenzeichen: PCT/EP2004/007762

(22) Internationales Anmeldedatum: 14. Juli 2004 (14.07.2004)

(25) Einreichungssprache: Deutsch

(26) Veröffentlichungssprache: Deutsch

(30) Angaben zur Priorität:
103 33 675.3   24. Juli 2003 (24.07.2003)   DE

(71) Anmelder: AVENTIS PHARMA DEUTSCHLAND GMBH [DE/DE]; Brüningstrasse 50, 65929 Frankfurt (DE).

(72) Erfinder: STAERK, Andreas; Eppenhainer Weg 3, 65817 Eppstein (DE). SCHARFENBERG, Klaus; Königsberger Strasse 8, 26725 Emden (DE). SCHULZE, Norbert; Lindenstrasse 44, 67595 Hattersheim (DE). BAUMEISTER, Kathrin; Nieder Kirchweg 17, 65934 Frankfurt (DE). BELTZ, Wilhelm; In Rothenbach 6a, 35216 Biedenkopf (DE).

(81) Bestimmungsstaaten (soweit nicht anders angegeben, für jede verfügbare nationale Schutzrechtsart): AE, AG, AL, AM, AT, AU, AZ, BA, BB, BG, BR, BW, BY, BZ, CA, CH, CN, CO, CR, CU, CZ, DE, DK, DM, DZ, EC, EE, EG, ES, FI, GB, GD, GE, GH, GM, HR, HU, ID, IL, IN, IS, JP, KE, KG, KP, KR, KZ, LC, LK, LR, LS, LT, LU, LV, MA, MD, MG, MK, MN, MW, MX, MZ, NA, NI, NO, NZ, OM, PG, PH, PL, PT, RO, RU, SC, SD, SE, SG, SK, SL, SY, TJ, TM, TN, TR, TT, TZ, UA, UG, US, UZ, VC, VN, YU, ZA, ZM, ZW.

(84) Bestimmungsstaaten (soweit nicht anders angegeben, für jede verfügbare regionale Schutzrechtsart): ARIPO (BW, GH, GM, KE, LS, MW, MZ, NA, SD, SL, SZ, TZ, UG, ZM, ZW), eurasisches (AM, AZ, BY, KG, KZ, MD, RU, TJ, TM), europäisches (AT, BE, BG, CH, CY, CZ, DE, DK, EE, ES, FI, FR, GB, GR, HU, IE, IT, LU, MC, NL, PL, PT, RO, SE, SI, SK, TR), OAPI (BF, BJ, CF, CG, CI, CM, GA, GN, GQ, GW, ML, MR, NE, SN, TD, TG).

Veröffentlicht:
— mit internationalem Recherchenbericht

Zur Erklärung der Zweibuchstaben-Codes und der anderen Abkürzungen wird auf die Erklärungen ("Guidance Notes on Codes and Abbreviations") am Anfang jeder regulären Ausgabe der PCT-Gazette verwiesen.

(54) Title: PERFUSION METHOD FOR PRODUCING ERYTHROPOIETIN

(54) Bezeichnung: PERFUSIONSVERFAHREN FÜR DIE PRODUKTION VON ERYTHROPOIETIN

(57) Abstract: The invention relates to a method for producing erythropoietin (EPO), whereby eukaryotic cells that are suitable for expressing EPO are adapted to an SMIF7 medium in a suitable bioreactor, the obtained cells are transferred into a larger bioreactor and further expanded with the SMIF7 medium, and the expressed EPO is isolated from the larger bioreactor and purified by means of continuous bleeding and perfusion.

(57) Zusammenfassung: Die Erfindung bezieht sich auf ein Verfahren zur Herstellung von Erythropoietin (EPO), bei dem eukaryontische Zellen, die zur Expression von EPO geeignet sind, in einem geeigneten Bioreaktor an SMIF7-Medium adaptiert, die erhaltenen Zellen in einen grösseren Bioreaktor überführt und mit SMIF7-Medium weiter expandiert werden, und bei ständigem Bleeding und ständiger Perfusion das exprimierte EPO aus dem grösseren Bioreaktor isoliert und gereinigt wird.

WO 2005/012345 A1

图 3 - 37   附有检索报告的国际申请单行本

3.5.3 国际专利申请及文献编号

3.5.3.1 申请编号

国际专利申请的申请号按年编排，由四部分组成：《专利合作条约》的名称缩写 PCT、受理 PCT 申请的国家或组织代码、2 位数字的申请年代及当年申请顺序号，如：PCT/GB 86/00716。自 2004 年起，2 位数字的申请年代改为 4 位数字，其他部分不变，如：PCT/EP 2004/005002。

3.5.3.2　文献编号

文献号按年编排，由两部分组成：2 位数字的公布年代和当年公布顺序号，如：92/09150。自 2004 年起，2 位数字的公布年代改为 4 位数字，其他部分不变，如：2005/12345。在国际专利申请单行本上刊出时，与组织代码 WO 和文献种类代码配合使用。

与欧洲专利文献编号一样，同一件专利申请第二次或其后公布的所有文献号沿用该申请第一次公布的公布号，如下表中列出的三种情况示例（见表 3 – 15）。

表 3 – 15　国际申请文献编号

文献种类	2004 年前	2004 年后
附有检索报告的国际专利申请单行本 A1	WO 92/09150 A1	WO 2008/040723 A1
未附检索报告的国际专利申请单行本 A2	WO 2004/100112 A2	
单独出版的检索报告 A3	WO 2004/100112 A3	
带有修订的权利要求和/或声明的在后公布 A4		WO 2009/130735 A4
国际专利申请单行本扉页的更正 A8		WO 2005/12345 A8
国际专利申请或检索报告再公布，更正、变更或补充 A9		WO 2008/081160 A9

3.5.4　国际申请公报（PCT 公报）

《国际申请公报（PCT 公报）》（The PCT Gazette），创刊于 1978 年，每月 2 ~ 3 期，用英、法两种语言分别出版发行。每期包括以下四部分内容：

第一部分，公布的国际申请，包括著录项目，文摘和附图；

第二部分，与第一部分公布的国际申请有关的通知、公告；

第三部分，索引；

第四部分，专利事务通知。

第一部分为主要内容。它以文摘的形式按国际专利分类号顺序报道本期公报公告的国际申请。报道的国际申请包括著录项目、文摘和附图。每页刊载两条国际申请。

第三部分包括以下四个索引表：

（1）申请号与文献号对照索引。文献号后标注带括号的英文字母表示申请公布时的语种，如：（E）表示英语，（F）表示法语，（G）表示德语，（J）表示日语，（R）表示俄语。

（2）指定国索引。其中的＊号的含义为：

＊表示请求获得非洲知识产权组织"地区专利"的国际申请；

＊＊表示请求获得欧洲专利的国际申请；

＊＊＊表示请求获得实用新型专利的国际申请；

＊＊＊＊表示请求获得补充范围实用新型专利的国际申请；

＊＊＊＊＊表示请求获得发明人证书的国际申请。

（3）申请人索引。

（4）国际专利分类索引。

自1998年1月1日起，《PCT公报》纸件与CD－ROM形式并行出版。自1998年4月第13期公报开始，纸件《PCT公报》采取英、法双语合并出版，只刊登国际专利申请的著录项目，不再刊登文摘和附图，并尽可能以WIPO制定的专利文献著录项目代码代替文字注解，对于不便用代码表示的信息则用英、法两种文字同时刊出。著录项目中增加以下2项：

（25）国际申请提交时的语种。

（26）国际申请公布时的语种。

表示语种的字母代码改为：da—丹麦语，de—德语，en—英语，es—西班牙语，fi—芬兰语，it—意大利语，ja—日语，nl—荷兰语，no—挪威语，ru—俄语，sv—瑞典语，zh—汉语。

需要特别注意的是，由于2004年PCT指定制度的全面改革，使得申请人可以"指定"他们希望国际申请在其境内生效的PCT缔约国的方法进一步简化。根据新的指定制度，该申请人将会获得自动和全部涵盖该条约所有指定国的便利，而无须在提交国际申请时分别指定各成员国。因此，著录项目INID代码（81）和（84）2004年前后内容上有所区别。

代码（81）对于2004年1月1日前提交的国际申请，依据PCT的指定国；对于2004年1月1日及此日后提交的国际申请，依据PCT的指定国（如无另外指明，该国际申请视为获得各指定国的每一种保护类型）。

代码（84）对于2004年1月1日前提交的国际申请，依据地区专利公约的指定国；对于2004年1月1日及此日后提交的国际申请，依据地区专利公约的指定国（如无另外指明，该国际申请视为获得各地区的每一种保护类型）。

同时，在公布栏"Published"中，将文字解释全部改用以下字母代码代替：

（a）—附有修正的权利要求。

（b）—附有修正的权利要求和声明。

（c）—权利要求的修改在期限届满之前，在收到修改后的权利要求情况下再次公布。

（d）—按 PCT 第 64 条（3）（c）（i）的规定，根据申请人的请求。

（e）—根据 PCT 第 64 条（3）（c）（ii），基于已由美国专利与商标局出版的（日期，顺序号）国际申请公布日。

（f）—与 PCT 第 21 条（2）（a）有关的期限届满前，根据申请人的请求。

（g）—无国际专利分类，发明题目及文摘未经国际检索单位检查。

（h）—根据 PCT 第 17 条（2）（a）的公布；无国际专利分类及文摘；发明题目未经国际检索单位检查。这是指国际申请涉及的内容按细则规定不要求国际检索单位检索，而且该单位对其决定不作检索，或者说明书、权利要求书或附图不符合规定要求，以至于不进行有意义的检索。

（i）—附有根据 PCT 第 17 条（2）（a）的声明；无文摘，发明题目未经国际检索单位检索。

（m）—附有指定的根据细则 13bis 提供涉及微生物样品的保藏。

（n）—附有关于非有意泄露的声明或对缺乏新颖性有异议的声明。

自 2006 年 4 月 1 日起，《PCT 公报》将不再以纸载体出版，仅以电子版形式在网上公布（参见网址 http：//www. wipo. int/ipdl/en/ search/pct/ search – adv. jsp）。

本章思考与练习

（1）中国专利文献种类有哪些，专利文献编号体系的内容是什么？

（2）美国专利文献种类有哪些，专利文献编号体系的内容是什么？

（3）日本专利文献种类有哪些，专利文献编号体系的内容是什么？

（4）欧洲专利文献种类有哪些，专利文献编号体系的内容是什么？

（5）PCT 国际申请文献种类有哪些，专利文献编号体系的内容是什么？

第 4 章 专利文献分类

本章将着重介绍国际专利分类表的结构与内容、分类原则、分类规则及分类方法，并简要介绍其他一些国家的专利分类方法以及几种工业品外观设计分类法，旨在归纳出各种分类法的内容编排和等级结构，便于对分类表进行理解和使用。

由于各国专利局、国际或地区性专利组织每年要受理数目可观的专利申请和出版大量的专利文献，为了管理和有效利用这些专利文献，需要制定一种专利文献的管理办法，即按规定的方案将文献进行归档，以后又采用一个合理的程序将它们查找出来，这种方案就是专利文献的分类系统。

到目前为止，已有一百多个国家采用国际专利分类号对发明和实用新型专利文献进行标识，而美国、日本、欧洲等国家或地区的专利局同时在其文献上标有其各自的专利分类号。对于工业品外观设计申请，除了许多国家采用的工业品外观设计国际分类（也称洛迦诺分类）对其进行标识之外，一些国家和地区也采用各自的外观设计分类体系进行标识，如日本、美国、欧洲等。

4.1 国际专利分类法

4.1.1 国际专利分类法概述

4.1.1.1 国际专利分类法的历史沿革

一些国家的专利局在早期都有自己的专利分类法，并按技术领域将专利文献进行分类归档，如美国专利分类法、德国专利分类法、日本专利分类法等。但由于各国分类法指导思想上的差异，任何国家在利用其他国家的专利文献时都因分类不同而存在困难，人们越来越清楚地认识到必须建立一个通用的国际专利分类体系，因此，国际专利分类应运而生。

1954 年 12 月 19 日，欧洲理事会的一些成员国如法国、德国、英国、意大利、瑞士、荷兰、瑞典等签订了《关于发明专利国际分类法欧洲公约》，根据该公约制定了《发明专利国际（欧洲）分类表》，并于 1968 年 9

月 1 日出版生效。1971 年 3 月 24 日,《巴黎公约》联盟成员国在法国斯特拉斯堡召开全体会议,通过了《国际专利分类斯特拉斯堡协定》(以下简称 IPC 协定),该协定于 1975 年 10 月 7 日正式生效,截止到 2010 年 5 月,IPC 协定已有 61 个成员国。

根据 IPC 协定,建立了专门的 "IPC" (International Patent Classification) 联盟,WIPO 成为 IPC 的唯一管理机构。《发明专利国际(欧洲)分类表》也于 IPC 协定通过之日起被称为第 1 版分类表。

中国国家知识产权局专利局自 1985 年实施《专利法》以来,一直采用《国际专利分类法》对发明专利和实用新型专利文献进行分类,1996 年 6 月 17 日,中国正式向 WIPO 递交了 IPC 协定加入书,于 1997 年 6 月 19 日生效,自此,中国正式成为 IPC 协定的成员国。

4.1.1.2 专利分类的目的

(1) 根据 IPC 协定的规定,分类表是使各国专利文献获得统一分类的一种工具,其首要目的是为各知识产权局和其他使用者建立一套用于对专利文献进行高效检索的工具,用以确定新颖性,评价专利申请中技术公开的发明非显而易见性(包括对技术的先进性和有益效果或实用性的评价);

(2) 作为编排专利文献的工具,从而便于使用者获得专利文献中的技术信息、法律信息和经济信息;

(3) 作为对所有专利信息使用者进行选择性信息传播的基础;

(4) 作为研究某一个技术领域中现有技术的基础;

(5) 作为统计工业产权的基础,从而对各个技术领域的技术发展状况作出评价。

4.1.1.3 IPC 改革

1. 分类法改革

为了使国际专利分类适应新技术的发展要求,分类表不断修订,逐步完善,截止到 2005 年 12 月 31 日,共产生了 7 个版本的分类表,其有效期分别是:

第 1 版　　1968 年 9 月 1 日 ~ 1974 年 6 月 30 日

第 2 版　　1974 年 7 月 1 日 ~ 1979 年 12 月 31 日

第 3 版　　1980 年 1 月 1 日 ~ 1984 年 12 月 31 日

第 4 版　　1985 年 1 月 1 日 ~ 1989 年 12 月 31 日

第 5 版　　1990 年 1 月 1 日 ~ 1994 年 12 月 31 日

第 6 版　　1995 年 1 月 1 日 ~ 1999 年 12 月 31 日

第 7 版　　2000 年 1 月 1 日 ~ 2005 年 12 月 31 日

上述第 1 版至第 7 版分类表，主要是被作为纸件信息工具来设计和开发的。但随着信息技术的高速发展，专利文献信息数字化、网络化对 IPC 的应用提出了新的要求，如何在计算机应用中实行智能分类，如何在集成化数据库检索系统中进一步发挥 IPC 的检索作用，这些都迫使 IPC 必须改变分类表的结构及其修订和应用的方法，以保证在电子环境下的应用效率和作用。

IPC 协定的成员在 1999 年启动了分类表的改革并提出一个与分类表修订同时进行的修订过渡期，在修订过渡期中，必须详细制定改革所需的变动。修订过渡期从 1999 年开始并于 2005 年完成改革的基础周期。

2. 改革基础周期的成果

作为分类法改革的成果，在 2006 年生效的分类表（通常称之为第 8 版 IPC）中引入下面主要的变化：

（1）为了更好地满足不同范畴的使用者的需求，分类表被分为基本版和高级版；

（2）对于基本版和高级版，分别引入了不同的修订方式，即基本版以 3 年为修订周期，而高级版则每 3 个月修订一次（如果修订的话）；

（3）修订分类表时，专利文献将依照基本版和高级版的修订再分类；

（4）在分类表的电子层（eletronic layer）中引入了更详细地描述和解释分类条目的附加信息，例如分类定义、化学结构式、图解说明和信息性参见；

（5）分类的一般原则和分类规则适时重新审议和修订。

其中最主要的变化是形成包括基本版和高级版的双版本系统，基本版和高级版采用不同的修订程序，但同时两个版本又保持了兼容性，下文所述的分类原理和规则也等同地适用于这两个版本。

3. 基本版与高级版

（1）基本版。

各个工业产权局被要求至少根据基本版对其公开的专利文献进行分类。基本版用于一般的信息目的，如用于信息的传播以及用于检索较少的国内专利文献。基本版只包括高等级的分类表条目：部、大类、小类、大组以及（在某些技术领域中）带有少量圆点的小组。IPC 第 8 版基本版的条目约为 20 000 条。基本版各版本以该版本的生效年度为标识，即 IPC 2006 是从 2006 年 1 月 1 日到 2008 年 12 月 31 日实施的，而 IPC2009 是指 2009 年 1

月 1 日起生效的。

（2）高级版。

高级版用于检索量较大的世界范围的专利文献。专利文献的高级版分类不是强制的，但任何工业产权局可以选用高级版的条目对其公开的专利文献进行分类。高级版中更详细的细分条目与基本版相容，并且代表了它的更深入的细分（即 IPC 增加的小组）。高级版一般包括所有基本版条目，但由于高级版的修订较为频繁，高级版中有些小类和大组等级的新条目只能在基本版的下一次修订中成为新版基本版中的内容。与此类似，在例外情况下，基本版可能仍然包括高级版中已删除的条目。IPC 高级版 2006.01 的条目约为 70 000 条。IPC 高级版各新版本以该版本的生效年度和月份为标识，如 IPC 2008.01。2006 ~ 2010 年，IPC 高级版已经更新了 2007.01、2007.10、2008.01、2008.04、2009.01、2010.01 六个版本。

中国国家知识产权局专利局使用高级版对其专利文献进行分类，其他国家使用高级版或基本版的情况见表 4 - 1。

表 4 - 1　各国专利局使用 IPC 版本的情况

国　　家	代码	使用 IPC 版本的情况
阿尔及利亚（Algeria）	DZ	A
非洲地区知识产权组织（ARIPO）	AP	A
亚美尼亚（Armenia）	AM	C
澳大利亚（Australia）	AU	A
奥地利（Austria）	AT	A
阿塞拜疆（Azerbaijan）	AZ	A
白俄罗斯（Belarus）	BY	C
比利时（Belgium）	BE	C
保加利亚（Bulgaria）	BG	C/A
加拿大（Canada）	CA	A
中国（China）	CN	A
哥伦比亚（Colombia）	CO	C
克罗地亚（Croatia）	HR	C
捷克共和国（Czech Republic）	CZ	A
丹麦（Denmark）	DK	A
埃及（Egypt）	EG	A

续表

国　家	代码	使用 IPC 版本的情况
欧洲专利局（EPO）	EP	A
爱沙尼亚（Estonia）	EE	C
欧亚专利组织（Eurasian PO）	EA	A
芬兰（Finland）	FI	A
法国（France）	FR	A
德国（Germany）	DE	A
希腊（Greece）	GR	A
匈牙利（Hungary）	HU	C/A
冰岛（Iceland）	IS	C
爱尔兰（Ireland）	IE	C
以色列（Israel）	IS	C
意大利（Italy）	IT	A
日本（Japan）	JP	A
韩国（Korea）	KR	A
吉尔吉斯斯坦（Kyrgyzstan）	KG	C
立陶宛（Lithuania）	LT	C
马其顿（Macedonia）	MK	C
马达加斯加岛（Madagascar）	MG	C
墨西哥（Mexico）	MX	C
摩尔多瓦（Moldova）	MD	A
摩纳哥（Monaco）	MC	S
荷兰（Netherlands）	NL	A
新西兰（New Zealand）	NZ	C
挪威（Norway）	NO	A
非洲知识产权组织（OAPI）	OA	A
波兰（Poland）	PO	A
葡萄牙（Portugal）	PT	A
罗马尼亚（Romania）	RO	A
俄罗斯（Russia）	RU	A
塞尔维亚（Serbia & Montenegro）	YU	A

续表

国 家	代码	使用 IPC 版本的情况
斯洛伐克（Slovakia）	SK	C
斯洛文尼亚（Slovenia）	SI	C
西班牙（Spain）	ES	A
瑞典（Sweden）	SE	A
瑞士（Switzerland）	CH	A
多哥（Togo）	TG	参见非洲知识产权组织
土耳其（Turkey）	TR	C
乌克兰（Ukraine）	UA	C/A
英国（United Kingdom）	GB	A
美国（United States）	US	A
乌拉圭（Uruguay）	UY	A
乌兹别克斯坦（Uzbekistan）	UZ	A
越南（Vietnam）	VN	A
汇总		59 个工业产权局给了 WIPO 答复，其中 36 个局用高级版，18 个局用基本版，3 个局两个版本混合使用，1 个局用小类表

注：A——高级版　　　　　　　　Advanced Level

C——基本版　　　　　　　　Core Level

C/A——两个版本混合应用　　Mixed application of both level

S——小类表　　　　　　　　Subclass Level

3. 基本版和高级版实施过程中的困难

基本版和高级版分类表在维护与使用过程中遇到了许多之前未预见到的困难，主要表现在以下三个方面：

（1）版本分离增加了使用的复杂性。基本版从原有分类表中剥离出来，打破了分类表本身的对称性与逻辑性，例如最后位置规则，在两个版本中明显存在不一致。为了与高级版"完美"兼容，必须调整基本版的内容，例如在基本版中增加大量参见，这一方面造成同一分类位置在两个版本中参见的不一致性，另一方面增加了基本版使用的复杂性。

（2）高级版及基本版的使用未达到预想效果。设立高级版的目的之一就是快速扩展以适应新技术的发展，但实践证明高级版没有实现这一目的。另外，基本版使用范围很小，2006 年 1 月 ~ 2008 年 1 月，全世界大约公布了 3 750 000 件专利文献，仅有约 5 800 件文献分入基本版，其中 3 700 件是由使用基本版的工业产权局给出分类号的。

（3）两个版本的公布压力巨大。高级版修订周期为 3 个月，对于每个修订版本，国际局须作一次提前公布（英文）、一次正式公布（英、法）。这样，国际局每年共须准备 8 次公布。而且出版过程中须要进行多次人工审校和调整，国际局负担过重。

4. IPC 体系结构的简化

为解决实践中存在的种种困难，IPC 专家委员会对上述问题进行深入研究，最终在 2009 年 3 月召开的 IPC 专家委员会第 41 次会议上，作出了简化分类表的体系结构的决议，主要内容如下：

（1）不再分别维护基本版和高级版，而只保留一种版本的分类表，即当前的高级版，术语"基本版"和"高级版"将不再使用；

（2）目前使用基本版的专利局或组织将在统一体系后使用大组或小类级别；

（3）每年的 1 月 1 日以电子形式公布修订的 IPC，不再出版纸件。

2010 年是 IPC 体系结构简化工作的过渡期，在这一年中将对相关指导性文件（例如下文所述《使用指南》）和标准进行修订，2011 年起正式实施。

4.1.1.4　IPC 的出版物

由 WIPO 出版的有关 IPC 出版物有《国际专利分类表》《使用指南》《关键词索引》《修订索引表》等，上述出版物目前已不出版纸件，可在 WIPO 的 IPC 网站上获得其电子版。关于《国际专利分类表》将在本书 4.1.2 里具体介绍。

1.《使用指南》

《使用指南》的主要内容是介绍 IPC 的编排以及 IPC 的分类原则、分类规则和分类方法，指出了如何按 IPC 对专利文献进行分类。

2.《关键词索引》

《关键词索引》帮助专利文献的使用者根据自己需要的技术主题选择有关的关键词，以便找出该技术主题所涉及的 IPC 分类号，再与 IPC 表结合使用，以确定完整的包括部、大类、小类、大组或小组的 IPC 分类号，并根据分类号检索到所需要的专利文献，因此，IPC《关键词索引》，也是检索专利文献的工具之一。

《关键词索引》有英文、法文两个版本，英文版包含有几千个"关键词"，按英文字母顺序排列，每一个关键词指明涉及所述主题的 IPC 位置。也有根据英文版翻译的中文版《关键词索引》。

使用《关键词索引》时应注意：《关键词索引》没有包括 IPC 中的所有类目，它不是一个独立的分类工具和检索工具，它必须与 IPC 表结合使用。在《关键词索引》与 IPC 表有不一致之处时，应以 IPC 表为准。

3. 《修订索引表》

《修订索引表》给出了有关 IPC 修订情况的信息，指出了如何将一个技术主题从分类表中的一个分类位置转移到另一个分类位置。

4. WIPO 的 IPC 网站

WIPO 的 IPC 网站（http：//www. wipo. int/classifications/ipc）上公布了各版 IPC 的网络版，包括英文和法文分类表，同时还包括了电子层的数据，即便于分类表使用的辅助信息，例如分类定义、信息性参见、化学结构式和图解说明。在 WIPO 的 IPC 网站上还可获得英文和法文的《使用指南》、《关键词索引》和《修订索引表》的电子版本。WIPO 的 IPC 网站正在不断升级，将逐步加强检索功能。

4.1.2　国际专利分类表结构与内容

4.1.2.1　分类表的结构

国际专利分类表代表了适合于发明专利领域的知识体系，被分成 8 个部分，用英文大写字母 A～H 表示，IPC 分类体系是由高至低依次排列的等级式结构，设置的顺序是按部、分部、大类、小类、大组、小组进行划分。

1. 部

8 个部所涉及的技术范围如下所述。

（1）A 部：人类生活必需。具体包括有关农、林、牧、渔、食品、烟草、个人与家用物品或设备、医疗保健、文娱体育用品、消防、救生等技术领域的分类号。

（2）B 部：作业；运输。具体包括有关分离与混合、成型加工、印刷、办公用品、装饰艺术、交通运输、输送、包装、贮存、卷扬、提升、鞍具、室内装潢、微观结构等技术领域的分类号。

（3）C 部：化学；冶金。具体包括有关化学、冶金等技术领域的分类号。

（4）D 部：纺织；造纸。具体包括有关纺织、绳缆、造纸等技术领域的分类号。

（5）E 部：固定建筑物。具体包括有关建筑、水利工程、锁、保险柜、采矿等技术领域的分类号。

（6）F 部：机械工程；照明；加热；武器；爆破。具体包括有关发动机、泵、一般工程、工程元部件、照明、加热、武器、爆破等技术领域的分类号。

（7）G 部：物理。具体包括有关仪器、光学、控制与调节、计算与计算机、信号装置、乐器、核子学等技术领域的分类号。

（8）H 部：电学。具体包括有关电器元件、发电与输变电、基本电子电路、电通信等技术领域的分类号。

用大写英文字母表示部的类号，例如 A 部、B 部等。每个部有部的类名，部类名主要是概要地指出该部所包括的技术范围，通常对部类名的技术范围不作精确的定义。例如，C 部的类名是：化学；冶金。D 部的类名是：纺织；造纸。

2. 分部

分部的设置目的是帮助使用者对部的内容有一个概括性的了解、帮助使用者了解技术领域的归类情况。部内设置了由技术范围所构成的分部。分部没有类号，只有信息性类名，是对有关技术领域进行归类，起到信息的指引作用。因此在一个完整的分类号中，没有表示分部的符号。例如，C 部设 3 个分部，即分部：化学；分部：冶金；分部：组合技术。

3. 大类

每一个部按不同的技术领域分成若干个大类，每一大类的类名对它所包含的各个小类的技术主题作一个全面的说明，表明该大类所包括的主题内容。每一个大类的类号由部的类号和在其后加上的两位数字组成。例如：

A44　　服饰缝纫用品；珠宝

B61　　铁路

在某些大类类名后有一个大类索引，它只是对该大类内容的一种指引性概要，对所包含的小类技术主题进行索引，帮助使用者尽快查找有关技术主题的小类。

例如：G10　乐器；声学，类名后其中一部分大类索引如下所示。

大类索引

声学；声波的运用

语言的分析或合成；语言的识别·············G10L

其他类目不包括的声的传送或声的防护的方法或

装置·····················G10K 11/00，G10K 13/00

其他类目不包括的声学···············G10K 15/00

3. 小类

每一个大类包括一个或多个小类。国际专利分类的设置原则是通过各小类的类名，并结合小类的有关参见或附注尽可能精确地定义该小类所包括的技术主题范围。

每一个小类类号由大类类号加上一个英文大写字母组成，例如：A21B 食品烤炉；焙烤用机械或设备

在某些小类类名后有一个小类索引，它对该小类所包括的大组和小组按技术主题进行归类，以便使用者根据小类索引直接进入要分类的大组或小组。

例如：

A01H　新植物或获得新植物的方法；通过组织培养技术的植物再生

小类索引

方法·····················1/00, 3/00

再生·······················4/00

有花植物；裸子植物············5/00；7/00

其他产品··················9/00 至 17/00

4. 组

每一个小类可以细分成若干个大组或小组（大组和小组统称为组）。

（1）大组。

大组的类号由小类类号加上一个数字（1~3 位）及 "/00" 组成，大组的类名明确表示可以分类、可以检索发明的技术主题范围。

例如：

A43B 5/00　　　　运动鞋

C40B 40/00　　　　高分子的定向分子展开，如 RNA、DNA 或蛋白质

F17D 3/00　　　　观测或控制工序的装置

（2）小组。

大组可以细分成若干个小组。每一个小组的类号由小类类号加上一个数字（1~3 位）、斜线 "/" 以及一个除 "00" 以外的至少两位的数字组成。小组的类名明确表示可检索属于该大组范围之内的一个技术主题范围，小组的类名前加一个或几个圆点表示该小组的等级位置，即表示一个小组

是它上面、离它最近的、又比它少一个圆点的那个小组的细分类。

例如：

E21B 43/11	·射孔器；渗透器
E21B 43/112	··带可伸长射孔件的射孔器，例如，液体驱动的
E21B 43/114	··直接用流体作用的射孔器，例如，磨料喷嘴
E21B 43/116	··子弹射孔器或聚能喷流射孔器
E21B 43/117	···聚能喷流射孔器
E21B 43/118	···以在垂直位置下降随之倾斜到操作位置为特征的
E21B 43/1185	···点火系统
E21B 43/119	··零件，例如，用以确定蛇空位置或方向的
E21B 43/12	·控制采出液体向井内或在井内的流量的方法或设备

在斜线"/"符号后面的第三位或后继位数字应理解成领先于它的数字的十进位细分数字，例如：E21B 43/112 应从 E21B 43/11 后面、E21B 43/12 前面找到，E21B 43/1185 应从 E21B 43/118 后面、E21B 43/119 前面找到。

各小组的等级仅仅由其类名前的圆点数，即其缩排的等级决定，而不由小组的编号决定。

例如：

G01N 33/483	··生物物质的物理分析
G01N 33/487	···液态生物物质
G01N 33/49	····血液
G01N 33/50	··生物物质，例如血的化学分析

这个例子表明，有3位数字、3个圆点的小组 33/487 的等级高于有2位数字、4个圆点的小组 33/49，而有3位数字、2个圆点的小组 33/483 与有2位数字、2个圆点的小组 33/50 是同等级的。

对一个小组技术主题的理解，即在读出一个小组类名时，必须同时考虑它所从属的并受其限制的那个组的类名。

例如：

H01S 3/00	激光器
H01S 3/14	·按所用激活介质的材料区分的

H01S 3/14 的类名读作：按所用激活介质的材料区分的激光器

再例如：

H01S 3/00　　　激光器

H01S 3/05　　　·光学谐振器的结构或形状

H01S 3/05 的类名是一个完整词语，但是由于其等级结构位置，这个小组被限定于激光器的光学谐振器的结构或形状。

5. 完整的分类号

一个完整的分类号由代表部、大类、小类、大组或小组的类符号结合构成，例如：A01B 33/00，A01B 33/08。

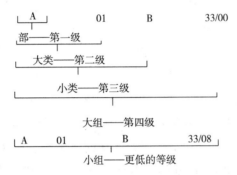

IPC 的等级结构是把与发明创造有关的全部技术领域按不同的技术范围设置成部、大类、小类、大组或小组，由大到小的递降次顺序排列。但在小组间的等级结构是由各小组类名之前的圆点数来确定的，而不根据小组的编号确定，根据此等级原则，小组的技术主题范围是由它前面级别比它高的组共同确定的。

例如：（用 T 至 T^6 代表各组的类名）

3/00　T（大组）

3/02　·T^1（一点组）

3/04　··T^2（二点组）

3/06　···T^3（三点组）

3/08　·T^4（一点组）

3/10　··T^5（二点组）

3/12　·T^6（一点组）

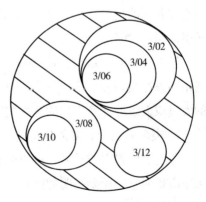

图 4 - 1　各组分类号示意图

上述例中，小组 3/06 的技术范围是由等级较高的组 3/00、3/02、3/04 确定的；小组 3/10 是由 3/00、3/08 确定的。

图 4-1 还表明：当一个技术主题没有包括在 3/02 至 3/12 任何一个组中，或者 3/02、3/08、3/12（一点组）都包括不了时，该主题应分入 3/00 大组；对一点组也一样，例如，如果一个技术主题内容没有在 3/04 或 3/06 中说明，或 3/04、3/06 都包括不了，则应分入 3/02 组中；对其他二点组、三点组技术主题等级结构的理解也一样。

在分类表的设置中，为了避免小组类名的重复，圆点也用来替代那些等级直接比它高一级的组的类名。

例如：

H01S 3/00　　激光器

H01S 3/09　　·激励的方法或装置，例如，泵激励

H01S 3/091　　··应用光泵的

H01S 3/094　　···利用相干光

如果不用圆点来表示，那么 H01S 3/094 的小组类名就需要写为"利用相干光的光泵激励激光的方法和装置的激光器"。因此对一个小组技术主题的理解，即在读出一个小组类名时，必须同时考虑它所从属的并受其限制的那个组的类名。H01S 3/09 的类名是一个完整的语句，但它从属于 H01S 3/00，所以它的类名应理解成"激光器的激励的方法或装置"。

4.1.2.2　分类表的内容

1. 导引标题

为了方便使用者查找有关技术主题的分类位置，当许多连续的大组都与同一个技术主题有关时，通常在第一个大组前加上一个导引标题来简要说明该共同的技术主题，导引标题下带有下划线，如大组 A01B 3/00 前的导引标题："<u>犁</u>"。

导引标题所包括的主题范围一直延伸到下一个导引标题之前的各个组，或用一条黑线划分之前的各个组（例如 A01B 75/00 后的黑线），黑线之后的大组或大组群涉及不同的技术主题但无导引标题。

2. 类名的表示；多部分类名

分类表位置中的类名，可以通过使用一个短语或连接在一起的几个相关短语指明它们所要指明的内容。

例如：

A01C 1/00　　收获用手割工具

A01N 31/00　　含有机氧或有机硫化物的杀生剂、害虫驱避剂或引诱剂，或植物生长调节剂

但类名也可以使用两个或多个由分号隔开的截然不同的部分来指明其内容。这样一个多部分类名中的每一个部分都应该被作为单独的类名来解读。

例如：

A23C 15/14　　··黄油粉；乳脂肪，即融化的黄油，如印度奶油

A47G 9/00　　床罩；床单；旅行毯；睡毯；睡袋；枕头

3. 参见

在分类表的一些设置中，在一些大类、小类、大组、小组或附注后面跟有一个括号，括号内的短语就被称为参见。参见与它所涉及的各级内容都有关系。

例如：

A23　　P 未被其他小组所完全包含的食料成型或加工（一般可塑状物质成型入 B29C）

A01B 1/00　手动工具（草坪修整机入 A01G 3/06）

参见有以下三种作用（但用分号隔开的每一项参见一般具有一种作用）：

（1）限制范围。有一些技术主题似乎应该在参见所在的分类位置上，由于参见的出现，即对分类位置所包含的技术内容进行限制，因而实际上的技术主题应该是除了参见所指明技术主题以外的技术主题。

例如：

A01J 25/00　奶酪制作（奶酪涂层入 A01J 27/02）

奶酪涂层也是奶酪制作的一种方法，但实际上分类表中设置了另外的分类位置 A01J 27/02，所以参见就指明了该分类位置，从而对 A01J 25/00 所包含的技术内容进行了限制。

（2）指示优先。这种参见主要用于两种情形：一种是一个技术主题有两个技术特征可分在两个分类位置上；另一种是依据技术主题的不同特征应分在不同的分类位置，但分类表的设置是要求将这个技术主题只分在其中的一个分类位置。这种参见就起到了指示优先的作用，最常出现在小组一级。

例如：

A47L 1/00　　窗的清扫

A47L 1/16　　·玻璃窗的除霜装置（H05B 3/84 优先）

H05B 3/00　　欧姆电阻加热的

H05B 3/84　·专用于透明面或反射面的加热装置，例如用于对窗户、镜子或车辆风挡玻璃进行除雾或防止结冰的

如果某个技术主题既涉及通过加热装置防止玻璃窗结冰的技术特征，又涉及玻璃窗除霜装置的技术特征，则似乎应分在 A47L 1/16 和 H05B 3/84 中，但由于 A47L 1/16 的参见指示（H05B 3/84 优先），根据优先参见，具有这两个技术特征的技术主题只分在 H05B 3/84 中。

（3）指引。在某些分类位置，参见指出到哪里去找那些参见所在分类位置的类名没有包括的有关技术主题。这类参见有两种情况。

①第一种情况是在功能分类位置中出现，该参见指向专门适用或应用于特定目的或并入一个更大系统的技术主题的分类位置。

例如：

B01D 37/00　过滤方法（专门适用于气体过滤的方法入 B01D 46/00）

②第二种情况是作为信息性参见，其指明的技术主题位置是那些对检索有用、但又未包括在参见所出现的分类位置范围内的技术主题。

例如：

A61H 33/14　·用臭氧、氢或类似气体的气体浴装置（臭氧或氢气的生产入 C01B、C25B 1/02）

为了在增加有用的相关信息量的同时保持分类表的可读性，逐渐地从分类表取消指引参见，并转移到 IPC 的电子层中。

另外，在使用参见时应注意：如果类名包括两个或更多的部分，而参见出现在与之相关的类名最后部分的后面，则说明它与前面的每一个部分都有关系。

例如：

F21V 3/00　灯罩；反光罩；防护玻璃罩（折射性质的入 F21V 5/00；反射性质的入 F21V 7/00）

4. 附注

在部、分部、大类、小类、组、导引标题的某些位置设有附注，它对分类表中某一个部分的特殊词汇、短语进行解释，对分类位置的范围进行说明，或说明有关主题是如何分类的、指示分类规则等。

例1：

F42　弹药；爆破

附注

虽然模拟器一般入 G09，但本大类也包括具有模拟特征的联系或训练

装置

例 2：

G06C 15/02　·二进制的计算

附注

G06C 15/02 优先于 G06C 15/04 至 G06C15/42 各组。

例 3：

B27J　藤茎、软木或类似材料的机械加工

附注

在本小类中下述术语的含义是：藤茎的加工包括其他材料的加工，例如用相同的方式加工木条或塑料条。

附注只适用于与之相关的部分，若与一般的指示相抵触，则以附注为准。

附注的写法在逐渐规范，在小类后的附注，一般是第一条写本位置包括哪些内容，第二条写本位置不包括哪些内容，第三条写本位置中出现的名词含义或定义。

例如：

F27　炉；窑；烘烤炉；蒸馏炉

附注

1. 本小类包含：

·一般的炉、窑、烘烤炉、蒸馏炉、开式烧结设备和其他用来对材料或物质进行热处理

类似设备，以及其所用零部件或附件；

·炉内或炉上的电热元件的配置。

2. 本小类不包含：

·燃烧装置本身，即直接组合氧气和可燃烧物质的设备；

·电加热元件本身；

·炉内处理过程

3. 本类内下述用语意指：

·"炉"包括窑、烘烤炉或蒸馏炉。

5. 各级分类位置的技术主题范围

在介绍了上述分类表的设置情况和各种规定后，在进行分类或检索时，必须对各分类位置进行全面考虑。

（1）部的类名，只是概括性地指出所包括的技术范围，而不作精确的

定义。

（2）大类的类名是对它所包括的各小类包括的技术主题作一个全面的说明。

（3）小类的位置范围。国际专利分类的设置原则是通过小类的类名，并结合小类类名后任何一项有关的参见或附注尽可能精确地定义该小类所包括的主题范围。

（4）大组的范围。在使用大组作为分类单位时，一定要牢记大组所包括的技术主题范围只限于它所从属的小类的有效范围内，并受所有相关参见或附注的影响。

例如：

G04B　机械驱动的钟或表；一般钟或表的机械零部件；应用太阳、月亮或星辰位置计时的计时器

G04B 31/00　轴承；尖端支撑或反尖端支承；轴尖轴承；单个零件（一般轴承入 F16C）

G04B 31/00　受限于其所属的小类 G04B，因此，其应理解为专门适用于钟表机构的轴承。

（5）小组的范围。小组作为最基本的分类单位，它的技术主题范围仅限于它所从属的大组范围内或比它等级高的小组的技术主题范围内。有参见或附注出现的，也要考虑参见和附注对小组技术主题的影响。

例如：

A47D　　　儿童专用的家具

A47D 9/00　摇床

A47D 9/02　·有摇床装置的（可前后移动婴儿车的装置入 B62B 9/22）

A47D 9/02 中的参见中指出"可前后移动婴儿车的装置"应该分入 B62B 9/22，从而缩小了 A47D 所包含的主题范围。

与高一级的组相比较，任何小组的范围是由这个小组类名所描述的一种或几种主要特征来决定的，但在分类表的某些位置，可能会发生以下两种情况。

（1）第一种情况是，主要技术特征在它的上一级类名中未表达出来。

例如：

F04D 29/046　··轴承

F04D 29/048　···磁的；电磁的

当一个技术主题以上述特征为其基本部分时，只分入下面的小组。即

轴承以"磁的；电磁的"为特征，只分入 F04D 29/048 中；其主要特征在它的上一级类名中未表述出来，即 F04D 29/048 两点组中"磁的；电磁的"特征未在 F04D 29/046 组中表述出来。

（2）第二种情况是，其主要特征在它的上一级类名中已表达出来。

例如：

B01D 35/00   其他过滤装置；用于过滤的附注装置；过滤器外壳的结构

B01D 35/30 ·过滤器外壳的结构

B01D 35/30 中"过滤器外壳的结构"已在 B01D 35/00 中表述出来，这种情况下，涉及"过滤器外壳的结构"的技术主题应分入 B01D 35/30。

6. 二级分类表

对于一些技术主题，IPC 中提供了二级分类表。这些二级分类表用于根据本身已经被强制分类在其他分类位置上的主题的另一方面进行强制补充分类。用于二级分类的这类分类表的例子有：小类 A01P（化合物或制剂的杀生，害虫驱避，害虫引诱或植物生长调节活性）、小类 A61P（化合物或药物制剂的治疗活性）、小类 A61Q（化妆品或类似梳妆用配制品的使用）和小类 C12S（使用酶或微生物的方法）。

7. 混合系统；引得表

发明的技术主题可以指方法、产品、设备或材料，IPC 根据其特征用线性展开的方式进行编排。但在某些分类位置的技术主题范围仍然很宽，造成这些分类位置上的文献数量过多，致使检索困难。有的技术主题涉及制品、材料、加工方法等多种技术特征，从多种特征的多个角度对文献进行限定、缩小检索文献的范围，可以使检索文献量减少到最低限度。在分类表中引入"多维"分类思想，就产生了有引得码分类号的混合系统。

混合系统只在 IPC 高级版（2011 年后的完整分类表）中存在。每一个混合系统由分类表（例如小类或组）和与其联合使用的补充的引得表组成。引得表指明适宜的分类位置的类名不明确包含的附加方面。在分类入混合系统时，首先给出适合于技术主题的所有的分类号；然后，用引得码对这一由分类号表示的信息进行补充或限定，使其能够更准确、完整地反映出被分类技术主题的实质内容。

引得码具有与分类号类似的格式，但通常使用一种独特的编号体系。在带有分类表的小类中，引得表放置在分类表之后而其编号通常以数码 101/00 开始。某些 IPC 小类只用于引得的目的，在分类表中他们与一个或几个小类的分类号联合使用，这在它们的类名中会有明示。引得小类通常采用独特的编号体系，例如：小类 F21W 和 F21Y；但是有时它们的编号体系也与一般的分类号相同，例如：引得小类 C10N、C12R、B29K、B29L。

引得码只能与分类号联合使用，在分类表中每一处可以用引得码的地方均由附注指明。同样，在每一个引得表前面的附注、类名或导引标题中指明这些引得码与哪些分类号联合使用。引得表的格式都是等级式的。

例如（小类 C04B 中的部分引得表）：

C04B 103/00　　有效组分的作用或特性

C04B 103/10　　·加速剂

C04B 103/12　　··促凝剂

C04B 103/14　　··速硬剂

C04B 103/20　　·阻滞剂

C04B 103/22　　··缓凝剂

C04B 103/24　　··缓硬剂

C04B 103/30　　·减水剂

4.1.3　国际专利分类原则、分类规则及分类方法

4.1.3.1　分类原则

1. 便于检索原则

国际专利分类的主要目的是便于技术主题的检索，因此，在 IPC 分类表的设置中，把同样的技术主题归在同一分类位置上，并且能从这一位置再把它找到，这一位置就是该技术主题最有可能被检索到的位置。例如：人们购物用的袋或包的类似物，最有可能被检索的位置自然是 A45C（小包；旅行袋或笠；手提箱）小类中，人们不会想到在 B65D（用于物体或物料贮存或运输的容器）中去检索。同理，计算机输入键盘应入 G06F（数字计算机），而不应入 H01H（电开关）小类。

发明的技术主题可以指方法、产品、设备或材料（或者它们的使用方法或应用方式）。这些通常被称为技术主题类别的术语，应该以它们最宽的含义来理解，如下面的例子所示。

（1）方法的例子有：聚合、发酵、分离、成形、运送、纺织品的处理、能量的传递和转换、建筑、食品的制备、试验、操作机器的方法及其作用方式、信息处理的传输。

（2）产品的例子有：化合物、组合物、织物、制造的物品。

（3）设备的例子有：化学或物理工艺设备、各种工具、各种器具、各

种机器、各种执行操作的设备。

（4）材料的例子有：混合物的成分。

应当注意的是：一个设备，由于它是通过一种方法来制造的，因而可以看做是一件产品。但术语"产品"只是用来表示某一方法的结果，而不管该产品（例如某化学或制造方法的最终产品）其后的功能如何；而术语"设备"是与其某种预期的用途或目的联系在一起的，例如，用于产生气体的设备、用于切割的设备。材料本身就可以构成产品。

发明的技术主题或者是与某物的本质属性或功能相关，或者是与使用或应用某物的方法有关，其中"物"是指任何技术事物，不论其有形还是无形，例如，方法、产品或设备。上述思想反映在 IPC 分类表的设计中，表现为为分类提供了下列位置。

（1）功能分类位置。发明的技术主题涉及一个"一般"的物，即特征在于其本质属性或功能。该物或者不受某一特定应用领域限制；或者即使对应用领域不予说明，在技术上也无影响，即该物不专门应用于这一领域。例如：F16K 规定了特征在于结构或功能方面的各种阀，其结构或功能不取决于流过的特定流体的性质，如油的性质或可以由该阀构成其部件的任何设备的性质。

（2）应用分类位置。发明的技术主题属于下列三种情况的，即是应用分类位置。

①"专门适用于"某一特定用途或目的的物，即为给定用途或目的而改进或专门制造的物。例如：A61F 2/24 是专门适用于嵌入人体心脏中的机械阀的分类位置。

②某物的特殊用途和应用。例如：专门用于特殊目的，或与其他装置结合的过滤器，被分类在应用分类位置上，例如 A24D 3/00，A47J 31/06。

③把某物加入到一个更大的系统中。例如．B60G 规定了把板簧安装到车轮的悬架中。

在分类表中功能分类位置和应用分类位置并不是绝对的，对有些技术主题具有一定的相对性。

例如：

F16H　传动装置

B60K　一般车轮的传动装置

B62M 9/00～25/00　自行车类的轮式车辆的传动装置

B60K 是 F16H 一般传动装置的应用分类位置，又是 B62M 自行车传动装置的功能分类位置。

与此相应，在对专利文献进行分类时，如果发明技术主题涉及"一般"的物的本质特征或功能特征，那么就按其功能分类；如果技术主题所涉及的物不受某一特定应用领域限制，或者对于应用领域不予说明，在技术上也无影响，则也按功能分类；如果发明技术主题的技术特征是物的特殊用途或应用或其在某较大系统中的专门应用，则按应用分类。

2. 整体分类原则

IPC 分类表力图保证与某发明实质上相关的任何技术主题都尽可能作为一个整体来分类，而不是将它们的组成部分分别分类。例如：一个关于发动机技术主题的发明应作为整体分入发动机的分类位置，而不应将发动机的部件分别分入各部件的分类位置中。

3. 多重分类原则

分类的首要目的是便于检索，根据专利文献的内容，对于其中所揭露的信息可以要求赋予不止一个分类号。例如，当不同类别的技术主题，即分类表中为它们提供了专门的分类位置的方法、产品、装置或材料，构成发明信息时，需要对申请文件多重分类。

多重分类还表现为，当技术主题的基本技术特征涉及功能分类位置和应用分类位置二者时，要分类到这两种类型的分类位置中。例如：当一个技术主题涉及一个传动装置，用于一个大系统中机车车辆传动装置及控制机构的布置或安装时，则要考虑分入大系统"B60K 一般车轮的传动装置"的应用分类位置；而由于其技术特征也涉及传动装置本身，因此同时应分入"F16H 传动装置"的功能分类位置。

当专利文献中的附加信息对检索而言具有重要意义的时候，也推荐采用多重分类或其与引得码组合的分类，用以指明附加信息，但这不是强制性的。

另外，还需要注意技术主题的多方面分类，其代表一种特殊类型的多重分类。多方面分类应用于以其性质的多个方面为特征的技术主题，例如以其固有的结构和其特殊的应用和特性为特征的。只依据一个方面对这类技术主题进行分类将会导致检索信息的不完全。所给出的分类号不应当限于只包含被确定的技术主题的一个方面的在分类表中的一个或几个分类位置，还应当适当注意这个技术主题可能需要分类的其他并非微不足道的方面在分类表中更多的分类位置。

IPC 分类表中特别希望使用多方面分类的分类位置用附注指明。

例如：

G11B 7/24　　·按所选用的材料或按结构或按形式区分的记录载体

G11B 7/241　　··以材料的选择为特征

G11B 7/252　　···不同于记录层的层

附注

在小组 G11B 7/252 中，使用多方面分类，所以如果技术主题的特征在于其不止包含一个小组的方面，则该技术主题应分类在这些小组的每一个中。

G11B 7/253　　····底层

G11B 7/254　　····保护性外涂层

当技术主题涉及不同于记录层的底层和保护性外涂层时，要对底层和保护性外涂层分别进行分类，分入 G11B 7/253 和 G11B 7/254。

4.1.3.2　分类规则

1. 通用规则

通用规则是 IPC 分类表中的"默认"分类规则，并且应用在 IPC 没有指定优先规则或特殊规则的所有区域。这是基于如下的分类表设计原则：同一技术主题可以分类在同一分类位置。但是，以下一般优先原则能够用来限制不必要的多重分类和选择最充分代表待分类技术主题的组：

（1）技术主题复杂性较高的组优先于技术主题复杂性较低的组。例如，组合体的组优先于子组合体的组，而"整件"的组优先于"部件"的组。

（2）技术主题专业化程度较高的组优先于技术主题专业化程度较低的组。例如，用于独特类型技术主题的组或用于解决特定问题的装置的技术主题的组优先于较一般的组。

在 IPC 分类表的通用规则区域，这些组之间不应该应用优先规则，而是应当分类入所有适当分类位置。当分类表中具有参见、局部优先规则或特殊规则时，它们超越上述一般优先原则。

2. 优先规则

（1）最先位置规则。

在分类表的某些地方，采用了最先位置规则。根据这一规则，一个发明的技术主题可以分在分类表中的两个或更多的等级相同或具有相同圆点数的分类位置时，就按"最先位置规则"来分类。

采用这一规则的地方会给出了这样类型的附注："在本小类/大组/小组中的每一等级，如无相反指示，分类入最先适当位置"。例如 C40B 或 F23B

中的相关附注。

（2）最后位置规则。

在分类表的一些位置，设置了一种最后位置规则。即当一个发明的技术主题可以分在分类表中的两个或更多的等级相同或具有相同圆点数的分类位置时，就按"最后位置规则"来分类。根据这条规则，这样的技术主题只应分在相同等级或相同圆点数的最后出现的一个分类位置上。

"最后位置规则"的选用已经在分类表的有关大类、小类或组中用附注作了清楚的说明，例如，A61K 的附注（3）："本小类中，除大组 A61K 8/00 以外，若无相反指示，发明应分入最后适当位置"；G07D 5/00 大组的附注："在 G07D 5/02 组到 G07D 5/10 组中，若没有相反的指示，分类入最后适当位置"。

3. 特殊规则

在分类表的少数地方，使用了特殊分类规则。在这些地方，这些规则优先于一般分类规则。凡是使用特殊分类规则的地方，都在相关分类位置用附注清楚地指明。例如，小类 C08L 类名（"高分子化合物的组合物"）后面的附注2（b）指明，"在本小类中，组合物依据高分子成分或占有比例最大的组分分类；如所有这些组分以相同的比例存在，组合物按这些组分的每一种分类"。

4.1.3.3 分类方法

如前所述，分类的目的是便于检索。所以，一篇专利文献中所公开的每个独立的技术主题，无论是与发明信息有关，还是与附加信息有关，只要是对检索有利，就应对它分类。

1. 确定发明信息与附加信息

专利文献中可以找到两种类型的信息，即"发明信息"和"附加信息"。对专利申请或专利文献进行分类时，首先需要区分"发明信息"和"附加信息"。

（1）发明信息。发明信息是在专利文献全部公开文本中（例如，说明书、附图、权利要求书）代表对现有技术的贡献的技术信息。"对现有技术的贡献"是指专利文献中专门披露的所有新颖的和非显而易见的技术主题，这个技术主题不代表现有技术的那部分，即代表专利文献中的主题与已经公知的所有技术主题集合之间的差异。

（2）附加信息。附加信息本身不代表对现有技术的贡献，但对检索者而言却有可能构成有用的信息。附加信息是对发明信息的补充，例如：组合物或混合物的成分，或者是方法、结构的要素或组成部分，或者是已经分类的技术主题的用途或应用方面的特征。

2. 选择分类位置

当发明信息和附加信息确定后，应结合 IPC 分类系统的编排方法和分类原则，按照分类规则逐级分类，最终确定合适的分类号。

首先确定相关的部，然后确定分部和大类，在选定的大类下，可以确定最令人满意的包含该主题的小类，确定小类后，继续选择小类下包含技术主题的组，在所有的步骤中，都应注意分类规则、附注、参见等信息。

（1）选择小类。确定分类表相关小类时可以选用下列方法：

①使用以字母顺序排列的 IPC 关键词索引；

②在网络版中可以输入短语在 IPC 分类表或关键词索引中进行检索；

③查看与该主题最相关的专利文献的分类号。

通过这些方法获得的相关分类位置可能比小类更具体（比如组），这时必须考虑高于其等级的位置以及在 IPC 特定领域中的分类规则，确定分类位置的范围，从而查证其分类相关性。同时还应该参考在该小类类名后出现的参见和附注以及其分类定义，从而核对小类的范围是否足够宽来覆盖待分类的技术主题。

（2）选择组。在选定了适当的小类之后，确定小类下位的大组和小组。在这之前，必须查看所选定的小类中使用了哪些一般分类规则（比如通用规则、最先位置规则、最后位置规则），以及在局部是否应用了特殊分类规则。

在确定小组时，对于是否需要考虑一般分类规则，有下列几个方法帮助判断：

①如果技术主题完全被包括在小类表中的一个组中，则分入该组中，不需要考虑一般分类规则；

②如果专利文献中公开了两个或多个发明技术主题，则分别应用小类中所使用的一般分类规则对每一个主题进行分类；

③如果发明主题的一个子组合体（subcombination）本身就是新颖的和非显而易见的，则也需要按照在小类中所使用的一般分类规则对它单独进行分类。

3. 分类号和引得码的表示

当确定分类位置（包括分类号和引得码）后，应以正确的格式来表示发明信息和附加信息。

分类号和引得码的表示顺序如下：

（1）表示发明信息的分类号，将其中那个最充分代表该发明的分类号列于首位；

（2）表示附加信息的分类号；

（3）引得码。

将分类号和引得码以一列或更多列的表格形式表示，而每一行只有一个分类号或引得码。

如果使用（至少部分地使用）基本版对文献进行分类，那么应在缩写"Int Cl."后面的圆括号内标明基本版的当前版本号（年）。对于指定文献，大多数专利局将只给出一个版本级别的分类号，即只用高级版分类或只用基本版分类（见下文例 a 和例 b）。

使用高级版分类表进行分类时，要在每个 IPC 分类号后面的圆括号内放置指明这个分类号在高级版中何时建立或被实质修订的版本号（年.月）。

当使用基本版进行分类时，IPC 分类号用普通字体（即非斜体）印刷或显示；而当使用高级版分类时，IPC 分类号用斜体印刷或显示。

发明信息分类号用黑体字印刷或显示，而附加信息分类号用普通字体（即非黑体）印刷或显示。

当使用高级版分类表、基本版分类表或同时使用高级版和基本版分类表对同一篇文献进行分类时，IPC 分类号和版本号表示的示例如下。

a. 当使用高级版分类时：

> Int. Cl.
>
> ***B28B 5/00***（2006.01）
>
> ***B28B 1/29***（2007.04）
>
> *H05B* 3/18（2008.07）

其中，*B28B* 5/00 是高级版分类号（斜体），表示发明信息（黑体）；

B28B 1/29 是高级版分类号（斜体），表示发明信息（黑体）；

H05B 3/18 是高级版分类号（斜体），表示附加信息（普通字体，即非黑体）。

b. 当使用基本版分类时：

> *Int. Cl.*（2006）
>
> **B28B 5/00**
>
> **B28B 1/00**

H05B 3/10

其中，B28B 5/00 是基本版分类号（普通字体，即非斜体），表示发明信息（黑体）；

B28B 1/00 是基本版分类号（普通字体，即非斜体），表示发明信息（黑体）；

H05B 3/10 是基本版分类号（普通字体，即非斜体），表示附加信息（普通字体，即非黑体）。

c. 当发明信息使用高级版分类，而附加信息使用基本版分类时：

Int. Cl.　（2006）

B28B 5/00（2006.01）

B28B 1/29（2007.04）

H05B 3/10

其中，B28B 5/00 是高级版分类号（斜体），表示发明信息（黑体）；

B28B 1/29 是高级版分类号（斜体），表示发明信息（黑体）；

H05B 3/10 是基本版分类号（普通字体，即非斜体），表示附加信息（普通字体，即非黑体）。

在 2011 年之后，IPC 体系结构将得以简化，相应的表示方法类似，分别如下：

（1）仅使用完整 IPC 的，表示方法同上述例 a；

（2）仅使用大组级别的分类号的，表示方法类似上述例 b，但缩写"Int Cl."后面的圆括号内的版本号改为"年.月"形式，例如 2011.01；

（3）发明信息使用完整 IPC、附加信息使用大组级别的分类号的，表示方法类似上述例 c，但缩写"Int Cl."后面的圆括号内的版本号改为"年.月"形式。

4.1.4　明确技术主题的分类方法

4.1.4.1　化合物

当发明的主题涉及一种化合物本身（有机、无机或高分子）时，首先应判断化合物是否已知、技术主题是否仅涉及化合物的应用。如果是，则分入应用或用途分类位置；若否，则应该根据化合物的化学结构分在 C 部，同时判断其应用或用途是否为必要技术特征，若是，则还应分入该应用或用途的分类位置。上述分类方法可参见图 4-2 示意。

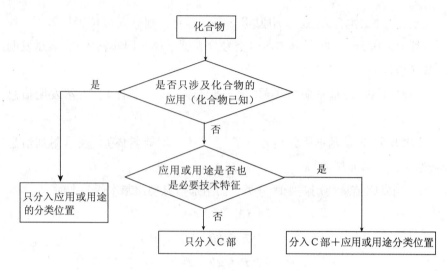

图 4 – 2　化合物分类方法

4.1.4.2　化学混合物或组合物

当技术主题涉及一种化学混合物或组合物时，若分类表中有混合物或组合物的分类位置，则根据其化学组成进行分类；若没有这类分类位置，则只分入它的应用或用途的分类位置。但是，在有混合物或组合物分类位置的情况下，还要判断其应用或用途是否也为必要技术特征，若是，则分入混合物或组合物的分类位置及应用或用途的分类位置；若否，则只分入混合物或组合物的分类位置。上述分类方法可参见图 4 – 3 示意。

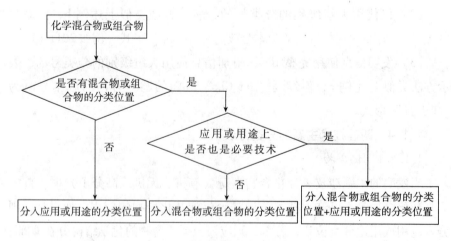

图 4 – 3　混合物或组合物分类方法

4.1.4.3　化合物的制备或处理

当一个发明主题涉及一种化合物的制备或处理的方法时，首先判断是否有该化合物的制备或处理方法的位置，若有，则分入该位置；若无，则分入该化合物的位置。若从这种制备方法得到的化合物也是新颖的，则该化合物还要根据其化学结构进行分类。当发明主题涉及多种化合物制备或处理的一般方法，且该一般方法的位置存在时，就分入这个一般方法的位置。上述分类方法可参见图 4 - 4 示意。

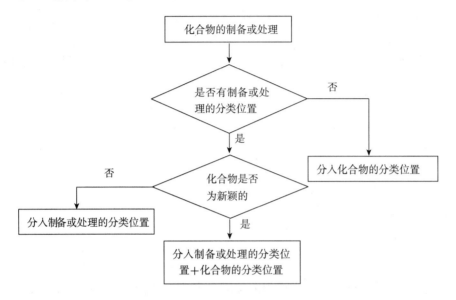

图 4 - 4：化合物的制备或处理分类方法

4.1.4.4 设备或方法

当发明主题涉及一种设备时，分入该设备的分类位置，如果这样的分类位置不存在，则分入由该设备所执行的方法的分类位置。当发明主题涉及产品的制造或处理方法时，分入所采用的方法的分类位置，如果不存在这种分类位置，则分入执行该方法的设备的分类位置。如果上述两种分类位置均不存在，则分入包含该产品的分类位置。上述分类方法可参见图 4 - 5 示意。

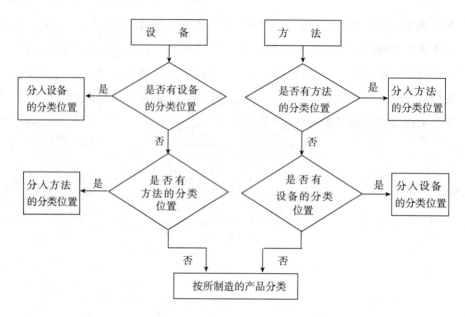

图4-5　设备或方法的分类方法

4.1.4.5　制造的物品

当发明主题涉及一种物品时，分入该物品的分类位置，如果不存在这样的分类位置，则将它分入适当的功能分类位置（即根据该物品所执行的功能）；如果适当的功能分类位置也不存在，则根据其使用或应用领域来分类。上述分类方法可参见图4-6示意。

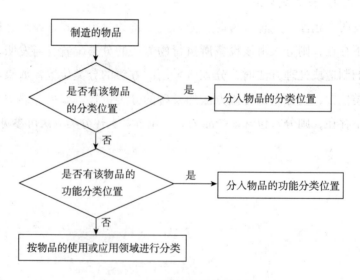

图4-6　制造的物品分类方法

4.1.4.6 多步骤方法、工厂设备

当发明主题涉及一种多步骤方法或工厂设备，且该方法或工厂设备分别由多个处理步骤或装置的组合体组成的时候，应将其作为一个整体进行分类，即分入用于这种组合体的分类位置，例如，小类 B09B。如果不存在这样一个分类位置，则将它分入一个由这种方法或工厂设备所获得的产品的分类位置。若发明主题也涉及这种组合体的一种要素（某一步骤或方法），如该方法的一个单独步骤或该工厂设备的机器，则该要素也要单独分类。上述分类方法可参见图 4-7 示意。

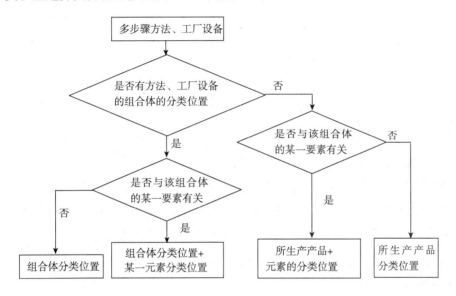

图 4-7 多步骤方法、工厂设备分类方法

4.1.4.7 零件、结构部件

当发明主题涉及主题（如装置）的结构的或功能的零件或部件时，首先判断是否有只可适用于或专门适用于一种主题的零件或部件的分类位置，如果这种位置存在，则分入专门适用于这种主题的零件、部件的分类位置；否则分入该主题的分类位置。如果该零件或部件可应用于不止一种的不同主题，则分入更具一般性的零件、部件的分类位置；否则按照这些零件或部件的明确应用的所有种类的主题进行分类。上述分类方法可参见图 4-8 示意。

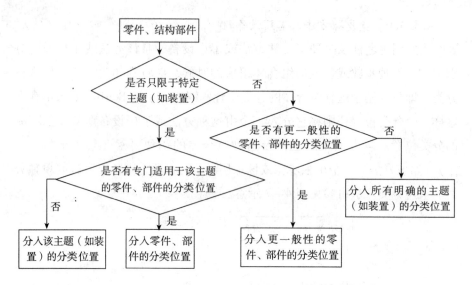

图4-8　零件、结构部件分类方法

4.1.4.8　一般化学式

大批有关联的化合物经常用一般分子化学式表达或要求专利权。一般化学式是以化合物的属的形式表示的，其中化学式的至少一个组成部分是可变化地从一个选择对象的特定集合中选择的，例如"马库什"型化合物公式。当大量化合物在这些化学式的范围内并且可以独立地分入大量分类位置时，使用一般化学式会造成分类问题。当这种情形发生时，仅对于对检索最有用的那些单个的化合物进行分类。如果这些化合物是使用一个一般化学式说明的，则遵循以下的分类程序进行分类。

步骤1：对所有新颖的和非显而易见的"完全确定"的化合物进行分类，如果它们是：

"(i) 本身专门要求专利权的或在一个组合物中的，

(ii) 要求方法专利权的产品，或

(iii) 上述两种化合物中任何一个的衍生物。"

被认为是"完全确定"的化合物有以下两种情形：

(1) 该化合物的结构是由准确的化学名称或化学式给出的，或能够从其制备所用的指定反应物推导出来的，而且从选择对象的列表对其进行选择的结果不会多于一种；

(2) 该化合物的特征在于其物理性质（如熔点），或者其制备过程是在一个给出了切实可行的具体细节的实施例中予以描述的。

仅有经验式标识的化合物不被认为是"完全确定"的。

步骤 2：如果没有"完全确定"的化合物被披露，则一般化学式分入最明确包含所有或大部分的可能实施例的组（组群）中。分类应当被限制在单一的组或非常少数的组中。

步骤 3：除了上述强制分类以外，如果这个一般化学式范围内的其他化合物是重要的，则可以进行非强制分类。

当将所有"完全确定"的化合物分类到其最明确的分类位置会导致大量（如超过 20 个）的分类号时，分类员可以减少分类号的数量。这种做法只有在下述情况下实施：对"完全确定"的化合物的分类会导致在紧接等级较高的单一组的下面派分出大量的小组。因而这些化合物可以仅分入较高等级的组中，否则，这些化合物就要分入所有的更明确的小组中。

4.1.4.9　组合库

对由很多化合物、生物实体（entities）或其他物质构成的集合会以"库"的形式给出。一个库通常会包含极大数量的成员，因此如果单独分入大量分类位置，将会不必要地增加检索系统的负担。因此，仅将那些被认为是"完全确定"的单个成员组，以与一般化学式的化合物同样的方式，强制分入最明确包含它们的组中，如在 C 部中的化合物。将库作为一个整体分类到小类 C40B 的一个合适的组内。除了上述的强制分类外，如果库的其他成员是重要的，则也要进行非强制分类。

4.2　其他专利分类法

尽管大多数国家在其公布的专利文献上都采用国际专利分类号，但是在审查专利申请进行专利文献检索时，为了提高检索工作的有效性，有些专利局仍然沿用其内部分类系统，并且还在不断地研究、发展。现简要介绍最具代表性的几个内部分类系统。

4.2.1　欧洲专利局专利分类法

欧洲专利局内部用于检索的分类系统有以下几种：

（1）ECLA（EPO Classification）分类系统，基于在 IPC 分类系统下细分的系统。

（2）IdT（Indeling der Techniek）分类系统，即前荷兰专利局的分类系统。

（3）ICO 引得码（indexing codes）系统，仅用于计算机检索。

这里将着重介绍 ECLA 分类系统，可通过网址 http：//v3. espacenet.

com/eclasrch? classification = ecla&locale = en – EP 对分类系统进行浏览和检索。

1968 年以前，前国际专利研究所 IIB（Institut International des Brevets，后被 EPO 接收），采用荷兰专利局的 IdT 分类系统。IdT 分类系统主要是根据德国专利局的分类系统建立的。

1968 年 9 月 1 日，当 IPC 第 1 版生效后，IIB 决定将其检索文档的分类系统从 IdT 系统转入 IPC 系统之下继续细分，建立了 ECLA 系统。

由于 IdT 系统与 IPC 系统有很大的不同，因此为了保证检索文档的分类质量，IIB 决定在一定时间内，对不同的技术领域，逐步关闭 IdT 系统，即逐步将 IdT 系统中的文献按 ECLA 系统重新分类。从那时起，新专利文献就根据 ECLA 进行分类（除 IdT 未关闭部分的技术领域以外）。多年来，已组织审查员对大量的文献重新分类，或者由审查员在检索工作中逐步对文献重新分类，现在 90% 以上的 IdT 文献都已经根据 ECLA 系统分类。从 1991 年起，全部新专利文献只根据 ECLA 系统分类（即意味着 IdT 系统全部关闭）。

4.2.1.1　ECLA 的编排、等级结构

ECLA 系统的分类原则是以 IPC 为基础的，分类位置的编排设置与 IPC 基本相同，ECLA 的八个部与 IPC 一样，ECLA 的类名、类号、参见、附注、分类规则、分类方法等都可引用 IPC 的相关定义。

例如：

部　　　A
大类　　A01
小类　　A01B
大组　　A01B1/00
小组　　A01B1/02

分类的目的是便于检索，分类系统必须适应高效检索工具的需要。IPC 修订周期较长，不能适应科学技术的发展，在某些活跃的技术领域集中了过多的文献，所以 ECLA 随着技术的发展不断修改，从而形成一个动态的分类体系。ECLA 系统中每组的专利文献一般保持在 100 件以内，超过 100 件的话就对这个小组细分。另外，对于那些分类位置上的技术主题定义不清或定义过时、不利于有效检索的分类条目，ECLA 系统会调整后再使用或者完全不使用。

例如：

A01D25/00	挖掘甜菜类作物的机械
A01D25/00B	·［N：起重机的辅助装置］
A01D25/02	·带刚性工作部件的机械
A01D25/04	·带移动式或旋转式工作部件的机械
A01D25/04B	··［N：带驱动工作部件］
A01D25/04B1	···［N：带驱动旋转工作部件］
A01D25/04B2	···［N：带振荡工作部件］
A01D25/04B3	···［N：带循环链的］

从上例中可以看出，ECLA 系统中，内部细分、增设的小组符号由英文字母（一个字母）和数字（最多三位数字）组成，方括号中的短语是该小组的类名，并用"N："表示 ECLA 的内部细分类。

在 ECLA 系统中，对 IPC 的某些组增加了内容，指出了包括哪些主题、不包括哪些主题，所增加的技术主题内容也放在符号［N：］内。

例如：

A01B17/00 带专用附属装置的犁，如带土下施肥工具、碎土器的（A01B49/00 优先；耕整底土的犁入 A01B13/08）［N：破碎下层土壤的装置］

ECLA 系统中也可增加参见，其作用与 IPC 中参见的作用相同，可以用于指示优先、指引有关技术主题等。

例如：

E06C1/00 一般梯子（安装在底架或车辆上的入 E06C5/00；永久性地装在固定结构上的入 E06C9/00）

E06C1/02 ·有纵向固定部件的或杆件的

E06C1/34 ··可以装设在建筑物构件，如窗，挑檐，支杆或类似物上的梯子（［N：（E06C9/12 优先）］；永久性固定在结构物上的梯子入 E06C9/00）

E06C1/36 ···用钩子或其他类似物悬挂的梯子［N：（梯钩入 E06C7/50）］

ECLA 系统也增加内部的附注，也放在符号［N：］中表示。

例如：

A01N 49/00 杀生剂、害虫驱避剂或引诱剂，或植物生长调节剂……

［N：附注：A01N 49/00 组也含昆虫激素］

再如：

A23L 1/00　食品或食料；它们的制备或处理（一般保存入 A23L 3/00；［N：机械方面入 A23P]）

A23L 1/03　·含有添加剂（A23L1/05，A23L1/30，A23L1/308 优先）

［N：附注：本组中若无相反的指示，分类入最后适当位置。]

4.2.1.2　几点注意事项

（1）ECLA 系统中没有 IPC 的某些类目，有极少数的 IPC 小组没有在 ECLA 系统中使用，这种情况下 ECLA 系统会指出这些小组的技术主题由相应的 ECLA 小组所包括，例如：A61L33/10 包含在 A61L33/00H2，A61L33/14 包含在 A61L33/00H2，A61L33/16 包含在 A61L33/00H3。

（2）ECLA 系统中也有极少数组未在当前版本的 IPC 中使用，这样的组都用符号［N：IPCn]表示。

例如：

E21C 43/00　［N：IPC4]用于地下煤气化的制备方法（产生气体的方法入 C10B）；

A01B 76/00　［N：IPC8]在组 A01B 51/00 至 A01B 75/00 中不包含的农业机械或农具的其他部件、零件或附件［N0509]；

［N0509]表示该大组是 2005 年 9 月在 ECLA 系统中新建立的组，并已开始使用。［N：IPC8]表示此大组将在 IPC 第 8 版中被采用，成为新的大组，而在当时的 IPC 第 7 版中没有此大组。

（3）ECLA 的修订日期的表示。

例如：

F28F 1/00　管件；管件的组件

F28F 1/02　·非圆形界面的管件（F28F 1/08，F28F 1/10 优先）

F28F 1/02B　··［N：带有多个通路的]［N9912]［C0509]

［N9912]表示 1999 年 12 月新建立的小组，［C0509]表示于 2005 年 9 月最后变化确定。

（4）ECLA 中的修订信息。

例如：

从下面指示的日期开始，下列组将从分类表中删除，这些组中的文献将转入相应的新组中：

G06F11/14B 转入 G06F11/14S 及下位组［2010.02]

G06F11/14B2 转入 G06F11/14T［2010.02]

4.2.2　美国专利分类法

1830 年以前，美国的专利文献按年代顺序排列，1831 年首次颁布了专利分类法。当时只是将不同的技术领域分成 16 个组，将所有的专利文献按 16 组分类，并在文献上标上分类号，直到 1837 年才制定了新的分类表，设置 22 个大类。180 多年以来，随着技术的发展，其分类表不断修改完善，逐渐形成一套仅用于美国专利与商标局内部使用的分类体系。按照该分类体系编排分类检索文档，供审查检索使用。直到 1969 年 1 月 7 日，美国专利与商标局才开始在其出版的专利说明书及公报上标注与其专利分类相对应的国际专利分类号。

4.2.2.1　分类表

美国专利分类表的设置在实践中得到不断的发展，形成按技术主题功能分类的分类系统。美国曾经根据应用技术行业和设备的用途划分技术主题的分类位置，将一定技术领域的全部相关设备分入一个合适的分类位置。一些最早的大类就基于这个原理设立的，那些大类号一直沿用至今，例如养蜂业、屠宰业等。

目前的美国专利分类表有 450 个大类，设定大类序号为 002 ~ 987，其中有许多空缺号码。全部小类约 15 万个，是目前世界上最详细的分类系统之一。可通过网址 http：//www. uspto. gov/web/patents/classification 获得其分类表及相关电子资料。

分类系统共分两个等级——大类，小类。

（1）大类——将类似的技术范围设置成大类，有大类类名和类目。

（2）小类——在大类下的继续细分，即根据不同的技术主题又划分成不同级别的小类，并以缩位点表示，在每一个大类中，小类的排列由大类表确定。在其下的任何小类的类目和定义进一步地被大类标题和定义所限定。

美国专利分类号的等级。美国专利分类号为"大类号/小类号"形式，单从这种形式看不出分类等级和上下位关系，而分类等级和上下位关系只有通过查看详细分类表才能了解，现以大类 5"床"为例进行说明（见表 4 –2）。

表 4 - 2　美国专利分类号等级

大类	5	床
…		
二级小类	12. 1	沙发床
三级小类	12. 2	·可拆卸沙发床（Knockdown sofa bed）
…		
三级小类	17	·可伸展的（Extension）
四级小类	18. 1	··滑动部件（Slidable section）
五级小类	19	···前后都可滑动（Front and back extension）
五级小类	20	···带旋转的滑动（Slide with rotation）
五级小类	21	···水平面的改变（Change of level）

在大类 5 "床" 下面的细分是小类，其中没有圆点的称为二级小类（如 12. 1），有 1 个圆点的称为三级小类，有 2 个圆点的称为四级小类，依次类推。

下位类从属于离它最近的上位类，下位类的含义要结合离它最近的上位类的类名来考虑。小类 19 从属于小类 18. 1，而小类 18. 1 从属于小类 17。例如，美国专利分类号 5/19 的完整含义应该是由 5（大类）、12. 1（二级小类）、17（三级小类）、18. 1（四级小类）、19（五级小类）共五级组成，其类名应理解为 "前后都有滑动部件的可伸展的沙发床"。

随着技术的发展、技术内容的增加，美国专利分类的原则逐渐改为优先考虑 "最接近的功能" 的分类原则。"最接近的" 表示基本的、直接的或必要的功能。因此，"最接近的功能" 意味着将通过类似的自然法则，作用于类似的物质或物体，可以获得类似的效果的工艺方法、产品装置等集中在同一类目中。也就是说，这种分类原则不管被分类的对象的用法如何，只要能得到一个相似结果的装置或工艺过程，都将其分在同一类中。例如，将热交换装置设置成一个分类位置，牛奶冷却器、啤酒冷却器等都在这个类目中。在这个热交换技术范围内，再根据热交换的其他技术特征进行进一步的细分类。在这样的功能分类位置就可对该技术主题本身进行完整的检索。

4. 2. 2. 2　《专利分类表定义》

美国《专利分类表定义》是对分类表的补充说明，详细描述其分类体系中所有大类及小类所包括的技术范围，并通过附注对使用者指出相关的分类位置。

小类的分类定义必须根据大类的定义，任何原始小类的分类定义都从属于它上一等级小类的分类定义，分类定义的作用与 IPC 中的各种参见、附注的作用近似，但分类定义更为全面。例如美国专利分类的大类 26，其类名是"纺织品、织物的整理"，其分类定义如下：

本类为纺织品纤维的处理及其后续工序，使其有良好的市场效果。由于在整理皮毛的过程中，皮毛修整与织物的表面纤维或纱线的处理，特别是绒毛纤维的处理类似，因此皮毛修整设置在本大类的小类 15 及其下属小类中。另外，拉伸塑料薄膜的设备与纤维的拉伸设备在功能上是类似的，前者也被置于本大类的小类 54 及其下属小类中。然而拉伸塑料薄膜的过程，应分入大类 264（塑料及非金属制品的成型及处理）。纺织品及纤维的漂白、染色、洗涤及化学处理过程分入大类 8。染色及漂白，纺织品及纤维的水处理及化学处理，织物纤维的水处理设备入大类 68。等等。

在许多分类定义中都设置有附注，这些附注一般通过解释或举例来补充分类定义。

4.2.2.3 《分类索引》

为了帮助使用者尽快地查阅分类表，在分类表的相关位置准确地确定分类号，美国《分类索引》起到了辅助分类工具的作用。

《分类索引》的组成：在索引的前部有一个按英文字母顺序排列的大类表，正文部分是分类索引。分类索引是由 65 000 多个按英文字母顺序排列的技术名词组成的，在这些技术名词之下将有关的类目列出。《分类索引》只起引导作用，即引导使用者根据主题词尽快查到相关技术主题的分类位置，然后再查阅美国专利分类表，确定准确的分类号。《分类索引》将相关的技术主题类号归结在一起，以便使用者了解相关技术主题的所有类号，方便其选择。

4.2.2.4 《分类表修正页》

《分类表修正页》在一年中随时都可以公布，它是关于美国专利分类系统修改变化的报告，其报告内容如下：

（1）报告分类表的变化情况，如大类、小类的删除、转移，大类的新建等。

（2）小类分类定义的变化，以支持大类、小类的变化所引起的分类位置的变化，如建立新的分类定义，或者对原有分类定义作进一步修改、补充、完善。

（3）告知已删除小类中的专利文献已经转入新建立的小类或已有的小类中，列出新建立的小类与 IPC 相关小类的对照表。

4.2.3 日本专利分类法

日本专利分类法是日本专利局的内部分类系统。日本专利审查员用其分类系统对专利申请分类或检索，也将其分类号公布在日本的专利文献上。公众可以从互联网上进入日本专利局数字图书馆（英文版分类表的网址为 http：//www. ipdl. inpit. go. jp/homepg_ e. ipdl)，用日本专利分类法检索日本专利文献，为此在这里仅概要介绍日本专利分类法的基本情况，日本专利分类法分为 FI（File Index）系统和 F - term（File Forming Term）系统。

4.2.3.1 FI 系统

FI 系统是在 IPC 分类下的继续细分类系统，FI 系统共计有 19 万多个细分类（其中包括 IPC 小组约 6.9 万个，在 IPC 下的内部细分类 12 万多个）。

FI 系统分类号的构成如下。

（1）细分号：在 IPC 小组下的细分类，称为细分号，由 3 位数字组成。例如：

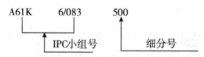

（2）文档细分号：将 IPC 的某些小组细分或对细分号的再次细分类号称为文档细分号，文档细分号用一个英文字母表示。

例如：

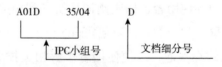

例如：H04B 1/034 ··便携式发射机

  A 一般的

  B 用于无线麦克风

  C 用于遥控（主要在 H04Q 9/00）   FI 文档细分号

  L 用于事故或营救

  Z 其他

也有细分号和文档细分号都存在的情况。

例如：

（3）方面分类号：在某些 FI 小类中，从技术主题的不同技术特征设置了分类号，与该小类中的若干组联用，该类分类号，称为方面分类号，它由 3 个英文字母组成，其中第一个字母与其适用的"部"的分类号一致。

例如：G01N 是有关"借助于测定材料的化学或物理性质来测试或分析材料"的小类，在 FI 中指出了与 G01N30/00 至 G01N31/22 各组联用的方面分类号，包括：

GAA　无机物质的检测

GAB　有机物质的检测

GAD　·碳的

GAE　·氮的

GAF　··氨

GAG　··氧化氮

GAH　·硫磺的

GAJ　·氧、臭氧、过氧化物

GAK　·金属离子

GAL　·卤素

有些方面分类号可以适用于所有部，将这种分类号称为"广泛方面分类号"（Broad‑Facet），这种分类号以字母"Z"开头。例如：

ZAA　超导性

ZAB　环境保护技术

FI 在日本专利文献上的表示，如图 4‑9 所示。

(19)日本国特許庁（J P）	(12) **公 開 特 許 公 報**（A）	(11)特許出願公開番号
		特開2003－7
		（P2003－7A）
		(43)公開日　平成15年1月7日(2003.1.7)

(51)Int.Cl.⁷	識別記号	F I	テーマコード*（参考）
A 0 1 B　69/02		A 0 1 B　69/02	A　2B043
A 0 1 C　11/02	3 3 0	A 0 1 C　11/02	3 3 0 M　2B062

審査請求　未請求　請求項の数2　OL　(全 7 頁)

图 4‑9　FI 在日本专利文献上的表示

4.2.3.2　F-term

F-term 是专门用于计算机检索的分类系统，是从技术主题的多个角度考虑分类类目，也从多个角度限定需检索单位的文献量。例如：从技术主题的多个技术观点，如用途、结构、材料、方法、类型等。至今 F-term 已归类约 2 900 个技术主题范围。这些技术主题对应于 IPC 分类中相同的技术领域，并设置一个主题属于 F-term 的一个组，称为 F-term 主题表，例如 4B014（糖果点心类）部分主题表（见表 4-3）。

表 4-3　F-term 主题表

4B014：糖果点心类 对应于 A23 G1/00-9/30					
GB	GB00 类型	GB01 ·巧克力	GB02 ··用于涂层	GB03 ···用于冰冻食品	GB04 ·巧克力蛋糕	……
GE	GE00 形状（即外观和形状），内部结构和包装容器	GE01 ·外观和结构	GE02 ··多层的	GE03 ···整个涂层的	GE04 ··中空的	……
GG	GG00 材料	GG01 ·谷类	GG02 ··面粉	GG03 ··米粉	GG04 ··玉米（包括玉米面和蜡质玉米淀粉）	……
GK	GK00 使用添加剂	GK01 ·调味品	GK02 ··咸味调料	GK03 ··甜味调料	GK04 ··酸味调料	……
GL	GL00 添加物	GL01 ·无机化学材料	GL02 ··无机的	GL03 ·有机化合物	GL04 ··有机酸的	……
GP	GP00 常规处理	GP01 ·搅拌、混合以及添加	GP02 ··搅拌	GP03 ··旋转或柔捏被压在漏斗或制作台上的材料	GP04 ··加入泡沫	……
GQ	GQ00 成形处理	GQ01 ·切断	GQ02 ·分层	GQ03 ·表面处理	GQ04 ·装饰	……
……	……	……	……	……	……	……

F - term 的应用是从专利文献中取出有关的词语输入计算机系统中，检索时，再用 F - term 的检索词进行检索，得到命中的所需文献信息。

IPC、FI 和 F - term 的关系如图 4 - 10 所示。

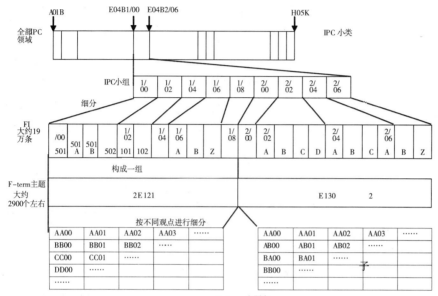

图 4 - 10　IPC、FI 和 F - term 之间的关系示意图

4.3　国际外观设计分类法

4.3.1　国际外观设计分类法的产生

1968 年 10 月 8 日，在瑞士洛迦诺举行的巴黎公约成员国外交会上，通过了《建立工业品外观设计国际分类协定》（也称《洛迦诺协定》），从而建立了国际外观设计分类体系，制定了国际外观设计分类表。该协定于 1971 年 4 月 27 日生效。截止到 2010 年 4 月，共有 59 个国家签署或实施了《洛迦诺协定》，如表 4 - 4 所示。

表 4 - 4　《洛迦诺协定》国家签署或实施表

国　　　家	状态	生效日期
阿尔及利亚（Algeria）	签署	—
阿根廷（Argentina）	实施	2009.5.9
亚美尼亚（Armenia）	实施	2007.7.13

国　家	状态	生效日期
奥地利（Austria）	实施	1990. 9. 26
阿塞拜疆（Azerbaijan）	实施	2003. 10. 14
白俄罗斯（Belarus）	实施	1998. 7. 24
比利时（Belgium）	实施	2004. 6. 23
波斯尼亚和黑塞哥维那（Bosnia and Herzegovina）	实施	1992. 3. 1
保加利亚（Bulgaria）	实施	2001. 2. 27
中国（China）	实施	1996. 9. 19
克罗地亚（Croatia）	实施	1991. 10. 8
古巴（Cuba）	实施	1998. 10. 9
捷克斯洛伐克共和国（Czech Republic）	实施	1993. 1. 1
朝鲜民主主义人民共和国（Democratic People's Republic of Korea）	实施	1997. 6. 6
丹麦（Denmark）	实施	1971. 4. 27
爱沙尼亚（Estonia）	实施	1996. 10. 31
芬兰（Finland）	实施	1972. 5. 16
法国（France）	实施	1975. 9. 13
德国（Germany）	实施	1990. 10. 25
希腊（Greece）	实施	1999. 9. 4
几内亚（Guinea）	实施	1996. 11. 5
罗马教廷（Holy See）	签署	—
匈牙利（Hungary）	实施	1974. 1. 1
冰岛（Iceland）	实施	1995. 4. 9
伊朗（伊斯兰共和国）Iran (Islamic Republic of)	签署	—
爱尔兰（Ireland）	实施	1971. 4. 27
意大利（Iitaly）	实施	1975. 8. 12
哈萨克斯坦（Kazakhstan）	实施	2002. 11. 7
肯尼亚（Kenya）	签署	—
吉尔吉斯斯坦（Kyrgyzstan）	实施	1998. 12. 10
拉脱维亚（Latvia）	实施	2005. 4. 14
列支敦士登（Liechtenstein）	签署	—
卢森堡（Luxembourg）	签署	—

续表

国　　家	状态	生效日期
马拉维（Malawi）	实施	1995. 10. 24
墨西哥（Mexico）	实施	2001. 1. 26
摩纳哥（Monaco）	签署	—
蒙古（Mongolia）	实施	2001. 6. 16
黑山（Montenegro）	实施	2006. 6. 3
荷兰（Netherlands）	实施	1977. 3. 30
挪威（Norway）	实施	1971. 4. 27
葡萄牙（Portugal）	签署	—
摩尔多瓦共和国（Republic of Moldova）	实施	1997. 12. 1
罗马尼亚（Romania）	实施	1998. 6. 30
俄罗斯（Russian Federation）	实施	1972. 12. 15
塞尔维亚（Serbia）	实施	1992. 4. 27
斯洛伐克（Slovakia）	实施	1993. 1. 1
斯洛文尼亚（Slovenia）	实施	1991. 6. 25
西班牙（Spain）	实施	1973. 11. 17
瑞典（Sweden）	实施	1971. 4. 27
瑞士（Switzerland）	实施	1971. 4. 27
塔吉克斯坦（Tajikistan）	实施	1991. 12. 25
前南斯拉夫（The former Yugoslav Republic of Macedonia）	实施	1991. 9. 8
特立尼达和多巴哥（Trinidad and Tobago）	实施	1996. 3. 20
土耳其（Turkey）	实施	1998. 11. 30
土库曼斯坦（Turkmenistan）	实施	2006. 6. 7
乌克兰（Ukraine）	实施	2009. 7. 7
英国（United Kingdom）	实施	2003. 10. 21
乌拉圭（Uruguay）	实施	2000. 1. 19
乌兹别克斯坦（Uzbekistan）	实施	2006. 7. 19

　　《洛迦诺协定》旨在对《巴黎公约》成员保护的外观设计，在分类管理上进行统一的规范管理，以便于分类定题查找，更有效地利用外观设计专利文献，也避免在国际交换外观设计文献时，因各国分类体系不同而带来的重新分类问题。因此，《洛迦诺协定》要求各缔约国的工业产权局在其

所公布的外观设计保存或注册的官方文件上，以及在正式公布这些文件时在有关刊物上标明国际外观设计分类号。

《洛迦诺协定》建立了一个专门联盟，即洛迦诺联盟，由该加入该协定的所有国家组成。该联盟还组成"专家委员会"，由该专家委员会定期修订国际外观设计分类表。

国际外观设计分类表用英文和法文两种文本出版，两种文本具有同样的权威性，根据《洛迦诺协定》的规定，分类表的正式版本还可以用其他文种出版，如中文版的外观设计分类表，现在使用的是第9版，并已于2009年1月1日生效。

4.3.2 各国应用的情况

中国于1996年6月17日向WIPO申请加入《洛迦诺协定》，并于1996年9月19日正式批准生效，之后国家知识产权局专利局一直采用洛迦诺分类法对外观设计专利申请进行分类，给出合适的分类号，并标示在公开的外观设计专利文献上。分类号的表示形式是：大类号、小类号、英文版产品系列号。

例如："汽车"的分类号是"12—08—A0224"。其中，"12"表示大类号，类名是"运输或提升工具"；"08"表示小类号，类名是"汽车、公共汽车和货车"；"A0224"表示在此小类下的英文版产品系列号，类名是"汽车"。

目前外观设计专利文献上，只标出大类号和小类号。

各个国家在采用洛迦诺分类法时，在分类号的表示方法上略有不同。有的只用大类号和小类号表示，例如：在法国、捷克、挪威、日本、美国，汽车的分类号只用"12—08"表示；有的则在大类号和小类号后面跟一个英文版产品系列号的一个英文字母，例如：在澳大利亚，汽车的分类号用12—08A表示。

根据《洛迦诺协定》，洛迦诺联盟的每一国家保留将洛迦诺分类法作为主要的或辅助的分类体系使用的权利。这意味着洛迦联盟国家有自由采用洛迦诺分类法作为工业品外观设计分类；或者仍然维持本国现有关于工业品外观设计的分类法，而把洛迦诺分类法为作辅助分类法，一并记载在外观设计的文献上。

对于收藏的外观设计文献，奥地利、澳大利亚、瑞士、捷克、德国、法国、英国、挪威、俄罗斯（前苏联）、泰国等国的专利局都采用将洛迦诺分类号标注在外观设计的文献上的做法。日本在"意匠"文献上除用本国外观设计分类号外，于 1998 年 4 月也开始采用洛迦诺分类号；美国于 1997 年也开始将洛迦诺分类号标注在美国外观设计文献上，同时也标注本国的外观设计分类号。

4.3.3　分类表的编排、等级结构、表示方法

洛迦诺分类表的编排结构采用两级分类制，即由大类和小类组成。用阿拉伯数字按顺序编排，并有英文版产品系列号及法文版产品系列号，例如"洋琴"的英文版产品系列号为"D0356"，法文版产品系列号为"T0462"。

第 9 版外观设计分类表由 32 个大类、223 个小类、7024 个条目组成，每一个大类分成若干个小类。

例如："17 类　乐器"，其中大类号为"17"，大类类名为"乐器"。

又例如："17—03　弦乐器"，其中小类号为"17 - 03"，小类类名为"弦乐器"。

洛迦诺分类号的表示方法是用符号"Cl."表示，例如：Cl. 01—02；也可以用符号"LOC"（即洛迦诺 Locarno 的缩写）表示，并用圆括号内的阿拉伯数字表示分类号所在的版次，例如：LOC（9）Cl. 08—05。

4.4　其他外观设计分类法

4.4.1　欧洲共同体外观设计分类法（欧洲洛迦诺分类）

对于任何一件注册式共同体外观设计的申请和注册，主要并且强制性的部分是为外观设计所使用或组合的产品定名（清晰地指明产品的自然属性，且每一项产品应属于同一类别）。必要时，这些信息交由位于卢森堡公国的欧盟翻译中心进行翻译。欧盟内部市场协调局（Office for Harmonization in the Internal Market，以下简称 OHIM）需等待大约 2 个月的时间收到翻译，这与外观设计注册程序相冲突，因为外观设计注册程序必须快捷，以尽早提供有效保护。为了缓解这一冲突，OHIM 使用一种被命名为欧洲洛迦诺分类（The EuroLocarno）的产品术语表。

欧洲洛迦诺分类实际上是 OHIM 的一个外观设计分类数据库，在洛迦诺分类的基础上形成，不改变其分类结构，只是扩展了洛迦诺分类表中的产品名称（共 32 个大类，88 000 个术语）。因此，该数据库实际上是按照洛迦诺分类附加的一个产品术语表，但有时稍有区别。例如：洛迦诺分类"03—04　扇子"下的产品只有 1 项：个人使用的扇子；欧洲洛迦诺分类下

有两项产品：手扇，个人使用的扇子。

而且在该数据库中每种产品共有 22 种语言的术语表，例如，"个人使用扇子"的术语表如下（见表 4 - 6）：

表 4 - 6 "个人使用扇子"的术语表

序号	语言	产品指示
1	Bulgarian	Ветрила
2	Spanish	Abanicos
3	Czech	Vějíře k osobnímu použití
4	Danish	Vifter til personlig brug
5	German	Fächer
6	Estonian	Lehvikud isiklikuks kasutamiseks
7	Greek	Βεντάλιες（ριπίδια）
8	English	Fans for personal use
9	French	Éventails
10	Italian	Ventagli
11	Latvian	Personīgās lieto šanas vēdekli
12	Lithuanian	Asmeninio naudojimo Asmeninės vėduoklės
13	Hungarian	Legyezök személyes használatra
14	Maltese	Fannijiet għall - użu personali
15	Dutch	Waaiers
16	Polish	Wentylatory do osobistego użytku
17	Portuguese	Leques
18	Romanian	Evantaie de uz personal
19	Slovak	Vejáre pre osobné použitie
20	Slovene	Ventilatorji za osebno uporabo
21	Finnish	Viuhkat henkilökäyttöön
22	Swedish	Solfjädrar

申请人在递交申请时可使用这一术语表，指出产品所属类目，以避免翻译的时间延误。

4.4.2 美国外观设计分类法

1842 年，美国通过一项对工业品外观设计保护的专利法案，成为专利法的一个组成部分。并在每周公布的公报上公告授权的外观设计专利，也记录在光盘载体中供大家查阅。其中的著录项目有涉及主题的分类号，在 1997 年 5 月 6 日之前，美国只采用本国的外观设计分类号（US. Cl）表示，在此之后，既采用 US. Cl，又采用洛迦诺分类号。

美国专利商标局对外观设计专利申请要进行形式审查和实质审查，如外观设计的产品具有装饰性、新颖性和非显而易见性，则根据美国专利法的规定，授予外观设计专利。因此，为了向审查员提供一个有效的外观设计专利文献的检索手段，科学地管理大量的外观设计专利文献而制定的外观设计分类法显得尤为重要。

为了鼓励发展装饰艺术，美国专利法规定，可获专利权的外观设计必须具有装饰性，具有该物品或其构成部分的外观设计的功能性，外观设计分类法正是基于这种功能性的内容分类，或对外观设计的用途进行分类。将具有相同功能的外观设计主题分在同一个类目里，以便从这一类目中检索到相关主题的外观设计专利文献。

例如，座椅的外观设计专利文献分在大类 D6（家具）中，不管那些座椅是用于家庭、工作场所、车辆中等；而对于具有相同功能的外观设计，则结合其特殊的功能特征，如有特色的装饰性外观或表面形状等，根据需要再不断进行细分。

美国外观设计分类表根据不同的主题分成 33 个大类。33 个大类的排列顺序与洛迦诺分类法类似，下面列举几个大类号及类名的排列：

D1　食用的产品

D2　服装和服饰用品

D3　旅行用品，个人物品和贮藏箱或携带物品

D4　刷子

D5　纺织品或纸按码出售的织物；片材类

D6　家具

每一个大类分成若干个小类，以便对外观设计特定的类型进行有效的检索。因此小类的主题范围从属于特定的功能性、特殊的功能特征或有特色装饰性的外观和形状。

例如，大类 D6 的主题类名是"家具"；又根据不同家具的类型分成许多小类，例如座椅、桌子、贮藏柜、家具的部件及元件等；若同一个小类里有许多文献，则必须将此小类更进一步地分类成"下属的"或"缩格位"的小类，以便有效地检索到特定类型的外观设计文献。

在大类 D6 家具中，有关座椅的外观设计专利文献量大，为了便于检索，设置了单独的小类，把座椅的一些不同特征分成以下不同"缩格位"的小类：

大类 D6　家具

334　·座椅

335　··被结合或可变换的

336　···有工作面或贮藏单元的

337　····有复数面的座位

338　····在座位的前面有定位的工作面的

339　····青少年用的高椅

340　····可叉开腿坐的

341　····有不对称的附件，例如陪艺术衬物等

342　···在前面有附件的座椅

343　···有服饰物支撑件的，例如"衣物架"

344　··可旋转或可摇动的

345　···模拟的

346　···有复数面的座位

347　···悬挂的

348　···接触地板的弧形转轮

从上述分类位置可以看出，若从属小类包含大量外观设计文献，则这个主题的小类可再进一步细分成另外的从属小类。例如"D6/344 旋转或摇动的座椅"分类已经被展开成几个从属小类，根据功能性类型、装饰性外观或形状，分成小类 D6/345 ~ D6/348。

再如：

大类 D26　照明

1　光源

2　·电灯泡

3　··荧光的

4　··仿真的

5　···蜡烛或火焰

6　·蜡烛

7　··仿真的

8　·火炬

9　蜡烛座

10　·与各种物品结合的

在分类表中设置的附注也是用来澄清、阐明每一个大类的技术主题所包含的范围，附注编排在每一个大类的前面，当分类或检索时，必须考虑附注的内容。

例如：大类 D10 包含了"测量"，"测试或信号仪器"，"设置了钟的位置"。然而 D10 的附注指出与收音机或电视机结合的钟的外观设计专利应分类在 D14，即包含在"录音，通讯或信息再现仪器"的大类中。附注进一步指出与标示或显示设备结合的外观设计专利应分类入 D20"销售和广告设备"的大类中。

4.4.3　日本外观设计分类法（"意匠分类法"）

日本外观设计分类法专门对日本的外观设计（"意匠"）进行分类，并标注在所公布的外观设计的文献上。日本于 1998 年 4 月开始启用洛迦诺分类法，将洛迦诺分类号标注在外观设计文献上，同时本国的分类法仍然沿用。介绍"意匠分类法"的目的是希望对读者使用日本老文献有所帮助。

日本外观设计分类表主要的设置思想是根据物品的用途进行分类，必要时考虑产品的功能特征，若再继续细分，则根据产品的外形进行分类。

其分类表的编排结构依次是：部、大类、小类、外形分类，共分成四级。

（1）部：以物品的用途进行分类，共分成 13 个大部，以英文字母 A ~ N 表示，每一个字母代表部。例如：

A 部　制造食品及嗜好品

B 部　衣服及随身用品

C 部　生活用品

D 部　住宅设备用品

E 部　趣味娱乐用品及体育比赛用品

F 部　事务用品及销售用品

G 部　运输及搬运机械

H 部　电气、电子元件及通信机械器具

J 部　一般机械器具

K 部　产业用机械器具

L 部　土木建筑用品

M 部　不属 A ~ L 部的其他基础产品

N 部　不属于其他部的物品

（2）大类：在部的类名下，按物品的用途主题范围划分大类，如下例中的 A1 大类。

（3）小类：在大类类名下，按物品的用途主题范围划分小类，例如 A1 ~ 15。

（4）外形分类：在小类下面的继续细分，根据物品外形进行分类。这与从部到小类按物品用途主题分类不同。

另外，为了在分类表中明确分类范围，在分类的每个分类类目中加了"附注"，其内容包括：对分类类目的解释、运用；对分类类目特定用词的说明；与其他分类类目的界线，解释其他分类项目的注意事项；分类时考虑的分类规则；分类时的优先规则；分类的其他注意事项等。

例如，A 部的分类表的设置为："大类 A1　加工的食品及嗜好品"。其附注如表 4 – 7 所示。

表 4 – 7　附注　对各种材料加工的食品和嗜好品的分类

分类号	分类类名	此分类里所含物品名称
A1 – 00	加工的食品及嗜好品	
A1 – 100	加工的食品	固体咖喱，固体汤
A1 – 111	加工畜产品	火腿，香肠，熏肉，咸肉
A1 – 111A	有形加工	
A1 – 12	乳制品	奶油，奶酪
A1 – 12A	有形加工	
A1 – 130	加工水产品	鱼糕，海带，海苔等
A1 – 130A	有形加工	
A1 – 140	加工农作物	豆腐，魔芋等
A1 – 140A	有形加工	
A1 – 1410	加工谷物	饺子，章鱼丸子，包子等
A1 – 1410A	有形加工	
……	……	……

本章思考与练习

1. 国际专利分类的目的和对象是什么？

2. 国际专利分类表如何编排，主要内容是什么？

3. 专利分类原则、分类规则、分类方法包括哪些内容？

4. 欧洲、美国、日本的专利分类系统各有什么特点？

5. 各主要外观设计分类系统的结构编排各有什么特点？

第5章　专利信息检索综述

本章主要对专利信息检索知识和互联网上的主要国家的专利信息检索系统进行介绍，旨在帮助专利信息使用者了解专利信息检索——特别是计算机检索知识，认识并能够掌握互联网上的主要国家的专利信息检索系统。

5.1　专利信息检索概述

自专利文献诞生以来，由于专利文献中记载了有关发明创造的技术信息和有关专利权的法律信息，因此人们就在不断地使用专利文献，从事专利文献工作的人们在长期的工作实践中概括出一种特指查找专利资料活动的术语，即专利文献检索。

随着信息存储与检索技术的发展，人们可以把杂乱无章的信息按照一定的方式组织和存储起来，并可以根据需要找出相关信息，从而产生出信息检索概念。人们开始把"文献检索"也称做"信息检索"，并且将"信息检索"定义为：使用特定的检索指令、检索词和检索策略，从数据库中检索出所需要的信息。

1986年（前）苏联国家发明与发现委员会出版的《发明专利许可证工作及专利情报术语词典》把"专利信息检索"定义为：根据一项数据特征，从大量的专利文献或专利数据库中挑选符合某一特定要求的文献或信息的过程。

随着计算机与网络技术的不断完善，今天人们所说的"专利信息检索"特指利用计算机查找专利信息的过程。

然而，专利信息检索是一项复杂的工作，专利信息检索效果如何，会受到客观因素和主观因素的制约和影响。专利信息检索的客观因素主要指专利信息检索系统因素，包括专利信息数据库、专利信息检索软件；专利信息检索的主观因素主要包括专利信息检索目的、检索种类、检索技术、检索策略等。这些因素共同制约着专利信息检索的过程，直接影响着专利信息检索的结果。

5.1.1　专利信息数据库

专利信息数据库是构成专利信息检索系统的最重要的组成部分，是专利信息检索的物质基础，是影响专利信息检索效果的重要客观因素。

数据库是指基于计算机的、根据一定需要为进行信息传递而建立的一种有序化的信息集合体。而专利信息数据库正是为传递各种专利信息而建立的有序的专利信息集合体。

5.1.1.1　专利数据

专利信息数据库中的数据大体可以分为两类：专利著录数据和专利全文数据。专利著录数据是指基于专利文献著录项目而建立的数据，专利全文数据则是指基于专利说明书全文而建立的数据。专利著录数据是为便于检索而建立的，因此专利著录数据是编码型数据，是可检索数据。而专利全文数据主要是为浏览而用，因而专利全文数据，特别是早期专利全文的数据，是图像型数据，是不可检索的数据；随着数据加工技术的不断进步，特别是 OCR（光学字符识别，Optical Character recognition）技术的应用，专利全文数据亦被加工成编码型数据，用于全文检索。因此专利全文数据被处理成两类：图像型数据和编码型数据。

虽然编码型专利著录数据的数据库是基于专利文献著录项目而建立的，但数据库加工者并不会把每件专利的所有专利文献著录项目收录到一个数据库中。数据库加工者会根据检索需要，把专利著录数据的数据库分别处理成专利检索数据库、专利法律状态数据库、同族专利数据库、专利引文数据库、专利权转移数据库等。

专利检索数据库通常包括专利号或文献号、申请号、申请人或专利权人、发明人或设计人、专利分类号、优先权信息、发明名称、文摘等专利数据；专业化的专利检索数据库还会包括经过标引的关键词、细分的专利文摘等数据，特别是会进一步将专利文摘数据细分成新颖性、用途、有益效果、技术描述等若干个子字段。专利检索数据库主要供人们查询专利对比文件或参考文献。

专利法律状态数据库通常包括不同公布级别的公布时间和公布类型等数据。专利法律状态数据库主要供人们查询专利当前是否授权、是否有效等状态，以及失效原因。

同族专利数据库通常包括同一专利族中各个同族专利的文献号、公布种类、公布时间等数据。同族专利数据库供人们查询同一专利族的专利数量、所属同族专利种类等信息。

专利引文数据库通常包括引用的参考文献和/或审查对比文件及其被引用的相关信息。专利引文数据库供人们查询专利的引用与被引用关系。

专利权转移数据库通常包括专利号、专利出让人名称、专利受让人名称、专利权转移生效时间等数据。专利权转移数据库供人们查询专利权转移信息。

5.1.1.2 专利记录与字段

在以编码型专利文献著录项目构成的专利著录数据的数据库中，每件专利被处理成一个记录。专利信息数据库根据检索需要，将其所收录的每个专利记录的专利文献著录项目处理成若干字段，每个字段设有字段名称和字段代码，供编制检索软件时设立检索入口。

专利检索数据库中的专利记录常设字段有：文献号、申请号、申请人、发明人、专利分类号、发明名称、文摘、申请日、公布日等。其中文献号、申请号字段为数字型数据；申请人、发明人、发明名称、文摘字段为文本型数据；专利分类号为代码型数据；申请日、公布日为日期型数据。专业化的专利检索数据库中的专利记录还设有关键词字段，关键词字段为关键词型数据。

5.1.2 专利信息检索软件

专利信息检索软件是供人们运行专利信息数据库、实施专利信息检索的计算机应用软件。当它与专利信息数据库结合到一起时，就组成了完整的专利信息检索系统。因此，它与专利信息数据库一起构成专利信息检索的物质基础，是影响专利信息检索效果的重要客观因素。

公众了解一种专利信息检索系统时，主要通过专利信息检索系统所配备的检索软件，特别是通过检索软件中设置的检索方式、检索入口、检索功能来认识和使用它。

5.1.2.1 专利信息检索方式

为适应不同用户对专利信息检索的需求，一般检索软件采用以下检索方式中的一种或多种：命令检索方式、格式化检索方式、辅助检索方式。

命令检索方式是指由检索者直接输入检索命令代码、检索字段代码和检索提问字符串并执行检索的方式。在命令检索方式的检索界面上，没有提示性语句，需要检索者熟悉检索命令，熟知专利数据库中的检索字段及其代码，了解检索系统设置的各种检索功能；同时对于检索者来说，命令检索方式自由度大，可在检索系统规定的范围内任意组织检索提问式，并进行多逻辑关系的复杂检索，因此它比较适合在专业化专利信息检索系统中使用，更适于专业检索人士使用。

格式化检索方式是指检索系统为检索者设置了固定的检索提问式输入窗口及各检索窗口之间固定的逻辑关系选项的检索方式。在格式化检索方式的检索界面上，检索者只能按照固定设置进行检索，无法任意组织检索提问式，也无法进行多逻辑关系的复杂检索，因此它比较适合在大众化专利信息检索系统中使用，更适于普通公众使用。

辅助检索方式是指根据检索提示进行专利信息检索的检索方式。在辅助检索方式的检索界面上，检索系统不仅为检索者设置了固定的检索提问式输入窗口、检索字段代码选项和检索词索引选项，还设置了执行检索步骤的提示，检索者可根据一步步提示来完成检索，因此它比较适合在大众化专利信息检索系统中使用，更适于初学者使用。

5.1.2.2　专利信息检索界面

检索界面是专利信息检索系统根据检索方式设置的供检索者实施检索的一种互动平台。检索者可以在这个互动平台上组织检索提问式，实施检索。

由于检索界面是根据检索方式来设置的，因此一种专利信息检索系统如果仅设置一种检索方式，则通常也只设置一种检索界面；如果设置两种以上检索方式，则同时会设置两种以上检索界面。

命令检索方式和辅助检索方式所设置的检索界面通常都较为固定，只有格式化检索方式的检索界面会根据不同需要来变化式样。如一些检索系统根据需要设置了格式化检索方式的多检索入口的检索界面，同时还设置了格式化检索方式的单一主要检索入口的检索界面。如美国专利商标局网站上的美国授权专利检索系统既设置了命令检索方式又设置了格式化检索方式，因此既有适应命令检索方式的高级检索界面（Advanced Search），也有适应格式化检索方式的快速检索界面（Quik Search）和专利号检索界面（Patent Number Search）。

5.1.2.3　专利信息检索入口

检索入口是专利信息检索系统为专利数据库中的、用于检索的字段设置的检索项。通常专利数据库中有哪些检索字段，检索软件就可设置哪些检索入口。

作为专利检索数据库的检索软件通常设置的专利检索入口有：文献号，申请号，申请人，发明人，专利分类号，发明名称，文摘，申请日，公布日等。作为专业化的专利检索数据库的检索软件还会设置更多的检索入口，如关键词、专利权人代码、化学代码等。

文献号、申请号是从专利的号码角度检索专利文献的检索入口。文献号包括：公开号，公告号（如申请公告号、审定公告号、授权公告号），专利号。人们可以从某一专利的申请号、公开号或申请公告号、审定公告号、授权公告号、专利号入手，直接调阅专利文献，或检索同族专利，或查询该专利的法律状态，或查询专利引用与被引用信息。

申请人、发明人是从与专利有关的人（包括自然人和法人）的角度检索专利信息的主要检索入口。与专利有关的人的检索入口包括：专利申请人，专利受让人，专利权人，专利出让人，发明人，设计人等。人们可以从某一专利申请人、专利受让人、专利权人、专利出让人、发明人、设计人或专利代理人等入手检索出属于该专利申请人、专利受让人、专利权人、专利出让人、发明人或设计人的一件或一批专利文献。

专利分类号是从技术主题角度检索专利信息的主要检索入口。人们可以从某一专利分类号入手检索出同属于该分类号所代表的技术领域的一组专利文献。

发明名称、文摘、关键词是从技术主题角度检索专利信息的最重要检索入口，在计算机检索中普遍使用。在发明名称、文摘、关键词检索入口中进行的检索属于主题词检索。主题词可分为标引词和非标引词。标引词是指经过专门标引加工筛选出来的主题词，它包括机器标引和手工标引生成的主题词。非标引词也称自由词，在中文计算机检索系统中，自由词还包括字。人们可以利用计算机从主题词入手检索包含该主题词的专利文献。有些计算机检索系统允许从标引词入手检索包含该主题词及其同义词的专利文献。

公布日、申请日多数情况下不单独使用，通常作为限定性检索项在检索中使用，主要与其他检索入口进行组配检索。

作为格式化检索方式的检索界面上设置的检索入口通常是以固定的窗口模式设计的，检索者在检索时先选择检索入口名称，再在检索入口名称对应的检索窗口输入检索提问字符串，即可进行检索。

作为命令检索方式的检索界面上设置的检索入口通常是开放式的，检索者在检索时除了要输入检索提问字符串，还要输入检索字段代码，以确定检索是在特定字段中进行，才可进行检索。

5.1.2.4 专利信息检索功能

专利信息检索功能是指专利信息检索系统为使检索软件满足检索者需

求、使专利数据库中的各种相关信息能够被有效地检索出来而做的特殊设置。

通常检索软件在检索专利数据库中的数据时，通过将一个个检索词和特定字段中的词进行比较，将含有相同词的记录作为检索结果提取出来，从而实现检索目的。然而，无论是在单一字段中检索，还是在多字段中检索，总有许多信息需要经过特殊组织或较为复杂的比较才能找到。因此许多检索软件设置了能够满足各种检索需求的检索功能，如逻辑组配检索、通配检索、范围检索、位置检索、二次检索以及统计等功能。

1. 逻辑组配检索功能

逻辑组配检索功能，也可称做布尔逻辑检索技术，是指检索软件设置了利用"或"、"与"、"非"等逻辑运算符将同一个字段内两个以上被检索词进行逻辑组配，组成逻辑检索提问式的检索功能。

（1）用"或"运算符将同一个字段内两个被检索词（A 或 B）进行组配并检索的检索方式，称逻辑"或"检索，其检索结果将包括所有带有 A 或 B 两个检索词中任意一个检索词的记录。逻辑"或"检索功能有助于扩大检索范围，提高查全率。

（2）用"与"运算符将同一个字段内两个被检索词（A 与 B）进行组配并检索的检索方式，称逻辑"与"检索，其检索结果将包括所有同时带有 A 和 B 两个检索词的记录。逻辑"与"检索功能有助于增强检索的专指性，缩小检索范围，提高检准率。

（3）用"非"运算符将同一个字段内两个被检索词（A 非 B）进行组配并检索的检索方式，称逻辑"非"检索，其检索结果将包括所有带 A 检索词而不带 B 检索词的记录。逻辑"非"检索功能有助于缩小检索范围，增强检索的准确性。

2. 通配检索功能

通配检索功能，也可称做通配检索技术，是指检索软件设置了在某一检索字段内用"截断符"、"强制符"、"选择符"等通配符替代某一检索字符串中的任意字符，构成通配检索式的检索功能。

（1）用截词符通配的字符串构成检索词并进行检索，称截断检索。截断检索可分为前截断检索和后截断检索，前截断检索还可称为后方一致检索，后截断检索还可称为前方一致检索。在一个检索词中只能出现一个截词符，或前截断，或后截断，该截词符通常代表任意数量的字符。

（2）用强制符通配的字符串构成的检索词进行的检索，为强制检索。

在一个检索词中可以使用一个以上强制符，一个强制符代表一个字符。

（3）用选择符通配的字符串构成的检索词进行的检索，为选择检索。在一个检索词中可以使用一个以上选择符，一个选择符代表0~1个字符。

通配检索功能可以起到扩大检索范围、提高查全率、减少检索词的输入量、节省检索时间等作用。

3. 位置检索功能

位置检索功能是针对主题词或关键词检索设置的，是指检索软件设置了用"位置算符"将两个被检索词进行逻辑"与"组配，且表明两词之间的位置关系，组成位置检索提问式的检索功能。"位置算符"可分为代表相邻关系的"邻词算符"和代表同在关系的"同在算符"，并分别形成邻词检索和共存检索。

（1）邻词检索是指利用表示"与"且能限定被检索词之间相邻关系（如主题词A和主题词B之间可插入0~n个词）的"邻词算符"将同一个字段内两个检索词进行逻辑组配，组成检索提问式所进行的检索。邻词检索还可分为邻词有序检索与邻词无序检索。邻词有序检索是指在进行邻词检索时两个被检索词在被检索到的专利记录中出现的词顺（主题词A在前，主题词B在后）与检索式中的词顺（主题词A在前，主题词B在后）相一致；邻词无序检索是指在进行邻词检索时两个被检索词在被检索到的专利记录中出现的词顺（主题词A在前，主题词B在后）可以与检索式中的词顺（主题词A在前，主题词B在后）相一致，也可以与检索式中的词顺（主题词B在前，主题词A在后）不相一致。

（2）共存检索是指在利用表示"与"且限定两个被检索词同时存在于同一句话或同一段落内的"同在算符"将两个被检索词进行逻辑组配，组成检索提问式所进行的检索。共存检索还可分为共存有序检索与共存无序检索。共存有序检索是指在进行共存检索时两个被检索词在被检索到的专利记录中出现的词顺（主题词A在前，主题词B在后）与检索式中的词顺（主题词A在前，主题词B在后）相一致；共存无序检索是指在进行共存检索时两个被检索词在被检索到的专利记录中出现的词顺（主题词A在前，主题词B在后）可以与检索式中的词顺（主题词A在前，主题词B在后）相一致，也可以与检索式中的词顺（主题词B在前，主题词A在后）不相一致。

位置检索功能可以消除逻辑"与"运算所产生的歧义，提高检准率。

4. 其他检索功能

（1）范围检索功能，是指检索软件设置了在某一数值或日期检索字段内可使用"从……到……"，"大于"，"大于等于"，"小于"，"小于等于"等运算符号组织检索提问式的检索功能。范围检索功能可以减少数值或日期字符串的输入量，节省检索时间。

（2）二次检索功能，是指检索软件设置了在前一检索结果中再次进行限定检索的功能。二次检索功能可以减少重复输入，节省检索时间。

（3）统计功能，是指检索软件设置了针对某一检索结果按照某种方式进行统计排序的功能。统计功能有助于分析检索结果，扩大检索线索。

在检索时，只有了解清楚所使用的专利信息检索系统具备哪些检索功能，并充分利用这些功能，才能提高检索的效率。

5.1.3　专利信息检索种类

专利信息检索有六种基本检索类型：专利技术信息检索、新颖性检索、专利法律状态检索、同族专利检索、专利引文检索和专利相关人检索。

（1）专利技术信息检索，也称专利技术主题查全检索、专利参考文献检索，是指从任意一个技术主题对专利文献进行检索，从而找出一批参考文献的过程。专利技术信息检索有特定的检索结果要求，对所使用的专利信息检索系统也有较为严格的要求，检索者还须按照其特定的检索步骤进行检索。

（2）新颖性检索，也称专利技术主题查准检索、专利对比文件检索，是指为确定申请专利的发明创造是否具有新颖性，从发明创造的主题对包括专利文献在内的全世界范围内的各种公开出版物进行的检索，其目的是找出可进行新颖性对比的文件。虽然新颖性检索与专利技术信息检索都是从技术主题进行检索，但其对检索结果和专利信息检索系统有着与专利技术信息检索完全不同的要求，而且检索步骤也不同。

（3）专利法律状态检索，也称专利有效性检索，是指对一项专利或专利申请当前所处的状态所进行的检索，其目的是了解该项专利是否有效。专利法律状态检索属于号码检索，即从专利或专利申请的申请号、文献号、专利号等入手，检索出专利的法律状态信息。

（4）同族专利检索，也称专利地域性检索，是指以某一专利或专利申请为线索，查找与其同属于一个专利族的所有成员的过程。该检索的目的是找出与该专利或专利申请同属于一个专利族的所有成员的文献（专利）号。虽然同族专利检索与专利法律状态检索同属号码检索，但它们所借助的检索系统和得到的检索结果是不同的。

（5）专利引文检索，是指查找特定专利所引用或被引用的信息的过程，其目的是找出专利文献中刊出的申请人在完成发明创造过程中曾经引用的参考文献和/或专利审查机构在审查过程中由审查员引用并被记录在专利文献中的审查对比文件，以及被其他专利作为参考文献和/或审查对比文件所引用并记录在其他专利文献中的相关信息。

（6）专利相关人检索，也称申请人/专利权人/发明人等检索，专利相关人检索是指查找某申请人、专利权人或发明人的专利的过程。

人们在专利信息应用实践中，为满足一定需求，将上述检索种类组合起来应用，因而产生出许多综合性检索应用，例如：专利族法律状态检索，为防止侵权所进行的专利信息检索，专利无效诉讼中的专利信息检索，技术引进中的专利信息检索，技术创新中的专利信息检索，产品出口前的专利信息检索，竞争对手研究中的专利信息检索，专利战略研究中的专利信息检索。这些检索应用或者是将同族专利检索与专利法律状态检索结合起来应用，或者是将专利技术信息检索与专利法律状态检索结合起来应用，或者是将专利技术信息检索、同族专利检索与专利法律状态检索结合起来应用，或者甚至是将上述六种检索全部结合起来应用。

5.1.4 专利信息检索策略

专利信息检索策略是指为实现专利信息检索目标而制订的全盘计划或方案。具体地说，就是根据用户专利信息检索目的，在分析检索课题内容、确定专利信息检索种类、选定专利信息检索系统后，按照特定检索步骤，科学运用专利信息检索技术，构建合理的检索提问式，以有助于进行专利信息检索。

5.1.4.1 专利信息检索步骤

专利信息检索步骤是指由长期从事专利信息检索的专业人士总结出来的、检索种类相同检索内容不同的课题可以依据的、具有普遍性指导意义的一种检索规律。

本书所涉及的六种基本检索种类分别有自己特定的检索步骤或规律，而综合性检索种类也有其自身的特定检索步骤或规律。

5.1.4.2 专利信息检索提问式

检索提问式，简称检索式，是指计算机检索中表达用户检索提问的逻辑表达式，通常由检索词和各种布尔逻辑算符、位置算符以及系统规定的其他连接组配符号组成。

专利信息检索提问式则是表达用户专利信息检索提问的逻辑表达式。根据不同专利信息检索系统设置的不同检索方式，专利信息检索提问式的构成有所不同。

命令检索方式的专利信息检索提问式一般由检索命令或代码、检索字段标识或代码、运算符号和检索词构成，当检索词大于两个时，还需使用布尔逻辑算符、位置算符以及系统规定的其他连接组配符号。

格式化检索方式和辅助检索方式的专利信息检索提问式一般只需在选定的检索入口内直接输入检索词即可，当检索词大于两个时，也需要使用布尔逻辑算符、位置算符以及系统规定的其他连接组配符号。

检索词是指用于描述信息系统中的内容特征、外表特征和表达用户信息提问的专门语言的基本成分，是构成检索提问式的最基本的单元。专利信息检索提问式中所涉及的检索词包括数字、日期、文字或词、代码等。

5.2 中国专利信息检索系统

5.2.1 中国国家知识产权局互联网专利信息检索

5.2.1.1 概述

中华人民共和国国家知识产权局网站是由国家知识产权局支持建立的政府性官方网站，提供中文、英文两种版本，2006 年 4 月底进行全新改版后，增加了很多新的功能。中文版的中国专利检索数据库收录了 1985 年 9 月 10 日以来公布的全部中国专利信息，包括发明、实用新型和外观设计三种专利的著录项目及摘要，并可浏览到各种说明书全文及外观设计图形，能够进行专利全文说明书的下载和打印，网站每周更新一次。同时，中华人民共和国国家知识产权局网站还提供和专利相关的多种信息服务，如近期专利公报的查询、法律状态查询、收费信息查询、代理机构查询、专利证书发文信息查询、退信信息查询、事务性公告查询、年费计算系统等。还可以链接到其他国家和地区的专利数据库。需要注意的是，此数据库面向公众提供免费专利检索服务。鉴于设备与带宽的限制，建议日浏览或下载专利说明书超过 300 页的公众访问其他网站或向相关单位订购专利光盘。

国家知识产权局网站的网址是 http：//www. sipo. gov. cn/。

5.2.1.2 进入方法

在 Internet Explorer（浏览器）地址栏中键入网址 www. sipo. gov. cn，即可进入中华人民共和国国家知识产权局网站。在页面右侧的中部可以看到

"专利检索"的图标，可以直接输入检索式，选择相应的检索项目进行检索（见图 5-1）。

图 5-1 国家知识产权局网站主页

页面右侧中部还有"高级检索"的链接按钮，点击可进入相应的"专利检索"的页面。"专利检索"页面右侧有"IPC 分类检索"、"说明书浏览器下载"、"浏览器安装说明"、"本网站免责声明"、"使用说明"的链接，供用户了解如何使用数据库，并可进行分类号与其他字段的组配检索。同时，网页上还列出了"数据库内容"和"注意事项"，供用户了解可供检索的数据库的内容以及检索时应注意的问题。

在"其他检索"栏目中，点击"国外及港澳台专利检索"的下拉菜单，可直接进入国外政府网站及港澳检索数据库，现在提供的链接有：美国专利商标局网上专利检索、日本特许厅网上专利检索（英文版）、欧洲专利局网上专利检索、世界知识产权组织网上专利检索、英国专利局网上专利检索、德国专利商标局网上专利检索、瑞士联邦知识产权局网上专利检索、香港知识产权署网上检索系统和澳门特别行政区经济局（见图 5-2）。

图 5 - 2　国家知识产权局网站主页上的专利检索选项

5.2.1.3　收录内容

中华人民共和国国家知识产权局网站收录了特定专利申请或者专利权的法律、技术信息。

1. 中文版中国专利检索数据库收录内容

中文版的中国专利检索数据库收录了自 1985 年 9 月 10 日以来公布的全部中国专利信息，包括发明、实用新型和外观设计三种专利的著录项目及摘要，并可浏览到各种说明书全文及外观设计图形。这里应注意的是，网站提供的均为仅供公众参考的信息，如有与国家知识产权局发明专利公报、实用新型专利公报、外观设计专利公报，及相关说明书、附图、权利要求书不符之处，则均以上述公报和说明书全义的内容为准。涉及法律状态的即时信息应以国家知识产权局专利登记簿的记载为准。公众在正式使用上述信息前应与上述公报、说明书全文的内容及专利登记簿的内容进行核实。

数据库中可检索的著录项目有：申请（专利）号、名称、摘要、申请日、公开（告）日、公开（告）号、分类号、主分类号、申请（专利权）人、发明（设计）人、地址、国际公布、颁证日、专利代理机构、代理人、优先权共 16 个检索字段。

2. 法律状态检索数据库收录内容

法律状态检索系统提供 1985 年至今公告的中国专利法律状态信息。该法律状态信息是国家知识产权局根据《专利法》和《专利法实施细则》的规定在出版的发明专利公报、实用新型专利公报和外观设计专利公报上公开和公告的法律状态信息，主要有：实质审查请求的生效，专利权的无效宣告，专利权的终止，权利的恢复，专利申请权、专利权的转移，专利实施许可合同的备案，专利权的质押、保全及其解除，著录事项变更、通知事项等。

5.2.1.4 检索方法

1. 中文版中国专利检索数据库检索方法

中文版中国专利检索数据库提供三种检索方式，分别为简单检索、高级检索和 IPC 分类检索。

（1）简单检索。简单检索位于主页页面的右侧中部，提供 1 个检索输入入口和 1 个检索项目的选项。使用者可在输入框中输入 1 个检索式（检索式可为词、日期或号码），再选择检索项目的下拉列表选项，以限定检索式的搜索范围，最后点击"搜索"按钮即可。检索项目的下拉列表共提供了 9 个选项，分别是：申请（专利）号、申请日、公开（告）号、公开（告）日、申请（专利权）人、发明（设计）人、名称、摘要、主分类号（见图 5-3）。

图 5-3 国家知识产权局网站上的简单检索

在简单检索中可使用模糊字符进行模糊检索，逻辑运算符 AND、OR、NOT 不可用。

（2）高级检索。点击主页页面的右侧中部的"高级检索"，进入检索页面，可看到页面最上方有"发明专利"、"实用新型专利"、"外观设计专利"三种选择，缺省状态下默认为在全部专利中进行检索，即检索全部的发明、实用新型和外观设计专利。如果选择"发明专利"、"实用新型专利"或"外观设计专利"中的任意一项，则检索将只在选定的专利类型数据库中进行（见图 5 - 4）。

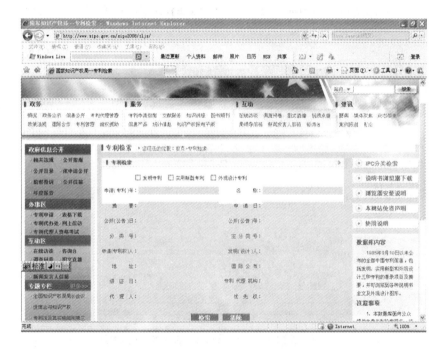

图 5 - 4　国家知识产权局网站上的高级检索

在检索页面范围设置的下方，有 16 个检索字段。使用者可以选择其中一个或多个检索字段输入相应的检索内容，有些字段还允许进行复杂的逻辑运算，可使用逻辑运算符和模糊字符。各检索字段之间全部为逻辑"与"运算。

点击检索页面右侧的"使用说明"，可查看相应的检索字段含义、输入格式及检索示例。

（3）IPC 分类检索。在检索页面右侧提供了"IPC 分类检索"的链接，点击进入可看到页面左侧列出了国际专利分类表 8 个部的代码和类名，右侧列出 16 个检索字段。因为 IPC 分类号只适用于发明和实用新型专利，因此页面最上方只显示出了"发明专利"和"实用新型专利"两种选项。IPC 分类检索可实现对国际专利分类号的类名查询及检索功能，并且可以在限定分类号的基础上，进行分类号和其他字段的组配检索，各检索字段之间全部为逻辑"与"运算。点击任意一个部的类名，系统会逐级列出该部下的大类、小类、大组、小组的类名，右面"分类号"入口处会出现相应的类名，在其他检索入口中输入检索式，点击页面下部的"检索"，将得到分类号和其他字段组配检索的结果。点击类名左侧的"搜"字图标，将得到该对应分类下所有发明和实用新型专利的检索结果（见图 5-5）。

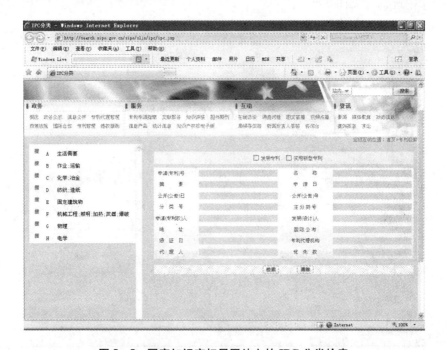

图 5-5　国家知识产权局网站上的 IPC 分类检索

2. 法律状态检索数据库检索方法

中国专利法律状态数据库可以从"申请（专利）号"、"法律状态公告日"和"法律状态"三个入口进行检索，法律状态检索所提供的法律状态信息仅供参考（见图 5-6）。

图 5 - 6　国家知识产权局网站上的法律状态检索

5.2.1.5　检索策略及其输入格式

中文版中国专利检索数据库和法律状态检索数据库相应字段的输入格式相同，输入时逻辑运算符等符号必须是半角格式。该系统在多个字段支持模糊检索。其中，字符"?"（半角问号），代表 1 个字符；模糊字符"％"（半角百分号），代表 0～n 个字符。

1. 分类号

国际专利分类号由字母和数字组成，输入时按照 IPC 号码的实际格式输入，键入字符数不限（字母大小写通用）。

分类号可实行模糊检索，模糊部分位于分类号起首或中间时应使用模糊字符"?"或"％"，位于分类号末尾时模糊字符可省略。

检索示例：

检索分类号为 A01N 65/00 的专利文献，应键入"A01N65/00"。

检索分类号起首部分为 G06F 的专利文献，应键入"G06F"。

2. 申请（专利）号

申请（专利）号由 8 位或 12 位数字组成 [2003 年 10 月 1 日前的申请（专利）号为 8 位，2003 年 10 月 1 日后的申请（专利）号为 12 位]，小数点后的数字或字母为计算机校验码。

申请号可实行模糊检索，模糊部分位于申请号起首或中间时应使用模糊字符"?"或"％"，位于申请号末尾时模糊字符可省略。

检索示例：

检索申请号为 99120331.3 的专利文献，应键入 "99120331" 或 "99120331.3"。

检索申请号为 200410016940.6 的专利文献，应键入 "200410016940" 或 "200410016940.6"，检索时计算机校验码省不省略均可。

检索申请号前 5 位为 99120 的专利文献，应键入 "99120（位于申请号末尾时模糊字符省略）"。

3. 公开（告）日

公开（告）日由年、月、日三部分组成，各部分之间用圆点隔开；"年"为 4 位数字，"月"和"日"为 1~2 位数字。

公开（告）日可实行模糊检索，末尾的模糊部分可直接略去（不用模糊字符），同时略去字符串末尾的圆点。

公开（告）日还可进行范围检索，两个日期之间用 "to" 连接。

检索示例：

检索公开日为 1999 年 10 月 5 日的专利文献，应键入 "1999.10.5"。

检索公开日在 1999 年 10 月的专利文献，应键入 "1999.10"。

检索公开日在 1999 年的专利文献，应键入 "1999"。

检索公开日为 1998 年 10 月到 1999 年 10 月之间的专利文献，应键入 "1998.10 to 1999.10"。

4. 公开（告）号

公开（告）号由 7~9 位数字组成。

公开号可实行模糊检索，模糊部分位于公开号起首或中间时应使用模糊字符 "?" 或 "%"，位于公开号末尾时模糊字符可省略。

检索示例：

检索公开号为 1219642 的专利文献，应键入 "1219642"。

检索公开号前 5 位为 12196 的专利文献，应键入 "12196"（位于公开号末尾时模糊字符省略）。

5. 申请（专利权）人

申请（专利权）人可为个人或团体，键入字符数不限。

申请（专利权）人可实行模糊检索，模糊部分位于字符串中间时应使用模糊字符 "?" 或 "%"，位于字符串起首或末尾时模糊字符可省略。

检索示例：

检索申请人为李四的专利文献，应键入 "李四"。

检索所有申请人姓李的专利文献，应键入"李"（位于字符串末尾时模糊字符可省略）。

检索申请人姓李，且名字中包含"四"的专利文献，应键入"李%四"。

检索申请人为北京某电子遥控开关厂的专利文献，应键入"北京%电子遥控开关厂"。

6. 发明（设计）人

发明（设计）人可为个人或团体，键入字符数不限。

发明（设计）人可实行模糊检索，模糊部分位于字符串中间时应使用模糊字符"?"或"%"，位于字符串起首或末尾时模糊字符可省略。

具体的输入格式与申请（专利权）人相同。

7. 地址

地址的键入字符数不限。

地址可实行模糊检索，模糊部分位于字符串中间时应使用模糊字符"?"或"%"，位于字符串起首或末尾时模糊字符可省略。

检索示例：

检索申请人地址为北京的专利文献，应键入"北京"。

检索申请人地址邮编为 100088 的专利文献，应键入"100088"。

检索申请人地址邮编为 100088、地址为某市西土城路 12 号的专利文献，应键入"100088% 西土城路 12 号"（注意邮编在前）。

8. 摘要

专利摘要的键入字符数不限。

专利摘要可实行模糊检索，模糊部分位于字符串中间时应使用模糊字符"?"或"%"，位于字符串起首或末尾时模糊字符可省略。

专利摘要还可实行逻辑组配检索，逻辑组配检索的基本关系有三种："and"（逻辑与）关系、"or"（逻辑或）关系和"not"（逻辑非）关系。必须同时满足的若干检索要求，相互间为"and"关系；必须至少满足其中之一的若干检索要求，相互间为"or"关系；从某检索要求中排除其他的检索要求，相互间为"not"关系。

检索示例：

检索专利摘要中包含"洗衣机"的专利文献，应键入"洗衣机"。

检索专利摘要中包含"汽车"和"化油器"，且"汽车"在"化油器"之前的专利文献，应键入"汽车% 化油器"。

检索专利摘要中同时包含"汽车"和"化油器",且"汽车"和"化油器"无前后顺序区别的专利文献,应键入"汽车 and 化油器"。

检索专利摘要中包含"闸瓦",但不包含"摩擦系数"的专利文献,应键入"闸瓦 not 摩擦系数"。

检索由中药或草药制备杀虫剂的专利文献,应键入"(中药 or 草药) and 杀虫剂"。

检索专利摘要中同时包含"聚"和"烯",并且两字之间只有一个字符(例如聚乙烯、聚丙烯)的专利文献,应键入"聚? 烯"

9. 名称

专利名称的键入字符数不限。

专利名称可实行模糊检索,模糊部分位于字符串中间时应使用模糊字符"?"或"%",位于字符串起首或末尾时模糊字符可省略。

专利名称也可实行逻辑组配检索。

具体的输入格式与摘要相同。

10. 主分类号

在该系统中,若同一专利申请案具有若干个分类号,则其中第一个分类号称为主分类号。

主分类号的键入字符数不限(字母大小写通用)。

主分类号可实行模糊检索,模糊部分位于主分类号起首或中间时应使用模糊字符"?"或"%",位于主分类号末尾时模糊字符可省略。

具体的输入格式与分类号相同。

11. 申请日

申请日由年、月、日三部分组成,各部分之间用圆点隔开;"年"为4位数字,"月"和"日"为1~2位数字。

申请日可实行模糊检索,末尾的模糊部分可直接略去(不用模糊字符),同时略去字符串末尾的圆点。

申请日也可进行范围检索。

具体的输入格式与公开(告)日相同。

12. 颁证日

颁证日由年、月、日三部分组成,各部分之间用圆点隔开;"年"为4位数字,"月"和"日"为1~2位数字。

颁证日可实行模糊检索,末尾的模糊部分可直接略去(不用模糊字符),同时略去字符串末尾的圆点。

颁证日也可进行范围检索。

具体的输入格式与公开（告）日相同。

13. 专利代理机构

专利代理机构的键入字符数不限。

专利代理机构可实行模糊检索，模糊部分位于字符串中间时应使用模糊字符"？"或"％"，位于字符串起首或末尾时模糊字符可省略。

检索示例：

检索专利代理机构为广东专利事务所的专利文献，应键入"广东专利事务所"。

检索所有广东事务所的专利文献，应键入"广东"（位于字符串末尾时模糊字符可省略）。

检索专利代理机构名称中包含"贸易"和"商标"，且"贸易"在"商标"之前的专利文献，应键入"贸易％商标"。

14. 代理人

专利代理人通常为个人。

代理人可实行模糊检索，模糊部分位于字符串中间时应使用模糊字符"？"或"％"，位于字符串起首或末尾时模糊字符可省略。

检索示例：

检索专利代理人为张三的专利文献，应键入"张三"。

检索所有专利代理人姓张的专利文献，应键入"张"。

检索专利代理人姓张，且名字中包含"三"的专利文献，应键入"张％三"。

15. 优先权

优先权信息中包含表示国别的字母和表示编号的数字。

优先权可实行模糊检索，模糊部分位于字符串中间时应使用模糊字符"％"，位于字符串起首或末尾时模糊字符可省略。

检索示例：

检索具有日本优先权的专利文献，应键入"JP（字母大小写通用）"。

检索优先权编号为 327963 的专利文献，应键入"327963"。

检索专利的优先权属于日本且编号为 327963 的专利文献，应键入"JP％327963"。

16. 国际公布

国际公布主要通过对国际申请公布号及公布日期的检索查找其进入中国国家阶段后的公布公告信息。

检索示例：

检索国际申请为日本的专利文献，应输入"日"。

检索 PCT 公开号为 wo94/17607 的专利文献，应输入"wo94.17607"。

检索公布日期为 1999.3.25 的专利文献，应输入"1999.3.25"，或输入"99.3.25"。

5.2.1.6　检索结果输出

1. 中文版中国专利检索数据库检索结果输出

将所有检索条件正确输入后，点击页面下方的"检索"，系统将执行检索并进入检索结果显示页。中文版中国专利检索数据库提供了三种结果显示：检索结果列表显示（包括申请号及专利名称），专利文本显示（包括题录数据、摘要），专利单行本全文图像显示。

（1）检索结果列表显示。检索结果列表显示页上方依次为"发明专利"、"实用新型专利"、"外观设计专利"的命中记录数。检索出的专利文献按照专利文献公布日期由后到前的顺序排列，即最新公布的专利文献排在前面。显示页面一次只能显示 20 条记录，通过点击跳页按钮可以继续浏览（见图 5－7）。

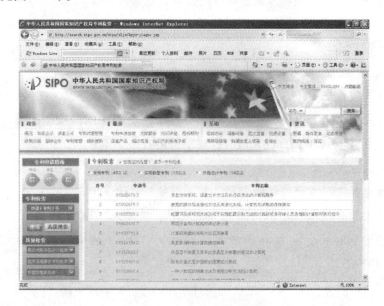

图 5－7　检索结果列表显示

（2）专利文本显示。点击检索结果列表中的任意一篇专利文献的申请号或专利名称，均可进入专利文本显示页面。对于发明专利，页面的上方左侧列出了"申请公开说明书"的图像页链接和总页数，如果专利已经授权，则系统还会在右侧列出"审定授权说明书"的图像页链接和总页数。页面中部显示出此篇专利文献文本形式的题录数据和摘要（见图 5-8）。

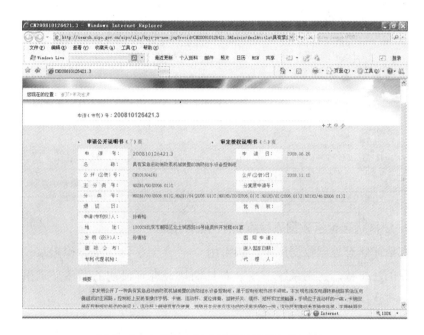

图 5-8　专利文本形式的题录数据和摘要显示

（3）专利单行本全文图像显示。点击图像页链接，可进入专利单行本全文图像显示页。数据库中的说明书全文图像为 TIFF 格式，因此，需要安装浏览器才可以看到。在"专利检索"页面右侧有"说明书浏览器下载"的链接，下载安装后即可使用。专利单行本全文图像显示页上方有"上一页"、"下一页"和跳页的按钮，方便使用者进行浏览（见图 5-9）。

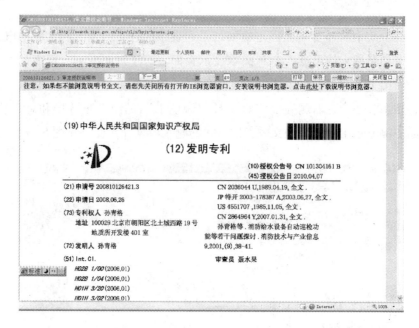

图 5－9　专利单行本全文图像显示

2. 法律状态检索数据库检索结果输出

在法律状态检索数据库中，如果用"申请（专利）号"检索某一篇专利文献的法律状态，则系统会按公布日期从最近到最初的顺序显示出该专利的所有法律状态（见图 5－10）。

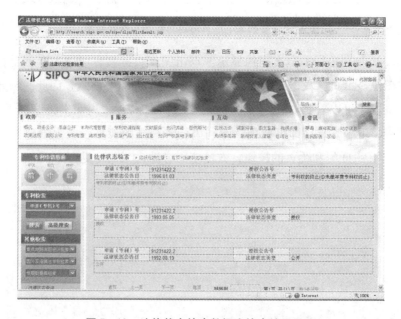

图 5－10　法律状态检索数据库检索结果显示

如果用"法律状态公告日"或"法律状态"检索，则系统将列出所有符合条件的文献（见图 5 - 11）。

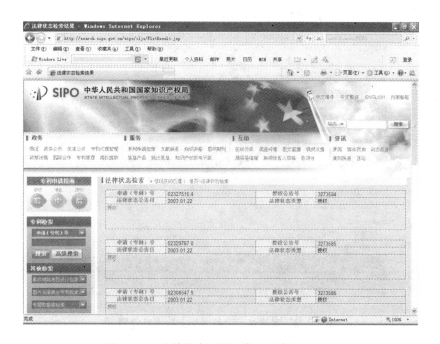

图 5 - 11　法律状态及其公告日检索结果显示

5.2.2　中国香港特别行政区互联网专利信息检索

5.2.2.1　概述

中国香港特别行政区设有两种专利：标准专利和短期专利。标准专利保护的有效期最长为 20 年，但须每年续期一次。短期专利保护的有效期最长为 8 年，由提交申请日起计 4 年后续期一次。注册外观设计保护的有效期最长为 25 年，每 5 年续期一次。香港特别行政区政府知识产权署的网站收录内容丰富，并且提供简体中文、繁体中文、英文三种界面。但只有部分内容支持简体中文，对于专利和注册外观设计检索数据库，仍需要用繁体中文进行阅读和操作。

5.2.2.2　进入方法

香港特别行政区政府知识产权署的网址是 http：//www. ipd. gov. hk。进入香港特别行政区政府知识产权署首页后，选择"繁体版（或简体版）"，即可进入到香港特别行政区政府知识产权署的主页。在该网页上选择"网上服务"栏目，进入后点击"网上检索"项中的网址 http：//ipsearch. ipd. gov. hk/，进入"知识产权署网上检索系统"。使用者还可通过国家知识产权局网站主页"其他检索"栏目中"国外及港澳台专利检索"的下拉菜单里的"香港知识产权署"的链接进入，或者在 IE 浏览器地址栏中直接输入 http：//ipsearch. ipd. gov. hk（见图 5–12）。

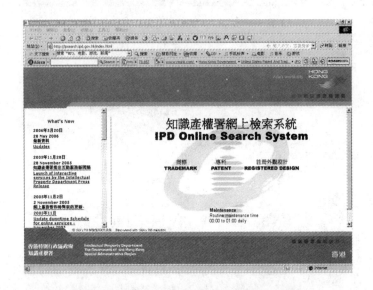

图 5–12　香港知识产权署网上检索系统网页

进入后选择"专利"或"注册外观设计"项，然后选择"繁体中文"，即可进入"专利检索"或"外观设计检索"的数据库。每种数据库均设有两种检索界面：简单检索（简易检索）和高级检索（进阶检索），点击进入即可。

5.2.2.3　收录内容

在香港知识产权署的网上检索系统可进行香港专利和注册外观设计的检索，查看知识产权公报，此公报是根据《香港商标条例》第 73 条、《香港专利条例》第 150A 条及《香港注册外观设计条例》第 84A 条所指明的官方公报。香港知识产权公报一般在星期五公布，如星期五为法定假期，则会提前在前一个工作日公布。

在香港专利数据库中可查阅 1997 年 6 月 27 日后公布的专利单行本。如果标准专利的单行本没有在此网上资料库内，使用者可尝试到欧洲专利局（包含欧洲专利局及英国发表的专利单行本）或中国国家知识产权局的网上资料库寻找有关专利单行本。

5.2.2.4　检索方法

香港专利数据库和外观设计检索数据库都有两种检索界面：简单检索（简易检索）和"高级检索"（进阶检索）。"简单检索"界面中使用者可以从下拉式菜单内选择检索方法（例如包含输入字、完全符合及部分符合）。"高级检索"界面可提供更多检索项目，并且使用者可以在检索条件中输入通配符以检索文字。

　　检索完毕后点击左侧的"新检索"，可清空检索页面上的检索式，开始新一轮的操作。"关于专利检索"中向用户介绍了一些有关专利检索的知识，如"为什么要进行专利检索"等。"辅助说明"中包含了检索系统的使用方法和注意事项。

　　两个检索界面均提供两种显示检索结果的方式。在屏幕上按要求输入检索式后，选按"检索（显示基本资料）"或"检索（显示主要资料）"，或在键盘上按"输入"键即可进行检索。

　　页面显示和输入操作均为繁体字，利用"微软拼音输入法"等即可输入繁体字。

5.2.2.5　检索策略及其输入格式

1. 香港专利数据库

（1）简单检索。简单检索界面设置了 7 个检索入口。检索入口可单独使用，也可组合使用，各检索入口之间默认的布尔逻辑关系为"与"（见图 5-13）。

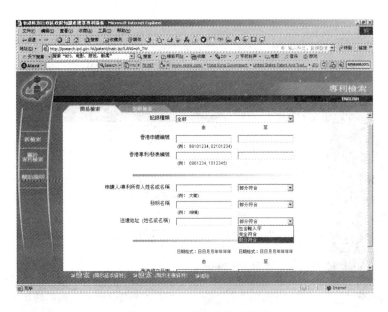

图 5-13　专利简单检索界面

　　简单检索界面还在许多检索入口设置了下拉式菜单。"记录种类"的下拉菜单可以让使用者从中选择要检索的专利种类；"申请人/专利所有人姓名或名称、发明名称、送达地址（姓名或名称）"的下拉菜单可以让使用者从中选择三种检索方式：包含输入字、完全符合和部分符合，这三种检索方式的具体解释见表5-1。

表5-1　三种检索方式例

可供选择的检索方法	目的	例　子		
		发明名称	检索结果包括	检索结果不包括
包含输入字	用以检索包含输入字的文字资料	洋娃娃	洋娃娃 洋娃娃（玩具公仔）	玩具洋娃娃连衣服
完全符合	用以检索完全符合的文字资料	洋娃娃	洋娃娃	洋娃娃 （玩具公仔） 玩具洋娃娃连衣服
部分符合	用以检索包含与输入字相符的文字资料	洋娃娃	洋娃娃 洋娃娃（玩具公仔） 玩具洋娃娃连衣服	

（2）高级检索。高级检索界面设置了15个检索入口。检索入口可单独使用，也可组合使用，各检索入口之间默认的布尔逻辑关系为"与"（见图5-14）。

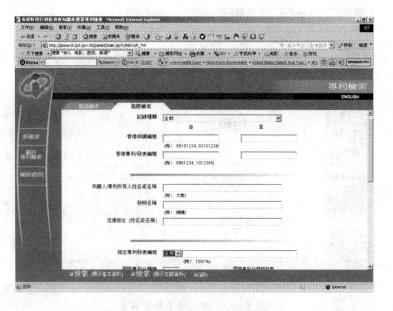

图5-14　专利高级检索界面

高级检索界面让使用者输入通配符以检索专利记录的文字资料。使用者可输入下划线符号"_"通配任何单字（代表一个字符），或输入百分号"%"通配任何字符串（代表任意个字符）。具体解释见表5-2。

表5-2 高级检索通配符使用举例

可供选择的检索方法	例 子			
	文字	物品或优先权编号	检索结果包括	检索结果不包括
直接在检索栏输入关键词	中文	切刀	切刀 工业用切刀机 切刀机器	切片刀 切肉餐刀
	英文	Bottle	Bottle bottle A bottle opener	Bottles bottles
在文字资料检索中，输入百分号"%"会取代任何字符	中文	切%刀	切刀 工业用切刀机 切刀机器 切片刀 切肉餐刀	
	英文	Bottle%	Bottle bottle A bottle opener Bottles bottles	
在文字资料检索中，输入下划线符号"_"会取代单一字符	中文	切刀_	工业用切刀机	切刀 切刀机器 切片刀 切肉餐刀
	英文	Bottle_	Bottles bottles	Bottle bottle A bottle opener

（3）各检索入口输入格式。

①"香港提交日期"。"香港提交日期"检索入口设有2个检索式输入窗口。日期输入格式为：日日月月年年年年。当检索一个特定日期时，可在第一个检索式输入窗口输入一个日期，如28032004（2004年3月28日）；当检索某一时间段时，可在两个检索式输入窗口分别输入起止日期，如01032005和02032006（2005年3月1日～2006年3月2日）。

②"指定专利发表编号"或"指定专利提交日期"。在香港，标准专利的批准，是以下述三个专利局（称为"指定专利当局"）所批准的专利为基础的：中国国家知识产权局、欧洲专利局（就指定英国的专利而言）、

英国专利局。

"指定专利发表编号"及"指定专利提交日期"是"指定专利当局"编配给相应专利申请的发表编号及提交日期。

各"指定专利当局"的代码为：中国国家知识产权局——CN，欧洲专利局——EP，英国专利局——GB。

使用者可在"指定专利发表编号"前输入有关代码，以检索某一指定专利当局的记录。

③"香港记录请求发表日期"。在香港申请标准专利的程序分为两个阶段，申请人须提交下述两项请求：

1）指定专利申请的记录请求，指定专利申请是指在中国国家知识产权局、欧洲专利局（就指定的英国专利而言）或英国专利局发表的专利申请（第一阶段）；

2）就已获中国国家知识产权局、欧洲专利局（就指定的英国专利而言）或英国专利局批准的专利，在香港提交注册与批准请求（第二阶段）。

"香港记录请求发表日期"是指第一阶段的标准专利申请在香港的发表日期。

"当作标准专利"。根据已废除的《香港专利权注册条例》（香港法例第42章）注册的专利，如该专利于1997年6月27日当日在英国仍然有效，可被当做一项标准专利。以下的检索项目并不适用于"当作标准专利"：优先权日期、发明人姓名或名称。

另外，"当作标准专利"的记录并没有包含任何中文资料。

还有以下几个问题值得注意。

①在1997年6月27日前注册的专利，其注册编号均以"注册编号 of 注册年份"的方式编排，例如：321 of 1994。

如以注册编号检索，则须将注册编号转换成香港发表编号，然后使用转换后的发表编号作为检索的项目。可以用"0 + 年份（2位数字）+ 注册编号（4位数字）"的方法将注册编号转换成发表编号。例如：321 of 1994转换为0 + 94 + 0321，即"0940321"。

②1995年以前提交的申请，其申请/档案编号均以"申请或档案编号/年份"的方式编排，例如：233/84。

如以申请编号检索，则须将旧的申请或档案编号转换成"年份（2位数字）+ 0 + 申请或档案编号（5位数字）"的编排方式，例如：233/84须转换为84 + 0 + 00233，即"84000233"。

③双语准则。在检索文字资料时，使用者可输入繁体中文或英文的检索条件。然而，此系统仅按照申请人所采用的文种储存资料。因此，若此系统仅储存有关检索项目的英文资料，则输入中文的检索条件将不会检索出该项记录。例如在"发明人姓名或名称"检索入口输入"约翰"，将得不到检索结果（当然如果有中国人名为"李约翰"等，则是可以有结果的），这时输入"john"就可以得到检索结果。

使用者可于同一检索条件同时输入中文及英文。但若中文及英文的文字并不储存于专利记录的同一位置，则在同一检索条件输入两种语言不能得出检索结果。

此系统按照所选择的界面语言显示检索结果，使用者可在屏幕的右上角，选按"English"或"繁体中文"选项，以浏览检索结果的英文或中文版。

2. 香港注册外观设计数据库

（1）简单检索。简单检索界面可供一般使用者检索在香港特别行政区注册的外观设计及浏览外观设计图。

简单检索界面上设有 5 组检索入口：注册编号，物品，注册拥有人，大类及小类号，提交日期/注册日期（见图 5 - 15）。

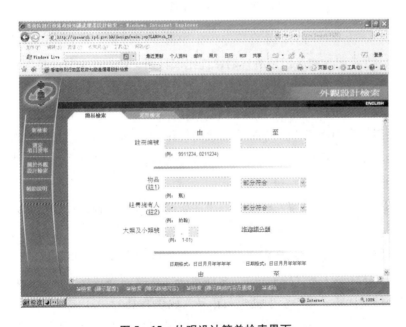

图 5 - 15　外观设计简单检索界面

这 5 组检索入口可单独使用，也可组合使用，各检索入口之间默认的布尔逻辑关系为"与"。

（2）高级检索。高级检索可供使用者从更加广阔的角度去检索在香港注册的外观设计及浏览外观设计图（见图5-16）。

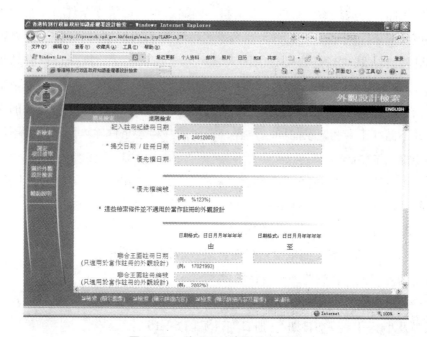

图5-16 外观设计高级检索界面

在高级检索界面上，除有简单检索中的 5 组检索入口外，还有送达地址（名称）、记入注册记录册日期、优先权日期、优先权编号、英国注册日期（只适用于当做注册的外观设计）、英国注册编号（只适用于当做注册的外观设计）等检索入口。

高级检索的使用方法与简单检索的使用方法基本相同。高级检索允许使用者在检索入口中使用百分号"％"（代表任意个字符）和下划线符号"_"（代表一个字符）进行检索。

（3）各检索入口输入格式。①"注册编号"。"注册编号"检索入口供检索香港外观设计的注册号。该检索入口设有 2 个检索式输入窗口。当检索一个特定外观设计注册号时，可在第一个检索式输入窗口输入一个注册号，如0212160（不含校验位）；当检索一批连续的外观设计注册号时，可在 2 个检索式输入窗口分别输入起止号，如0212160，0212179。

②"物品"。"物品"检索入口供检索香港外观设计的名称。在输入汉字时要输入繁体字，利用"微软拼音输入法"等即可输入繁体字。检索时，可在检索式输入窗口输入主题词，如计算机。接着，在检索式输入窗口后的下拉菜单中选择检索方式（"包含输入字"、"完全符合"或"部分符

合"），然后再进行检索。例如，在检索"计算机"主题词时，选择"包含输入字"或"完全符合"，其检索结果相同，均为 159 项，在所有检索到的外观设计的名称中只有"计算机" 3 个字；选择"部分符合"，其检索结果为 313 项，"计算机" 3 个字仅为构成其外观设计名称的一部分。

③"注册拥有人"。"注册拥有人"检索入口供检索香港外观设计权利人的姓名或名称。同样，在输入汉字时要输入繁体字。检索时，可在检索式输入窗口输入外观设计权利人姓名或名称中的关键词，如 PHILIPS；然后在检索式输入窗口后的下拉菜单中选择检索方式（"包含输入字"、"完全符合"或"部分符合"），再进行检索。例如，在检索"KONINKLIJKE PHILIPS ELECTRONICS N. V."时，取其关键词"PHILIPS"，输入检索式输入窗口，选择"包含输入字"或"部分符合"，其检索结果相同，均为 580 项；选择"完全符合"，其检索结果为 0 项，因为没有一个外观设计权利人的姓名或名称仅为"PHILIPS"。

④"大类及小类号"。"大类及小类号"检索入口供检索工业品外观设计的国际分类（洛迦偌分类）。该检索入口右侧列出洛迦偌分类的链接，使用者如需了解详细信息可参阅。

⑤"提交日期/注册日期"。"提交日期/注册日期"检索入口供检索香港外观设计的申请或注册日期。该检索入口设有 2 个检索式输入窗口。日期输入格式为：日日月月年年年年。当检索一个特定日期时，可在第一个检索式输入窗口输入一个日期，如 28012005（2005 年 1 月 28 日）；当检索某一时间段时，可在 2 个检索式输入窗口分别输入起止日期，如 07012005，24032005（2005 年 1 月 7 日 ~ 2005 年 3 月 24 日）。

⑥"当作注册外观设计"。已在英国注册的外观设计，可根据《香港注册外观设计条例》当做已在香港注册，如在 1997 年 6 月 27 日前已在英国注册及在该日仍然有效的外观设计，或在 1997 年 6 月 27 日当日或之后在英国注册，但其申请在 1997 年 6 月 27 日前仍然待决的外观设计。

根据过渡性安排，英国的外观设计可当做已在香港注册，以获得首段有效期，不过，其日后要继续在香港获得保护，就必须在香港将注册有效期进行续期。

5.2.2.6　检索结果输出

1. 香港专利数据库

简单检索和高级检索两个检索界面均提供两种方式显示检索的结果，分别为"检索（显示基本资料）"和"检索（显示主要资料）"。

（1）"显示基本资料"输入检索式后，点击"检索（显示基本资料）"，屏幕上会出现发表编号和发明名称（见图5-17）。

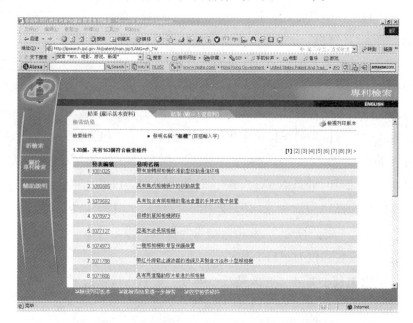

图5-17 专利检索结果显示——"显示基本资料"

点击发表编号可查看"注册纪录册记项"（见图5-18）。

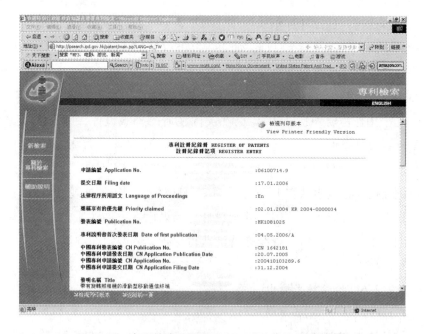

图5-18 专利检索结果显示——"注册纪录册记项"

点击发明名称，如果有链接的话，则可查看图像格式的专利单行本，可在网上查阅的专利说明书均为 1997 年 6 月 27 日后公布的。为了让使用者能够更方便地浏览专利说明书，屏幕上方还设置了工具栏，可对图像页随意进行放大、缩小、打印、下载等操作（见图 5 - 19）。

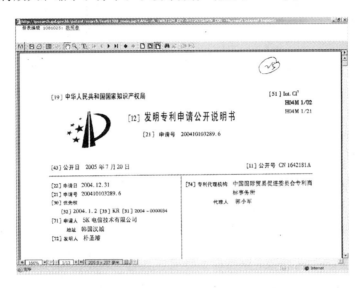

图 5 - 19　专利检索结果显示——图像格式的专利单行本

对于香港短期专利，每项短期专利申请均包括一份检索报告，提供关于发明的现有技术的重要资料，按"查检报告"链接即可浏览详细信息（见图 5 - 20）。

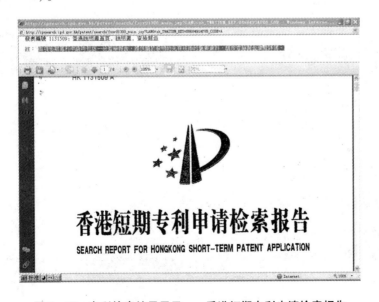

图 5 - 20　专利检索结果显示——香港短期专利申请检索报告

该页面下方并排有"检视列印版本"、"就检索结果进一步检索"、"收窄检索条件"3 个操作可供选择，具体操作方法见表 5 - 3。

表 5 - 3 **操作方法**

工作清单	所需步骤
打印检索结果列表	选按"检视列印版本"，然后按浏览器的"打印"按钮
重新检索	选按"新检索"，进行全新的检索
收窄检索条件	选按"收窄检索条件"，以收窄前次检索所输入的检索条件
在已检索记录内进行检索	选按"就检索结果进一步检索"，在前次检索出的记录内进行检索
查看有关专利记录的电子注册纪录册	选按"发表编号"链接
查看可供网上查阅的专利说明书	选按"发明名称"链接
查看检索结果的英文版	在屏幕的右上角，选按"English"链接

（2）显示主要资料。输入检索式后，点击"检索（显示主要资料）"，屏幕上会出现发表编号（点击即可查看注册纪录册记项）、申请编号、申请人/专利所有人、发明名称、状况、续期到期日、说明书（如有提供链接，则点击即可查看专利说明书）（见图 5 - 21）。

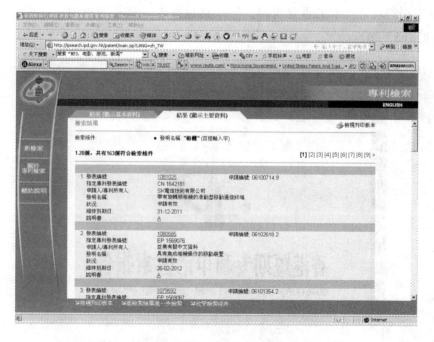

图 5 - 21 专利检索结果显示——显示主要资料

具体操作方法与"检索（显示基本资料）"相同。

在上述两种显示方式中的任意一种显示状态下，都可通过点击显示区上方的标题，切换到另外一种显示方式。

2. 香港注册外观设计数据库

输入检索式后，可选择三种执行检索的方式：结果（显示图像），结果（显示详细内容），结果（显示详细内容及图像）。

（1）"显示图像"方式仅显示每项外观设计的注册编号和一幅主图（见图 5 -22）。

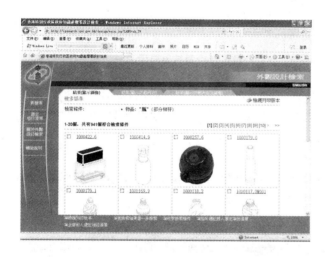

图 5 - 22　外观设计检索结果显示——"显示图像"

（2）"显示详细内容"方式则显示每项外观设计的注册编号、优先权日期、洛迦诺分类号、物品（名称）、注册拥有人姓名和名称、状况（见图 5 - 23）。

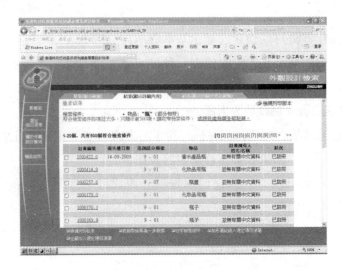

图 5 - 23　外观设计检索结果显示——"显示详细内容"

（3）"显示详细内容及图像"方式则显示每项外观设计的注册编号、优先权日期、表述（一幅主图）、洛迦诺分类号、物品（名称）、注册拥有人姓名和名称、状况（见图 5 - 24）。

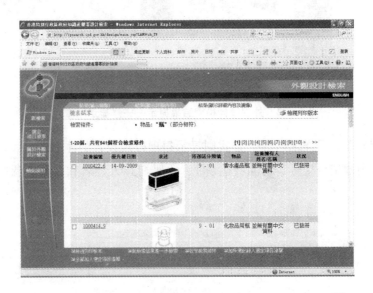

图 5 - 24　外观设计检索结果显示——"显示详细内容及图像"

在上述三种显示方式中的任意一种显示状态下，都可通过点击显示区上方的标题，切换到另外一种显示方式。

每种显示方式中的注册编号均用蓝字表示并标有下划线（表示有链接）。点击此注册编号可打开"外观设计注册纪录册"，该记录册有该外观设计详细的著录项目、法律状态、后续记录、变更情况等（见图 5 - 25）。

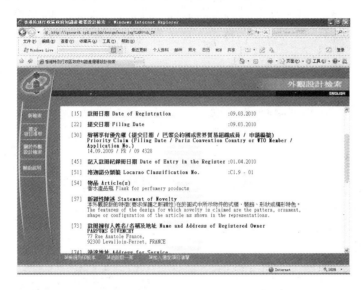

图 5 - 25　外观设计检索结果显示——"外观设计注册纪录册"

在"外观设计注册纪录册"的首行，有蓝色并有下划线的"外观设计的表述"项。点击该项，可打开一个 PDF 文件，内容是外观设计的全部详细设计图（见图 5 - 26）。

图 5 - 26　外观设计检索结果显示——全部详细设计图

如果需要对已进行过的检索再作进一步检索，则可在检索结果显示页面的下方选择"就检索结果进一步检索"或"收窄检索条件"。"就检索结果进一步检索"是在已得到的检索结果中进一步检索,"收窄检索条件"是在整个数据库中重新进行检索,检索时可根据具体情况选择二次检索方式。

5.3 美国专利信息检索系统

5.3.1 概述

美国专利商标局将 1790 年以来的美国各种专利的数据在其政府网站上免费提供给全世界的公众查询,其网站主页面的网址为:http://www.uspto.gov/(见图 5-27)。

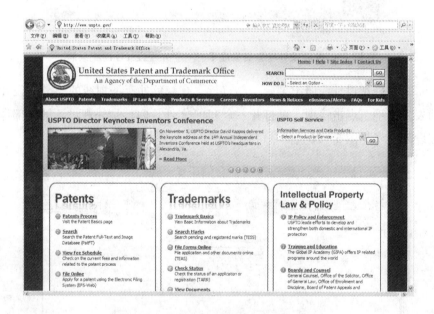

图 5-27 美国专利商标局政府网站主网页

该网站针对不同信息用户的使用需求设置了不同的数据库,如专利授权数据库、专利申请公布数据库、专利公报数据库、专利分类检索数据库、专利权转移数据库和专利申请信息查询系统等。

(1)专利授权数据库,收录了自 1790 年第一件授权专利至最近一周授权的全部美国专利文献,包括实用专利、设计专利、再版专利、植物专利,也包括防卫性公告和依法登记的发明。这些专利文献以两种格式向公众提供:全文文本(full-text)数据和全文图像(full-page images)数据。专利的全文文本(full-text)可供用户从 31 种检索入口检索 1976 年以后的美国专利文献；而专利的全文图像（full – page images）可供用户从三种检索入口（专利号、授权日期和当前美国分类）检索 1790～1975 年的美国专利文献，从 31 个检索入口检索 1976 年以后的美国专利文献。

（2）专利申请公布数据库，收录了自 2001 年 3 月 15 日起的所有美国专利申请公布文献（包括实用专利和植物专利的申请公布）。数据内容包括基本著录项目数据、摘要和全文文本（full – text）数据，以及全部的全文图像（full – page images）数据。可供用户从 23 种检索入口进行检索。

（3）专利公报数据库，其中的专利信息分为两种类型：Electronic Official Gazette – Patents（eOG：P）和 Official Gazette（OG）。其中，前者主要供用户了解最近 52 期电子形式的美国专利公报的全部内容（仅限于每周授权的专利文献），并且含有美国专利商标局专利授权数据库的专利全文文本链接；后者主要供用户了解最近十几年美国专利公报中的"Notices"（通知）内容。

（4）专利分类检索数据库，其中的专利信息主要是最新版本的美国专利分类表；同时，本数据库还提供美国专利分类表的查询以及根据特定的分类号浏览专利文献的功能。

（5）专利权转移数据库，即 Assignments on the Web，简称 AOTW，主要供用户检索自 1980 年 8 月至今的美国授权专利和专利申请公布的权利转移情况。用户可以通过该数据库查询某一案卷的详细信息，查询特定美国专利的权利转移登记情况，查询某个发明人的权利转移情况以及查询某公司拥有的权利状况等。在检索结果中，通过号码类型字段上和名字类型字段上的超级链接可获得更多的信息。

（6）专利申请信息查询系统，即 Patent Application Information Retrieval，简称 PAIR，是美国专利商标局以安全、简洁和可靠的方式，向用户提供查询和下载相关专利申请法律状态信息的数据库。PAIR 有两种使用类型：Public PAIR（公共专利申请信息查询系统）和 Private PAIR（私人专利申请信息查询系统）。Public PAIR 提供授权专利和公布申请的信息，内容包括专利文献、公布的申请或要求国内优先权的授权专利等。

用户可通过美国专利商标局网站主页上的相关选项选择不同专利检索系统进行检索。

5.3.2 专利授权数据库

5.3.2.1 进入方法

在美国专利商标局网站主页面中间位置选择"Patents"框下的

"Search"项，再选择其中的"PATFT：Issued Patents"下任意一种检索模式，即可进入专利授权数据库（见图5-28）。

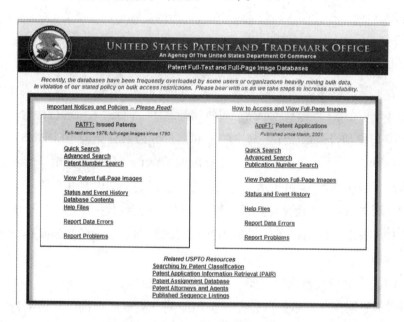

图5-28 **"Patent Full-Text and Full-Page Image Databases"界面**

5.3.2.2 专利授权数据库收录的内容

目前专利授权数据库收录了自1790年第一件授权专利至最近一周授权的全部美国专利文献，包括实用专利（Utility）、设计专利（Design）、再版专利（Reissue）、植物专利（Plant），也包括防卫性公告（Defensive）和依法登记的发明（Statutory Invention Registration，缩写为SIR）。这些专利文献以两种格式向公众提供：全文文本（full-text）数据（自1976年起）和全文图像（full-page images）数据（自1790年起）。

（1）1976年1月起至最近一周的授权专利的全文文本文献包括：文献号、分类号、发明人名字、受让人名字、专利名称、摘要等题录数据，以及编码化全部说明书和权利要求。每件专利的全文文本显示页面上有一个与全文图像页面的超级链接。虽然全文文本数据库本身不包括修正证书和再审查证书，但它们的全文图像数据却被附加在原始专利全文图像数据中。

（2）对于1790~1975年12月的授权专利文献，仅提供专利号（Patent Number）、授权日期（Issue Date）和当前美国专利分类号（Current US Classification）三项著录数据，人们仅能通过这些检索字段进行检索，并通过超级链接获得专利全文图像数据。

每种专利文献的收录范围如表 5 - 4 所示。

表 5 - 4　专利文献的收录范围

专利文献种类	1790 ~ 1975 年	1976 年至今
实用专利（Utility）或 授权专利（Patent Grant）	X1 ~ X11，280 1 ~ 3，930，270	3，930，271 ~
设计专利（Design）	D1 ~ D242，880	D242，583 ~
植物专利（Plant）	PP1 ~ PP4，000	PP3，987 ~
再公告专利（Reissue）	RX1 ~ RX125 RE1 ~ RE29，094	RE28，671 ~
防卫性公告（Defensive）	T855，019 ~ T941，025	T942，001 ~ T999，003 T100001 ~ T109201
依法登记的发明（SIR）		H1 ~
改进专利 （Additional Improvement）	AI2 ~ AI318	

数据库中的数据通常在每周二更新。

专利授权数据库中可检索的著录项目有：Title（专利名称），Abstract（文摘），Issue Date（公布日期），Patent Number（专利号），Application Date（申请日期），Application Serial Number（申请号），Assignee Name（专利权人姓名），Assignee City（专利权人所在城市），Assignee State（专利权人所在州），Assignee Country（专利权人国籍），International Classification（国际专利分类），Current U. S. Classification（当前的美国分类），Primary Examiner（主要审查员），Assistant Examiner（助理审查员），Description/Specification（说明书），Application Type（申请类型），Inventor Name（发明人姓名），Inventor City（发明人所在城市），Inventor State（发明人所在州），Inventor Country（发明人国籍），Government Interest（政府利益），Parent Case（在先申请、母案申请等），PCT Information（PCT 信息），Foreign Priority（外国优先权），Reissue Data（再版数据），Related U. S. App. data（相关美国申请数据），Referenced By（被引用文献），Foreign Reference（外国参考文献），Other References（其他参考文献），Attorney or Agent（律师或代理人）和 Claim（s）（权利要求）。

5.3.2.3　专利授权数据库检索方法

专利授权数据库设置三种检索方式，分别为：快速检索（Quick Search）、高级检索（Advanced Search）及专利号检索（Patent Number

Search）。

1. 快速检索

快速检索界面提供两个检索入口：Term 1 和 Term 2；与两个检索入口对应的是两个相应检索字段选项：Field 1 和 Field 2；两个检索字段（Field 1、Field 2）之间有一个布尔逻辑运算符选项（AND，OR 和 ANDNOT）；在检索字段"Term 2"下方有一个年代选择项（Select years）。所有选项均可以展开一个下拉式菜单，供用户根据检索需求选择所需的特定检索字段和检索年代，并在两个检索字段之间用布尔逻辑运算符来构造一个完整的检索式（见图 5－29）。

Query [Help]
Term 1: [_____] in Field 1: [All Fields   ▼]
                                 [AND ▼]
Term 2: [_____] in Field 2: [All Fields   ▼]
Select years [Help]
[1976 to present [full-text]   ▼]   [Search] [重置]

图 5－29　"Quick Search"界面

快速检索的检索字段可在 Field 1 及 Field 2 下拉式菜单的选择项中选取，默认字段为 All Fields（所有字段）项。在检索字段输入框中输入检索条件时，每个字段输入的检索条件均有一定格式要求。有关各检索字段详细解释及检索字段输入格式可参见"Help"（帮助）。

2. 高级检索

在高级检索界面上有一个供输入检索表达式的文本框（Query），一个供选取检索的年代范围的选项（Select Years），和一个供用户选取检索项的检索字段代码与名称对照表。在检索表达式的文本框内允许用户使用命令检索句法，用户可通过使用复杂的检索句法，使检索更为灵活，并提高查准率和查全率（见图 5－30）。

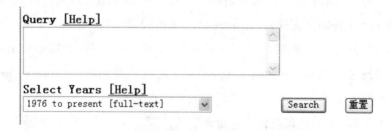

Query [Help]
[   ]
[   ]
[   ]

Select Years [Help]
[1976 to present [full-text]   ▼]   [Search] [重置]

图 5－30　"Advanced Search"界面

高级检索的句法为：检索字段代码/检索项字符串。如果不选择某一字段，则检索将在整篇专利全文中进行（包括所有文本字段）。以下是专利授权数据库高级检索的检索字段代码及字段名称表（见表 5-5）。

表 5-5　专利授权数据库高级检索的检索字段代码及字段名称

字段代码	字 段 名 称
TTL	Title（专利名称）
ABST	Abstract（文摘）
ISD	Issue Date（公布日期）
PN	Patent Number（专利号）
APD	Application Date（申请日期）
APN	Application Serial Number（申请号）
AN	Assignee Name（受让人姓名）
AC	Assignee City（受让人所在城市）
AS	Assignee State（受让人所在州）
ACN	Assignee Country（受让人国籍）
ICL	International Classification（国际专利分类）
CLAS	Current U. S. Classification（当前美国分类）
EXP	Primary Examiner（主要审查员）
EXA	Assistant Examiner（助理审查员）
SPEC	Description/Specification（说明书）
APT	Application Type（申请类型）
IN	Inventor Name（发明人姓名）
IC	Inventor City（发明人所在城市）
IS	Inventor State（发明人所在州）
ICN	Inventor Country（发明人国籍）
GOVT	Goverment Interest（政府利益）
PARN	Parent Case Information（在先申请、母案申请等）
PCT	PCT Information（PCT 信息）
PRIR	Foreign Priority（外国优先权）
REIS	Reissue Data（再版数据）
RLAP	Related U. S. App. data（相关美国申请数据）
Ref	Referenced By（被引用文献）
FREF	Foreign Reference（外国参考文献）
OREF	Other References（其他参考文献）
LREP	Attorney or Agent（律师或代理人）
ACLM	Claim（s）（权利要求）

3. 专利号检索

在专利号检索界面上，只设有一个专利号检索入口输入框，允许用户输入一个或多个专利号进行检索（见图 5-31）。

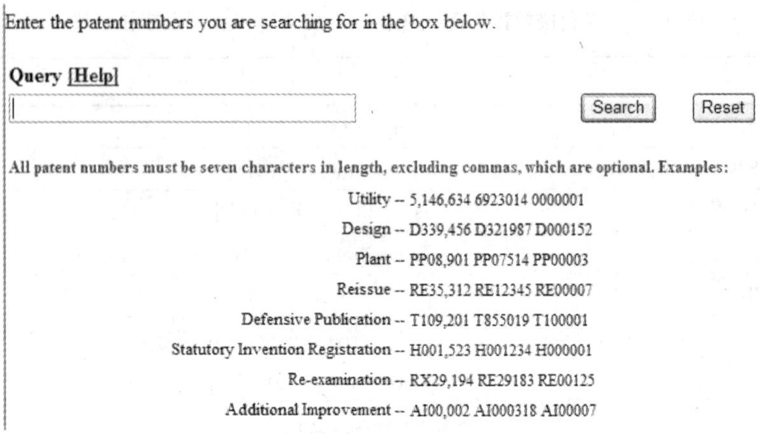

Enter the patent numbers you are searching for in the box below.

Query [Help]

| | Search | Reset |

All patent numbers must be seven characters in length, excluding commas, which are optional. Examples:

Utility -- 5,146,634 6923014 0000001

Design -- D339,456 D321987 D000152

Plant -- PP08,901 PP07514 PP00003

Reissue -- RE35,312 RE12345 RE00007

Defensive Publication -- T109,201 T855019 T100001

Statutory Invention Registration -- H001,523 H001234 H000001

Re-examination -- RX29,194 RE29183 RE00125

Additional Improvement -- AI00,002 AI000318 AI00007

图 5-31　"Patent Number Search"界面

用户可将已知的专利号在输入框中直接输入，进行检索。

5.3.2.4　专利授权数据库输入格式

美国授权专利检索字段及输入格式如表 5-6 所示。

表 5-6　美国授权专利检索字段及输入格式

字段名称	举　例　说　明
Title（专利名称）	（1）使用截断符"＄"。如：输入 comput＄可检索到"computer"、"computers"等
	（2）使用引号""进行短语检索。如："digital computer"
Abstract（文摘）	（3）使用算符 AND、OR、ANDNOT 进行逻辑组配。如：ABST/（digital and computer）
Description/Specification（说明书）	（4）使用（）改变其优先检索顺序。如：（needle or syringe）andnot（sew＄or thread），该检索式表明：先检索（needle or syringe）和（sew＄or thread）两个结构，然后取两者的差集，即检索含有（needle or syringe）的同时不含有（sew＄or thread）的专利文献
Claim（s）（权利要求）	

续表

字段名称	举 例 说 明
Issue Date（公布日期）	（1）多种输入形式。如：20020115、1 – 15 – 2002、Jan – 15 – 2002、January – 15 – 2002、1/15/ 2002、Jan/15/2002、January/15/2002
Application Date（申请日期）	（2）使用截断符"＄"。如：200201＄、1/＄/ 2002，注意："年代"不能简单用"＄"代替 （3）使用"－＞"进行时间范围的检索。如： 20020101 – ＞20020131
Patent Number（专利号）	（1）使用截断符"＄"。如：514663＄，最多可检索出 11 件专利文献；514＄，最多可检索出 11111 件专利文献。注意：应最少保留 3 位数字，并保持前方一致原则 （2）除发明专利（utility）可以直接输入号码（阿拉伯数字）外，其他专利种类的文献号码前必须添加相应的专利种类代码。如：5，146，634（U-tility）、D339，456（Design）、PP8，901（Plant）、RE35，312（Reissue）、T109，201（Def. Pub）、H1，523（SIR）。注意：专利申请号为 6 位数字，不足 6 位的前面补零。如：000231
Assignee Name（受让人姓名）	1. 个人 （1）书写方式：姓 + 名 + 首字母 + 当中的名字。如：检索"詹姆斯·S. 希泽玛"，可输入"CHIZ-MAR – JAMES – S" （2）使用截断符"＄"。如：CHIZMAR – JAMES – ＄ 2. 公司 叫用多种输入形式。如：检索"普雷（莱）特克斯产品公司"，可使用以下输入形式： PLAYTEX PRODUCTS INC PLAYTEX PRODUCTS PLAYTEX – PRODUCTS – INC PLAYTEX – PRODUCTS – ＄ PLAYTEX AND PRODUCTS AND INC
Assignee City（受让人所在城市） Inventor City（发明人所在城市）	使用截断符"＄"。如：Los – Angele＄、"Los An-geles – ＄"

字段名称	举 例 说 明
Assignee State（受让人所在州）	选择"Field Name"下的"Inventor State/ Assignee State"查看"美国州代码表"。如：CA（加利福尼亚）
Inventor State（发明人所在州）	
Assignee Country（受让人国籍）	选择"Field Name"下的"Assignee State/ Inventor country"查看"国家代码表"。如：DK（丹麦），CN（中国）
Inventor Country（发明人国籍）	
International Classification（国际专利分类）	使用截断符"＄"。如：G06F17/＄、G06F17＄、G06F17/2＄、G06F＄
Current U. S. Classification（当前美国分类）	Class/subclass，使用截断符"＄"。如：128/＄、128＄、＄/848
Application Type（申请类型）	用阿拉伯数字表示，输入以下专利类型相对应的一位数字： 1——Utility（发明专利） 2——Reissue（再版专利） 4——Design（外观设计） 5——Defensive Publication（防卫性公告） 6——Plant（植物专利） 7——Statutory Invention Registration（依法登记的发明）
Primary Examiner（主要审查员）	如：Malos – Jennifer – ＄、Clayffy – Kathleen – ＄、Richter – ＄。注意："律师或代理人"输入方式应用引号""，中间没有破折号"–"
Assistant Examiner（助理审查员）	
Inventor Name（发明人姓名）	
Attorney or Agent（律师或代理人）	
Government Interest（政府利益）	如：Army
Parent Case（各种在先申请）	如：PARN/4539149 08/583814 401266（申请号） 4539149（专利号）
PCT Information（PCT 信息）	格式：PCT 日期；PCT 申请号；PCT 公开号 如：19881020；PCT/FR88/00100；WO88/06811
Foreign Priority（外国优先权）	格式：优先权号；日期或国家 如：5 –039032；19910505

续表

字段名称	举 例 说 明
Reissue Data（再版数据）	格式：原专利申请日期；申请号 如：19771011；840646
Related U. S. App. data （相关美国申请数据）	如：890402（申请号）、4765323（专利号）
Referenced By （被引用的文献）	举例：REF/5096294、REF/0407135
Foreign Reference （外国参考文献）	格式：文献号；日期或国家 如：0407135A2；199910900；FR
Other References （其他参考文献）	同上

其中，有以下几点值得注意。

（1）Patent Number 字段中输入检索项时，除发明专利（utility）可以直接输入号码（阿拉伯数字）外，其他专利种类的文献号码前必须添加相应的专利种类代码，如：外观设计专利的代码为"D"，植物专利的代码为"PP"，再版专利的代码为"RE"，防卫性公告的代码为"T"，依法登记的发明代码为"H"。专利号检索允许输入一个或多个专利号。输入多个专利号时，各专利号之间可使用空格，也可用逻辑运算符"OR"隔开。专利号中间的逗号存在或缺省均可。

例如：

格式 1：5146634 D339456 RE35312

格式 2：5146634 OR D339456 OR RE35312

格式 3：5，146，634OR D339，456OR PP8，901

（2）在日期型的字段中日期格式有 3 种写法，以查找 1996 年 1 月 3 日公布的专利文献为例，可以采用以下 3 种格式。

格式 1：年（4 位数字）月（2 位数字）日（2 位数字）

示 例：19960103。

格式 2：月 - 日 - 年

示 例：1 - 3 - 96，Jan - 3 - 96 或 January - 3 - 1996。

格式 3：月/日/年

示 例：1/3/96，Jan/3/96 或 January/3/1996。

如果日期不确定，则可使用截断符"＄"，如：1/＄/96。

（3）个人姓名输入格式为：姓 - 名 - 中间名字。如果专利权人的姓名为 John E. Doe，那么，在专利权人的文本框中输入 Doe – John – E。在姓名中可使用如下截断方式：Doe – $, Doe – John $ 或 Doe – J $ 。

（4）当进行词组检索时，可将一组单词用双引号括起来。例如检索 vacuum cleaner，须在 Term 文本框中输入："vacuum cleaner"。检索时可使用右截断，右截断符为"$"。在特定字段中检索，输入字符串的长度至少为 3 个字符；如不指定字段，则字符串长度至少为 4 个字符。在词组检索中不能使用截断符。

（5）如果需在上次检索结果范围内再进一步检索来缩小检索结果，则可直接在"Refined Search"框中，并在前检索式的基础上，与其他检索项组配，从而使检索结果更加准确。

（6）检索式中出现的字母不区分大小写。

（7）检索式的组成有长度限制，最长为 256 个字符。

（8）如果需要在特定的字段中检索，则字符串的长度应保留至少 3 个字符；如果不需要在特定的（specific field）字段中检索，则字符串长度应至少保留 4 个字符。

5.3.2.5 专利授权数据库检索结果输出

专利授权数据库设置了三种结果显示：检索结果列表显示（包括专利号及专利名称），专利全文文本显示（限于 1976 年以后授权的专利文献，包括题录数据、文摘、权利要求及说明书）和专利全文图像显示。专利全文图像显示时可利用浏览器插件提供的保存或打印功能进行输出。

1. 检索结果列表显示（见图 5 – 32）

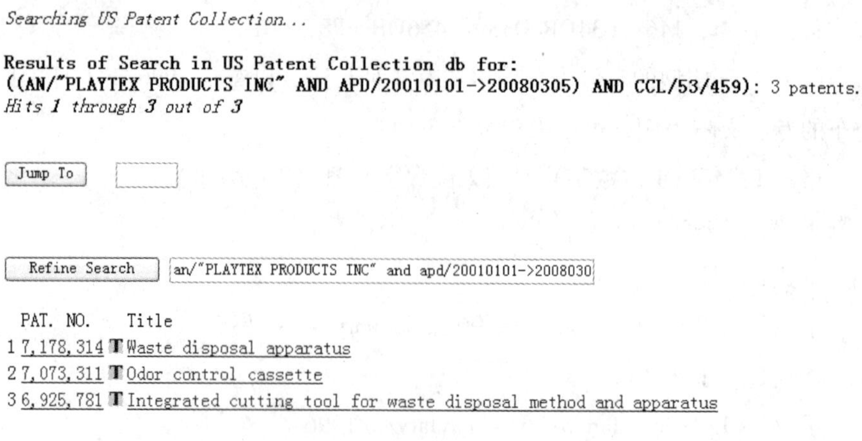

Searching US Patent Collection...

Results of Search in US Patent Collection db for:
((AN/"PLAYTEX PRODUCTS INC" AND APD/20010101->20080305) AND CCL/53/459): 3 patents.
Hits 1 through 3 out of 3

Jump To

Refine Search an/"PLAYTEX PRODUCTS INC" and apd/20010101->2008030

PAT. NO.   Title
1 7,178,314 T Waste disposal apparatus
2 7,073,311 T Odor control cassette
3 6,925,781 T Integrated cutting tool for waste disposal method and apparatus

图 5 – 32　"检索结果列表显示"界面

在"检索结果列表显示"页面上方显示用户输入的检索式及获得的检索结果记录数；页面一次最多显示 50 条记录，要查看其他记录可在输入框中键入具体数字并选择"Jum PTo"完成。

检索结果中的记录排序是按照专利文献公布日期由近及远的顺序排列的，即最新公布的专利文献排在前面（同一时间公布的专利文献按照专利号码由大到小的顺序排列）。每一条记录显示专利号及专利名称，且两者都设有超级链接，用户可以直接查看更详细的信息。

专利号之前的符号"**T**"表明该文献有专利全文文本（full‐text），在此用于提示用户注意。

2. 专利全文文本显示（见图 5‐33）

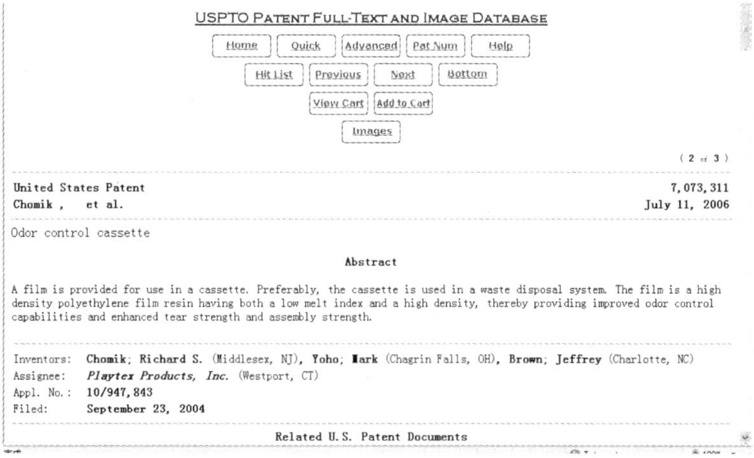

图 5‐33　"专利全文文本显示"界面

选择"检索结果列表显示"页面上的专利号或专利名称的超级链接，即可进入专利全文文本显示页面。

在检索结果列表显示页面上含有符号"**T**"与不含符号"**T**"的专利文献显示的内容不同：不含"**T**"的是 1790 ~ 1975 年授权的专利文献，仅显示专利号、授权日期和美国专利分类号三项内容；含"**T**"的是 1976 年及以后授权的专利文献，显示专利著录项目、摘要、引用文献列表、权利要求及说明书等，但不包括附图（如果有的话）。

通过点击"Referenced By"可直接检索到当前专利文献被哪些文献引用过。例如，检索到的文献是 5，575，815，查询其被哪些文献引用过，可在其文本型全文显示页面点击"Referenced By"项，相当于直接输入检索式"ref/5，575，815"，系统立刻将引用 5，575，815 的文献结果显示出来。

页面上方红色按钮的用途。"Home"：返回检索主页；"Quick"，"Advanced"，"Pat Num"：返回这三种检索方式的检索界面；"Help"：查看全文数据库的帮助信息；"Bottom"：直接显示该页面的最下方；"Images"：显示该文件的图像格式文本。

3. 专利全文图像显示（见图 5－34）

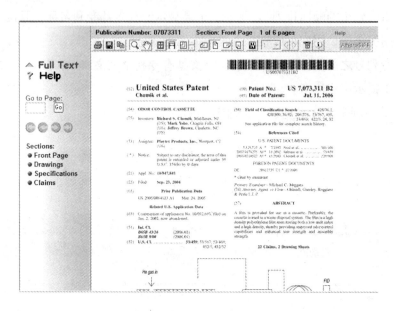

图 5－34　"专利全文图像显示"界面

在"专利全文文本显示"页面中，点击"Images"（图像）的超链接按钮，可进入专利全文图像显示页面。在显示图像页之前，需要正确安装 TIFF 浏览器插件。

5.3.3　专利申请公布数据库

5.3.3.1　进入方法

在美国专利商标局网站主页面中间位置选择"Patents"框下的"Search"项，再选择其中的"APPFT：Patent Applications"下任意检索模式即可进入专利申请公布数据库。

5.3.3.2　专利申请公布数据库收录的内容

自 2001 年 3 月 15 日起，美国专利商标局开始出版专利申请公布单行本，并提供上网查询服务。美国专利申请公布数据库的内容包括：美国专利申请公布（Published Patent Applications）的基本著录项目、文摘和编码型全文数据，以及全部图像型美国专利申请公布单行本。美国专利申请公布单行本的起始号为 2001/0000001。数据库每周四进行更新。

可检索的美国专利申请公布数据库的著录项目有：Title（专利名称），
Abstract（文摘），Publication Date（公布日期），Publication Application
Number（申请公布号），Application Date（申请日期），Application Serial
Number（申请号），Assignee Name（受让人姓名），Assignee City（受让人
所在城市），Assignee State（受让人所在州），Assignee Country（受让人国
籍），International Classification（国际分类），Current U. S. Classification
（当前的美国分类），Description/Specification（说明书），Kind Code（文献
种类代码），Inventor Name（发明人姓名），Inventor City（发明人所在城
市），Inventor City（发明人所在州），Inventor Country（发明人国籍），Gov-
ernment Interest（政府利益），PCT Information（PCT 信息），Foreign Priority
（外国优先权）和 Claim（s）（权利要求）。

5.3.3.3 专利申请公布数据库的检索方法

美国专利申请公布数据库也提供三种检索方式，分别为：快速检索、
高级检索和专利申请公布号检索。

其快速检索和高级检索与美国授权专利数据库的快速检索和高级检索
的检索方法相同，只是高级检索的检索字段代码及名称有部分区别。

美国专利申请公布检索系统高级检索的检索字段代码及名称绝大多数
与美国授权专利高级检索的检索字段代码及名称相同，只有以下三个检索
字段代码及名称不同（见表5-7）。

表5-7 美国专利申请公布数据库三个检索字段代码及名称

字段代码	字 段 名
PD	Publication Date（公布日期）
DN	Document Number（文献号）
KD	Pre - Grant Publication（授权前公布） Document Kind Code（文献种类代码）

在专利申请公布号检索界面上，只设有一个申请公布号检索入口输入
框（见图5-35）。

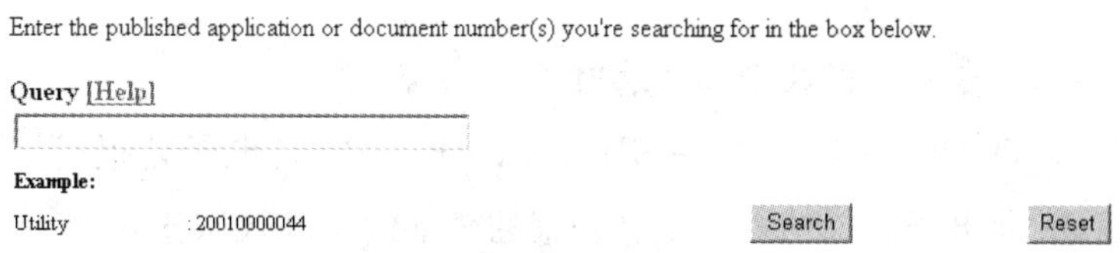

Enter the published application or document number(s) you're searching for in the box below.

Query [Help]

Example:

Utility   : 20010000044   Search   Reset

图5-35 "Application Number Search" 界面

用户可将已知的申请公布号在输入框中直接输入，进行检索。其方法与专利号检索相同。

5.3.3.4 专利申请公布数据库输入格式

美国专利申请公布数据库的检索字段及输入格式与美国专利授权数据库的检索字段及输入格式多数完全相同，只有以下 2 个检索字段的输入格式不同（见表 5－8）。

表 5－8 美国专利申请公布数据库 2 个检索字段的输入格式

字 段 名	举 例 说 明
Document Number （文献号）	形式：CCYYnnnnnnn（CCYY 为公元年，n 为数字） 例如：20030000001。 （1）使用截断符"＄"。如：2003000000＄，最多可检索出 9 件文献；200300000＄，最多可检索出 99 件文献 （2）若输入多个号码，则应使用"OR"连接
Pre－Grant Publication （授权前公布） Document Kind Code （文献种类代码）	A ＝专利申请公布说明书 B1＝未在先公布的授权专利说明书 B2＝在先公布过的授权专利说明书

5.3.4 专利公报数据库

5.3.4.1 进入方法

选择美国专利商标局网站主页中"Patents"，打开其"More about Patents"项，再选择"Tools"项下的"Official Gazette"，即可进入"Electronic Official Gazette－Patents（eOG：P）（电子公报）"页面中；另外，在美国专利商标局网站主页面中，选择菜单栏"新闻和公示（News & Notices）"下的官方公报"Official Gazette"，即可进入"Official Gazette Notices"年代列表页面。

5.3.4.2 专利公报数据库收录内容

"Electronic Official Gazette－Patents（eOG：P）（电子公报）"数据库包含最近 52 期电子形式的美国专利公报的全部内容（仅限于每周授权的专利文献）；同时，在公报著录项目显示页面含有与美国专利商标局专利授权数据库的专利全文文本链接。其中，每期专利公报包括以下内容：按类／小类浏览；专利分类索引；授权专利浏览（含基本著录项目、文摘和主图）；专利权人索引；发明人地理索引；通知；帮助。

"Official Gazette Notices（公报通知）"提供 1995～2010 年专利公报中的"Notices（通知）"信息，每期专利公报的"通知"包括：PCT 信息，专利维持费交费通知，由于未缴纳专利维持费导致专利权终止，由于接受缴纳专利滞纳金使得专利权恢复，提交的再版专利告申请，提交的再审查请求，专利条例变更、勘误、修正证书，TTAB 出版的终审决定摘要等 20 多种内容。

5.3.4.3　专利公报数据库检索方法

在"Electronic Official Gazette – Patents（eOG：P）"主页上列有最近 52 期专利公报的目录，选择期号（例如：1349 – 1，December 01，2009），点击进入该期电子版专利公报主页。再点击本页中下方的"Continue"按钮，则可进入到该期电子版专利公报的浏览界面（见图 5 – 36）。

Welcome to the Electronic Official Gazette for Patents (eOG:P).

Links are provided to the full text of the patent in the USPTO Full-Text Database from each patent bibliographic record. Click on the Full Text button in the upper left corner of the patent record to jump to the full text.

- The Electronic Official Gazette allows you to browse through the issued patents for the week. The eOG:P can be browsed by classification or type of patent, for example, utility, design, and plant. Specific patents can be accessed by class/subclass or patentee name.
- Links are provided on the left to the various sections of the eOG:P. Click on the section title to use these pages:
  - *Browse by Class/Subclass* page to access patents by a specific classification
  - *Classification of Patents* page with links to patents by a range of classifications
  - *Browse Granted Patents* page to access a patent by patent number or link to patents by type
  - *Index of Patentees* page to browse by names of inventors and assignees in either a cumulative alphabetical index or individual indexes by type of patent. Each patentee listing contains a link to the patent .
  - *Geographical Index of Inventors* to link to patents by the state or country of residence of the first listed inventor
  - *Notices* page containing the text of important notices for the week
  - *Help*
- The left window is considered "Home." Clicking the "Home" button from any other page will return you to this main listing.

United States Patent and Trademark Office

- Browse by Class-Subclass
- Classification of Patents
- Browse Granted Patents
- Index of Patentees
- Geographical Index of Inventors
- Notices
- Help

图 5 – 36　1349 –1 电子版专利公报浏览界面

电子版专利公报允许用户浏览本期公布的所有专利。用户可以按专利类型或种类（如发明专利、设计专利、植物专利等）进行浏览；还可以按照专利的类号/小类号或专利权人名称查找特定专利。

电子版专利公报浏览界面的左侧列有公报各部分的目录，点击公报各部分的名称就可以进入以下相关的网页。

（1）"Browse by Class – Subclass"（按类/小类浏览）网页——可按特定美国专利分类号查找专利。在类号输入框中输入美国专利分类某类号，在小类号输入框输入该美国专利分类的小类号，点击"Go"按钮就可检索到本期公报中含有该分类号的美国专利文献。类号框必须输入，小类号框允许选择性输入。

（2）"Classification of Patents"（专利分类索引）网页——可按美国专利分类范围浏览专利。由于索引按如下方式排列：002－009，010－019，020－029……，因此点击其中的某一类号范围即可进入并浏览含本分类号范围的专利记录。

（3）"Browse Granted Patents"（授权专利浏览）网页——可按专利号或专利种类浏览专利记录。每个专利记录可浏览基本著录项目、文摘和主图。每个专利记录的左上角有一个"Full Text"按钮，点击它，可连接到"USPTO Full Text Database"的专利全文网页上。

（4）"Index of Patentees"（专利权人索引）网页——可在按发明人、受让人名字字母顺序排列的累积索引或分专利种类的独立索引中查找专利。每个专利权人目录都与相关专利记录相连接。

（5）"Geographical Index of Inventors"（发明人地理索引）网页——可按第一发明人所在州或居住国查找专利。

5.3.5 专利分类检索数据库

5.3.5.1 进入方法

在美国专利商标局网站主页面中间位置选择"Patents"框下的"Search"项，再选择其中的"searching by patent classification"即可进入专利分类检索数据库（见图5－37）。

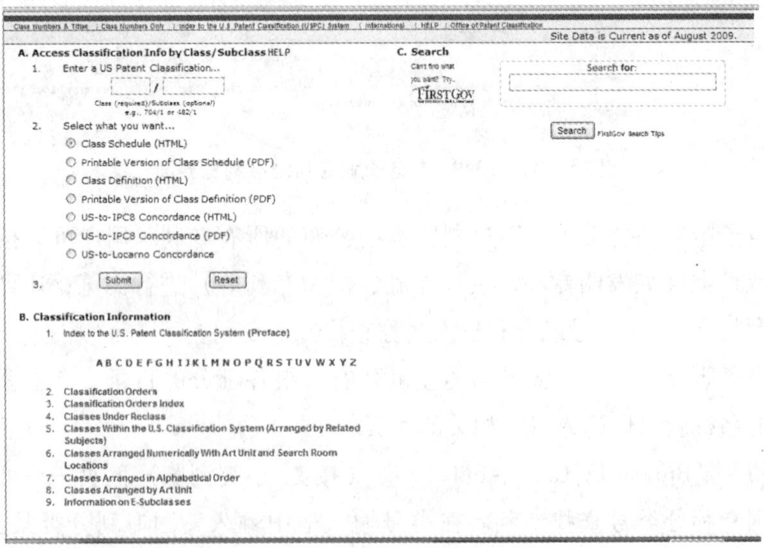

图5－37　美国专利分类表查询页

5.3.5.2　检索方法

美国专利分类表查询界面上设置了以下三种检索方式：

（1）"Access Classification Info by Class/Subclass"（根据类/小类查找专利分类表信息）；

（2）"Classification Information"（分类信息）；

（3）"Search"（检索）。

其中，"Access Classification Info by Class/Subclass"检索项目中设有美国专利分类的类号和小类号输入框，在该框内输入要检索的类号（必要条件）和/或小类号（可选择条件），然后再从"Select what you want..."标题下的选项中选择任意一项，点击"Submit"按钮，就可以进入相关页面。

例如：选择"Class Schedule（HTML）"（HTML 格式分类表）项，检索"704/1"分类号，即可显示该分类号所在的分类表。

再例如：选择"Class Definition（HTML）"（HTML 格式分类定义）项，检索"704/1"分类号，即可显示该分类号的分类定义。

再例如：选择"US – to – IPC Concordance"（美国与国际专利分类对照）项，检索"704/1"分类号，即可显示该美国专利分类号所对应的国际专利分类号。

在专利分类检索数据库主页面上，还设有其分类表检索项目的链接，如"Class Numbers & Titles"类号与类名检索项目、"Class Numbers Only"纯类号检索项目、"USPC Index"美国专利分类索引检索项目等。点击"Class Numbers & Titles"检索项目链接标题，即可进入按带有类名的类号排列的目录表页；点击"Class Numbers Only"检索项目检索项目链接标题，即可进入按纯类号排列的目录表页；点击"USPC Index"检索项目链接标题，即可进入带有主题词检索对话框的界面。

5.3.6　专利权转移数据库

5.3.6.1　专利权转移数据库进入方法

在美国专利商标局网站主页面中间位置选择"Patents"框下的"Search"项，再选择其中的"Patent Assignment Database"即可进入专利权转移数据库（见图 5 – 38）。

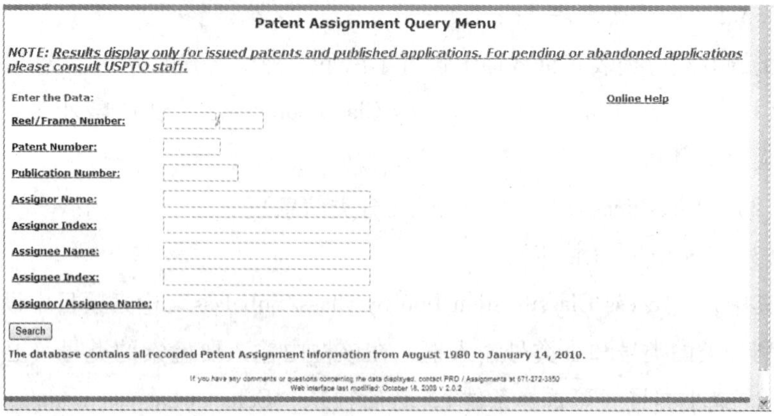

图 5 - 38　美国 "Patent Assignment Database" 界面

5.3.6.2　专利权转移数据库收录内容

美国专利权转移数据库收录了自 1980 年 8 月至今的美国授权专利和申请公布专利的权利转移登记信息，包括：专利权转移卷宗号，登记日期，让与种类（出让人利益转移 "ASSIGNMENT OF ASSIGNORS INTEREST"、地址变更 "CHANGE OF ADDRESS"、风险抵押 "SECURITY AGREE-MENT"、解除抵押 "RELEASE AGREEMENT" 等），专利权信息（专利号、授权日期、申请号、申请日期等），出让人，受让人，相对应的地址等。

需要注意的是：本数据库数据更新存在一定的滞后期。

5.3.6.3　专利权转移数据库检索方法

如果要查询一件专利或专利申请公布的权利转移信息，就以该专利号或专利申请公布号为检索线索，在 "Patent Number" 或 "Publication Num-ber" 检索入口输入相应的专利号或专利申请公布号，进行检索即可。

如果要检索某一宗专利权转移案卷所涉及的专利，就以专利权转移卷宗号为检索线索，在 "Reel/Frame Number" 检索入口输入相应的专利权转移卷宗号，进行检索即可。

如果要检索某一专利权人拥有哪些专利，包括通过转让获得的专利，就以专利权人名字为检索线索，在 "Assignee Name" 检索入口输入相应的专利权人名字或其中的关键词，进行检索即可。

如果要检索某一专利权人出让了哪些专利，就以专利权人名字为检索线索，在 "Assignor Name" 检索入口输入相应的专利权人名字或其中的关键词，进行检索即可。

5.3.6.4　专利权转移数据库检索结果输出

通常，执行检索后直接进入检索结果列表显示页面。图 5 - 39 是检索专利受让人"PLAYTEX PRODUCT INC"的检索结果的列表显示，其包括以下三列信息：专利申请号、专利号（含申请公布号）和受让人名字。

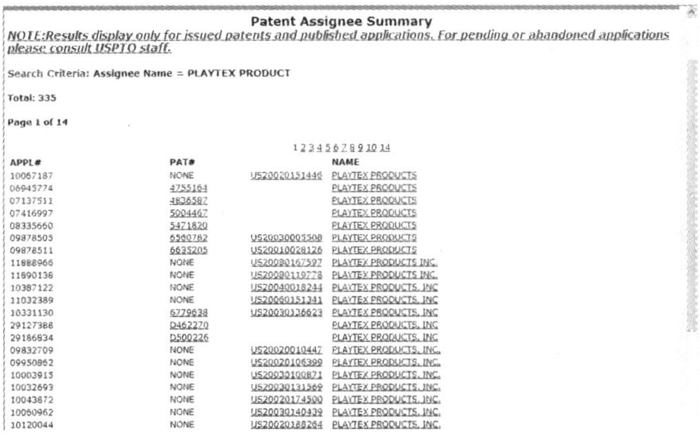

图 5 - 39　美国专利权转移检索结果列表显示页面

全文显示分为四种：专利权转移标题摘要（Patent Assignment Abstract of Title）、专利权转移详述（Patent Assignment Details）、专利权转移出让人详述（Patent Assignment Assignor Details）、专利权转移受让人详述（Patent Assignment Assignee Details）。

（1）专利权转移标题摘要。以专利号为线索，提供该专利已发生过的以下专利权转移基本信息：专利权转移总数、专利号、专利授权日期、申请号、申请日期、发明人、发明名称；还按时间顺序提供每次专利权转移的以下详细信息：专利权转移序号、专利权转移卷宗号、登记日期、文件页数、让与种类、出让人、生效时间、受让人和相对应的地址（见图 5 - 40）。

图 5-40　美国专利权转移检索结果"专利权转移标题摘要"显示页面

（2）专利权转移详述。以专利权转移卷宗号为线索，提供该案卷的以下基本信息：专利权转移卷宗号、登记日期、文件页数、让与种类；同时还提供该专利权转移案卷所涉及的专利的以下信息：专利权总数、每件专利的专利号、专利授权日期、申请号、申请日期、发明名称、出让人、生效日期、受让人和相对应的地址。

（3）专利权转移出让人详述。以出让人名字为线索，提供该出让人出让的专利的以下基本信息：出让人名字、出让专利权的案卷总数；同时还提供该每件出让专利权案卷的以下详细信息：专利权转移卷宗号，登记日期，文件页数，让与种类，出让人，生效日期，受让人，本案所涉及的专利权的专利号、申请公布号、申请号，相对应的地址。

（4）专利权转移受让人详述。以受让人名字为线索，提供该受让人受让的专利的以下基本信息：受让人名字、受让专利权的案卷总数；同时还提供该每件受让专利权案卷的以下详细信息：专利权转移卷宗号，登记日期，文件页数，让与种类，出让人，生效日期，受让人，本案所涉及的专利权的专利号、申请公布号、申请号，相对应的地址。

5.3.7　专利法律状态检索

5.3.7.1　专利申请信息查询系统进入方法

1. 进入专利交费查询及继续数据查询系统的方法

在美国专利商标局网站主页面中间位置选择"Patents"框下的"Search"项，再选择其中的"Patent Application Information Retrieval"，即可进入专利申请信息查询系统（见图5-41）。

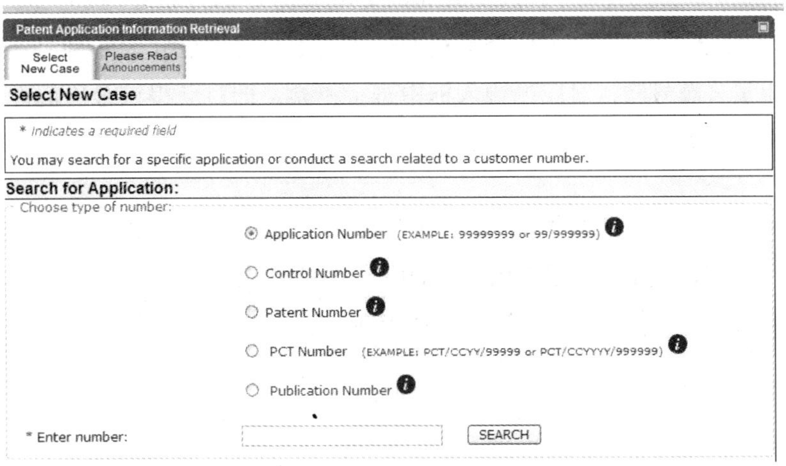

图5-41　"Patent Application Information Retrieval"界面

2. 进入专利撤回数据库的方法

在美国专利商标局网站的主页面，选择"Patents"下的"More about Patents"后，再选择"Links"项下的"Withdrawn Patents"，即可进入"撤回的专利数据库"。

3. 进入延长专利保护期数据库的方法

在美国专利商标局网站的主页面，选择"Patents"下的"More about Patents"后，再选择"Links"项下的"Patent Terms Extended"，即可进入"延长专利保护期数据库"。

5.3.7.2　美国专利法律状态检索收录内容

专利申请信息查询系统（Patent Application Information Retrieval System，简称 PAIR）提供授权专利或公布申请的状态，其中的公共专利申请信息包括：专利文献、公布的申请、要求国内优先权的授权专利或公布申请。

本系统中又包括若干不同的子系统，各子系统具有不同的功能，如：美国专利交费查询及继续数据查询系统收录至最新公布日所有公布的授权专利和专利申请公布的数据；美国专利撤回查询系统收录至最新公布日撤回的所有专利的目录；美国延长专利保护期查询系统收录至最新公布日公布的延长专利保护期的专利的目录。

5.3.7.3 美国专利法律状态检索方法

1. 查找专利是否因未交年费而提前失效的方法

在"Patent Application Information Retrieval"检索界面上有以下5个号码选择框：申请号（Application Number）、专利号（Patent Number）、公布号（Publication Number）、PCT号（PCT Number）和控制号（Control Number）。每次检索需要输入一个完整的号码，用户可将已知的专利号、申请号或申请公布号输入对应的输入框中进行检索，即可获得该号码的专利记录结果（如果有的话）（见图5-42）。

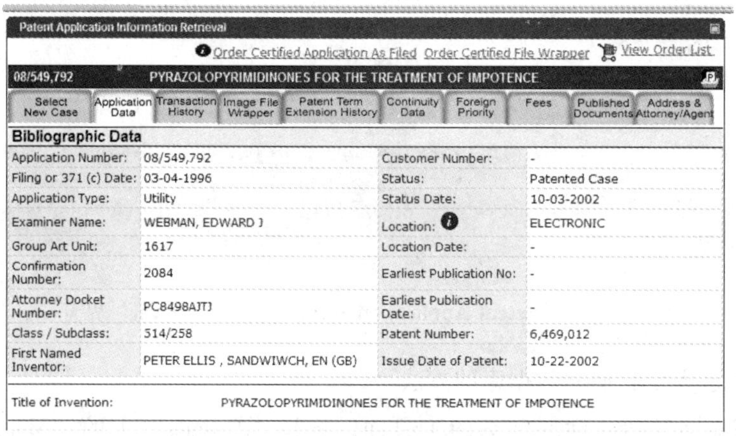

图5-42 美国专利法律状态检索结果主界面

选择"Fees"项，再进一步查询该件美国专利三次（4年、8年、12年）维持费的交费情况。

2. 查找专利是否有继续数据的方法

在图5-42中的界面上选择"Continuity Data"项，即可浏览该专利是否有继续数据。

3. 查找专利是否撤回的方法

在"Withdrawn patents"主页上，利用Microsoft Internet Explorer浏览器中的"编辑"->"查找"功能，在撤回的专利目录中查找，即在"查找"对话框中输入被检索的专利号，点击"查找下一个"按钮，如果专利目录中存在该专利号，屏幕自动移动到该专利号位置，从而可确定被查找的专利已撤回。

4. 查找专利是否延长保护期的方法

在"Extended Patent Terms"主页中分别点击"Patent Terms Extended Under Private Law"（根据私法延长专利保护期）、"Patent Terms Extended Under 35 USC ＄ 155"（根据美国法典 35 – 155 延长专利保护期）、"Patent Terms Extended Under 35 USC ＄ 156"（根据美国法典 35 – 156 延长专利保护期）检索项。

然后在各检索项主页中的专利目录中查找是否有被检索的专利号，如果专利目录中存在该专利号，即可根据该专利记录中的相关数据确定专利保护期延长的时间。

5.3.7.4　年费缴纳情况检索结果输出

点击"View Maint. Statement"按钮，检索美国专利某年次的交费情况，将会得到两种检索结果：已交费和未交费。

专利已交费的检索结果显示如图 5 – 43 所示。

ITEM NBR	PATENT NUMBER	FEE CDE	FEE AMT	SUR CHARGE	SERIAL NUMBER	PATENT DATE	FILE DATE	PAY YR	SML ENT	STAT
1	5,379,209	1552	2050	0	08/015,531	01/03/95	02/09/93	08	YES	PAID

000000

ITEM NBR	ATTY DKT NUMBER
1	141 – 24

图 **5 – 43**　专利未交费的检索结果

专利未交费的检索结果显示为："1998/07/05 Patent Expired for Failure to Pay Maintenance Fees."（1998 年 7 月 5 日由于未交维持费而专利终止）（见图 5 – 44）。

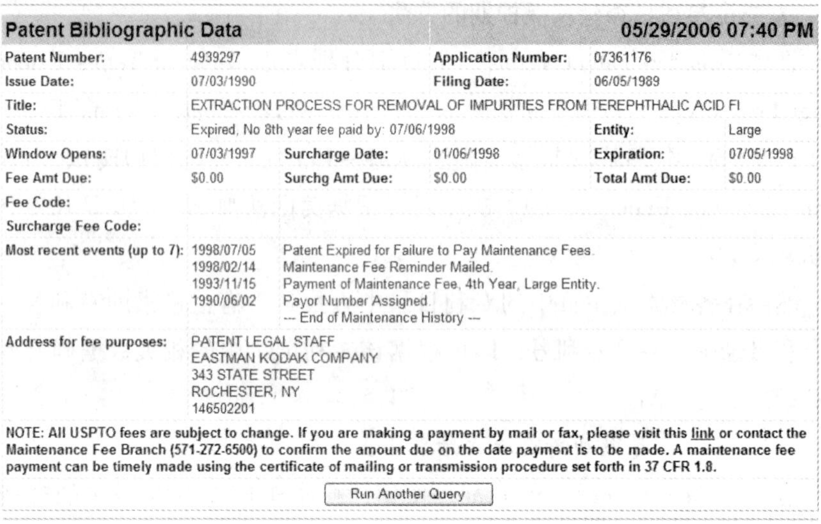

Patent Bibliographic Data				05/29/2006 07:40 PM	
Patent Number:	4939297			Application Number:	07361176
Issue Date:	07/03/1990			Filing Date:	06/05/1989
Title:	EXTRACTION PROCESS FOR REMOVAL OF IMPURITIES FROM TEREPHTHALIC ACID FI				
Status:	Expired, No 8th year fee paid by: 07/06/1998			Entity:	Large
Window Opens:	07/03/1997	Surcharge Date:	01/06/1998	Expiration:	07/05/1998
Fee Amt Due:	$0.00	Surchg Amt Due:	$0.00	Total Amt Due:	$0.00
Fee Code:					
Surcharge Fee Code:					
Most recent events (up to 7):	1998/07/05	Patent Expired for Failure to Pay Maintenance Fees.			
	1998/02/14	Maintenance Fee Reminder Mailed.			
	1993/11/15	Payment of Maintenance Fee, 4th Year, Large Entity.			
	1990/06/02	Payor Number Assigned.			
		--- End of Maintenance History ---			
Address for fee purposes:	PATENT LEGAL STAFF EASTMAN KODAK COMPANY 343 STATE STREET ROCHESTER, NY 146502201				

NOTE: All USPTO fees are subject to change. If you are making a payment by mail or fax, please visit this link or contact the Maintenance Fee Branch (571-272-6500) to confirm the amount due on the date payment is to be made. A maintenance fee payment can be timely made using the certificate of mailing or transmission procedure set forth in 37 CFR 1.8.

Run Another Query

图 5-44 美国专利未交费的检索结果显示页面

5.4 日本专利信息检索

5.4.1 概述

日本专利局将自 1885 年以来公布的所有日本专利、实用新型和外观设计电子文献通过其网站上的工业产权数字图书馆（IPDL）在互联网上免费提供给全世界的公众，从而使其可便捷有效地得到日本各种工业产权文献及相关信息。

日本专利局的网站，被设计成两种文字的版面：英文版和日文版，两种版网页上的内容有所不同。其中，日本专利局政府网站（英文版）的网址为：http：//www. jpo. go. jp/。

5.4.1.1 英文版工业产权数字图书馆

在日本专利局网站（英文版）主页选择“Industrial Property Digital Libaray（IPDL）”（工业产权数字图书馆）项，进入英文版日本专利局工业产权数字图书馆主页（见图 5-45）。

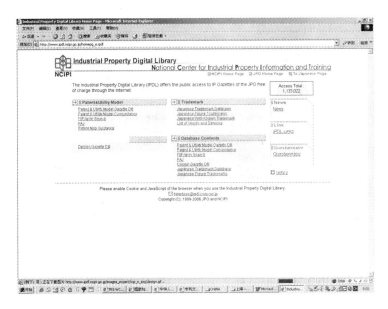

图 5-45　英文版工业产权数字化图书馆主页

英文版工业产权数字图书馆网页上的专利、实用新型与外观设计信息检索项有：专利与实用新型公报数据库，专利与实用新型对照索引，FI/F-term分类检索，日本专利英文文摘，FI/F-term 分类表，外观设计公报数据库。

（1）专利与实用新型公报数据库，可供用户从日本专利和实用新型的各种文献公布号检索出日本专利和实用新型各种单行本。

（2）专利与实用新型对照索引，可供用户从日本专利和实用新型的各种编号检索出日本专利和实用新型各种单行本。

（3）FI/F-term 分类检索系统，可供用户从日本 FI/F-term 分类号检索各种技术主题的日本专利和实用新型。

（4）日本专利英文文摘，可供用户从英文主题词、IPC 分类号或申请人名称检索日本公开专利。

（5）FI/F-term 分类表，可供用户查询日本 FI/F-term 分类类目和类号。

（6）外观设计公报数据库，可供用户从日本外观设计的各种编号检索出日本外观设计单行本（英文表达）。

5.4.1.2　日文版工业产权数字图书馆

在英文版日本专利局工业产权数字图书馆主页选择"To Japanese Page（到日文主页）"，进入日文版工业产权数字图书馆网页（见图 5-46）。

图 5-46 日文版工业产权数字化图书馆主页

日文版面 IPDL 主页中央有六个主栏目，各主栏目下又有不同数量的子栏目。分别是：

1. 初学者检索数据库

（1）专利·实用新型检索数据库；

（2）商标检索系统。

2. 专利·实用新型检索数据库

（1）专利·实用新型公报数据库；

（2）专利·实用新型文献号对照；

（3）公报文本检索；

（4）公开专利公报检索；

（5）专利分类检索；

（6）PAJ 检索；

（7）FI/F - term 检索；

（8）外国公报数据库；

（9）审查书类情报检索。

3. 经过情报检索数据库

（1）号码检索；

（2）范围指定检索；

（3）最终结果检索。

4. 审判检索数据库

（1）审判公报数据库；

（2）审判快报；

（3）审判取消诉讼案集。

5. 外观设计检索数据库

（1）外观设计公报数据库；

（2）外观设计文献号对照；

（3）外观设计公报文本检索；

（4）日本外观设计分类检索；

（5）外观设计公知资料检索；

（6）分类对照。

6. 商标检索数据库

（1）商标公报数据库；

（2）商标文献号对照；

（3）商标申请、授权情报。

5.4.2 专利与实用新型单行本查找

查找日本专利与实用新型单行本有多种选择，英文版和日文版工业产权数字图书馆主页上各设有若干数据库选项。以下将以英文版为例，介绍日本专利与实用新型单行本查找方法。

5.4.2.1 进入方法

选择英文版工业产权数字图书馆主页上的专利和实用新型主栏目下的子栏目 "Patent & Utility Model Gazette DB（专利与实用新型公报数据库）"，或选择同一主栏目下的子栏目 "Patent & Utility Model Concordance（专利与实用新型对照索引）"，进入专利与实用新型公报数据库或专利与实用新型对照索引的检索界面（见图 5-47 和图 5-48）。

图 5-47　英文版专利与实用新型公报数据库检索界面

图5-48 英文版专利与实用新型对照索引检索界面

5.4.2.2 收录内容

专利与实用新型公报数据库收录了 1885 年以来全部日本专利与实用新型各种单行本。该数据库中收录的文献范围如表 5-9 所示。

表5-9 专利与实用新型公报数据库收录的文献范围

	文 献 名 称	文献种类代码	文献范围
专利	公布的专利申请	A	1971 年以后
	经过审查的专利申请出版物	B	1922 年以后
	专利	B	1996 年以后
	专利说明书	C	1885 年以后
	PCT 国际申请的日文翻译文本	A	1979 年以后
	PCT 国际申请的国内再公布	A1	1979 年以后
	修正的专利说明书	H	1950 年以后
实用新型	公布的实用新型申请	U	1971 年以后
	未经审查的实用新型说明书	U1	1971 年以后
	PCT 国际申请（实用新型）的日文翻译文本	U	1979 年以后
	PCT 国际申请（实用新型）的国内再公布	A1	1979 年以后
	经过审查的实用新型申请出版物	Y	1922 年以后
	经过审查的实用新型注册	Y	1996 年以后
	注册的实用新型	U	1994 年以后
	经过审查的实用新型说明书	Z	1905 年以后
	修正的实用新型说明书	I	1950 年以后
非专利	技术公开杂志	N1	1987 年以后

专利与实用新型对照索引是关于日本专利与实用新型的各种编号的对照索引。该索引收录的数据范围如表 5 - 10 所示。

表 5 - 10　专利与实用新型对照索引数据收录范围

序号	编　号　种　类	文　献　范　围
1	专利申请号	1921 - 003319 ~
2	未经审查的专利申请公布号	1971 - 000001 ~
3	PCT 国际专利申请日文译文申请公布号	1979 - 500001 ~
4	经审查的专利公告号	1922 - 000001 ~ 1996 - 034772
5	专利注册号	0060192 ~
6	实用新型申请号	1913 - 002404 ~
7	未经审查的实用新型申请公布号	1971 - 000001 ~
8	PCT 国际实用新型申请日文译文申请公布号	1979 - 500001 ~ 1998 - 500001
9	经审查的实用新型公告号	1922 - 000001 ~ 1996 - 011090
10	实用新型注册号	0006683 ~

5.4.2.3　检索方法

1. 专利与实用新型公报数据库检索方法

专利与实用新型公报数据库检索界面上设有 12 组相同的检索式输入窗口，每组检索式输入窗口由两个检索式输入窗口构成。每组的两个检索式输入窗口分别是："Kind code"（文献种类）和 "Number"（号码）。文献种类和号码检索式输入窗口之间的逻辑关系为"与"；而各组检索式输入窗口之间的逻辑关系为"或"。

专利与实用新型公报数据库检索界面上设有一个简单的帮助表格。该帮助表格供使用者在输入检索式时参照检索。此外，检索界面上还设有一个 "HELP" 键，供使用者随时浏览检索帮助信息。

检索时，首先选择一组检索式输入窗口，在文献种类检索式输入窗口输入文献种类代码，如 "A"；然后在同组的号码检索式输入窗口输入完整的文献号，如 "2000 - 123456"；再点击 "Search" 键，即可进行检索。

2. 专利与实用新型对照索引检索方法

专利与实用新型对照索引检索界面上设有 "Patent" 和 "Utility Model" 两个单选扭，供使用者选择工业产权种类。

专利与实用新型对照索引检索界面上设有 5 组相同的检索式输入窗口，每组检索式输入窗口由一个 "Kind code"（文献种类）选项窗口和一个 "Document Number"（文献号）检索式输入窗口组成。每个文献种类选项窗口内有 4 个选项："Aplication"（申请），"Unexamined"（未经审查的），

"Examined"（经审查的）和 "Registration"（注册）。文献种类选项窗口和号码检索式输入窗口之间的逻辑关系为"与"；而各组检索式输入窗口之间的逻辑关系为"或"。

专利与实用新型对照索引检索界面上同样设有一个简单的帮助表格，供使用者在检索时参照输入正确的检索式。此外，检索界面上也设有一个 "HELP" 键，供使用者随时浏览检索帮助信息。

检索时，首先在 "Patent" 和 "Utility Model" 两个单选扭中选择工业产权种类；然后选择一组检索式输入窗口，在文献种类选项窗口内选出文献种类，如 "Unexamined"；再在同组的号码检索式输入窗口内输入完整的文献号，如 "2000 – 123456"；最后点击 "Search" 键，即可进行检索。

5.4.2.4 检索输入格式

（1）在专利与实用新型公报数据库检索日本专利和实用新型时，按照以下格式分别输入专利或实用新型文献的种类代码和号码（见表 5 – 11）。

表 5 – 11 专利与实用新型公报数据库号码输入格式

文献种类	代码	号码输入格式
专利申请公布	A	如果要检索 1999 年以前的专利申请，则可用 2 位数字的日本纪年，如果要检索 2000 年以后的专利申请，则可用 4 位数字的公元纪年。例如：如果要检索 1997 年公布的第 123456 号专利申请，则可输入 "H09 – 123456"；如果要检索 2000 年公布的第 123456 号专利申请，则可输入 "H12 – 123456" 或者 "2000 – 123456"。位于序号之首的零可以忽略，如 "H08 – 000123"，可输入 "H08 – 123"（注：平成 = H，昭和 = S，大正 = T）
PCT 国际专利申请日文译文	A	
实用新型申请公布	U	
经审查的专利申请公布	B	如果要检索 1994 年第 12345 号经审查的专利申请公布，则可输入 "H06 – 12345"。位于序号之首的零可以忽略，如 "H06 – 00123"，可输入 "H06 – 123"（注：平成 = H，昭和 = S，大正 = T）
未经审查的实用新型单行本	U1	
经审查的实用新型申请公布	Y	
PCT 国际实用新型申请日文译文	U	
国内再版 PCT 国际申请	A1	如果要检索 WO98/123456 号国内再版 PCT 国际申请，则应将 "WO" 换成 "0"，然后输入 "098 – 123456"；如果要检索 99 – 8676 技术公开周报，则应在表示年代的两位数字前加 "0"，然后输入 "099 – 8676"。位于序号之首的零可以忽略，如 "098 – 000123"，可输入 "098 – 123"
技术公开周报	N1	

续表

文献种类	代码	号码输入格式
专利	B	如果要检索第 1234567 号专利，则可输入"1234567"。位于序号之首的零可以忽略，如"000123"，可输入"123"
专利说明书	C	
注册实用新型	U	
经审查的实用新型注册	Y	
经审查的实用新型单行本	Z	
修改的专利单行本	H	如果要检索第 000123 号修改的专利说明书，则可输入"123"，即位于序号之首的零可以忽略
修改的实用新型单行本	I	

（2）在专利与实用新型对照索引检索日本专利和实用新型时，按照以下格式选择号码类型和输入专利或实用新型的号码（见表 5 – 12）。

表 5 – 12　专利与实用新型对照索引号码输入格式

号码类型	类型选项	号码输入格式
申请号	Application	如果要检索 1999 年以前的专利，则应用 2 位数字的日本纪年，如果要检索 2000 年以后的专利，则应用 4 位数字的公元纪年。例如，如果要检索 1997 年第 123456 号的专利申请，则应输入"H09 – 123456"。位于序号之首的零可以忽略，如"H08 – 000123"，可输入"H08 – 123"（注：平成 = H，昭和 = S，大正 = T）
未经审查的公布号（PCT 国际专利申请日文译文公布号）	Unexamined	
经审查的公布号	Examined	如果要检索 1989 年第 12345 号经审查的专利申请公布，则应输入"H01 – 12345"。位于序号之首的零可以忽略，如"H01 – 00123"，可输入"H01 – 123"（注：平成 = H，昭和 = S，大正 = T）
注册号	Registration	如果要检索第 1234567 号专利，则应输入"1234567"。位于序号之首的零可以忽略，如"000201"，可输入"201"

5.4.2.5　检索结果输出

专利与实用新型公报数据库检索结果的输出方式和专利与实用新型对照索引检索结果的输出方式完全相同。输入检索式后，按回车键，进行检索，即可直接进入"检索结果的号码目录显示"状态。

检索结果的号码目录显示仅显示检索命中的专利或实用新型的文献号。点击号码目录中的文献号，即可进入"检索结果的英文文摘及主图显示"状态（见图 5 – 49）。

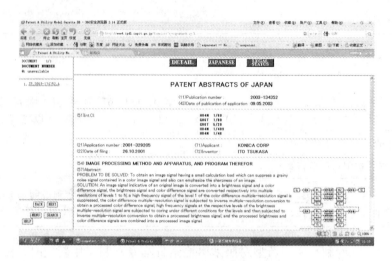

图5-49 英文版检索结果的英文文摘及主图显示

检索结果的英文文摘及主图显示则以英文版单行本扉页的形式显示日本专利或实用新型的各种著录项目、文摘和主图。用鼠标向下拖动英文文摘及主图显示屏幕右边的滚动条,即可显示出专利的法律状态信息。

再点击检索结果的英文文摘及主图显示屏幕上方的"DETAIL"(详述)键,即可进入"检索结果的英译全文文本及附图显示"状态(见图5-50)。

图5-50 英文版检索结果的英译全文文本及附图显示

检索结果的英译全文文本及附图显示分成3个窗口:中间上方为专利文献各部分的英文标题,一般包括CLAIM(权利要求)、DETAILED DE-SCRIPTION(详细说明)、TECHNICAL FIELD(技术领域)、PRIOR ART(已有技术)、EFFECT OF THE INVENTION(发明效果)、TECHNICAL

PROBLEM（技术问题）、MEAS（方法）、DESCRIPTION OF DRAWINGS（附图说明）和 DRAWINGS（附图）；中间下方为对应于上述专利文献各部分标题的由计算机翻译的英文译文；右侧为所有附图的显示窗口，可通过点击"Drawing selection"（附图选项）中的图号选择浏览各个附图。

再点击检索结果的英文文摘及主图显示屏幕上方的"JAPANESE"（日文）键，即可进入"检索结果的日文原文显示"状态（见图 5-51）。

图 5-51 英文版检索结果的日文原文显示

检索结果的日文原文显示为日本专利或实用新型单行本的原文全文图像显示，其下方设有翻页、放大缩小、旋转等功能键，以供用户浏览。

所有上述显示均可打印输出。日文原文全文图像可以以单页的形式下载输出。

5.4.3 按日本专利分类检索日本专利

按日本专利分类检索日本专利，首先须确定检索主题的日本专利分类号，然后再选择可供按照日本专利分类号检索日本专利的数据库。

5.4.3.1 进入方法

1. 查询日本专利分类表的进入方法

在日文版和英文版工业产权数字图书馆网页上分别设有日文版和英文版日本专利分类表（FI/F-term）查询界面。

FI/F-term 分类表是按日本专利分类进行专利和实用新型检索的工具性数据库。FI（File Index）分类表是对国际专利分类表（IPC）的进一步细分类生成的分类系统，而 F – term（File Forming Term）分类表则是专门用于计算机检索的分类系统。两种分类系统共同构成检索日本专利和实用新型的检索依据。

以英文版为例，点击英文版工业产权数字图书馆主页上的专利和实用新型主栏目下的子栏目"Patent Ma PQuidance（FI/F – term 分类表）"，进入英文版 FI/F – term 分类表检索界面（见图 5 – 52）。

图 5 – 52 英文版日本 FI/F – TERM 分类表检索界面

2. 从日本专利分类号检索日本专利的进入方法

在日文版和英文版工业产权数字图书馆网页上同样分别设有日文版和英文版日本专利分类检索的查询界面。

以英文版为例，点击英文版工业产权数字图书馆网页上的专利和实用新型主栏目下的子栏目"FI/F – term Search（FI/F – term 分类检索）"，进入英文版 FI/F – term 分类检索的检索界面（见图 5 – 53）。

图 5 - 53　英文版日本 FI/F - TERM 分类检索界面

5.4.3.2　收录内容

　　FI/F - term 分类检索是以日本 FI/F - term 专利分类为依据按技术主题检索日本专利和实用新型的数据库。该数据库中收录的数据范围如表 5 - 13 所示。

表 5 - 13　FI/F - term 分类检索收录的数据范围

	专 利 文 献 种 类	文献范围
1	公布的专利申请	1971 - 000001 ~
2	经审查的专利申请公布	1914 - 001388 ~ 2
3	专利	2500001 ~
4	专利说明书	1 ~
5	PCT 国际专利申请日文译文	1979 - 500001 ~ 3
6	注册实用新型	3000001 ~
7	公布的实用新型申请	1971 - 000001 ~ 5
8	经审查的实用新型申请公布	1912 - 000376 ~
9	经审查的实用新型注册	2500001 ~
10	经审查的实用新型说明书	1 ~ 980184
11	PCT 国际实用新型申请日文译文	1979 - 500001 ~
12	国内再版 PCT 国际申请	79/000329 ~

5.4.3.3 检索方法

1. 查询日本专利分类表的方法

FI/F－term 分类表检索界面设有两个检索式输入窗口："FI"（FI 分类号）和"F－term"（F－term 分类号）。

FI 分类号检索式输入窗口是供用户从国际专利分类号查找 FI 分类号、FI 细分类号和 FI 方面分类号及对照 F－term 主题的工具。检索时，输入一个国际专利分类号即可，如"A45B25/16"。

F－term 分类号检索式输入窗口是供用户从 F－term 主题分类号查找该 F－term 主题的细分类号的工具。检索时，输入一个 F－term 主题分类号即可，如"3B104"。

查询 FI/F－term 分类表也可采用浏览方式。浏览方式为：直接点击"FI"（FI 分类表），进入"FI Section/ Broad－Facet Selection"（FI 部/方面分类号选择）显示界面；同样，直接点击"F－term"（F－term 分类表），进入"F－term Grou Pof Theme Selection"（F－term 主题组分类号选择）显示界面。

2. 从日本专利分类号检索日本专利的方法

FI/F－ term 分类检索界面上设有 4 组检索式选项窗口和输入窗口："Data Type"（数据类型）、"Theme"（主题）、"Publication Year"（公布年代）和"FI/F－term/facet"（FI/F－term 分类号）。

数据类型检索式选项窗口设有 4 个选项："Patent"（专利）、"Examined utility model registration"（经审查的实用新型注册）、"Patent specification"（专利说明书）和"Examined utility model specification"（经审查的实用新型说明书）。该检索式选项窗口为多选型，是检索的必要条件。检索时，用户可选其中一项，也可同时选多项，如果不选，则默认为全选。

主题检索式输入窗口是 F－term 主题的输入窗口。检索时，用户可输入 F－term 主题，例如"3B104"（行走拐杖，伞，以及风扇）。

公布年代检索式输入窗口是通过输入专利或实用新型的公布年代来缩小检索范围的检索式输入窗口。检索时，用户可在"From"（从）窗口输入一个起始年，在"To"（到）窗口输入一个终止年，就可把检索的范围限定在输入的年代范围中。

FI/F－term 分类号检索式输入窗口是用于通过 FI 分类号和/或 F－term 分类号检索日本专利与实用新型的主要检索窗口。检索时，可输入一个完整的 FI 分类号，如"A45B25/16@ A"；也可输入一个完整的 F－term 分类号，如"3B104AA00"；还可与主题检索式输入窗口连用，即在主题检索式输入窗口一个 F - term 主题分类号，如"3B104"，在 FI/F - term 分类号检索式输入窗口输入一个 F - term 细分类号，如"AA00"。

5.4.3.4　检索策略及其输入格式

1. 日本专利分类表查询输入格式

检索方式为：在 FI 分类号检索式输入窗口或 F - term 分类号检索式输入窗口输入 FI 分类号或 F - term 分类号，点击"Search"（检索）键，即可进入 FI 分类表或 F - term 分类表。检索式输入格式如表 5 - 14 所示。

表 5 - 14　日本专利分类表查询输入格式

分类表	检 索 要 求	检索例
FI 分类表	检索 FI 部分类号	A
	检索 FI 大类分类号	A61
	检索 FI 小类分类号	A61K
	检索 FI 大组分类号	A61K6
	检索 FI 小组分类号	A61K6/06
	检索 FI 小组和方面分类号	A61K6/00，ABD
	检索 FI 小组和 IPC 细分类号	C08L27/06，301
	检索 FI 小组和补充代码分类号	C08L27/06@ A
	检索 FI 小组、IPC 细分类和补充代码分类号	C08L27/06，301@ A
F - term 分类表	检索 F - term 主题分类号	2B
	检索 F - term 主题细分类号	2B002

FI 分类表或 F - term 分类表的进一步查询应参见相应的"HELP"（帮助）。

2. FI/F - term 分类检索的检索策略及其输入格式

在利用 FI/F - term 分类检索日本专利和实用新型时，可按照以下格式在主题检索式输入窗口和/或 FI/F - term 分类号检索式输入窗口输入 FI 和/或 F - term 分类号（见表 5 - 15）。

表 5 - 15　FI/F - term 分类检索检索策略及其输入格式

分类检索种类	分类号输入格式
F - term 分类检索	F - term 分类检索的分开输入格式：分别输入主题分类号 "5D044" 和细分类号 "DD01"，即在主题检索或输入窗口输入 "5D044"，在 FI/F - term 分类号检索式输入窗口输入 "DD01"
	F - term 分类检索的完整输入格式：将主题分类号 "5D044" 和细分类号 "DD01" 一起输入 FI/F - term 分类号检索式输入窗口
	如果将 F - term 主题分类号同时输入到主题检索式输入窗口和 FI/F - term 分类号检索式输入窗口，则两窗口之间的逻辑关系为 "与"
	某些 F - term 分类号带有细分类补充代码。如果检索此类分类号，则可在 F - term 细分类号和细分类补充代码之间加一个 "."，如 2E110GA03. W
	如果在 F - term 细分类号后仅使用 "." 而不加任何细分类补充代码，则将表示检索该 F - term 细分类号下属的所有细分类补充代码，例如检索 "GA03."，包括 GA03. W，GA03. X，GA03. Y 和 GA03. Z
	在说明书中作为细分类补充代码的 "." 被省略了，例如 "GA03. W"，在说明书中为 "GA03W"。因此，如果检索细分类补充代码，则应添加 "."
	如使用简单输入格式，参见 "简化输入"
FI 分类检索	输入 FI 分类号 "H01L12/33"
	输入 FI 分类号 "G11B20/18"，附带 IPC 细分类号 "540" 和文件区别类号 "D"，即 G11B20/18, 540@ D
	如使用简单输入格式，参见 "简化输入"
方面分类检索	输入方面分类号 "ZAA"

在 FI/F - term 分类号检索式输入窗口内可以输入多个分类号，最多可输入 500 个字符。所有分类号之间应使用逻辑运算符号连接。逻辑 "与" 为 "*"，逻辑 "或" 为 "+"，逻辑 "非" 为 "-"。此外还可用 "（）" 限定运算的先后顺序，"（）" 的分类号先运算。

在 FI/F - term 分类号检索式输入窗口输入多个分类号时，可以使用 "简化输入" 方式。

例如：

检索 "AA01 + AA02 * AA03"，可输入 "AA（01 + 02 * 03）"；

检索 "A01C1/01 * A01C1/02"，可输入 "A01C1/（01 * 02）"；

检索"A01C1/01，114 * A01C1/01，116@ A"，可输入"A01C1/01，（114 * 116@ A）"；

检索"A01C1/01，114@ A * A01C1/01，114@ B"，可输入"A01C1/01，114@ （A * B）"。

在 FI/F – term 分类检索时，检索结果命中的文献不得超过 500 件，超过 500 件时，将无法显示检索结果。另外，可利用公布年代检索式输入窗口限定检索年代，以缩小检索结果的件数。输入年代检索式时，可按照以下方式输入：

检索"1993 ~ 1994 年"，可输入"1993 – 1994"或"H05 – H06"或"H05 – 1994"；

检索"1993 年以来"，可输入"1993 – "或"H05 – "；

检索"1993 年以前"，可输入" – 1993"或" – H05"。

5.4.3.5　检索结果输出

1. 日本专利分类表查询结果输出

在 FI/F – term 分类表检索界面上的 FI 分类号检索式输入窗口输入检索式后，按回车键，进行检索，可直接进入英文版日本 FI 分类表相关目录（见图 5 – 54）。

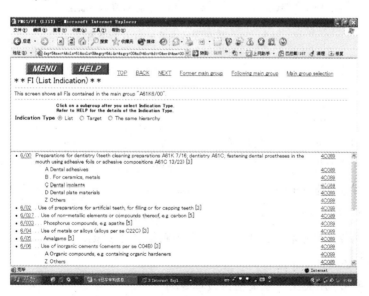

图 5 – 54　英文版日本 FI 分类表

浏览英文版日本 FI 分类表上的相关类名，可帮助用户通过 FI 分类号确定 FI 细分类号和方面分类号。同时还可对照出与 FI 分类号、细分类号和方面分类号对应的 F – term 主题。

点击与 FI 分类号、细分类号和方面分类号对应的 F – term 主题，可直接打开 F – term 分类表中该主题的类表。

在 FI/F – term 分类表检索界面上的 F – term 分类号检索式输入窗口输入检索式后，按回车键，进行检索，可直接进入英文版日本 F – term 分类表相关类表（见图 5 – 55）。

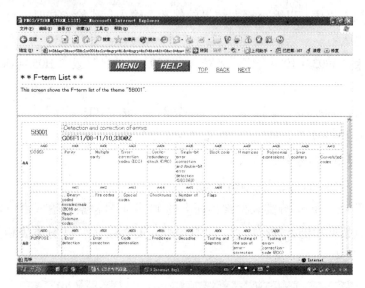

图 5 – 55　英文版日本 F – term 分类表

浏览英文版日本 F – term 分类表上的相关主题的细分类号的类名，可帮助用户确定 F – term 细分类号。

2. FI/F – term 分类检索结果输出

在 FI/F – term 分类检索界面输入检索式后，按回车键，进行检索，可直接在该检索界面的下方显示出命中的件数。如果检索结果超过 500 件，则还需再进行限定检索，直至少于 500 件。然后点击该检索界面的左下方的"List"（目录）键，进入"检索结果的目录显示"状态。

其他各种显示状态按照专利与实用新型公报数据库检索结果输出的步骤逐步进入。

5. 4. 4　用英文主题词检索日本专利

通过"PAJ"（日本专利英文文摘）可实现用英文主题词检索日本公开专利。

5. 4. 4. 1　进入方法

日本专利英文文摘设有两种检索界面："Text Search"（文本检索）和

"Number Search"（号码检索）。

　　点击工业产权数字图书馆主页上的专利和实用新型主栏目下的子栏目"PAJ（日本专利英文文摘）"，进入日本专利英文文摘文本检索界面（见图5-56）。

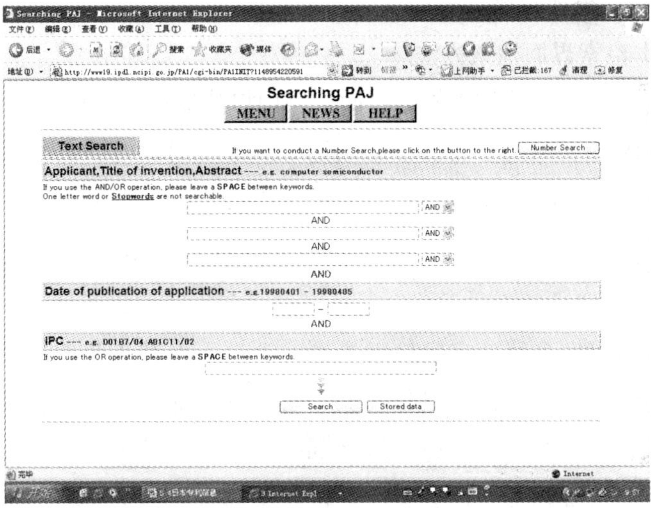

图 5-56　英文版日本专利英文文摘文本检索界面

　　点击日本专利英文文摘文本检索界面右上方的"Number Search"（号码检索）键，进入日本专利英文文摘号码检索界面（见图5-57）。

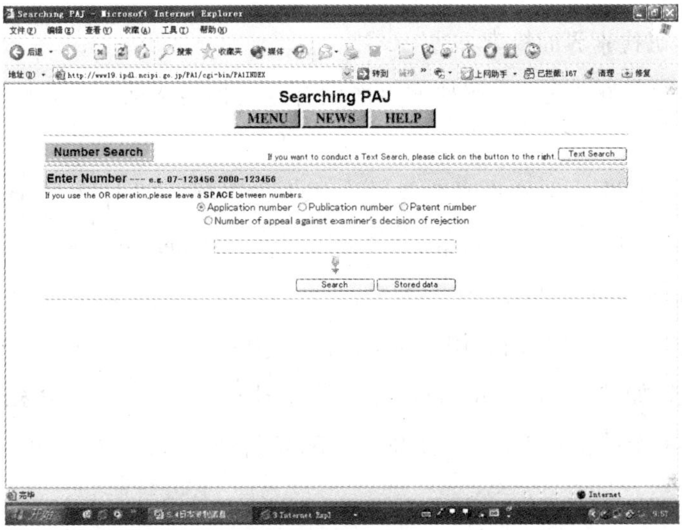

图 5-57　英文版日本专利英文文摘号码检索界面

5.4.4.2 收录内容

日本专利英文文摘是日本公布的专利申请（公开特许公报）著录项目与文摘（含主图）的英文译文数据库。该数据库收录了自 1976 年以来公布的从第 51 – 111001 号开始的日本专利申请数据记录。

5.4.4.3 检索方法

1. 文本检索界面检索方法

日本专利英文文摘文本检索界面可供用户从专利或实用新型的申请人、发明名称、文摘、申请公布日期和国际专利分类号角度进行信息检索。该界面设有 3 组检索式输入窗口："Applicant，Title of invention，Abstract"（申请人、发明名称、文摘）、"Data of Publication of Application"（申请公布日期）和"IPC"（国际专利分类号）。

申请人、发明名称、文摘检索式输入窗口下设有 3 个相同的检索式输入窗口，各窗口之间还设有逻辑关系"或、与、非"选项。检索时，在检索式输入窗口输入英文检索词，如"camera"，即可检索。

申请公布日期检索式输入窗口下设 2 个检索式输入窗口，可分别输入起始日期和终止日期，或单独进行检索，或与申请人、发明名称、文摘检索式输入窗口连用，作为英文检索词的限定条件，以缩小检索范围。

国际专利分类号检索式输入窗口允许输入国际专利分类号，如"A01C11/02"。

2. 号码检索界面检索方法

日本专利英文文摘号码检索界面设有号码种类选项和号码检索式输入窗口。

号码种类选项为检索必要条件，共 4 种选项："Application number"（申请号）、"Publication number"（公布号）、"Patent number"（专利号）和"Number of appeal against examiner's decision of rejection"（审查员驳回决定诉讼案号）。检索时，用户应根据欲检索的专利或实用新型号码先选择号码种类，如"Publication number"（公布号）；然后在号码检索式输入窗口内输入一个数字号码，如"2000 – 123456"，即可找到该号码的专利或实用新型。

5.4.4.4 检索策略及其输入格式

在利用日本专利英文文摘文本检索界面检索日本公布的专利申请时，可按照以下格式在各检索式输入窗口输入检索式（见表 5 – 16）。

表 5-16　日本专利英文文摘文本检索输入格式及检索策略

检索式输入窗口	检索式输入格式及检索策略
申请人 发明名称 文摘	检索时，可以输入日本公布的专利申请中的申请人、发明名称和文摘中的任何词，但一个字母的词和禁用词不能用于检索。 在同一个检索窗口中输入多个词时，词与词之间须空一个格，并在该检索窗口同一行的逻辑关系选择窗口中选择"AND"（与）或"OR"（或），以限定词与词之间的逻辑关系。 每个检索窗口允许输入 200 个字符。 在检索词中可能含有许多分隔符，如"、！、　、＄、％、－、／等，检索时，这些分隔符被视为截断符号。如检索"input – output"，检索结果将包括"input – output"、"input output"、"input/output"，但不包括"output input"、"output – input"。检索词的范围将包括一个词的词根变化，如检索"run"，检索结果将包括"run"、"runs"、"running"、"run's"等
申请公布日期	如果要检索 1993 年 7 月 1 日公布的专利申请，则应输入"19930701 – 19930701" 如果要检索 1993 年 7 月 1 日至 1993 年 8 月 10 日公布的专利申请，则应输入"19930701 – 19930810" 如果要检索 1993 年 7 月 1 日以后公布的专利申请，则应输入"19930701 – ." 如果要检索 1993 年 7 月 1 日以前公布的专利申请，则应输入". – 19930701"
国际专利分类号	如果要检索国际专利分类号为 A01C11/02 的公布的专利申请，则应输入"A01C11/02" 如果要检索国际专利分类号为 A01C 的公布的专利申请，则应输入"A01C"

　　在利用日本专利英文文摘文本检索界面检索日本公布的专利申请时，可按照专利与实用新型对照索引规定的检索格式选择号码类型和输入专利或实用新型的号码。

5.4.4.5 检索结果输出

在日本专利英文文摘文本检索界面输入检索式后，按回车键，进行检索，可直接在该检索界面的左上方显示出命中的件数。然后点击该检索界面的右上方的"Index Indication"（索引指示）键，进入"日本专利英文文摘检索结果的名称目录显示"状态（见图5-58）。

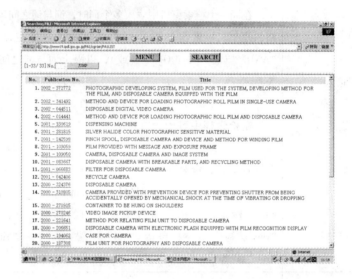

图 5-58 英文版日本专利英文文摘检索结果的名称目录显示

日本专利英文文摘检索结果的名称目录显示只包括所有检索到的日本专利文献的公布号和发明名称。

在日本专利英文文摘文本检索界面输入检索式后，按回车键，进行检索，可直接进入"日本专利英文文摘检索结果的名称目录显示"状态。

其他各种显示状态可按照专利与实用新型公报数据库检索结果输出的步骤逐步进入。

5.4.5 日本专利法律状态检索

日本专利局的英文界面与日文界面都提供了专利法律状态的检索。

5.4.5.1 英文版法律状态检索

在日本专利局数据库中，输入检索条件，在检索结果的英文文摘及主图显示页面（见图5-49），点击上方"LEGAL STATUS"键，即可进入法律状态显示状态（见图5-59）。

图 5 - 58　英文版法律状态显示状态

5.4.5.2　日文版法律状态检索

日文版工业产权数字图书馆通过网页上的"经过情报检索"（法律状态信息检索）项提供日本专利、实用新型和外观设计等法律状态检索，具体检索主要通过"番号照会"（号码对照索引）、"範围指定检索"（范围指定检索）和"最终处分照会"（最终处理对照索引）来实现。此外在日本工业产权数字图书馆（IPDL）的英文界面中的"PAJ"和日本国家工业产权信息中心（NCIPI）的 AIPN（Advanced Industrial Property Network，高级工业产权）网上还提供部分专利法律状态的英文信息。这里主要介绍"经过情报检索"的使用。

"经过情报检索"中的法律状态数据包括：日本专利、实用新型和外观设计等的基本著录信息，申请及审查过程中的信息，有关专利复审过程中的信息，以及专利分案等相关信息。

1. "番号照会"（号码对照索引）检索

在"番号照会"检索界面上可以通过输入号码来检索日本的"特許"（发明专利）、"实用"（实用新型）、"意匠"（外观设计）以及"商標"（商标）的法律状态。

（1）进入方法。日文版工业产权数字图书馆的网址为 http：//www. ipdl. ncipi. go. jp/homepg. ipdl（见图 5 - 60）。

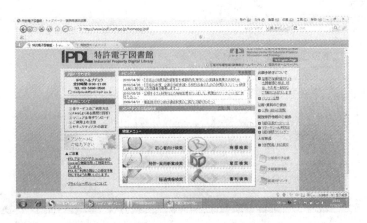

图 5-60　日文版工业产权数字图书馆的网页

在该页面上选择"経過情報検索"项下的"番号照会"，即可进入号码对照索引检索界面（见图 5-61）。

图 5-61　"番号照会"检索界面

（2）"番号照会"（号码对照索引）检索。根据检索界面，"番号照会"检索按以下三步骤进行：第一步，选择权利种类；第二步，从下拉列表选择号码类型；第三步，在输入框中输入号码。

在"番号照会"检索界面上的号码输入窗口可以按以下输入格式输入（见表 5-17）。

表 5-17　"番号照会"输入格式

检索项	示　例	说　　明
出願番号/書換申請番号	H08－123456	
公開番号	2000－000001 H02－000001	
公表番号	H08－002001 H08－2001	顺序号前面的"0"可以省略

续表

检索项	示　例	说　明
公告番号	H06 – 001540 H06 – 1540	顺序号前面的"0"可以省略
審判・異議番号	2000 – 00001 H12 – 00001 H12 – 1	1999 年之前的文献以日本纪年表示；2000 年以后的可以公元纪年表示，也可以日本纪年表示 顺序号前面的"0"可以省略
登録番号	1234567	顺序号前面的"0"可以省略
優先権主張番号	08/156，468	不输入国别
国際出願番号	FR03/003023	国际申请号之前的 PCT 省略
国際公開番号	WO03/00123 WO2004/064653	
出訴事件番号	H07 – 000123	

有以下几点需要特别说明：在号码中出现的字符都以英文半角表示；日本纪年中的英文字母不分大小写；每次最多输入 20 个号码。

（3）检索结果。执行检索后，系统会出现检索结果列表。点击某一文献号，进入该文献号对应的详细著录数据信息界面（见图 5 - 62）。

图 5 - 62　著录数据信息界面

数据库将法律状态信息分成了"基本项目"（基本项目）、"出願情報"（申请信息）、"審判情報"（复审信息）、"登録情報"（注册信息）、"侵害訴訟情報"（侵权诉讼信息），如果本申请有分案方面的信息，则数据库还提供"分割出願情報"（分案申请信息）。

　　基本项目描述了专利的著录数据以及案卷大致的审批过程。如图 5 - 62 所示的例子中，从"出願細项目记事"（申请详细著录项目）一栏中可以得知该申请在专利审查时被驳回；从"審判記事登録記録"（复审著录项目注册记录）一栏中还可以看出，申请人对驳回不服，于平成 14 年（公元纪年 2002 年）4 月 30 日向复审机构提出异议，但最终申请人的请求理由不成立。

　　如需了解复审过程中更详细的内容（如复审决定、复审决定的理由等），可以通过"審判記事登録記録"中记载的复审号 2002 - 07515 进入"審判検索"（复审检索）来查找；或者在当前窗口下，点击"審判情報"，也可得知相关信息。

　　如果需要查看关于专利申请过程中的信息，如 FI、F - term 分类号等，则可查看图 5 - 62 所示页面下方的"出願情報"，便可进入图 5 - 63 所示页面。

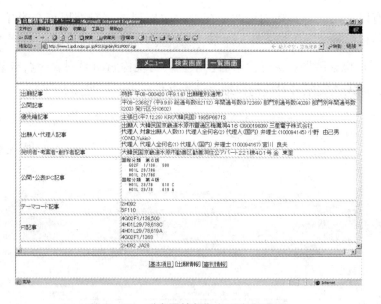

图 5 - 63　"出願情報"相关数据页面

　　图 5 - 62 所示页面下方的"審判情報"中记载了该专利较为详细的复审过程，点击即可进入图 5 - 64 所示页面。

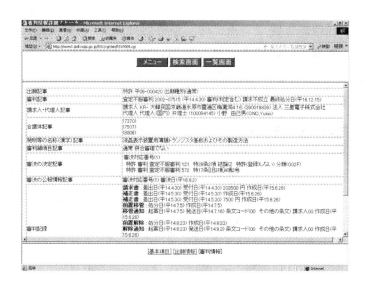

图 5 - 64 "审判情报"中关于复审过程相关信息的页面

2. "範囲指定检索"(范围指定检索)

选择"経過情报检索"项下的"範囲指定检索"可进入范围指定检索界面(见图 5 - 65)。

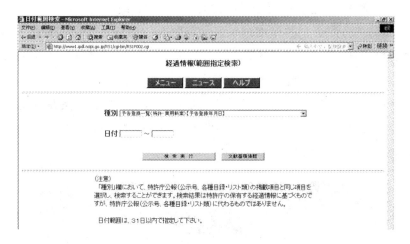

图 5 - 65 范围指定检索

在该检索方式下,从下拉列表中选择需要查看的法律状态项目,然后在时间范围的输入框中输入时间范围(最多一个月),可以查看一定时间范围内处于某种法律状态的文献列表。

5.4.5.3 "最终处分照会"(最终处理对照索引)检索

通过"最终处分照会"子数据库可以看出案卷在整个审批过程中是否曾经授权。除此之外,该子数据库还记录了对案卷作出各种决定的时间。

选择"经過情報検索"项下的"最終处分照会",即可进入最终处理对照索引检索界面。该检索界面只能通过输入文献番号("出願番号"、"公開番号"、"公表番号"、"審判番号"、"公告番号"、"登録番号")来检索(见图5-66)。

图5-66 "最終处分照会"检索页面

在图5-66所示页面,从下拉列表中选择文献类型,在其后的输入框中输入相应的文献号,即可检索该文献号对应的最终决定。

"最終处分照会"的检索结果显示如图5-67所示。在"最終处分照会"详细信息页面中,"最終处分"一栏为"登録",即授权。但这并不意味着该案的最终法律状态是授权。事实上,"最終处分"一栏记载的是该案是否曾经授权。在该例中,通过"番号照会"可以得知,该案在授权之后,有人提出异议,而最终被无效了。因此,不能把此处的"最終处分照会"理解为案卷的最终法律状态。

图5-67 "最終处分照会"详细信息

5.4.6 复审信息检索

对于经历了复审阶段的专利等案卷,可以通过JPO日文版工业产权数字图书馆的"審判検索"(复审检索)项来检索详细的相关数据。"經過情报检索" 和 "审判检索" 都有复审信息, 通过前者可以查询案卷在专利审批流程中的详细信息以及进入复审阶段后的过程; 后者中包含了案卷进入复审阶段后的详细信息。

"审判检索" 项包括三个子项: "审决公报 DB" (复审决定公报数据库), "审决速报" (复审决定快报) 和 "审决取消诉讼判决集" (复审决定、撤销、诉讼判决集)。

5.4.6.1 "审决公报 DB""复审决定公报数据库" 检索

"审决公报 DB" 子数据库可以检索日本专利复审委员会的复审决定 ("审决公报") 和法院的诉讼决定 ("判决公报")。

如图 5-68 所示, 在页面上方的选择项中选择公报种类, 然后在页面中的输入框中输入一个或多个复审公告号, 即可检索。还可以在该页面下选择检索结果的显示格式。

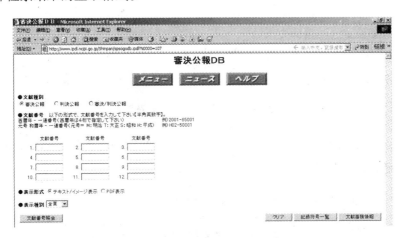

图 5-68　"审决公报" 检索页面

检索结果的显示方式和专利与实用新型对照索引检索结果的输出方式基本相同。

需要注意的是, 在图像格式显示方式下, 不能对右框中的复审决定详情进行打印等操作; 而在 PDF 显示的方式下, 可以进行打印。

5.4.6.2 "审决速报"(复审决定快报) 检索

"审决速报" 是指从复审决定作出后 1～2 个月到复审决定公报发行这一时间段的相关信息。也就是说, 通过该数据库, 可以提前看到复审决定的内容。"审决速报" 每半个月出版。

1. "番号"(号码) 检索

如图 5-69 所示, 在页面的上半部分的选项中选择以下号码类型: "审判・異議番号"（复审判决/异议号）、"出願番号"（申请号）、"登録番号"（注册号），在其下方的号码输入框中输入相应文献号，可检索"审决速报"。在该方式下，还可以一次性输入多个号码。

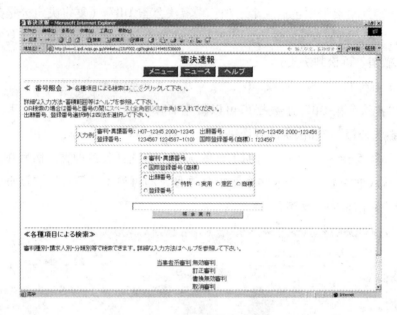

图 5 - 69　"审决速报"检索页面

检索结果如图 5 - 70 所示。页面左侧是复审中的"审判号"，右侧是复审决定的具体内容。

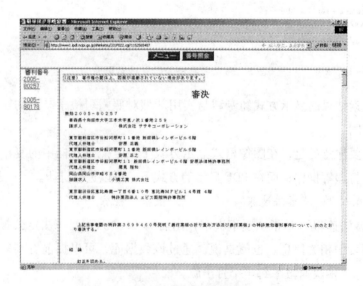

图 5 - 70　号码检索结果

2. "当事者系审判"（复审当事人）检索

该检索可以通过请求人、被请求人或者专利分类信息来检索"审判速报"信息。它以请求复审的请求人、被请求人或 IPC 分类号为检索入口进入检索（如图 5－71）。

图 5－71 "复审当事人"检索页面

检索步骤如下：

在上部的下拉列表中选择输入条件的类别——"请求人"、"被请求人"、"IPC 分类"或"意匠分类"，在其后的输入框中输入所对应的内容；

在"审判种别"下拉列表中选择所要查询的复审类型（"指定無し"表示选择所有类别）；

在"四法"下拉列表中选择相应内容（"指定無し"表示选择所有类别）；

点击"检索实行"进行检索。

检索结果以列表形式显示，如图 5－72 所示。

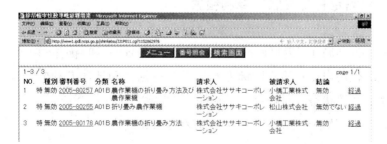

图 5－72 "当事者系审判"检索结果列表

从图 5－72 中可以看出，该方式与"番号"检索方式不同的是，在"当事者系审判"检索结果列表中，除了显示出"审判番号"信息，还有请求人、被请求人以及复审决定等信息。同时，在该页面点击"经过"，还可以链接到"经过情报"信息显示页面。

"查定系审判"、"付与後異議"与"当事者系审判"的检索方式相似，只是所检索的法律状态项目不同而已，在此不再赘述。

5.4.6.3 "審決取消訴訟判決集"（复审决定、撤销、诉讼判决集）检索

"審決取消訴訟判決集"中包含对复审决定不服而进行的诉讼的相关信息。点击"審決取消訴訟判決集"按钮即可进入该检索系统，然后根据事件号码进行查看（见图 5－73）。

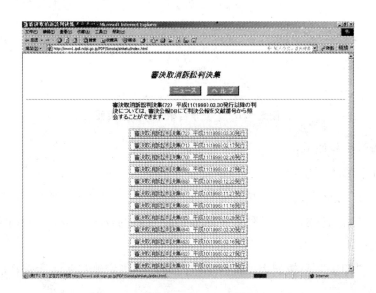

图 5－73 "審決取消訴訟判決集"显示页面

5.5 欧洲专利局互联网专利检索

欧洲专利局在其互联网网站上提供了 esp@cenet 和 epoline 两个专利检索系统，供用户免费检索欧洲专利以及其他国家和地区专利的著录项目、单行本、法律状态、同族专利等多种专利检索服务。

5.5.1 欧洲专利局 esp@cenet 专利检索系统

5.5.1.1 概述

为方便用户免费获取世界范围内的专利信息，促进专利信息的利用，

欧洲专利局网站于 1998 年 10 月开始提供 esp@cenet 系统的免费专利检索服务。与商业数据库不同，esp@cenet 系统主要立足于一般公众的检索需求，通过其内部的几个数据库免费向用户提供世界范围内专利申请的著录项目、单行本、同族专利和法律状态以及部分非专利文献的著录项目等信息检索服务，功能非常强大。截至 2009 年 7 月，esp@cenet 系统已收录全球 90 多个国家和地区的专利文献。

5.5.1.2 esp@cenet 系统的进入方法

目前共有两种简便途径进入 esp@cenet 专利系统。一种是通过国家知识产权局网站（网址为 http：//www.sipo.gov.cn）进入，具体方法为在网页右下方"其他检索"板块中选择"国外及港澳台专利检索"，在列表中选择"欧洲专利局"即可进入；另一种是直接通过 esp@cenet 系统的网址 http：//ep.espacenet.com 进入。esp@cenet 检索系统的首页如图 5 – 74 所示。

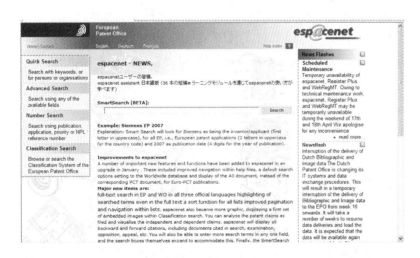

图 5 – 74 esp@cenet 检索系统首页

5.5.1.3 esp@cenet 系统内容

esp@cenet 系统的内容包括三个方面：可检索的国家范围、可检索的专利文献种类范围和可检索的专利文献数据范围。

1. 可检索的国家范围

截至 2009 年 7 月，esp@cenet 系统已收录全球 90 多个国家和地区的专利文献，可满足大部分检索需求。虽然该系统收录的国家范围非常大，但并不表明通过该系统可以检索任一国家任一年度的专利文献。具体检索范围取决于各专利机构向欧洲专利局提供专利数据的情况。如果想详细了解该系统收录的各国以及各地区的专利数据范围，可在图 5 - 74 所示的系统首页下方点击"Worldwide patent data coverage information"链接，查看具体的信息。

2. 可检索的专利文献种类范围

esp@cenet 系统可以检索的专利文献种类范围，由不同国家和地区的专利文献制度以及 esp@cenet 系统收录的数据范围决定。具体来说，有的国家或地区的专利权种类中只有发明专利，没有实用新型，对于这些国家和地区，通过 esp@cenet 系统就只能检索其发明专利；而有的国家或地区的专利权种类中包括实用新型，比如中国、韩国和德国等，对于这些国家和地区，通过 esp@cenet 系统就不仅可以检索其发明专利，也可以检索实用新型。另外，esp@cenet 系统可以检索的专利文献范围还取决于各专利机构向欧洲专利局提供专利文献数据的情况。有的国家或地区的专利机构提供的专利数据多一些，比如美国专利商标局除了向欧洲专利局提供发明专利数据以外，还提供植物专利和外观设计等专利数据。对于这些国家和地区的专利数据，我们可以检索的专利信息就多一些。有些专利机构提供的专利数据少一些，那么通过 esp@cenet 系统可检索的信息相应就少一些。

3. 可检索的专利文献数据范围

esp@cenet 系统的专利检索功能非常强大。通过该系统，可以检索专利申请的申请号、申请日、优先权号等著录项目数据，单行本全文图像，同族专利以及法律状态等信息。同样的，可检索的专利文献数据范围亦取决于各专利机构向欧洲专利局提供专利文献数据的情况。

5.5.1.4 esp@cenet 系统检索方式

由图 5 - 73 可以看出，esp@cenet 系统提供了快速检索（Quick Search）、高级检索（Advanced Search）、号码检索（Number Search），以及分类号检索（Classification Search）四种专利检索方式。下面分别进行介绍。

1. 快速检索

在图 5 - 73 所示的 esp@cenet 系统首页的左上方点击"Quick Search"链接即可进入快速检索界面，如图 5 - 75 所示。该检索界面分为三个区域：数据库选择区（Database）、检索字段选择区（Type of search）和检索项输入区（Search terms）。

图 5 - 75 快速检索界面

这三个区域也表明了专利检索的三个步骤。第一步是选择数据库。在数据库选择区内共有三个数据库可供选择，即 EP、Worldwide 和 WIPO 数据库。有关这三个数据库各自的特点，将在下文作详细介绍。第二步是选择检索字段。在快速检索方式下，如果选择"Worldwide"数据库，则系统提供了两个检索字段，即"发明名称或摘要"（Words in the title or abstract）以及"个人或组织"（Persons or organisations），分别表示在发明名称以及摘要的范围内以及申请人和发明人字段内进行检索；如果选择"EP"或者"WIPO"数据库，则在此基础上增加一个"说明书全文及权利要求"（Words in the full text of description and claims）检索字段。第三步是在检索项输入区的检索输入框内输入检索内容。具体的检索项输入方法将在下文作详细介绍。完成上述三个步骤后点击页面下方的"search"键即可。

2. 高级检索

在快速检索界面的左上方点击"Advanced Search"链接即可进入高级检索界面，如图 5 - 76 所示。该检索界面分为两个区域：数据库选择区（Database）和检索项输入区（Search terms）。

图 5 - 76　高级检索界面

与快速检索一样，检索时首先选择数据库。数据库的设置与快速检索方式相同。在高级检索方式下，如果选择"Worldwide"数据库，则系统提供了 10 个检索字段；如果选择"EP"或者"WIPO"数据库，则在此基础上增加"全文文本"（Keyword（s）in full text）检索字段。选择好数据库后，再在检索项输入区内选择检索字段并输入相应的检索项内容。检索时可以只在一个检索字段中进行检索，也可在多个字段中进行逻辑关系"与"的检索。各字段具体的检索项输入方法将在下文一并详细介绍。完成上述两个步骤后点击页面下方的"search"键即可。

3. 号码检索

在快速检索或高级检索界面的左上方点击"Number Search"链接即可进入号码检索界面，如图 5 - 77 所示。该检索界面分为两个区域：数据库选择区（Database）和号码输入区（Enter Number）。

图 5 - 77　号码检索界面

　　与上述两种检索方式相同，检索时首先选择数据库，而后在号码输入框内输入号码。输入号码时，可以输入专利申请号、申请公布号、授权公告号、优先权号以及非专利文献号等。当无法确定一个文献号码具体为何种号码时，使用该检索方式较为简便。

　　4. 分类号检索

　　在快速检索、高级检索或者号码检索界面的左上方点击 "Classification Search" 链接，即可进入分类号检索界面，如图 5 - 78 所示。该检索方式主要是通过欧洲专利局特有的 ECLA 专利分类号进行专利检索。ECLA 分类号是在 IPC 分类基础上再细分的一种分类体系。如果检索者对于专利分类号掌握比较熟练，则使用该检索方式将获得更佳的检索效果。

图 5 - 78　分类号检索界面

　　如果检索者对于 ECLA 分类号比较熟练，则可以直接从 A 到 Y 几个部，一级一级地选择分类号，即检索领域。查找到合适的分类号后，点击其右方的选择框，系统会自动将该分类号粘贴到页面下方的 "分类号检索框内"（Copy to searchform）。检索者可选择一个或多个分类号。选择好后，点击页面右下方的 "Copy" 键，系统将自动跳转到高级检索界面，并在 ECLA 分类号字段显示所选择的分类号。检索者可以在该检索页面的基础上，再结合其他检索字段进行专利检索。

　　如果检索者对于 ECLA 分类号不是很熟练，但又希望使用 ECLA 分类号进行检索，则可在该检索方式下先通过输入关键词确定 ECLA 分类号。具体方法为在图 5 - 78 页面上方的 "以关键词查找分类号"（Find classification（s）for keywords）输入框内输入英文关键词，点击 "Search" 键，页面下方即显示相应的 ECLA 分类号。而后进行的检索方法同上。

5. 三个数据库简介

在快速、高级以及号码检索方式下，均须首先选择数据库。esp@cenet系统共包含三个数据库，分别是 EP、Worldwide 和 WIPO 数据库。三个数据库收录的专利数据各有特点，在检索时可根据实际检索需要进行选择。

（1）EP 数据库。该数据库仅收录欧洲专利局公布的专利数据。因此，如果用户仅对欧洲专利文献感兴趣，则可选择此数据库。一般情况下，EP 数据库在欧洲专利文献公布日（每周三）更新。由于该数据库所包含的数据相对较少，因此检索运行速度相对较快。

（2）Worldwide 数据库。该数据库是三个数据库中收录专利文献最全的一个。如果要检索某个国家或地区的专利文献，则可选择该数据库，其可满足大部分检索需求。

在 Worldwide 数据库中进行检索需要注意以下几点。

① Worldwide 数据库中专利申请摘要的更新时间比专利申请的公布时间滞后一个月。如果原始摘要的公布语言不是英语，则欧洲专利局会将其翻译成英语。但如果该专利申请的同族专利中包含英文摘要，则不再进行翻译。

② Worldwide 数据库中专利申请的 ECLA 分类号的更新比专利申请公布日滞后几个月。

③ 该数据库虽然是 esp@cenet 系统三个数据库中专利文献收藏量最大的一个，但并不涵盖世界上所有专利机构的所有专利信息。由于各种原因，该数据库可能并未收录某些国家或地区的专利文献；就某个国家或地区来说，也可能未收录其某种专利文献；就某种专利文献而言，也可能未收录原始图像说明书或者法律状态等数据。因此，在检索的时候，有时可能会发觉检索结果有限，或者无法查看摘要、单行本等信息。

（3）WIPO 数据库。该数据库仅收录世界知识产权组织公布的专利申请的著录项目、摘要和说明书等数据。因此，如果用户仅对国际申请文献感兴趣，则可选择此数据库。一般情况下，WIPO 数据库每周更新一次，通常是在国际申请公布日（每周三）的两周后进行。由于该数据库所包含的数据相对较少，因此检索运行速度相对较快。

6. 简易检索

实际上，在图 5-74 所示的 esp@cenet 系统首页的中间位置，系统即提供了一种简易检索方法，即 SmartSearch 检索。虽然在该检索方式下，系统仅提供了一个检索输入框，但检索者可通过输入最多 21 项内容，比如关键词、申请人、国家代码、日期等，并且各检索项内容之间可以使用布尔算符"and"、"or"以及"not"，可用空格代替"and"，即可实现在高级检索方式下选择 Worldwide 数据库，进行多个字段检索的效果。

5.5.1.5 esp@cenet 系统检索方法及检索结果显示

1. 检索策略及输入格式

由于快速检索、号码检索以及简易检索方式下的各检索字段基本都包含在高级检索方式内，因此下面以高级检索方式下的检索字段为例，说明各检索字段的输入方法。各字段的输入格式以及详细说明如表 5-18 所示。

表 5-18 esp@cenet 系统各检索字段的输入方法

检索字段	输入格式举例	说　明
Keyword（s）in title （发明名称）	Laser "Automatic control"	可使用布尔算符"and"、"or"和"not"，空格代替"and"；可使用通配符"*"、"?"和"　"；使用双引号表示检索该字段中包含确切检索输入项内容及顺序的专利申请
Keyword（s）in title or abstract （发明名称或文摘）	Laser "Automatic control"	输入方法同发明名称
Keyword（s）in full text （全文文本）	Laser "Automatic control"	输入方法同发明名称；目前，该字段只能用于 EP 数据库和 WIPO 数据库
Publication number （公布号）	CN1202494 WO9858528 US XP106	2 位国家代码 + 最多 12 位数字；可使用布尔算符"or"，可用空格代替；非专利文献的输入格式为"XP + 序列号"
Application number （申请号）	US19950696861 EP19980305281 WO1999CH00524	2 位国家代码 + 4 位申请年代码 + 最多 7 位数字；WO + 4 位申请年代码 + 2 位国家代码 + 最多 5 位数字；可使用布尔算符"or"，可用空格代替
Priority number （优先权号）	US19940366490 WO1995FI00082	2 位国家代码 + 4 位申请年代码 + 最多 7 位数字；WO + 4 位申请年代码 + 2 位国家代码 + 最多 5 位数字；可使用布尔算符"and"、"or"和"not"，空格代替"or"
Publication date （公布日）	20021129 200211 2002	不能进行日期范围检索；可使用布尔算符"or"，可用空格代替

续表

检索字段	输入格式举例	说　明
Applicant（申请人）	Andersen William "Andersen William F" IBM	姓氏 + 名字 + 中间名；使用双引号表示检索该字段中包含确切检索输入项内容内容及顺序的专利申请；可使用通配符"*"、"?"和"　"；可使用布尔算符"and"、"or"和"not"，空格代替"and"
Inventor（发明人）	Andersen William "Andersen William F"	输入方法同申请人
European Classification（ECLA）ECLA 分类号	A61K8/81C4 A61K8/81C	该字段只能用于 Worldwide 数据库；可使用布尔算符"and"、"or"和"not"，空格代替"and"
International Patent Classification（IPC）IPC 分类号	A61M5/32 A61M	可使用布尔算符"and"、"or"和"not"，空格代替"and"

另外，有以下几点说明。

（1）自 2010 年起，该系统在 EP 数据库和 WIPO 数据库增设全文检索功能，即在快速和高级两种检索方式下，选择 EP 或者 WIPO 数据库后，系统将自动增加"全文检索"字段。通过在该字段输入关键词，可实现在权利要求和说明书中进行全文检索。

（2）截断符"*"、"?"和"　"分别代表任意长度的字符、0 或 1 个字符和 1 个字符，"?"和"　"分别最多只能使用三次，且前面至少要输入两位字符；"*"前面至少要输入三位字符。

（3）在各检索字段，除可以通过布尔算符"and"、"or"和"not"，或者用空格作相应代替外，还可通过在检索字段键入"Ctrl + Enter"，扩展检索输入内容。

（4）虽然公布日字段不能进行日期范围检索，但是检索者可以通过输入几个时间点或时间段的方式来变相地实现一些日期范围的检索。比如，如果想检索 2009 年 9 ~ 11 月公布的专利文献，则可以在公布日字段输入"200909 200910 200911"，各日期之间以空格分隔；如果想检索 2009 年全年公布的文献，则可以直接在这个字段输入"2009"。

（5）在进行专利检索时，有时不能只通过关键词进行检索。这是因为有的专利申请的发明名称或摘要等数据由于各种原因并未收录在数据库中，这时如果只用关键词进行检索，则会造成漏检。所以检索时为了保证查全，最好使用关键词和分类号相结合的检索方法。

（6）该检索系统针对 IPC 第 8 版的变化作了相应调整。在 IPC 检索字段中可以直接输入 IPC 分类号进行检索，也可以通过改变输入格式来限定检索范围。具体方法为在 IPC 分类号前添加一些符号，具体添加的符号及其含义如下：

ci：表示选择在 IPC 基本版的发明信息中进行检索

cn：表示选择在 IPC 基本版的附加信息中进行检索

ai：表示选择在 IPC 高级版的发明信息中进行检索

an：表示选择在 IPC 高级版的附加信息中进行检索

c：表示选择在 IPC 基本版中进行检索

a：表示选择在 IPC 高级版中进行检索

不添加任何符号，表示在所有版本中的所有信息的分类号中进行检索。

例如，在 IPC 检索字段中输入"ai：G11B5/62"，则表示在 IPC 高级版的发明信息中检索分类号为 G11B5/62 的专利申请。注意，检索时应输入半角符号。

2. 检索结果显示

几种检索方式下的检索结果界面是相同的，即均以列表的形式列出检索结果。点击列表中的某一项，即可查看具体的著录项目和摘要等数据。自 2010 年起，esp@cenet 系统在检索结果中对于检索输入项实行高亮显示，以方便检索者查看。

具体检索结果界面如图 5-79 所示。

图 5-79　esp@cenet 系统检索结果界面

检索结果界面以标签的形式显示各种数据，如图 5 - 79 上方所示。不同的标签对应于不同的显示内容。共有 6 种标签，各标签的含义及对应的显示数据内容如表 5 - 19 所示。

表 5 - 19　检索结果界面各标签的含义及显示数据内容

标签类别及含义	显示的数据内容
Bibliographic data （著录项目数据）	专利号、公布号等著录项目以及摘要、引用文献和同族专利等
Description （说明书）	该专利申请的文本式说明书
Claims （权利要求）	该专利申请的文本式权利要求
Mosaics （附图）	附图，可下载、打印等
Original document （单行本原件）	图像格式的单行本原件，可下载、打印等
INPADOC legal status （INPADOC 法律状态）	INPADOC 提供的法律状态信息

另外，检索结果界面对于国际专利分类号字段加入了 IPC 第 8 版的变化。各分类号的显示格式及含义说明如表 5 - 20 所示。

表 5 - 20　IPC 第 8 版分类号的显示格式

	基　本　版	高　级　版
发明信息	A61L2/02（粗体）	A61L2/025（粗斜体）
附加信息	A61L2/02（标准体）	A61L2/025（斜体）

对于检索结果的查看，需要注意以下几点。

（1）"Bibliographic data" 标签显示界面。

① 该界面右上方的 "Also published as" 板块中列出的文献是正在检索的专利申请的同族专利。这些同族专利的优先权完全相同，说明书内容基本一致。系统对于这一类同族专利赋予一个名称，即 "相同专利"（equivalent）。所以，在 "Also published as" 中列出的专利是当前该件专利的相同专利。如果要查看正在检索的该件专利的所有类型的同族专利，可点击该界面中的 "View INPADOC patent family" 链接。系统将以列表的形式显示该专利申请的所有同族专利。

② 对于欧洲专利申请以及指定欧洲的 PCT 申请，该界面的右方还提供

了"Cited documents"信息。其中列出的文献为该专利申请检索报告中的引用文献。

③ 该界面下方的"View list of citing documents"链接显示的是正在检索的该件专利被其他专利引用的情况，即通过该链接可查看哪些专利的检索报告中出现了当前该件专利。

④ 对于欧洲专利申请以及指定欧洲的 PCT 申请，该界面下方还提供了"View document in the European Register"链接。通过该链接，可以直接跳转到 EPO 网站的另一个检索系统——epoline 系统。

⑤ 在该界面专利摘要显示区域的右上方，通过"Translate this text"按钮，系统提供了摘要文本翻译的功能，可将法语、德语、意大利语和西班牙语几种非英语文本翻译成英语文本；也可以将英语文本翻译为法语、德语、意大利语或西班牙语。但是需要注意的是，系统提供的为机器自动翻译结果，仅供检索者作技术内容的参考，不具有相关法律意义。

（2）"Description"标签显示界面。该界面显示的是文本式的说明书全文。通过界面右上方的"Translate this text"按钮，可对说明书全文实现如前文所述的文本翻译功能。

（3）"Claims"标签显示界面。该界面除提供如全文所述的文本翻译功能以外，还通过设置"Claims Tree"链接，增设了权利要求的缩进和展开显示方式以及各项权利要求的从属关系示意图。检索者可清晰查看各项权利要求之间的关系，对于独立权利要求和从属权利要求一目了然。

（4）"Original document"标签显示界面。该界面显示的是图像格式的专利单行本原文。如果想下载或打印原文，则可点击页面上方的"Save Full Document"链接，而后按照系统要求逐步操作即可。

（5）"INPADOC legal status"标签显示界面。该界面显示的是 IN-PADOC（International Patent Documentation Center，国际专利文献中心）提供的专利法律状态信息。INPADOC 是 1972 年由世界知识产权组织和奥地利政府共同建立的一个世界性专利文献服务中心，1991 年 1 月以后归属欧洲专利局，从此 INPADOC 改名为 EPIDOS（European Patent Information and Documentation System，欧洲专利信息和专利文献服务中心）。"INPADOC legal status"标签显示界面提供的主要是 PRS（Patent Register Service，专利注册服务）信息，包括专利授权以及专利无效等法律状态信息。PRS 日期是相应法律状态的实际生效日。该系统只是按时间顺序列出专利法律状态变化的登记情况，没有系统的归纳，检索时须逐个查看各登记信息。

由于系统所提供的法律状态信息依赖于各国提供的信息，有的国家提供的数据较为全面，而有的国家提供的数据则不完全甚至未提供相关法律状态数据，因此，检索系统提供的信息只能作为参考，不能确保其准确性和实效性。准确的法律状态信息仍然以各专利机构提供的相关法律状态证明文件为准。

3. 其他检索技巧

（1）在检索结果列表的每一件专利申请名称的右方均设有"In my patents list"选框。如果检索者对于某件或某几件专利申请感兴趣，希望经常监视其法律状态变化等信息，则可选中该选框，系统将自动将选中的专利申请收藏到"My patents list"文件夹（位于界面左上方）中。之后，检索者若想查看所收藏的专利申请信息，则可直接点击检索界面左上方的"My patents list"链接。系统将集中进行显示，从而方便检索者进行专利追踪检索。然而需要注意的是，该文件夹最多仅能收藏20件专利申请，并且如果超过1年未访问，则系统将自动清空该文件夹内所收藏的所有信息。

（2）如果检索者希望在当前检索结果的基础上进一步缩小检索范围或者对所输入的检索项内容稍加改动，则可点击检索结果界面右上方的"Refine search"链接。通过该链接，系统可返回到上一次的检索界面，检索者可在上一次检索的基础上，通过增加检索字段或改变检索字段的检索项内容，实现精炼检索。

（3）在esp@cenet系统任何一个界面的左下方均设有"Quick Help"帮助信息。帮助信息中设置的均是检索者针对当前界面可能产生的疑问及其回答。在检索时如果遇到问题或者想了解更多的信息，检索者可随时查看该帮助信息。

5.5.2 欧洲专利局epoline专利检索系统

5.5.2.1 概述

epoline是欧洲专利局为检索者提供的另一个免费检索系统。通过该系统，专利申请人、代理人和其他用户可以与欧洲专利局在网上安全地进行业务往来，包括递交专利申请、接收欧洲专利局的信件、进行专利检索、监控专利审批过程以及网上付费等。epoline系统中的Register Plus检索服务以其对专利数据的全面和深度加工，成为检索者检索同族专利和法律状态信息的首选。

5.5.2.2 epoline系统的进入方法

进入epoline系统最简便的方法为直接通过网址http: //

www. epoline. org 进入。epoline 系统的首页界面如图 5 – 80 所示。

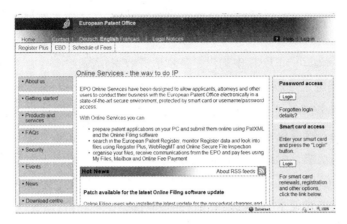

图 5 – 80　epoline 系统首页

5.5.2.3　epoline 系统的内容和功能

不同于 esp@ cenet 系统，epoline 系统收录的是 1978 年以来欧洲专利局公布的欧洲专利申请以及指定欧洲的 PCT 申请的信息。在专利数据范围方面，通过该系统，可检索从递交专利申请到审查、异议、上诉、授权或权利终止这一全过程的大部分专利数据信息，可以检索和查看专利申请的著录项目、法律状态、专利审查过程文件、同族专利等信息。此外，通过该系统，专利申请人、代理人和其他用户还可与 EPO 在网上安全地进行业务往来，包括递交申请、接收 EPO 的信件、检索和浏览专利文献、监控专利审批流程以及网上付费等。对于用户查看自己的专利申请以及竞争对手的专利申请的法律状态，提前获知重要情报，及时采取有效措施等，具有很高的实用价值。

根据用户所需的安全等级，epoline 系统共设计了三种使用其产品及服务的方式，分别为直接进入（Direct access）、密码进入（Password access）和智能卡进入（Smart card access）。进入方式不同，功能也不尽相同。

1. 直接进入（Direct access）

这是进入 epoline 系统安全等级最低，也是常用的一种方式。图 5 – 80 所示的就是直接进入方式下的界面。在这种方式下，用户可以使用图 5 – 80 界面上方的三种服务功能：Register Plus、EBD 和 Schedule of fees。

（1）Register Plus 服务可以帮助用户获取专利申请的著录项目数据、法律状态、同族专利信息、引用文献以及审查过程文件等信息，具体内容及功能将在下文详细介绍。

（2）EBD（EPO Bibliographic Data）主要以 XML 格式为 EPC 各成员国或延伸国、其他专利机构以及商业数据库提供欧洲专利局最新的专利申请著录项目数据和摘要等信息。

（3）Schedule of Fees 中提供了各项服务收费情况。

2. 密码进入（Password access）

通过图 5-80 界面右上方的"Password access"板块即可以该方式进入。密码进入服务可通过免费申请账户的方式实现。它包含了所有直接进入方式下的功能，除此之外还可以使用 WebRegMT，即网上专利监控工具（Web Register Monitoring Tool）。通过它，用户可以最多监控 1 000 条欧洲专利数据。还可要求 WebRegMT 在所选专利数据有变动时自动发送警报邮件。每条警报中都在专利申请号或公布号的位置设置了超链接，以方便用户随时查看其最新变化。

3. 智能卡进入（Smart card access）

通过图 5-80 界面右上方的"Smart card access"板块即可以该方式进入。智能卡进入可通过免费申请智能卡的方式实现。它包含了所有密码进入方式下的功能，除此之外还包含网上申请，网上付费，邮箱管理，设置文件夹，标记查看用户自己以及他人的专利申请，查看自己申请的未公布专利申请的审批状态，授权他人进行网上付费、使用邮箱等功能。

以上三种方式下的服务功能相差不大，并且都是免费的。只不过通过密码和智能卡方式进入的话，安全性和个性化更强一些。比如可以提交专利申请、进行网上付费、查看自己提交的未公布申请、实行自动监控等。

不论通过何种方式进入，epoline 系统中最常用的还是通过 Register Plus 检索功能进行法律状态等检索。因此，下文详细介绍该系统中的 Register Plus 检索服务。

5.5.2.4 Register Plus 检索

1. 概述

Register Plus 是 EPO 开发的一个提供欧洲专利授权程序以及授权后进入各指定国阶段的法律状态信息的一个系统。该系统收录了 EPO 自 1978 年成立以来所有欧洲专利申请或指定欧洲的 PCT 申请的著录项目数据、同族专利数据以及法律状态、审查过程文件等数据。对于用户管理自己的专利申请以及监控竞争对手的专利申请都具有很高的实用价值。

2. 进入方法

点击图 5-80 所示 epoline 系统首页左上方的"Register Plus"链接，即可进入 Register Plus 检索系统首页，如图 5–81 所示。

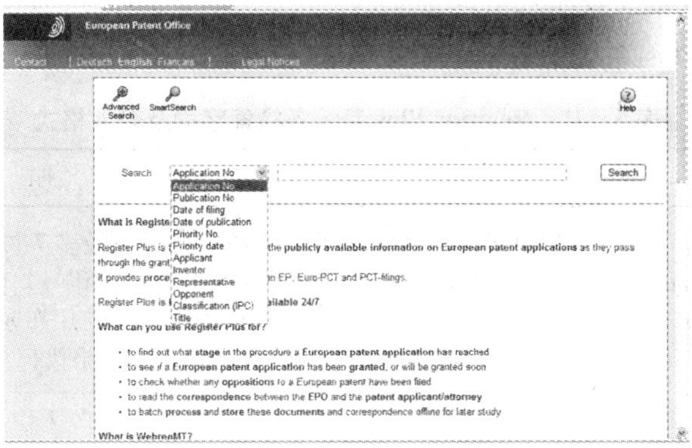

图 5–81　Register Plus 检索系统首页

3. 检索方式

该系统共提供了三种检索方式：快速检索（Quick Search）、高级检索（Advanced Search）和简易检索（Smart Search）。

（1）快速检索。Register Plus 系统首页即为快速检索界面，如图 5–80 所示。在快速检索方式下，系统仅提供了一个检索输入框。在检索输入框的左侧设有一个检索字段选择框，其中设有 12 个检索字段选项，各选项的具体内容和含义将在下文详细介绍。检索时，首先在 12 个检索字段选项中选择一个检索字段，而后在检索输入框内输入检索内容，点击"Search"键即可。

（2）高级检索。在快速检索界面的左上方点击"Advanced Search"链接，即可进入高级检索界面。在高级检索方式下，系统提供了三个检索输入框，各检索输入框之间可以进行关系"与"的检索，因此该检索方式比快速检索方式的检索功能更强一些。各个检索输入框的左侧均设有与快速检索方式相同的检索字段选择框。检索时，先根据检索需求，确定单个或最多三个检索字段。选择好检索字段后，在每个检索输入框内输入相应的检索内容，之后点击"Search"键即可。

（3）简易检索。在快速检索界面的左上方点击"Smart Search"链接，即可进入简易检索界面。epoline 系统中的简易检索功能与 esp@cenet 系统中的类似。虽然在该检索方式下，系统仅提供了一个检索输入框，但检索者可最多输入 20 项检索内容，比如关键词、申请人、国家代码、日期等。各检索项内容之间可以使用布尔算符"and"、"or"和"not"，可用空格代替"and"。因此，实际上，在该检索方式下，可实现比高级检索方式更多、更灵活的检索条件限制，从而进行更加精确的检索。

4. 检索策略及其输入格式

Register Plus 系统中各检索字段及输入格式如表 5 - 21 所示。

表 5 - 21　**Register Plus 系统各检索字段及输入格式**

字段名称	输入格式	说　　明
Application Number （申请号）	EP19970401165 97401165 WO1994JP01249 EP（WO）	EP + 4 位年代码 + 最多 7 位数字；8 位数字；WO + 4 位年代码 + 2 位国家代码 + 最多 5 位数字；可使用布尔算符"and"、"or"和"not"，空格代替"or"
Publication Number （公布号）	EP1023455 WO9504154 EP（WO）	EP（或 WO）+ 最多 7 位数字；可使用布尔算符"and"、"or"和"not"，空格代替"or"
Date of Filing （申请递交日）	20051219 200512	可使用布尔算符"or"，可用空格代替
Date of Publication （公布日）	20051130 200511	可使用布尔算符"or"，可用空格代替
Priority No. （优先权号）	US20010287192 JP19940199809	2 位国家代码 + 4 位年代码 + 序列号（最多 7 位数字）；可使用布尔算符"and"、"or"和"not"，空格代替"or"
Priority Date （优先权日）	20021213 200212	可使用布尔算符"and"、"or"和"not"，空格代替"or"
Applicant （申请人）	George "Allen George" IBM	申请人姓名的组成结构：姓氏 + 名字；使用双引号表示检索该字段中包含确切检索输入项内容及顺序的专利申请；该字段包含姓名和地址；可使用布尔算符"and"、"or"和"not"，空格代替"and"；可使用截词符"＊"、"　"和"?"
Inventor （发明人）	George "Allen George"	同申请人字段
Representative （代理人）	George "Nigel George"	同申请人字段
Opponent （异议人）	George "Nigel George"	同申请人字段
Classification (IPC) （IPC 分类号）	B60N2/28	可使用布尔算符"and"、"or"和"not"，空格代替"and"
Title	发明名称	使用双引号表示检索该字段中包含确切检索输入项内容及顺序的专利申请；可使用布尔算符"and"、"or"和"not"，空格代替"and"；可使用截词符"＊"、"　"和"?"

有以下几点需要说明。

（1）每个检索字段最多能输入 10 个检索项。

（2）截词符"＊"、"？"和"￮"分别代表任意长度的字符、0 或 1 个字符和 1 个字符，"＊"的前面至少要输入三位字符；后 2 个截词符的前面至少要输入一位字符。

（3）在 epoline 系统的任何一个界面的左下方均设有"Quick Help"帮助信息。帮助信息中设置的均是检索者针对当前界面可能产生的疑问及其回答。在检索时如果遇到问题或者想了解更多的信息，检索者可随时查看该帮助信息。

5. 检索结果显示

如果检索结果只有一条记录，则检索结果界面会直接显示该检索记录的具体信息（如图 5 - 82 所示）；如果检索结果有多条记录，则系统将首先以列表形式显示检索记录，点击列表中的某一项，即可显示具体的信息。

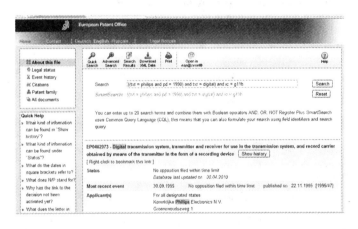

图 5 - 82　Register Plus 检索结果显示界面

如图 5 - 82 左上方所示，epoline 系统将检索结果分为 6 种显示类别予以显示。每一种显示类别对应于不同的显示数据。6 种显示类别的名称及各显示类别下显示的主要数据内容具体如表 5 - 22 所示。

表 5 - 22　Register Plus 检索界面显示类别

显示类别的名称	显示数据内容
About this file（信息总览）	著录项目、法律状态、审查程序、异议程序、上诉程序、分案申请、引用文献等数据
Legal status（法律状态）	在各指定国的生效情况、审查、异议、上诉等程序数据以及 INPADOC 法律状态数据等

续表

显示类别的名称	显示数据内容
Event history（审查流程）	从申请公开到授权再到授权后的异议、上诉等过程数据
Citations（引用文献）	审查过程中的专利和非专利引用文献
Patent family（同族专利）	该专利的同族专利
All documents（审查过程文件）	从提交申请到审查、授权以及授权后的异议程序和上诉程序等审查过程文件

关于检索结果，有以下几点需要说明。

（1）检索者可根据需要选择不同的显示类别。在任何一个显示类别下的界面上方均设有"Open in esp@cenet"的链接，点击该链接，系统可直接跳转至 esp@cenet 系统，查看当前专利申请在 esp@cenet 系统下的显示数据。

（2）图 5-82 所示的即为"About this file"显示类别下的界面。该界面主要显示专利申请较为总体、全面的信息，包括申请人、申请号、公布号等著录项目信息，以及审查、授权、异议和上诉等法律状态信息和分案申请、引用文献等信息。

（3）在"Legal status"显示类别下，除了可以查看专利申请在各指定国的生效情况以及审查、异议和上诉等程序数据外，还可查看 INPADOC 法律状态数据。这里提供的 INPADOC 法律状态数据与 esp@cenet 中提供的是一样的。在该显示类别界面的"Designated contracting states"栏目中显示的是专利申请在各指定国是否有效的信息。如果因各种原因造成专利申请在某个指定国失效，那么在相应指定国代码的旁边将出现"lapse"，即失效的信息。但是检索时不能太过依赖该项信息，为确保信息的全面，还需要进一步查看该显示类别下的"INPADOC data"信息，进行验证和补充。

（4）在"Patent Family"显示类别下，可以查看当前专利申请的所有同族专利。epoline 系统中提供的同族专利与 esp@cenet 系统提供的相同，只是 epoline 系统对不同种类的同族专利进行了区分，更方便检索。具体分为：一般同族专利（Patent family member），即优先权不完全相同的同族专利；相同专利（Equivalent），即优先权完全相同的同族专利；分案申请（Divisional application）；母专利（Earlier application）；等等。

（5）在"All documents"显示类别下，可以查看当前专利申请从递交申请到检索、审查、授权，以及异议和上诉等审查过程中的所有文件。为方便查看，系统对这些文件按类别进行了分类，具体分为异议程序、EPO

接收到的、EPO 发出的、检索和审查程序以及上诉程序等。所有审查过程
文件均为 pdf 格式，并且均可以打开，进行详细查看。

另外，该系统对于检索输入内容进行高亮显示，以方便检索者查看。

6. 使用 epoline 系统进行法律状态检索

首先需要明确的是，使用 epoline 系统进行法律状态检索，仅能检索欧
洲专利申请以及指定欧洲的 PCT 申请的法律状态信息。在进行法律状态检
索时，为确保检索结果的相对全面和准确，应尽量仔细查看每个显示类别
下的各类信息，包括著录项目信息、指定国生效情况、异议和上诉等程序
信息等。在全面了解各类信息的基础上，方能初步得出专利申请当前的法
律状态。此外，检索法律状态时，还需要注意有无分案申请。如果存在分
案申请或母专利的情况，则还需要检索其分案申请以及母专利的法律状态。
这样才能保证法律状态检索的全面和准确。

利用 epoline 系统进行法律状态检索大致可按下列步骤进行操作。

（1）首先可以查看图 5 – 82 所示的"About this file"显示类别下的
"Status"一项。该项对于专利申请的法律状态有大致的描述，检索时可作
为参考。"Status"一项常见的法律状态描述内容如表 5 – 23 所示。

表 5 – 23　Status 字段常见法律状态描述

Status 字段显示内容	含　义
Request for examination was made	已提交审查请求
The international publication has been made	国际公布已完成
The examination is in progress	正在进行审查
The application is deemed to be withdrawn	申请视撤
The application has been withdrawn	申请被撤回
Grant of the patent is intended	有授权可能
The Patent has been granted	已授权
No opposition filed within time limit	在规定期限内没有异议申请
The application has been refused	申请被驳回
Patent revoked	专利权无效

表 5 – 23 中列出的仅是一些常见法律状态信息，对于表 5 – 23 中未包含
的内容，可根据具体显示信息并结合欧洲专利局的专利制度进行判断。

（2）由于"Status"项显示的信息较为笼统，并不详尽，因此需要根据

"Status"项的显示内容，查看"About this file"显示类别下的相关信息，比如授权信息、异议、上诉等信息，对法律状态信息有个较为全面的把握。例如，如果"Status"项显示"The patent has been granted"，即专利申请已被授权，但这并不表示其专利权处于稳定状态，有可能正处于异议或上诉阶段。因此还需要查看更多的相关信息。

（3）查看"Legal Status"显示类别下的信息。包括专利申请在各指定国的生效情况以及INPADOC法律状态数据等，了解该专利申请在各指定国有无失效的情况。

（4）在"About this file"或者"Patent family"显示类别下查看该专利申请有无分案申请或母专利。如果存在分案申请或母专利的情况，则还需要对其分案申请以及母专利的法律状态进行检索。

（5）检索法律状态时，除了查看上述信息外，还需要注意专利权是否已超过保护期。

当然，由于数据库更新存在滞后等，通过上述方法检索得到的法律状态信息仅能作为参考，最准确的法律状态信息还要以欧洲专利局出具的专利登记簿上的信息为准。

7. 使用 epoline 系统进行同族专利检索

如前文所述，使用 epoline 系统进行同族专利检索，仅能检索欧洲专利申请以及指定欧洲的 PCT 申请的同族专利。

在检索结果界面中选择"Patent Family"显示类别，即可查看专利申请的同族专利。如前所述，系统对同族专利分不同的种类进行显示，该功能省去了检索者自己对各种同族专利进行分析的工作，极大地方便了检索。对于同族专利信息，系统提供了文献号、文献公布日期以及优先权号等著录项目信息。此外，对于每件同族专利，系统均提供了跳转到 esp@cenet 系统的链接，方便检索者进一步查看更为详尽的信息。

5.5.2.5 esp@cenet 与 epoline 两系统检索功能特点对比

从以上介绍的内容可以看出，esp@cenet 与 epoline 两个系统在进行专利检索方面有很多类似的地方，但同时两个系统又有各自的特点以及功能上的限制。进行专利检索时应特别注意，正确选择检索系统。两系统检索功能的具体特点如表 5-24 所示。

表 5 - 24　esp@cenet 与 epoline 两系统的检索功能特点对比

检索系统	espacenet	epoline
检索国家范围	90 多个国家和地区	欧洲以及指定欧洲的 PCT 申请
检索数据范围	专利著录项目、单行本全文、同族专利、法律状态以及引用文献等信息	专利著录项目、同族专利、法律状态、引用文献以及审查过程文件等信息
检索优势	检索范围更大	检索同族专利和法律状态信息更方便

　　esp@cenet 与 epoline 两个系统均能进行同族专利以及法律状态检索，但两系统具体检索利用中各有优缺点，现对比说明如下。

　　1. 同族专利检索功能对比

　　（1）esp@cenet 系统。

　　优点：esp@cenet 系统的专利文献覆盖国家范围大，除了能检索欧洲专利申请的同族专利以外，还能检索其他大部分国家和地区专利申请的同族专利，并对同族专利的检索结果进行了数量统计。

　　缺点：该系统对于各同族专利优先权号的显示没有 epoline 系统直观。未区分同族专利的不同种类，需要检索者自行分析和判断。

　　（2）epoline 系统。

　　优点：epoline 系统将各同族专利的优先权号等著录项目数据直接显示在页面中，便于用户进行对比分析。另外，该系统将同族专利按不同的种类分类显示，并对各同族专利设置 esp@cenet 系统的跳转链接，方便检索者查看。

　　缺点：该系统仅包含欧洲专利申请以及指定欧洲的 PCT 申请的数据，不能检索其他专利申请的同族专利。

　　2. 法律状态检索功能对比

　　（1）esp@cenet 系统。

　　优点：esp@cenet 系统的专利文献覆盖国家范围大，除了能检索欧洲专利申请的法律状态信息以外，还能检索其他大部分国家和地区专利申请的法律状态信息。

　　缺点：该仅提供 INPADOC 原始法律状态数据，对于申请、审查、异议以及上诉等信息仅按照时间顺序显示原数据，没有进行分类和整理。对法律状态的提示不够直观，需要检索者自行分析和整理。

（2）epoline 系统。

优点：epoline 系统对于审查、异议以及上诉等各种法律状态信息，经过加工整理，并以直观、系统的形式显示，方便检索者查看。此外，epoline 系统还提供审查过程中的各种原始文件，在检索法律状态时可以起到辅助的作用。

缺点：该系统仅包含欧洲专利申请以及指定欧洲的 PCT 申请的数据，不能检索其他专利申请的法律状态。

通过上述对比可以看出，在进行同族专利以及法律状态检索时，就欧洲专利局网站的上述两个检索系统而言，如果要检索欧洲专利申请或者指定欧洲的 PCT 申请，则可以优先考虑使用 epoline 系统；如果要检索其他国家和地区的专利申请，则只能选择 esp@cenet 系统。

5.6 世界知识产权组织（WIPO）专利申请信息检索

5.6.1 概述

世界知识产权组织在其官方网站上通过知识产权数字图书馆（IPDL）提供网上免费 PCT 专利申请信息检索。可检索的数据包括：PCT 申请公布、外观设计和商标等信息。本节只介绍 PCT 申请的检索。

世界知识产权组织的网址是 http：//www.wipo.int/。

5.6.2 进入方法

可以通过世界知识产权组织的主页进入（见图5-83）。点击主页左侧"MOST REQUESTED"栏目下的"专利检索（Patent search）"，即可进入 PCT 专利检索界面。

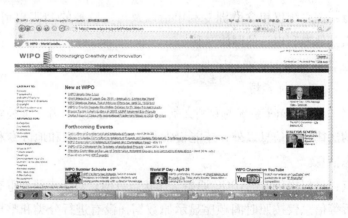

图 5-83 通过 WIPO 官方网站主页进入数据库

5.6.3 收录内容

PCT 专利检索系统收录的内容如表 5－25 所示。

表 5－25 PCT 专利检索系统收录内容

文献/数据类型	依据国际提交日的收录范围	备 注
通过国际局可获得的最新著录数据	1978 年至今	
国际申请状态报告 （International Application Status Report）	1998 年 7 月至今	
图形格式公布的国际申请公布	1978 年至今	
申请公布的说明书和权利要求书文本	此种数据格式的更多信息可通过 http：// www. wipo. int/pctdb/en/ data_ formats. jsp 浏览	
英文、法文、德文、西班牙文或俄文	1978 年至今	
日文	2008 年 7 月至今	
优先权文献	2001 年 1 月至今	
声明（PCT Rule 4. 17）	2001 年 3 月至今	
国际初步审查检索报告 （International Preliminary Examination Report，IPER） 国际初步审查检索报告的英文译文	2002 年 1 ~ 2003 年 12 月	文献在第一个优先权日起 30 个月后才可以得到，并且至少一个选定局要求国际局制作
国际检索机构（WO － ISA）书写的评论 国际检索机构书写的评论中申请人的非正式评论 有关可专利性的国际初步审查报告（IPRP Chapter I） WO － ISA 的英文译文 IPRP Chapter I 的英文译文	2004 年 1 月至今	

续表

文献/数据类型	依据国际提交日的收录范围	备 注
可专利性的国际初步审查报告（Chapter II、IPRP Chapter II） 可专利性的国际初步审查报告的英文译文	2004 年 1 月至今	文献在第一个优先权日起 30 个月后才可以得到，并且至少一个选定局要求国际局制作
表格 PCT/RO/101（请求） 表格 PCT/IB/304（有关优先权文献的传送的通知） 表格 Form PCT/IB/306（数据变更记录的通知）	2006 年 1 月至今	
全部 PCT 文件内容	2009 年 1 月至今	保密阶段的文献除外
PCT 国家阶段数据	依据各个国家局提供给世界知识产权组织的数据	

5.6.4 检索方法

PCT 专利申请的检索界面提供四种检索方式：简单检索（Simple Search）、高级检索（Advanced Search）、结构化检索（Structured Search）和浏览每周公布的专利文献（Browsed by Week）。

这四种检索方式可通过页面上的"options"项进行切换。

5.6.4.1 结构化检索

结构化检索的界面如图 5-84 所示。

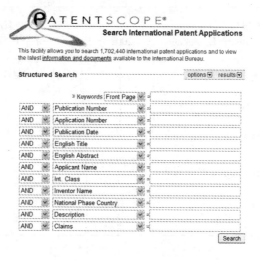

图 5-84　结构化检索

PCT 专利申请检索系统默认此种检索方式的检索界面，允许用户在文献的单个特定字段中进行检索。

在检索界面上显示可供选择的 28 个检索入口（打开每一个字段的下拉菜单获得），同时伴随着 12 个检索输入框；最左侧显示各个检索入口之间的逻辑关系。

打开上方"Keywords"的下拉菜单，显示"Front Page"和"Any Field"两个选项："Front Page"选项表示在文献扉页的全部字段中进行检索；"Any Field"选项表示在文献全文文本（full text）中进行检索（包括首页、说明书和权利要求）。

1. 使用结构化检索方式的检索步骤

（1）在所选择的字段右侧的检索输入框中输入检索条件；

（2）从检索字段或字段的左侧列表中选择算符；

（3）在"results"项目中选择首选的结果显示方式；

（4）选择"Search"按钮进行检索。

2. 检索策略

（1）检索不分大小写。

（2）可以检索短语，短语用英文半角状态下的引号""进行限制。

（3）菜单检索支持右截断符。

（4）布尔逻辑表达式：菜单检索方式下，可以在任一输入框中输入以逻辑算符连接的表达式；在输入框与输入框之间，也可以选择逻辑运算关系。例如，在"Applicant Name"输入框中输入"simpson"，在 English Abstract 输入框中输入"Surfing"，在 English Abstract 左侧的下拉列表中选择 AND 算符，表示两输入框之间的逻辑关系为 AND。

5.6.4.2　简单检索

如图 5 - 85 所示，简单检索方式仅提供唯一的检索输入框；在输入框中输入的检索内容可以在任何字段中进行检索。简单检索方式还可以实现多个词汇的检索，词与词之间以空格间隔。

图 5 - 85 简单检索

简单检索界面上方显示信息输入框,显示在"in front page bibliographic data (扉页著录项目)"中进行检索。

简单检索界面下方显示以下多个检索条件之间的关系选项:"All of these words",表示检索结果中包含输入的所有检索条件;"Any of these words",表示检索结果中包含输入的任意一个检索条件;"This exact phrase",表示输入的检索条件作为短语进行检索。

使用简单检索方式的检索步骤如下:(1)在输入框中输入检索条件;(2)选择检索条件之间的关系;(3)选择"Search"按钮进行检索。

5.6.4.3 高级检索

如图 5 - 86 所示,高级检索页面允许在输入框内输入复杂的检索式。

图 5 - 86 高级检索

高级检索界面上方设有以下日期选项:"ALL",表示在全部数据中进行检索;"Week of",表示在某一周的数据中进行检索(可以通过右侧的日历显示选择时间)。

高级检索界面中间设有以下检索位置的选项:"Front Page",表示在整个扉页的著录文本中进行检索;"Full Text",表示在整个扉页的著录文本、权利要求文本和说明书文本中进行检索。

高级检索界面下方设有一个信息输入框，可以输入检索提问式，格式为：字段代码/检索字符串。

1. 高级检索方式的检索步骤

（1）在"ALL"或"Week of"中选择数据范围；

（2）在"Front Page"或"Full Text"中选择检索位置；

（3）在信息输入框中输入检索条件；

（4）选择结果显示方式（点击"results"可以对检索结果的显示预先进行设定）；

（5）选择"Search"按钮。

高级检索方式中的字段、字段代码及输入方式举例如表 5-26 所示。

表 5-26 高级检索方式的字段代码及输入方式

字段代码	字段名	举 例
WO	Publication Number（公布号）	WO/02/00157 OR WO2002/00158
AN	Application Number（申请号）	AN/PCT/DE03/01815 OR AN/FR2004/002712
ET	English Title（英文标题）	ET/needle OR ET/syringe
FT	French Title（法文标题）	FT/aiguille OR FT/seringue
JT	Japanese Title（日文标题）	
IC	International Class（IPC 国际专利分类号）	IC/H04Q-7/22 OR IC/H04N-*
ABE	English Abstract（英文摘要）	ABE/ "hypodermic needle" OR ABE/syringe
ABF	French Abstract（法文摘要）	ABF/ "aiguille hypodermique" OR ABF/seringue
ABJ	Japanese Abstract（日文摘要）	
DE	Description（说明书）	DE/needle AND DE/phonograph
CL	Claims（权利要求）	CL/needle OR CL/syringe
FP	Front Page Bibliographic Data（首页上的著录数据）	FP/hovercraft
DP	Publication Date（公布日）	DP/19. 02. 1998 OR DP/1998. 02. 19
AD	Application Date（申请日）	AD/22. 10. 2004 OR AD/2004. 10. 23

字段代码	字段名	举　例
NP	Priority Number（优先权号）	NP/0312464
PD	Priority Date（优先权日）	PD/24. 10. 2003 OR PD/2003. 10. 25
PCN	Priority Country（优先权国家）	PCN/FR
DS	Designated States（指定国）	DS/US AND DS/DE
IN	Inventor Name（发明人名字）	IN/ "Smith, John"
IAD	Inventor Address（发明人地址）	IAD/Seattle
PA	Applicant Name（申请人名字）	PA/ "General Mot ∗" or PA/Ford
AAD	Applicant Address（申请人地址）	AAD/Paris NEAR AAD/TX
ARE	Applicant Residence（申请人住所）	ARE/US
ANA	Applicant Nationality（申请人国籍）	ANA/GB
RP	Legal Rep. Name（法定代理人名字）	RP/ "Jones, Will ∗"
RAD	Legal Rep. Address（法定代理人地址）	RAD/Bellevue
RCN	Legal Rep. Country（法定代理人国籍）	RCN/DE
LGP	Language of Pub.（公布语言）	LGP/DE or LGP/JA
LGF	Language of Filing（申请语言）	LGF/EN OR LGF/FR
ICI	International Class（inventive）（IPC 分类号，发明）	ICI/F02M – 45/08 OR ICI/A61N – ∗
ICN	International Class（non – inventive）（IPC 分类号，非发明）	ICN/F02M – 45/08 OR ICN/A61N – ∗
NPCC	National Phase Country Code（国家阶段国家代码）	NPCC/AU
NPED	National Phase Entry Date（进入国家阶段日期）	NPED/20060101 – >20061231
NPAN	National Phase Application Number（国家阶段申请号）	NPAN/11003666
NPET	National Phase Entry Type（国家阶段进入类型）	NPET/C

2. 检索策略

（1）逻辑运算符。

①AND：表示逻辑与的关系，如"car AND nano"，只有当"car"与"nano"都出现在某篇文献中时，该文献才能命中；

②OR：表示逻辑或的关系，如"bike OR bicycle"，当"bike"或"bicycle"中任何一个词出现在某篇文献中，该文献就会被命中；

③ANDNOT：表示逻辑非的关系，

④XOR：如"cat XOR dog"，指在文献中要么含有"cat"，要么含有"dog"，但这两个词不能同时包含。

如果检索式中包括多种运算符号，在没有括号的情况下，依据从左到右的顺序进行运算。高级检索方式可以通过逻辑算符和圆括号等符号构建复杂的布尔逻辑表达式，如："virus AND antigen"、"television OR（cathode AND tube）"、"needle ANDNOT（（record AND player）OR sewing）"。

注意："et/（nasal or nose）"并不能表示"在英文标题中含有 nose 或 nasal 的文献"，而"et/nasal or et/nose"才能表示该意义。

（2）短语检索。用""将两个或多个词进行限制，来表示短语。如："printed board"。

（3）日期检索。

①格式一：YYYYMMDD，如：19981201；

②格式二：DD. MM. YY 或 DD. MM. YYYY，如：1.12.97 或 1.12.1997；

③格式三：DD/MM/YY 或 DD/MM/YYYY，如：1/12/97 或 1/12/1997；

④格式四：DD－MM－YY 或 DD－MM－YYYY，如：1－12－97 或 1－12－1997。

（4）时间范围检索。在两个日期之间用"－＞"来表示一时间段，如：DP/1.11.97－＞12.5.01。

（5）邻词检索。高级检索支持邻词检索，即所检索的两词之间可以相隔 20 个以内的字符，用"near"表示。如："radiation near detect＊"，表示"radiation 与 detect＊"之间相互邻近，两词之间允许有最多 20 个字符。

（6）截断检索。高级检索支持右截词符检索，用"＊"表示。如："elec＊"，表示检索所有以"elec"开头的单词，如"electricity"、"electric"、"electronic"等。

5.6.4.4　浏览各周公布的 PCT 专利申请

在图 5 - 84 所示页面的"option"下拉列表中选择"Browse by Week"，

即可进入每周申请公布浏览界面（见图 5 - 87）。

图 5 - 87　每周申请公布浏览界面

通过在页面上方的时间输入框内选择时间范围，可以浏览自 2006 年 1 月 5 日起每周公布的 PCT 专利申请文献（见图 5 - 88）。

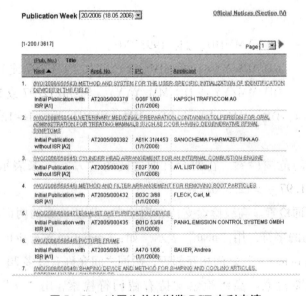

图 5 - 88　以周为单位浏览 PCT 专利申请

5.6.5　检索结果显示

在显示检索结果之前，用户需要预先设置检索结果的显示方式及检索结果的排序方式。

1. 显示方式

用户预先对列表状态下的检索结果进行的设置包括以下几个方面。

（1）每页显示的结果数：25、50、100、250 和 500；

（2）"Separate window" 选项允许用户在独立的新窗口中浏览某件文献的详细信息，而保留检索结果列表显示页面（若不选择该项，则文献详细信息显示页面将会覆盖检索结果列表显示页面）；

（3）选择在结果列表中体现哪些字段及其内容，其中，"Pub. No" 和 "Title" 是默认显示的，其他字段可根据需要选择。

2. 排序方式

该系统提供以下两种不同的排序方式：

（1）按照年代顺序（Chronologically）排序（系统默认），即最新出版/公布的文献优先显示；

（2）按照相关度（By Relevance）排序。

设置好检索结果的显示之后，检索结果的显示又分两种方式："检索结果列表显示" 和 "检索结果详细信息显示"。

5.6.5.1　检索结果列表显示

输入检索条件进行检索之后，检索结果显示如图 5-89 所示。

图 5-89　检索结果

检索结果列表页面上方显示检索条件、检索命中的记录数及提示本页面显示的记录数。

检索结果列表页面中间的 "Refine Search" 表示系统将自动引导用户在原先检索结果的基础上在相同的数据库中进一步检索；按钮 "Start At" 右

侧输入框可以输入数字，检索结果列表从输入的数字记录开始显示（特别是对比较长的检索结果列表而言比较方便）。

检索结果列表页面下方显示检索结果的详细记录，每一条记录按照预先的设置显示不同的字段内容，如文献号、专利名称、公布日期、IPC 分类号、申请号、申请人和摘要等。

其他功能显示。（1）检索统计功能：通过选择界面右上角的"Search Summary"链接可获得检索的详细信息，显示检索条件在多少文献中出现的次数，以及所输入的检索条件的组合在检索记录中出现的次数；（2）支持多语言显示（英语、法语、西班牙语、日语）；（3）选择每一条记录的公布号和专利名称可进入检索结果详细信息显示页面。

5.6.5.2 检索结果详细信息显示

如图 5 - 90 所示，详细信息显示页面上部有一组按钮，可以依次显示该专利申请的著录项目数据（Biblio Data）、文本格式说明书（Description）、文本格式权利要求（Claims）、进入国家阶段的情况（National Phase）、相关的通报（Notices）以及国际初审报告、国际检索报告等相关文献（Documents）。系统默认显示该专利申请的著录项目数据"Biblio Data"，用户可根据需要选择。

图 5 - 90　检索结果详细信息显示

1. 文本格式权利要求（见图 5 – 91）

图 5 – 91　文本格式权利要求

需要注意的是：使用 OCR 技术进行图像转换，没有法律价值。

2. 进入国家阶段的情况（见图 5 – 92）

(WO/1998/007307) CARRIER TAPE CUTTER AND COMPONENT PACKAGING MACHINE

Biblio. Data	Description	Claims	National Phase	Notices	Documents

Available information on National Phase entries (more information)

Office Code	National Entry Date	National Reference Number	Status
CN	22.01.1999	97196692.3	
EP	05.02.1999	1997934714	Published: 26.05.1999 Granted: 27.11.2002
SG		1999005456	
US	05.02.1999	09242017	

图 5 – 92　进入国家阶段的情况

3. 相关的通报（见图 5 – 93）

(WO/2007/132515) ELECTRIC CAR CONTROL APPARATUS

Biblio. Data	Description	Claims	National Phase	Notices	Documents

Notifications of changes after publication

Publication Date	Publication Kind	Publication Reason
22.11.2007	A1	Initial Publication with ISR

图 5 – 93　相关的通报

4. 相关文献（见图 5‒94）

图 5‒94　相关文献

如图 5‒93 所示，"Documents" 既包括国际申请的状态（International Application Status）、公布的国际申请（Published International Application），又包括国际局公布的相关文献（Related Documents on file at the International Bureau）等。

（1）"International Application Status" 显示国际局记录的最新的状态信息和著录数据，它一般要求和包括以下内容：最新著录数据；最重要的状态日期；有关撤回的信息（国际申请的撤回和优先权利要求的撤回）；全部可获得语种的标题和摘要；国际检索报告、国际初步审查检索报告和补充的国际检索报告上的信息。

（2）"Published International Application" 显示 PCT 申请文献，选择 "view" 或 "download" 按钮便可浏览和下载 PCT 申请的全文图像文本（见图 5‒95）。

图 5‒95　全文图像文本

（3）“Related Documents on file at the International Bureau”项显示国际局公布的相关文献，如申请书（见图5-96）。

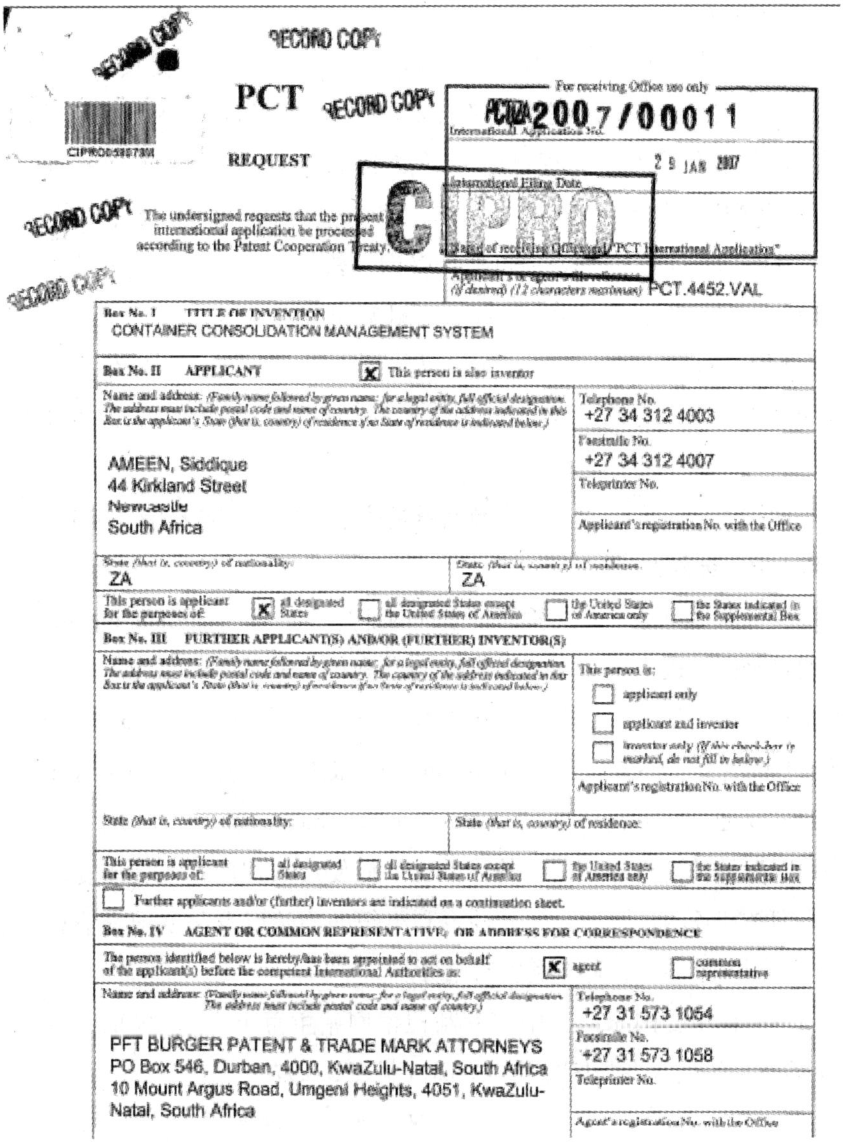

RECORD COPY

PCT

REQUEST

The undersigned requests that the present international application be processed according to the Patent Cooperation Treaty.

For receiving Office use only

PCT/ZA2007/00011

International Application No.

29 JAN 2007

International Filing Date

Name of receiving Office and "PCT International Application"

Applicant's or agent's file reference (if desired) (12 characters maximum) PCT.4452.VAL

Box No. I TITLE OF INVENTION

CONTAINER CONSOLIDATION MANAGEMENT SYSTEM

Box No. II APPLICANT [X] This person is also inventor

Name and address: AMEEN, Siddique, 44 Kirkland Street, Newcastle, South Africa

Telephone No. +27 34 312 4003

Facsimile No. +27 34 312 4007

Teleprinter No.

Applicant's registration No. with the Office

State (that is, country) of nationality: ZA

State (that is, country) of residence: ZA

This person is applicant for the purposes of: [X] all designated States [ ] all designated States except the United States of America [ ] the United States of America only [ ] the States indicated in the Supplemental Box

Box No. III FURTHER APPLICANT(S) AND/OR (FURTHER) INVENTOR(S)

This person is: [ ] applicant only [ ] applicant and inventor [ ] inventor only (If this check-box is marked, do not fill in below.)

Applicant's registration No. with the Office

State (that is, country) of nationality:

State (that is, country) of residence:

[ ] Further applicants and/or (further) inventors are indicated on a continuation sheet.

Box No. IV AGENT OR COMMON REPRESENTATIVE; OR ADDRESS FOR CORRESPONDENCE

The person identified below is hereby/has been appointed to act on behalf of the applicant(s) before the competent International Authorities as: [X] agent [ ] common representative

Name and address: PFT BURGER PATENT & TRADE MARK ATTORNEYS, PO Box 546, Durban, 4000, KwaZulu-Natal, South Africa, 10 Mount Argus Road, Umgeni Heights, 4051, KwaZulu-Natal, South Africa

Telephone No. +27 31 573 1054

Facsimile No. +27 31 573 1058

Teleprinter No.

Agent's registration No. with the Office

图5-96 国际局公布的相关文献

5.7 印度国家信息中心网站专利检索系统

5.7.1 概述

印度国家信息中心（National Information Centre，NIC）是负责针对印度各级政府的信息技术需求提供最新技术解决方案的信息技术组织。它是印度最大的信息技术组织，现已建立了基于人造卫星的全国计算机通信网络——NICNET，拥有 1 400 多个结点，将首都和所有邦、县的首府相互连接。NIC 的信息技术服务范围包括：咨询、软件设计与开发、办公自动化与网络服务的培训、可视会议、CAD（计算机辅助设计）、EDI（电子数据交换）以及网站开发与主机的多媒体与因特网服务。印度国家信息中心的总部设在新德里，另外在 28 个邦的首府和 7 个地区联盟设有分部以及在印度各县设有县级中心。

印度国家信息中心专利检索网站就是该中心的世界专利信息服务网站。

5.7.2 进入方法

印度国家信息中心专利检索网站的网址是：http：//patinfo. nic. in/。用户可通过该网址进入印度国家信息中心专利检索网站主页。印度国家信息中心专利检索网站主页上有：检索数据库介绍（Database for Search）、重要链接（Important Links）、帮助（Helpdesk）、提供的服务（Services Offered）和选择这儿进行印度专利检索（Click here for Indian Patent Search）等内容，供用户了解可供检索的数据库的内容、如何使用数据库、链接印度国家信息中心网站和各国及国际或地区性专利组织的网站以及印度国家信息中心专利检索网站提供的各种专利资料服务。

用户可在印度国家信息中心专利检索网站主页上点击"Click here for Patent Search"进入专利信息检索界面（见图 5 - 97）。

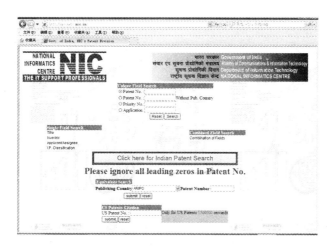

图 5 - 97　专利信息检索界面

专利信息检索界面上的内容分为两部分显示：界面上几种不同的检索方式和单纯的印度专利检索按钮。

5.7.3　几种不同的检索方式

5.7.3.1　收录内容

印度国家信息中心专利检索网站是以 INPADOC - EPIDOS 的数据库为数据源，经加工整合而成的世界专利著录数据检索网站。

INPADOC - EPIDOS 的数据库由欧洲专利局出版。截止到 2010 年 4 月 26 日，欧洲专利局已收集了世界上 90 多个国家、地区和组织自 1968 年以来的专利著录数据 5 420 万多条，且仅 2007 年一年新收录 282 万多条（见表 5 - 27）。

表 5 - 27　数据库数据统计表

年代	记录数量	容量（兆）			年代	记录数量	容量（兆）		
		表格	索引	总计			表格	索引	总计
1968	171 699	25	26	51	1977	816 503	169	139	308
1969	339 351	45	41	86	1978	822 656	190	151	341
1970	410 442	55	49	104	1979	804 129	189	152	341
1971	432 407	65	59	124	1980	823 779	197	157	354
1972	401 043	63	55	118	1981	753 739	179	152	331
1973	686 455	116	93	209	1982	871 502	214	175	389
1974	734 954	118	94	212	1983	878 147	264	183	447
1975	766 579	128	104	232	1984	838 142	258	176	434

续表

年代	记录数量	容量（兆）			年代	记录数量	容量（兆）		
		表格	索引	总计			表格	索引	总计
1976	890 220	174	153	327	1985	905 994	281	195	476
1986	982 419	319	211	530	1999	1 849 041	609	384	993
1987	968 169	318	211	529	2000	2 077 812	714	449	1 163
1988	1 142 055	381	238	619	2001	2 053 894	745	472	1 217
1989	1 200 048	395	254	649	2002	2 395 615	884	565	1 449
1990	1 222 723	426	266	692	2003	2 559 231	795	615	1 410
1991	1 233 243	448	269	717	2004	2 510 641	675	617	1 292
1992	1 333 440	485	286	771	2005	2 598 153	701	629	1 330
1993	1 330 302	497	293	790	2006	2 805 184	697	630	1 327
1994	1 507 734	501	321	822	2007	2 885 735	691	628	1 319
1995	1 546 475	487	320	807	2008	1 997 278	480	513	993
1996	1 469 861	485	309	794	2009	1 001 595	232	327	559
1997	1 506 276	499	323	822	2010	16 849	4	7	11
1998	1 666 001	562	352	914	Total	54 207 515	15 760	11 643	27 403

INPADOC – EPIDOS 数据库中的每条专利记录包括以下字段（见表 5 - 28 带 * 标志的为可检索字段）。

表 5 - 28　数据库检索字段及代码表

代码	字段名	代码	字段名	代码	字段名
AC	申请人国家	AP *	申请人名字	DC	指定国家
EK	扩展文献种类	IP *	国际专利分类	KP	优先权种类
PB	公布日期	PL	出版语言	TI *	发明名称
AD	申请日期	CA	化学文摘	EC	选定国家
IC	发明人国家	KA	申请种类	NC	国家分类
PC *	出版国家	PN *	专利号	FP	同族/相同专利
AN *	申请号	CP *	优先权国家	ED	编辑符号
IN *	发明人名字	KD	文献种类	PR *	优先申请号
PD	优先权日期	ST	申请状态		

5.7.3.2　检索方法

印度国家信息中心专利检索网站的专利信息检索界面上设有 5 个检索种类："Unique Field Search"（唯一字段检索），"Single Field Search"（单一字段检索），"Combined Field Search"（组合字段检索），"Equivalent Search"（同族专利检索）和"US Patents Citation"（美国专利引文检索）。每一个检索种类下又细分出不同的检索种类，以满足不同检索需求。各检索种类有各自的检索方法。

1. 唯一字段检索方法

唯一字段检索设有四个单选检索式输入窗口："Patent No."（专利号）、"Patent No. Without Pub. Country"（不带国家的专利号）、"Priority No."（优先申请号）和"Application"（申请号）。唯一字段检索的四个单选检索式输入窗口全部列在印度国家信息中心专利检索网站的专利信息检索界面上（见图 5-97）。

检索时，用户只能选择上述四个检索入口中的任意一个，按照规定的检索式输入格式输入一个完整的字符串（专利号、优先申请号或申请号），就可在以 INPADOC-EPIDOS 数据库为数据源的世界专利著录项目数据库中检索出相对应的专利记录。

例如：

⊙ Patent No.：　US5854252　（检索带有国家代码的专利号）

⊙ Patent No.：　US5854252　Without Pub. Country（检索不带国家代码的专利号）

⊙ Priority No.：　US19950464349　（检索优先申请号）

⊙ Application：　199500000464349　（检索申请号）

2. 单一字段检索方法

单一字段检索设有四个检索字段选项："Title"（发明名称）、"Inventor"（发明人）、"Applicant/Assignee"（申请人/受让人）和"I. P. Classification"（国际专利分类）。单一字段检索的四个检索字段选项列在印度国家信息中心专利检索网站的专利信息检索界面上的"Single Field Search"（单一字段检索）名称下。只有点击其中的一个检索字段名称，才可进入该检索字段的检索界面。

（1）发明名称检索字段。点击发明名称检索字段名称"Title"，进入该检索字段的检索界面（见图 5-98）。

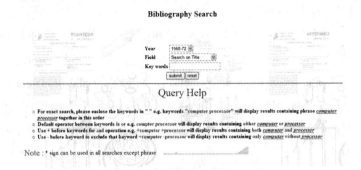

图 5 - 98 发明名称检索字段检索界面

该检索字段的检索界面上设有 1 个年代范围选项窗口、1 个字段选项和 1 个检索式输入框。

检索时，先在年代范围选项窗口选定检索年代，然后选择检索字段，最后在检索式输入窗口输入检索词，即可进行检索。

例如：

Year：   2000 - 03

Field：   Search on Title

Keywords：   CAMERA

（2）发明人检索字段。点击发明人检索字段名称 "Inventor"，进入图 5 - 97 所示的检索界面。

检索时，先在年代范围选项窗口选定检索年代，然后选择检索字段，最后在检索式输入窗口输入发明人姓名，即可进行检索。

例如：

Year：   2000 - 03

Field：   Search on Inventor

Keywords：   PEES

（3）申请人/受让人检索字段。点击申请人/受让人检索字段名称 "Applicant/Assignee"，进入图 5 - 98 所示的检索界面。

检索时，先在年代范围选项窗口选定检索年代，然后选择检索字段，最后在检索式输入窗口输入申请人/受让人名称中的词，即可进行检索。

例如：

Year：   2000 - 03

Field：　　　　　　　Search on Applicant

Keywords：　　　　　SHELL

（4）国际专利分类检索字段。点击国际专利分类检索字段名称"I. P. Classification"，进入图 5 - 99 所示的检索界面。

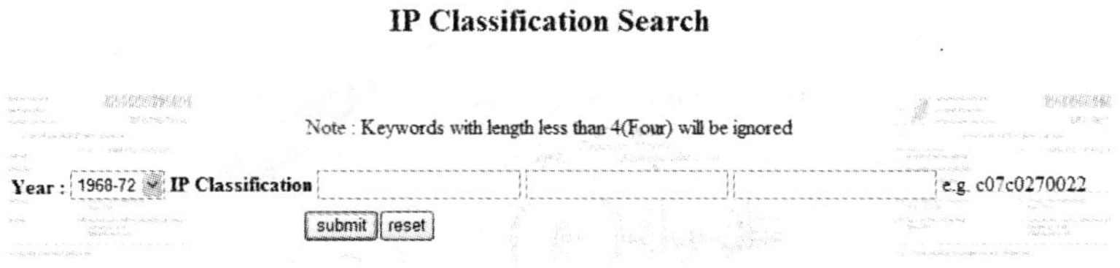

IP Classification Search

Note：Keywords with length less than 4(Four) will be ignored

Year：1968-72 ∨ **IP Classification** 　　　　　　　　　　　　　　　　　　e.g. c07c0270022

submit reset

图 5 - 99　IPC 分类检索字段检索界面

该检索字段的检索界面上设有 1 个年代范围选项窗口和 3 个国际专利分类号检索式输入窗口。每个检索式输入窗口可输入一个国际专利分类号。各检索式输入窗口之间的关系为逻辑"与"。

检索时，先在年代范围选项窗口选定检索年代，然后在检索式输入窗口输入国际专利分类号，即可进行检索。

例如：

Year：　　　　　　　　　　　2000 - 03

I. P. Classification：　　　　　A01N0430054

3. 组合字段检索方法

点击字段组合检索种类名称"Combination of Fields"，进入该检索种类的检索界面（见图 5 - 100）。

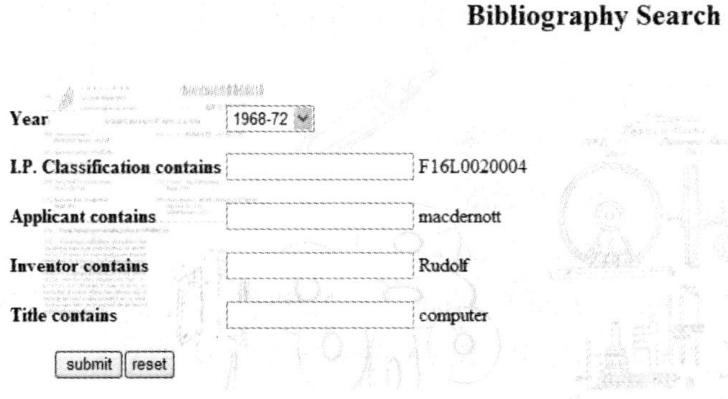

Bibliography Search

Year　　　　　　　　　　1968-72 ∨

I.P. Classification contains　　　　　　　F16L0020004

Applicant contains　　　　　　　　　macdernott

Inventor contains　　　　　　　　　Rudolf

Title contains　　　　　　　　　　computer

submit reset

图 5 - 100　组合字段检索界面

字段组合检索界面设有 1 个年代范围选项窗口和 4 个检索字段: "I. P. Classification contains"（国际专利分类）、"Applicant contains"（申请人）、"Inventor contains"（发明人）和 "Title contains"（发明名称）。每个检索字段又都设有 1 个检索式输入窗口。各检索字段及其所属检索式输入窗口之间的关系为逻辑"与"。字段组合检索界面中的任何检索式输入窗口需要输入完整的字符串。

检索时，先在年代范围选项窗口选定检索年代，然后选择准备组合的检索字段，再在检索式输入窗口输入相应的检索字符串，即可进行检索。

例如:

Year: <u>2000 – 03</u>

I. P. Classification contains: <u>A01N0430054</u>

Applicant contains: <u>SHELL</u>

4. 同族专利检索方法

同族专利检索直接在印度国家信息中心专利检索网站的专利信息检索界面上的 "Equivalent Search"（同族专利检索）名称下设有一个选项窗口 "Publishing Country"（公布国家）和一个检索式输入窗口 "Patent Number"（专利号）（见图 5 – 97）。

检索时，用户先在公布国家选项窗口中选择检索的国家，然后再在专利号输入窗口直接输入完整的专利号，点击 "submit"（提交）键，就可在以 INPADOC – EPIDOS 数据库为数据源的世界专利著录项目数据库中检索出相对应的所有同族专利记录。

例如，检索美国专利 US5828402 的同族专利，先在 Publishing Country 检索窗口选择 "U. S. A"，再在 Patent Number 专利号输入窗口输入 "5828402"，点击 submit 键即可。

Publishing Country: <u>U. S. A</u>   Patent Number: <u>5828402</u>

5. 美国专利引文检索方法

美国专利引文检索也直接在印度国家信息中心专利检索网站的专利信息检索界面上的 "US Patents Citation"（美国专利引文）名称下设有一个检索式输入窗口 "US Patent No."（美国专利号）（见图 5 – 97）。

检索时，用户先在美国专利号输入窗口直接输入完整的美国专利号（5500000 号以后的号码），点击 "submit"（提交）键，就可在美国引文数据库中检索出被该专利所引用的美国专利和引用该专利的所有美国专利。

5.7.3.3　检索策略及其输入格式

印度国家信息中心专利检索网站的专利信息检索界面上的各检索种类有各自的检索式输入格式和检索策略。

1. 唯一字段检索输入格式

专利号检索的检索式输入格式为：国家代码＋专利号，如 WO9812345、WO200112345、US5643271。

不带国家的专利号检索的检索式输入格式为：专利号，如 9812345、200112345、5643271。

优先申请号检索的检索式输入格式为：国家代码＋申请年（4 位数字）＋申请号，如 US19960761091。

申请号检索的检索式输入格式为：申请年（4 位数字）＋申请号（11 位数字），如 199600000761091（不足 11 位的申请号补 0）。

2. 单一字段检索输入格式

国际专利分类（I. P. Classification）字段检索的检索式输入窗口只能输入 11 位数字的分类号，前 4 位为小类号，中间 3 位为大组号（不足 3 位的大组号应在前方补 0），后 4 位为小组号（不足 4 位的小组号应在前方补 0），如 A45B0250016。

3. 同族专利检索策略

同族专利检索功能是印度国家信息中心专利检索网站中最有特色和实用价值的部分。检索同族专利时，有两种方法：（1）利用专利信息检索界面上的"Equivalent Search"（同族专利检索）；（2）利用专利信息检索界面上"Single Field Search"（单一字段检索）中的"Priority No."（优先申请号）。这两种方法的检索效果相同，只是其检索结果输出格式略有不同。除这两种方法外，其他检索种类也可获得同族专利信息，但均不能获得完整信息，还需要利用上述两种方法之一再检索验证。

5.7.3.4　检索结果输出

在输出检索结果时，唯一字段、单一字段和组合字段检索种类以相同的检索结果输出格式显示在检索结果显示屏上；同族专利检索种类则与其他检索种类的检索结果输出格式略有不同。检索结果可以打印输出。

1. 唯一字段、单一字段和组合字段检索结果输出

唯一字段、单一字段和组合字段检索种类的检索结果输出格式如图5–101所示。

图 5 - 101　唯一字段、单一字段和组合字段检索种类的检索结果输出格式

2. 同族专利检索结果输出

同族专利检索结果输出格式如图 5 - 102 所示。

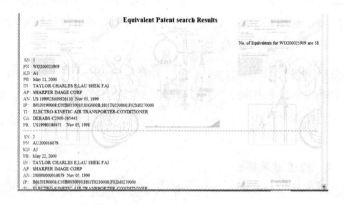

图 5 - 102　同族专利检索结果输出格式

3. 两种检索结果输出格式的区别

上述两种检索结果输出格式的区别在于：唯一字段、单一字段和组合字段检索种类的检索结果输出格式中有"DC"（指定国）字段和"FT"（同族专利）字段；同族专利检索种类的检索结果输出格式中不含"DC"（指定国）字段和"FT"（同族专利）字段。

唯一字段、单一字段和组合字段检索的结果输出格式中的"DC"（指定国）字段只在国际或地区性专利组织的文献数据中有指定国的国家代码数据；而在各国专利数据中只有字段名，没有具体数据。

唯一字段、单一字段和组合字段检索的结果输出格式中的"FT"（同族专利）字段中同族专利号的文献种类代码为"W1"时，表示 PCT 国际申请指定的国家，其专利号由国际专利申请指定国国家代码、国际申请公布号和"W1"代码组成；"R1"，表示欧洲专利指定的国家，其专利号由欧洲专利指定国国家代码、欧洲专利公布号和"R1"代码组成。统计"FT"字段中的同族专利时，应排除带有"W1"和"R1"代码的专利号。

4. 美国专利引文检索结果输出

美国专利引文检索结果包括该专利引用过的美国专利以及引用该专利的美国专利。美国专利引文检索结果输出格式如图 5－103 所示。

Backward Citation of Patents cited by inventor of US Patent No. 6176977		Current Patent No.	Forward Citation of US Patent No. 6176977 cited by later inventors	
US patents			**US patents**	
2590447	Mar, 1952		6312507	Nov, 2001
4496375	Jan, 1985		6451266	Sep, 2002
4632135	Dec, 1986		6504308	Jan, 2003
4643745	Feb, 1987		6536418	Mar, 2003
4713724	Dec, 1987		6544485	Apr, 2003
4789801	Dec, 1988		6585935	Jul, 2003
4811159	Mar, 1989	Citation for US 6176977	6588434	Jul, 2003
4941068	Jul, 1990	Publishing Date	6632407	Oct, 2003
5010869	Apr, 1991	Jan 23, 2001	6664741	Dec, 2003
5024685	Jun, 1991	No. of Backward cited	6672315	Jan, 2004
5072746	Dec, 1991	patents	6675780	Jan, 2004
5215558	Jun, 1993	19	6686207	Feb, 2004
5386839	Feb, 1995		6709484	Mar, 2004
5484472	Jan, 1996	US Class : 204/176	6713026	Mar, 2004
5535089	Jul, 1996		6727657	Apr, 2004
5569368	Oct, 1996		6749667	Jun, 2004
5601636	Feb, 1997		6769420	Aug, 2004
5656063	Aug, 1997			
5779769	Jul, 1998			
Foreign Patents				

图 5－103　美国专利引文检索结果输出格式

5.7.4　印度专利检索

5.7.4.1　收录内容

本检索系统收录的印度数据全部是由印度专利局发送到欧洲专利局的数据内容。

5.7.4.2　进入方法

在图 5－97 中选择按钮"Click here for Indian Patent Search"即可进入印度专利检索系统（见图 5－104）。

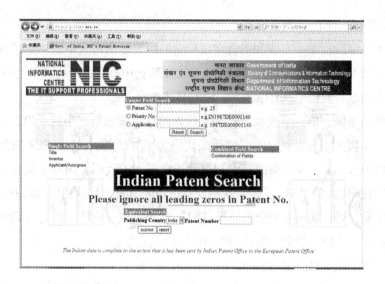

图 5 - 104　印度专利检索系统检索界面

5.7.4.3　检索方法

印度专利检索系统的专利信息检索界面上设有 4 个检索种类："Unique Field Search"（唯一字段检索）、"Single Field Search"（单一字段检索）、"Combined Field Search"（组合字段检索）和"Equivalent Search"（同族专利检索）。每一个检索种类下又细分出不同的检索种类，以满足不同检索需求。各检索种类有各自的检索方法。

1. 唯一字段检索方法

唯一字段检索设有三个单选检索式输入窗口："Patent No."（专利号）、"Priority No."（优先申请号）和"Application"（申请号）。唯一字段检索的三个单选检索式输入窗口全部列在印度专利检索系统的专利信息检索界面上（见图 5 - 104）。

检索时，用户只能选择上述三个检索入口中的任意一个，按照规定的检索式输入格式输入一个完整的字符串（专利号、优先申请号或申请号），就可在检索出相对应的专利记录。

例如：

⊙ Priority No.：IN1987DE0001140（优先申请号）

⊙ Application：1987DE000001140（申请号）

2. 单一字段检索方法

单一字段检索设有三个检索字段选项："Title"（发明名称）、"Inventor"（发明人）和"Applicant/Assignee"（申请人/受让人）。单一字段检索的三个检索字段选项列在印度专利检索系统的专利信息检索界面上的"Single Field Search"（单一字段检索）名称下。选择任意一个检索字段名称，均进入相同的检索页面（见图 5 – 105）。

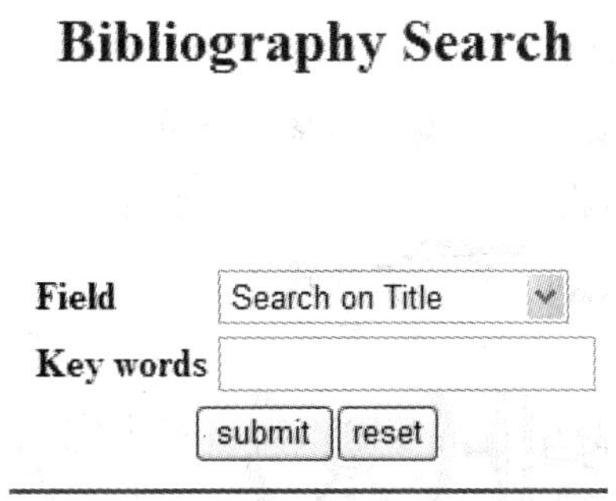

Bibliography Search

Field　Search on Title

Key words

submit　reset

图 5 – 105　检索字段检索界面

该检索字段的检索界面上设有 1 个字段选项和 1 个检索式输入框。

检索时，先选择检索字段，然后在检索式输入窗口输入检索词，即可进行检索。

3. 组合字段检索方法

点击字段组合检索种类名称"Combination of Fields"，进入该检索种类的检索界面（见图 5 – 106）。

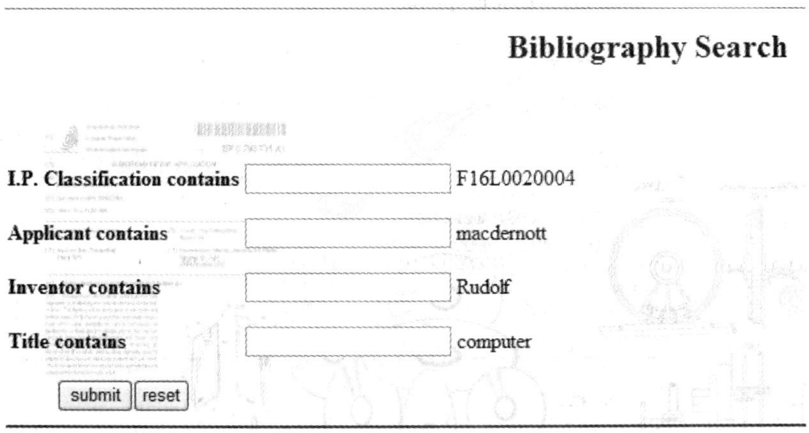

Bibliography Search

I.P. Classification contains　F16L0020004

Applicant contains　macdernott

Inventor contains　Rudolf

Title contains　computer

submit　reset

图 5 – 106　组合字段检索界面

字段组合检索界面设有 4 个检索字段："I. P. Classification contains"（国际专利分类）、"Applicant contains"（申请人）、"Inventor contains"（发明人）和"Title contains"（发明名称）。每个检索字段又都设有 1 个检索式输入窗

口。各检索字段及其所属检索式输入窗口之间的关系为逻辑"与"。字段组合检索界面中的任何检索式输入窗口需要输入完整的字符串。

检索时，先选择准备组合的检索字段，再在检索式输入窗口输入相应的检索字符串，即可进行检索。

4. 同族专利检索方法

同族专利检索直接在印度专利检索系统的专利信息检索界面上的"Equivalent Search"（同族专利检索）名称下设有一个选项窗口"Publishing Country"（公布国家）和一个检索式输入窗口"Patent Number"（专利号）（见图5-104）。

检索时，用户只要在专利号输入窗口输入完整的印度专利号，点击"submit"（提交）键，就可以检索出该印度专利的同族专利记录。

5.7.4.4 检索结果输出

在输出检索结果时，唯一字段、单一字段和组合字段检索种类以相同的检索结果输出格式显示在检索结果显示屏上；同族专利检索种类则与其他检索种类的检索结果输出格式略有不同。检索结果可以打印输出。

1. 唯一字段、单一字段和组合字段检索结果输出

唯一字段、单一字段和组合字段检索种类的检索结果输出格式如图5-107所示。

Search result(s) for Indian Patents

Search in Title for computer processor

SN : 1
PN : IN138327
KD : A
PB : Jan 17, 1976
IN : WYMORE C ;JECAIN P
AP : BURROUGHS CORP
AN : 1973CA000001894 Aug 16, 1973
IP : G06F0010000
TI : A MICRO-PROGRAMMED PROCESSOR APPARATUS
CA :
PR : GB19730008204 Feb 20, 1973
FP :

SN : 2
PN : IN138328
KD : A
PB : Jan 17, 1976
IN : DINERMAN B ;SCHROEDER F
AP : BURROUGHS CORP
AN : 1973CA000001829 Aug 08, 1973
IP : G06C0130000;G06C0210000
TI : MICROPROGRAMMABLE PARALLEL BIT DIGITAL COMPUTER
CA :

图5-107 唯一字段、单一字段和组合字段检索种类的检索结果输出格式

2. 同族专利检索结果输出

同族专利检索结果输出格式如图 5 - 108 所示。

图 5 - 108　同族专利检索结果输出格式

本章思考与练习

1. 制约专利信息检索的因素有哪些，其作用如何？

2. 如何在互联网上进行各种中国专利信息检索？

3. 如何在互联网上进行各种美国专利信息检索？

4. 如何在互联网上进行各种日本专利信息检索？

5. 如何在互联网上进行世界各国专利信息检索及同族专利检索？

第6章　专利信息检索实务

本章将介绍专利技术信息检索方法，专利新颖性和创造性检索方法，同族专利检索及解析方法，专利法律状态检索方法，以及这些专利信息检索在确定专利族法律状态、防止侵权、专利无效诉讼、技术引进、技术创新、产品出口、竞争对手研究、专利战略研究等方面的应用。

6.1　专利技术信息检索

专利技术信息检索是专利信息检索的基础，掌握专利技术信息检索方法，对于专利信息利用者为实现各种目的的专利信息应用来说具有通用性的意义。专利信息应用者应从以下几个方面来掌握专利技术信息检索的方法：专利技术信息检索的概念、专利技术信息检索的应用范围、专利技术信息检索的一般要求、专利技术信息检索策略的制定、专利技术信息检索系统的选择、专利技术信息检索报告的撰写等。

6.1.1　专利技术信息检索概述

6.1.1.1　专利技术信息检索概念

专利技术信息检索是指从任意一个技术主题对专利文献进行检索，从而找出一批参考文献的过程。专利技术信息检索又可分为：追溯检索和定题检索。

追溯检索是指人们利用检索工具，由近而远地查找专利技术信息的工作。

定题检索是指在追溯检索的基础上，定期从专利数据库中检索出追溯检索日之后出现的新的专利文献的工作。

6.1.1.2　专利技术信息检索应用范围

专利技术信息检索可应用于以下几个方面。

（1）当人们要了解某一技术目前的发展现状时，可选择专利技术信息检索的追溯检索，通过对某一特定技术主题的专利文献进行检索，可找出与该技术主题相关的所有专利，从而实现对某一技术目前的发展现状的全面了解。

（2）当人们在研究中遇到技术难题或要找到某一技术解决方案时，也可选择专利技术信息检索的追溯检索，通过对特定技术主题的专利文献进行检索，找出整个与该技术主题相关的所有专利，从而通过筛选在这些专利中找到该技术难题的突破口或最佳技术解决方案。

（3）当某一企业、某一研究单位或某所大学要开展课题研究活动时，特别是在科研立项前，还可选择专利技术信息检索的追溯检索，通过对所要研究的技术主题的专利文献进行检索，找出所有与该技术主题相关的专利，从而确定所选择的研究课题是否具有立项研究的价值，或通过分析已有专利的技术内容提高研究的起点。

（4）当企业要引进先进技术、特别是要引进国外先进技术时，通过专利技术信息检索的追溯检索，特别是通过将追溯检索的结果和准备引进的技术进行比较，可以对准备引进的技术的水平作出判断，从而帮助决策者作出正确选择。

（5）当企业要出口其所生产的产品时，通过专利技术信息检索的追溯检索，全面了解国外是否具有与出口产品相同、相近似的专利技术，以防止出现侵权。

（6）当企业进行技术创新时，要在创新的开始前和进行中分别进行专利技术信息检索的追溯检索和定题检索，这样做不仅可以在创新开始前能够科学立项，而且也可在创新过程中随时监视该项创新技术的发展动态，以便企业随时调整创新的研究方向。

（7）当企业要进行企业战略的制定时，也要进行专利技术信息检索的追溯检索，通过全面收集本企业所涉及的技术领域的所有专利，可使企业对专利技术市场进行全面了解，也便于企业对整个市场进行分析，科学制定出企业的发展战略，从而做到在市场竞争中知己知彼、百战不殆。

6.1.1.3　专利技术信息检索要求

1. 追溯检索要求

根据专利技术信息检索要实现的目的，可以将追溯检索要求分为以下几个方面：检索结果要求、检索系统要求、检索文献范围要求。

专利技术信息检索的追溯检索对检索结果的要求是：通过检索，要找到尽可能多的该技术主题的专利文献，检索结果的检全率要重于检准率。专利技术信息追溯检索要求的检全率是指，在特定的技术领域中检索到的专利的数量和已有专利的数量之间的比率关系。专利技术信息追溯检索要求找到尽可能多的该技术主题的专利文献，即是指检索结果尽可能达到较高的比率。

专利技术信息检索的追溯检索对检索系统的要求是：在检索时，尽量选用专业化专利检索系统，而非公共专利检索系统，以保证满足这种检索对检索结果的要求。

专利技术信息检索的追溯检索对检索文献范围的要求是：先检索中国专利文献，然后检索外国专利文献。

2. 定题检索要求

由于专利技术信息定题检索是在追溯检索的基础上进行的，是为了跟踪某一技术的发展，及时了解该技术领域新出现的专利而进行的技术资料的检索，因此其检索要求主要是针对检索时间和检索方式而言的。

专利技术信息定题检索的时间要求是：每2周或1个月检索一次。

专利技术信息定题检索的方式要求是：用追溯检索的提问式结合以上特定时间段，在相同检索系统中进行检索，然后浏览检索结果。

6.1.2 专利技术信息检索方法

6.1.2.1 专利技术信息检索的课题分析

进行专利检索技术信息检索的第一步就是课题分析。课题分析的目的是确定准备检索的课题是否属于专利技术信息检索，区别检索的主题是关于产品、生产产品的方法还是生产产品的设备。

1. 区别检索种类

进行专利检索技术信息检索，首先要确定准备检索的主题是否属于专利技术信息检索。

专利技术信息检索和新颖性检索都属于技术主题检索。由于专利技术信息检索应用范围很广，因此许多人常把专利技术信息检索和新颖性检索搞混，区别不出究竟自己所作的检索是哪一种，甚至把专利技术信息检索说成是新颖性检索。

要确定是否属于专利技术信息检索的方法，就要看被检索课题的特征。专利技术信息检索课题的基本特征是：有明确的检索技术主题，但没有明确的技术解决方案；而新颖性检索的基本特征是：不仅有明确的检索技术主题，而且还有明确的技术解决方案。专利技术信息检索的目的就是要找到检索技术主题的技术解决方案。

由于检索者在进行专利技术信息检索时并不知道所检索的检索技术主题的具体技术解决方案，因此在确定检索词时，应多选择上位概念词，以保证检索的检全率。

2. 区别主题种类

要区别检索的主题是关于产品、生产产品的方法还是生产产品的设备，或者是三者都需要。

专利信息数据库中收录的是发明创造专利，而发明创造技术主题主要涉及两大类型：产品发明和方法发明。产品发明有：物品（如机械、器具、装置、设备、仪器、部件、元件等），材料（如合金、玻璃、水泥、油墨、涂料、组合物等）；方法发明有：产品的制造方法（如产品的机械制造方法、化学制造法和生物制造法等），其他方法（如通信方法、测试方法、计量方法、修理方法、使用方法等）。

如果主题涉及的只是产品，则应在发明名称字段中进行检索，这会使检索结果更加准确。如果在文摘或权利要求字段甚至全文中进行检索，则会造成较高的误检率，增加检索结果筛选的工作量。

如果主题涉及的是生产产品的方法，则不能在发明名称字段中进行检索，而须到文摘或权利要求字段中进行检索。在发明名称字段中进行检索时，极易漏检。在文摘或权利要求字段中进行检索时，不要选择"方法"作为检索词。国际专利分类为方法发明设立了相应的分类位置，可结合国际专利分类号字段进行检索。

如果主题涉及的是生产产品的设备，而生产产品的设备有专有名称，则可以把设备视为产品来检索；如果生产产品的设备没有专有名称，只能从被这种设备生产的产品来检索，则最好选择全文检索；如果不能进行全文检索，则应在文摘或权利要求字段中进行检索，虽然误检率高，但漏检率低。如果同时结合国际专利分类的相关类号进行检索，则效果会更好。

6.1.2.2 检索系统的选择

专利技术信息检索对检索系统的要求很高，如果检索时系统选择不好，检索结果则有可能不具有权威性，进而会使其失去参考价值，同时也会使依据专利技术信息检索结果所做的专利数据分析等工作失去可信度。

目前能够满足专利技术信息检索要求，且可用于中国专利文献检索的系统是中国专利检索系统（CPRS），这是国家知识产权局下属的中国专利信息中心为国家知识产权局的专利审查员开发的检索系统，系统设置了可以任意组织检索提问式的专家检索方式，并且进行了关键词标引，还设置了 IPC 统计功能，因而该系统可以满足专利技术信息检索的检全率要求。公众可以在国家知识产权局专利文献馆的专利检索室免费使用该系统。

目前能够满足专利技术信息检索要求且可用于世界专利文献检索的系统有：（1）基于经过专业化数据加工的德温特世界专利索引（DWPI）数据库的各种商业或专业检索系统。

（2）美国专利商标局政府网站上的美国专利检索系统。该系统虽然只能用于检索美国专利，但由于该系统设置了可以任意组织检索提问式的高级检索方式，并且可以对 1976 年以来的美国专利的全文进行检索，因而该系统可以满足专利技术信息检索的检全率要求。公众可以通过互联网免费进入该检索系统。

如果只是进行一般技术信息的搜索，而不要求查全，则任何专利检索系统都可以用来进行专利技术信息检索。

6.1.2.3 具体检索步骤

专利技术信息检索通常可按照以下四个步骤进行：

第一步，找出几篇文献。首先利用被检索技术主题的若干已知的主题词进行初步检索，找到若干篇文献，然后阅读这些文献的著录数据，以确定检索的初步效果。

第二步，找出相关的国际专利分类（IPC）号。通过阅读初步检索的结果（即找到的几篇专利文献）的著录项目，找出它们所涉及的 IPC 号，再对照国际专利分类表，找出最相关的 IPC 号。

第三步，通过阅读初步检索的结果（即找到的几篇专利文献）的著录项目及文摘，找出它们所涉及的该技术主题的其他表述或同义词、近义词。

第四步，确定一个完整的检索提问式并检索。将根据初步检索结果找到的 IPC 号和该技术主题的其他表述或同义词、近义词进行最后组配。这样确定的检索提问式就是该检索课题的最终、完整的检索提问式。用此检索提问式进行检索，得出的检索结果通常是最完整的。

6.1.2.4 检索技术的应用

在进行专利技术信息检索时，检索人主要通过对主题词和 IPC 分类号等字段的检索来实现检索要求。在对主题词和 IPC 分类号等字段进行检索时，检索人常常需要运用逻辑组配检索、位置检索、通配检索、标引词检索、字段间逻辑组配检索、IPC 统计等检索技术，来提高检索效率，满足检全率的要求。

6.1.3 检索效果的评价

在专利技术信息检索完成后，应对检索结果作出检索效果的评价。检索效果，是指检索所获得的有效结果，是对检索质量的检验尺度。检索效果是通过检索效果评价指标的计算来衡量的。

6.1.3.1 检索效果评价指标

评价指标是衡量检索效果的标准，包括检全率、检准率、漏检率、误检率四项指标。

检全率：是指检出的该技术主题相关文献量与检索系统中该技术主题文献总量的比率，是衡量检索人员检出该技术主题相关文献能力的尺度。可用下式表示：

$$检全率 = \frac{检出该技术主题相关文献量}{系统中该技术主题文献总量} \times 100\%$$

检准率：是指检出的该技术主题相关文献量与检出文献总量的比率，是衡量检索精确度的尺度。可用下式表示：

$$检准率 = \frac{检出该技术主题相关文献量}{检出文献总量} \times 100\%$$

漏检率：是指漏检该技术主题相关文献量与检索系统中该技术主题文献总量的比率，是衡量检索漏检文献的尺度。可用下式表示：

$$漏检率 = \frac{漏检该技术主题相关文献量}{系统中该技术主题文献总量} \times 100\%$$

误检率：是指检出与该技术主题不相关的文献与检出文献总量的比率，是衡量检索误检文献程度的尺度。可用下式表示：

$$误检率 = \frac{误检文献量}{检出文献总量} \times 100\%$$

由于专利技术信息检索的要求是尽可能多地检索到该技术主题相关文献，即检全率重于检准率，因此评价检索效果的主要指标应是检全率和漏检率。然而，人们并不知道某一技术领域究竟有多少件专利，所以在实际检索中，检全率和漏检率几乎是无法计算出来的。因此，只能通过检准率和误检率来衡量专利技术信息检索的效果。专利技术信息检索的最佳检索效果是：检准率达到 90% 左右或误检率达到 10% 左右。

6.1.3.2　检索效果评价方法

在评价专利技术信息检索的效果时，可按以下方法进行。

（1）将专利技术信息检索的四个检索步骤中的第一步和第四步的结果进行比较，看检出文献总量是否增加。

（2）浏览第四个检索步骤的结果，确定检索到的该技术主题相关文献量，计算出检准率或误检率。

（3）在第四个检索提问式的基础上增加或减少限定性主题词，再进行检索和浏览，确定检索到的该技术主题相关文献量，计算出检准率或误检率，看检准率或误检率是否变化。

（4）在第四个检索提问式的基础上增加或减少同义主题词，再进行检索和浏览，确定检索到的该技术主题相关文献量，计算出检准率或误检率，再看检准率或误检率是否变化。

（5）再将所有检索提问式按照合理的逻辑关系组成最终检索提问式，并进行最终检索和浏览，确定最终检索到的该技术主题相关文献量，并将其视为系统中该技术主题的文献总量，然后按照检全率公式或漏检率公式，结合第四个检索步骤的结果中的该技术主题相关文献量，计算出第四检索步骤的检全率或漏检率。

6.1.4　检索报告

专利技术信息检索报告是检索人员向检索委托人汇报专利技术信息检索结果的书面报告。

专利技术信息检索报告通常应包括以下内容。

（1）检索课题名称：与检索委托人提交的书面委托材料上的检索课题名称一致。

（2）检索委托单位相关信息：以检索委托人提交的书面委托材料为准。

（3）检索目的及线索：以检索委托人提交的书面委托材料为准。

（4）使用的检索系统：列出检索所使用的专利检索系统的名称。

（5）检索提问式：列出最终检索提问式，并针对使用的特定检索策略和符号作出书面说明，使检索委托人明白检索提问式的含义。

（6）检索到的该技术主题相关文献目录：列出专利的国家代码、专利号、文献种类代码、发明名称。

（7）检索结果说明：列出检索到的文献总量、该技术主题相关文献数量、检索人对检索结果的建设性意见。

（8）检索人信息：检索人姓名、单位、检索完成日期。

（9）检索结果附件：检索到的所有文献的专利著录项目和文摘。

专利技术信息检索报告可以表格的形式提供给检索委托人。

6.1.5　专利技术信息检索案例

6.1.5.1　案例一：用中草药制备的杀虫剂

某企业欲研究开发绿色农药，委托检索"用中草药制备的杀虫剂"。

首先进行主题分析。主题：以中草药作为材料，制备杀虫剂；中心词：杀虫剂；其他关键词：中草药。

然后选择专利检索系统。中国是中草药的发源地，用中草药作为材料制备的杀虫剂的发明创造主要产生在中国，所以选择中国专利检索系统。由于是要进行专利技术信息检索，因此选择 CPRS 检索系统的专家检索方式。

1. 检索的第一个步骤

找到几篇关于用中草药制备的杀虫剂的专利文献。选择关键词："中草药"和"杀虫剂"，用逻辑"与"算符连接，组成检索提问式，进行检索。

（001）F KW 中草药 ＊杀虫剂 ＜hits：72 ＞

检索命中 72 篇。浏览检索结果的专利著录项目和文摘。

2. 检索的第二个步骤

找出相关的国际专利分类（IPC）号，并进行检索。

由于 CPRS 检索系统具有 IPC 统计功能，利用该功能对 72 篇专利的 IPC 号进行统计，得出主要集中在"A01N 65/00"和"A01N 65/02"两个分类号的结论。对照国际专利分类表，可知两个分类号的内容如下：

A01N　　人体，动植物体或其局部的保存；杀生剂，例如，作为消毒剂，作为农药，作为除莠剂（医学，牙科或梳妆用的制剂入 A61K；一般用于消毒或灭菌的方法或设备，或用于空气除臭的入 A61L）；害虫驱避剂或引诱剂（引诱物入 A01M31/06；医药制剂入 A61K）；植物生长调节剂（化合物本身入 C01，C07，C08；肥料入 C05；土壤改良剂或稳定剂入 C09K17/00）

A01N 65/00　　含有植物材料，如蘑菇、鱼藤根或其提取物的杀生剂、害虫驱避剂或引诱剂或植物生长调节剂（含有已确定的化合物入 27/00 至 59/00）

A01N 65/02　　·从烟草植物得到的制剂

在对"A01N 65/00"和"A01N 65/02"进行检索时，利用截词检索技术，组成 IPC 检索提问式，进行检索。

（002）F IC A01N065 ＜hits：1748 ＞

检索命中 1 748 篇。尽管"A01N 65/00"和"A01N 65/02"两个分类号的内容涉及中草药材料，但该两个分类号的内容涉及的不仅仅是杀虫剂，还涉及其他类农药　保存剂和植物生长调节剂，因而 IPC 检索得到的 1 748 篇专利还涉及用中草药材料制备的其他农药。因此 IPC 检索不是最终的检索结果。

3. 检索的第三个步骤

找出该技术主题的其他表述或同义词、近义词，并进行检索。

将"中草药"和"杀虫剂"分解，分别找它们的其他表述或同义词、近义词，并分别进行检索。

根据常识，"中草药"的同义词有"中药"、"草药"、"药草"，用逻辑"或"连接，组成"中草药"同义词检索提问式，进行检索。

（003）F KW 中草药＋中药＋草药＋药草 ＜hits：47766＞

检索命中 47 766 篇。

从 72 篇检索结果的专利文摘中获得"杀虫剂"的同义词"杀虫液"、"杀虫药"、"驱虫剂"、"灭虫剂"、"灭虫水"等，将其确定为"杀虫"、"驱虫"、"灭虫"等，用逻辑"或"连接，组成"杀虫"及同义词检索提问式，在关键词字段进行检索。

（004）F KW 杀虫＋驱虫＋灭虫 ＜hits：7084＞

检索命中 7 084 篇。

4. 检索的第四个步骤

确定一个完整的检索提问式，并进行最终检索。

由于第一个检索提问式所含的关键词在后面的同义词检索中被重复检索，因此在组织完整检索提问式时，可略去不用。第二个检索提问式（IPC号检索）可看成是第三个检索提问式（"中草药"关键词检索）的同义检索，该两个检索提问式可用逻辑"或"连接，再通过逻辑"与"结合上述第四个检索提问式进行检索。

（005）J（2＋3）＊4 ＜hits：971＞

检索命中 971 篇。按照通常的检索步骤，至此可以停止检索了。但浏览这 971 篇专利，结果发现部分杀虫剂并非农用。因此还要将非农用的中草药制备的杀虫剂排除出去。经过 IPC 统计，发现非农用的中草药制备的杀虫剂的分类号集中在国际专利分类"A61"大类，再对"A61"大类进行检索。

（006）F IC A61 ＜hits：288703＞

检索命中 288 703 篇。再用逻辑"非"与第五个检索提问式连接，组成逻辑"非"检索提问式，进行检索。

（007）J 5－6 ＜hits：605＞

检索命中 605 篇。经过上述处理，使检索结果更准确。

6.1.5.2　案例二：一次性照相机（disposable camera）

某单位要求检索"一次性照相机（disposable camera）"的欧洲专利。

经过课题分析可知：这是一种机内带有照相胶卷且一起出售、冲洗照片时整体回收的照相机。主题词为：disposable 和 camera。

检索人员选择欧洲与国际专利检索光盘（espace/access），进行课题检索。

1. 检索的第一个步骤

找几篇"一次性照相机"的文献。首先用"disposable"（一次性）和

"camera"（照相机）两个主题词进行组配，生成初步检索的检索提问式。

　　＄1　AB = displsable and AB = camera *

检索命中 28 篇。浏览检索命中的专利的著录项目和文摘。

　　2. 检索的第二个步骤

　　找出与"一次性照相机"主题相关的 IPC 号。根据以上检索结果，从命中相关文献的著录项目中可以知道该主题的 IPC 号主要涉及"G03B"及其所属小组"G03B 17/00"和"G03B 19/04"。在国际专利分类表中，这些 IPC 号表示的意义如下：

　　G03B：摄影、放映或观看用的装置或设备

　　G03B 17/00：照相机零部件或照相机机身；及其附件

　　G03B 19/04：用胶卷的照相机

　　事实上，国际专利分类表中只有"照相机"的分类位置（G03B 小类），没有"一次性照相机"的准确分类位置；G03B 17/00 大组只是与"照相机机身、部件"相关，涉及"一次性照相机"的机身或部件的专利才会使用该大组号及下属小组号；G03B 19/04 小组是涉及"胶卷照相机"的分类位置，虽然看上去把它作为"一次性照相机"的分类位置有些勉强，但仔细琢磨却有道理："一次性照相机"是指机内装有胶卷的照相机，因此把 G03B 19/04 视为该主题最恰当的 IPC 号。组成 IPC 检索提问式，进行检索。

　　＄2　IC = G03B01904

检索命中 110 篇。

　　3. 检索的第三个步骤

　　找出与"一次性照相机"主题相关的其他表述或同义词、近义词。阅读"检索的第一个步骤"检索命中的相关文献的著录项目，可以看到图6-1 所示结果。

PN：E P0391436 A2 901010

E P0391436 A3 910626

AN：E P90106657 900406

PR：US 334402 890407

DS：AT BE CH DE ES FR GB GR IT LI LU NL SE

MC：G03B - 17/02

IC：G03B - 11：02

ET：Disposable single - use camera with lens shade

（以下简略）

```
PN: E P069929 A3 951102
AN: E P95105767 950418
PR: DE 4414854 940428
DS: DE FR GB IT
MC: G03B – 19/04
ET: Photographic roll film package with an objective lens
（以下简略）
```

图 6-1 "一次性照相机"初步检索结果

"一次性"一词的英文词除"disposable"外，还有短语"single use"（一次性使用）。此外还有类似的表述"photographic roll film package with an objective lens"（带有物镜的照相胶卷包装盒）。在检索到的其他专利文摘中还有与"package"同义的词："pack"、"unit"。由此可以得到作为检索词的其他主题词："single use"、"film"、"lens"；"package"、"pack"、"u-nit"。

由于国际专利分类表中没有"一次性照相机"的确切分类位置，以及其主题词有多种表达方式，因此为准确完整地检索到"一次性照相机"的所有专利资料，可以用国际专利分类号和主题词进行不同组配，从最宽的范围开始组织检索提问式，然后进行检索。

首先用"disposable"（一次性）组织检索提问式并进行检索。

"disposable"与"camera"已进行过组配检索（见＄1），再与国际专利分类中关于"照相机"的小类类号"G03B"组配检索。

＄3　IC＝G03B AND AB＝Disposable

检索命中20篇。

再用"single use"（一次性使用）组织检索提问式并进行检索。

这里值得注意的是，"single use"中的"use"由于使用频率极高，被ESPACE系统确定为非检索词，如果检索人写出"AB＝use"这样的检索提问式，其检索结果将为"0"。因此只能用"SINGLE"和国际专利分类号组配检索。如与"G03B"组配，检索命中的文献数量过大，出现混乱。"G03B 19/04"作为最接近的分类位置也已检索过（见检索提问式2），无须再检索。因此只能与"G03B 17/00"（胶卷照相机）及其所属小组组配。

＄4　IC＝G03B017 AND AB＝single

检索命中53篇。

此外，还要用"lens"、"film"、"package"、"pack"、"unit"等主题词进行组配检索。

$5　AB = lens AND AB = film AND（AB = unit OR AB = pack ∗）

检索命中 134 篇。

4. 检索的第四个步骤

确定较完整的"一次性照相机"检索提问式并检索。

最后再将上述五个检索提问式组配到一起，组成"一次性照相机"的完整的检索提问式。

$6　$1 OR $2 OR $3 OR $4 OR $5

即：（AB = disposable AND AB = camera ∗）OR IC = G03B01904 OR（IC = G03B AND AB = disposable）OR（AB = single AND IC = G03B017）OR（AB = lens AND AB = film AND（AB = unit OR AB = pack ∗））

或：IC = G03B01904 OR（（IC = G03B OR AB = camera ∗）AND AB = disposable）OR（IC = G03B017 AND AB = single）OR（AB = lens AND AB = film AND（AB = unit OR AB = pack ∗））

最终检索命中 271 篇。

6.2　专利新颖性、创造性检索

6.2.1　专利新颖性、创造性概述

《专利法》第 22 条规定："授予专利权的发明和实用新型，应具备新颖性、创造性和实用性。

新颖性，是指该发明或者实用新型不属于现有技术；也没有任何单位或者个人就同样的发明或者实用新型在申请日以前向国务院专利行政部门提出过申请，并记载在申请日以后公布的专利申请文件或者公告的专利文件中。

创造性，是指与现有技术相比，该发明具有突出的实质性特点和显著的进步，该实用新型具有实质性特点和进步。

实用性，是指该发明或者实用新型能够制造或者使用，并且能够产生积极效果。

本法所称现有技术，是指申请日以前在国内外为公众所知的技术。"

因此，申请专利的发明和实用新型具备新颖性是授予其专利权的必要条件之一。

6.2.2 专利新颖性、创造性检索概述

申请人在准备提出专利申请前，应事先针对要申请专利的权利要求进行文献（专利文献和非专利文献）检索，从而判断该专利申请是否具备新颖性和创造性，具备了新颖性和创造性的专利申请，才有可能成为受专利法保护的专利。

如果通过检索发现将要提出的申请缺乏新颖性和创造性，则不必申请或不再进行该专利申请的后续程序，从而节约费用。虽然专利局对实用新型专利申请只进行形式审查，但是不具备新颖性和创造性的专利随时可能被无效掉。

公众在准备对授权专利宣告无效前，要事先对准备请求无效专利的权利要求进行文献（专利文献和非专利文献）检索，从而判断该专利是否具备新颖性和创造性。

在引进专利技术前，要对欲引进专利的权利要求进行文献（专利文献和非专利文献）检索，通过判断该专利是否具备新颖性和创造性，从而判断该技术的专利性是否可靠，也可以用于判断该专利是否侵权。

本章节主要涉及专利文献的检索，内容包括确定要检索的技术方案，选择国际专利分类（IPC）号，以及检索可能包含与要检索的技术方案的全部特征或者某些特征相关的内容的文献。

6.2.2.1 检索用专利文献

从理论上说，在申请日之前的所有文献都属于新颖性、创造性检索的范围。依据《PCT实施细则》第34条的规定，PCT最低文献量分为专利文献和非专利文献。对于非专利文献，由国际局公布文献清单，一般通过购置科技期刊或科技文献数据库的方式解决。所谓PCT最低专利文献量，是指自1920年以来，美国、英国、法国、德国、瑞士、欧洲专利局和专利合作组织出版的专利说明书，日本和俄罗斯的英文摘要的专利文献，讲英语、法语、德语、西班牙语的国家不要求优先权的专利文献（即澳大利亚、奥地利和加拿大出版的专利文献属于PCT最低文献量），以及近5年的100多种科技期刊。在我国，除应检索PCT最小限度的文献量之外，还应检索中国专利文献以及中国的科技期刊。

用于检索的专利文献主要包括：电子形式（机检数据库和光盘）的多国专利文献；纸件形式的、按国际专利分类号排列的检索文档和按流水号排列的各国专利文献；缩微胶片形式的各国专利文献。

6.2.2.2 检索依据的文本

检索依据的文本，通常是申请文本（查新检索）、授权文本（无效检索）的权利要求书、说明书及其附图。

当检索的结果显示独立权利要求限定的技术方案具有新颖性和创造性时，一般不需要再对其从属权利要求限定的技术方案作进一步的检索。

6.2.2.3 对要素组合的权利要求的检索

权利要求是要素 A、B 和 C 的组合的，在检索这种权利要求时，应当首先对 A + B + C 的技术方案进行检索，如果未查找到可评述其新颖性、创造性的对比文件，则应当对 A + B、B + C、A + C 的分组组合以及 A、B 和 C 单个要素进行检索。

6.2.2.4 对不同类型权利要求的检索

文本中包含了几种不同类型（产品、方法、设备或者用途）权利要求的，应当对所有不同类型的权利要求进行检索。在某些情况下，即使只包含一种类型的权利要求，也可能需要对相关的其他类型的技术主题进行检索。

例如：对一项化学方法权利要求进行检索时，除了对该方法权利要求本身进行检索外，为了评价其创造性，对用该方法制造的最终产品，除它们是明显已知的以外，也应当进行检索。

6.2.2.5 检索的时间界限

应当检索发明和实用新型专利申请在中国提出申请之日以前公布的所有相同或相近技术领域的专利文献和非专利文献。

6.2.2.6 检索前的准备

1. 检索的要点

在检索时，要把注意力集中到新颖性上，同时也要注意和创造性有关的现有技术，把那些相互结合后可能使技术主题不具备创造性的两份或者多份对比文件检索出来。

2. 学会阅读专利文献

专利文献主要是指专利申请公开说明书和专利授权说明书类文献。这类文献是专利文献的原始资料，一般包括扉页、权利要求书、说明书（名称、技术领域、背景技术、发明内容、附图说明、具体实施方式）、附图几个部分。各国专利说明书的结构大体相同。因此，如果熟悉了专利说明书的行文结构，则在使用专利说明书时，就没有必要对说明书的全文逐字逐句加以阅读。要了解专利文献的主要内容、要解决的技术问题以及解决其技术问题采用的技术方案，只看发明内容部分就行；要了解具体配方、操作步骤和条件，只要阅读具体实施方式部分即可，这样可以大大节省研读文献的时间。

3. 核对文本的国际专利分类号

可以尝试性地在专利文献全文文本或摘要的数据库中进行初步检索，浏览其结果，参看其中的分类号和描述词，以便于准确选择技术主题词和分类号。

（1）查阅国际专利分类表每个部开始部分的"部的内容"栏，按类名选择可能的分部和大类。应当选择最确切地覆盖该技术主题的小类。文献中出现最多的分类号所代表的小类可认为包含在检索领域中。

（2）参看小类开始部分的"小类索引"，阅读大组完整的类名及附注和参见，选择最适合于覆盖检索的技术主题的大组。

（3）阅读所选择的大组下面全部带一个圆点的小组，确定一个最适合于覆盖检索的技术主题的小组。如果该小组有附注和参见部分，则应当根据它们考虑其他分类位置，以便找到一个或者多个更适合于检索的技术主题的分类位置。

（4）选择带一个以上圆点的、但仍旧覆盖检索的技术主题的小组。

通过以上步骤可以选定最适合于覆盖检索的技术主题的小组。

4. 确定检索的技术领域

在技术主题所属的技术领域中进行检索，必要时应当把检索扩展到功能类似的技术领域。功能类似的技术领域是根据申请文件中公开的技术主题所必须具备的本质功能或者用途来确定的，而不只根据技术主题的名称，或者文本中明确指出的特定功能来确定的。

例如：茶叶搅拌机和混凝土搅拌机属于功能类似的技术，因为搅拌是两者都必须具备的本质功能。同理，切砖机和切饼干机也是功能类似的技术。

又例如：一件申请的独立权利要求，限定了具有某种结构特征的电缆夹子。如果在电缆夹子所属的技术领域中检索不到相关的文件，则应当把检索扩展到有关管夹和其他类似的夹子的技术领域，由于这些夹子具有与电缆夹子类似的本质功能，因此很可能具有的独立权利要求中限定的结构特征。也就是说，进行扩展检索时，对于可能包含与技术主题的全部特征或者某些特征相关的内容的文献都应当检索。

5. 确定检索要素

基本检索要素是体现技术方案的基本构思的可检索的要素。一般而言，基本检索要素可以根据技术领域、技术问题、技术手段、技术效果等方面进行确定。

在确定了基本检索要素之后，应该结合检索的技术领域的特点，确定这些基本检索要素中每个要素在计算机检索系统中的表达形式，例如关键词、分类号、化学结构式等。为了全面检索，通常需要尽可能地以关键词、分类号等多种形式表达这些检索要素，并将用不同表达形式检索到的结果合并作为针对该检索要素的检索结果。

在选取关键词时，一般需要考虑相应检索要素的各种同义或近义表达形式，而且在必要时还需要考虑相关的上位概念、下位概念以及其他相关概念及其各种同义或近义表达形式。

在确定反映技术方案的检索要素时，不仅要考虑技术方案中明确的技术特征，必要时还应当考虑技术方案中的某些技术特征的等同特征。

6.2.2.7　利用机检数据库

可以用关键词、发明名称、发明人等检索入口在机检数据库中通过计算机检索来确定检索的技术领域。其中利用关键词检索入口来确定检索的技术领域是最主要的方式。

在正确理解技术主题的基础上，确定一个或者几个"关键词"，然后根据确定的"关键词"在机检数据库中进行检索和统计分析。

例如：对检索得到的文献的分类号进行统计分析，尽可能准确、全面地确定检索的技术领域。

1. 在所属技术领域中检索

所属技术领域是技术主题所在的主要技术领域，在这些领域中检索，找到密切相关的对比文件的可能性最大。

因此，首先，应当在这些领域的检索用专利文献中进行全面检索；其次，在功能类似的技术领域中进行检索。

2. 具体的检索步骤

在进行计算机检索时，为尽可能全面地检索，对于每个检索要素，应当尽可能地从多个角度进行表达，如用关键词、分类号、化学结构式等。例如，对于一个包含两个基本检索要素 A 和 B 的权利要求，基本的检索思路可以表示为：将涉及检索要素 A 的分类号和关键词的两种检索结果以逻辑"或"的关系合并，作为针对检索要素 A 的检索结果；将涉及检索要素

B 的分类号和关键词的两种检索结果以逻辑"或"的关系合并，作为针对检索要素 B 的检索结果；然后将上述针对检索要素 A、B 的检索结果以逻辑"与"的关系合并，作为针对该权利要求的检索结果。

在实际检索过程中，可以根据具体情况采用以下不同组合方式进行检索：

（1）将涉及要素 A 的分类号和涉及要素 B 的关键词的两种检索结果以逻辑"与"的关系合并；

（2）将涉及要素 A 的分类号和涉及要素 B 的分类号的两种检索结果以逻辑"与"的关系合并；

（3）将涉及要素 A 的关键词和涉及要素 B 的关键词的两种检索结果以逻辑"与"的关系合并；

（4）将涉及要素 A 的关键词和涉及要素 B 的分类号的两种检索结果以逻辑"与"的关系合并；

（5）将涉及要素 A 的分类号和涉及要素 A 的关键词的两种检索结果以逻辑"或"的关系合并，其结果再与涉及要素 B 的关键词或分类号的结果以逻辑"与"的关系合并。

当采用一种方式检索没有找到较相关的对比文件时，应当考虑所采用的这种方式可能遗漏的文献。例如在方式（1）中，可能遗漏的文献有：含有至少与 A、B 之一相关的关键词，但未分在 A 的分类号下的文献；分类号至少与 A、B 的分类号之一相同，但不含有与 B 相关的关键词的文献。对于可能遗漏的文献，应当调整检索方式进行针对性的检索。在针对检索要素 A、B 的结合没有检索到能够评价该技术方案的新颖性或创造性的单份文件时，一般还应当考虑分别针对单独检索要素 A 或 B 进行检索的结果。如果技术方案包含多个基本检索要素，例如基本检索要素 A、B 和 C，则在找不到能够评价该技术方案的新颖性或创造性的单份文献时，一般应该考虑基本检索要素的组合，例如考虑 A + B、A + C 和 B + C 的组合；必要时，还需要考虑单独检索要素 A、B、C。

6.2.2.8　举例说明检索思路

某申请的技术主题涉及商店待出售衣服上防止衣服被偷窃的装置，该装置由两个从衣服正反面锁合在一起的部件组成，其中一个部件上有针状结构，另一个部件上有将针啮合住的机构，欲将这两部分分开时，如果不用特殊工具，该针状结构就会损伤安装在啮合机构中的装有液体的小容器，造成该液体流出污染衣服的后果。

独立权利要求 1 为：一种商店待出售衣服上防止衣服被偷窃的装置，该装置由从衣服正反面锁合在一起的两个部件组成，在一个部件上有针状结构，另一个部件上有将针啮合住的机构，其特征在于：在啮合机构中安装盛有液体的小容器。

首先，分析确定反映独立权利要求 1 的技术方案的基本检索要素。从上述防盗装置所应用的对象或技术领域考虑，可确定检索要素——衣服；从所述防盗装置的所解决的技术问题和取得的技术效果考虑，可确定检索要素——防盗；从所述防盗装置的技术手段考虑，可确定检索要素——液体。由此可确定反映该权利要求的三个基本检索要素：衣服、防盗和液体。

其次，从关键词、分类号等方面表达上述基本检索要素。表达基本检索要素"衣服"的分类号为：A41B 1/00、A41B 9/00、A41D 1/00 ~ 15/00、A41D 29/00 等；关键词为：衣服、衣物、服装、运动服、夹克、西装……，cloth、jack、jean。表达基本检索要素"防盗"的分类号为：E05B 69/00、E05B 73/00、G08B 15/02、G08B 13/00、G09F 3/03、A44B 9/18 等；关键词为：防盗、防窃……，theftproof。表达基本检索要素"液体"的关键词为：液体、水、流体……，liquid、water、fluid。

最后，按前述检索方式，对上述三个检索要素进行各种组合检索，查找相关的现有技术文献。

应当注意的是，上述检索要素的确定只是举例性的，应当根据检索的结果适时调整检索的要素。例如，对于反映技术手段的检索要素，也可以考虑"针"。

此外，在计算机检索过程中，还可以随时根据相关文献进行针对引用文献、被引用文献、发明人、申请人的跟踪检索，以便找到进一步相关的文献。

6.2.3 检索报告

检索报告用于记载检索的结果，特别是记载构成相关现有技术的文件。应当在检索报告中清楚地记载检索的领域、数据库以及其所用的基本检索要素和表达形式（如关键词等）、由检索获得的对比文件以及对比文件与技术主题的相关程度，并且应当按照检索报告表格的要求完整地填写其他各项。

在检索报告中，采用下列符号来表示对比文件与权利要求的关系。

X：单独影响权利要求的新颖性或创造性的文件；

Y：与检索报告中其他 Y 类文件组合后影响权利要求的创造性的文件；

A：背景技术文件，即反映权利要求的部分技术特征或者有关的现有技术的文件；

R：在申请日或申请日后公开的同一申请人的属于同样的发明创造的专利或专利申请文件以及他人在申请日向专利局提交的、属于同样的发明创造的专利申请文件；

P：中间文件，其公开日在申请的申请日与所要求的优先权日之间的文件，或者会导致需要核实该申请优先权的文件；

E：单独影响权利要求新颖性的抵触申请文件。

6.2.4 实用新型专利检索

《专利法》第61条第2款规定："专利侵权纠纷涉及实用新型专利或者外观设计专利的，人民法院或者管理专利工作的部门可以要求专利权人或者利害关系人出具由国务院专利行政部门对相关实用新型或者外观设计进行检索、分析和评价后作出的专利权评价报告，作为审理、处理专利侵权纠纷的证据。"

《专利法实施细则》第56条第1～2款规定："授予实用新型或者外观设计专利权的决定公告后，专利法第六十条规定的专利权人或者利害关系人可以请求国务院专利行政部门作出专利权评价报告。请求作出专利权评价报告的，应当提交专利权评价报告请求书，写明专利号。每项请求应当限于一项专利权。"

6.2.5 新颖性的判断方法

在新颖性判断中采取"单独对比"的原则。将技术方案与每一项现有技术或申请在先公布在后的发明或实用新型申请文件中相关的技术内容单独地进行比较，不得将其与几项现有技术或者申请在先公布在后的发明或者实用新型内容的组合或者与一份对比文件中的多项技术方案的组合进行对比。

如果在检索中发现某篇文献中的现有技术特征与专利申请方案的特征相同，或者包含了申请方案的特征，则可认定该篇文章足以破坏专利申请的新颖性。这样，新颖性检索的目的就达到了，检索即可停止。

几种常见的情形如下。

6.2.5.1 相同内容的发明或者实用新型

是指技术领域和目的相同，技术解决手段实质上相同，预期效果相同的发明或者实用新型。也就是说，技术方案与对比文件所公开的技术内容完全相同，或者仅仅是简单的文字变换，则该发明或者实用新型专利申请不具备新颖性。

6.2.5.2 具体（下位）概念与一般（上位）概念

在同一技术主题中，具体（下位）概念的公开使一般（上位）概念的发明或者实用新型专利申请丧失新颖性。反之，一般（上位）概念的公开并不影响具体（下位）概念的发明或者实用新型专利申请的新颖性。

例如：对比文件公开某产品是"用铜制成的"，就使"用金属制成的同一产品"的专利申请丧失新颖性。但是，该铜制品的公开并不使铜之外的其他金属制成的同一产品的专利申请丧失新颖性。

6.2.5.3 惯用手段的直接置换

如果技术方案与对比文件的区别仅是所属技术领域的惯用手段的直接置换，则该项技术方案不具有新颖性。

例如：现有技术公开过采用螺钉固定的装置，而发明或者实用新型专利申请仅将该装置的螺钉固定方式改换为螺栓固定方式，则该申请不具备新颖性。

6.2.5.4 数值和数值范围

如果要求保护的发明或者实用新型中存在以数值或者连续变化的数值范围限定的技术特征，例如部件的尺寸、温度、压力以及组合物的组分含量，而其余技术特征与对比文件相同，则其新颖性的判断应当依照以下内容进行。

（1）对比文件公开的数值或者数值范围落在上述限定的技术特征的数值范围内，将破坏要求保护的发明或者实用新型的新颖性。

例如：权利要求为一种热处理台车窑炉，其拱衬厚度为 100~400 毫米。如果对比文件公开了拱衬厚度为 180~250 毫米的热处理台车窑炉，则该对比文件破坏该权利要求的新颖性。

（2）对比文件公开的数值范围与上述限定的技术特征的数值范围部分重叠或者有一个共同的端点，将破坏要求保护的发明或者实用新型的新颖性。

例如：权利要求为一种氮化硅陶瓷的生产方法，其烧成时间为 1~10 小时。如果对比文件公开的氮化硅陶瓷的生产方法中的烧成时间为 4~12 小时，则由于烧成时间在 4~10 小时的范围内重叠，因此该对比文件破坏该权利要求的新颖性。

（3）对比文件公开的数值范围的两个端点将破坏上述限定的技术特征为离散数值并且具有该两端点中任一个的发明或者实用新型的新颖性，但不破坏上述限定的技术特征为该两端点之间任一数值的发明或者实用新型的新颖性。

例如：权利要求为一种二氧化钛光催化剂的制备方法，其干燥温度为40℃、58℃、75℃或者100℃。如果对比文件公开了干燥温度为40℃ ~ 100℃的二氧化钛光催化剂的制备方法，则该对比文件破坏干燥温度分别为40℃和100℃时权利要求的新颖性，但不破坏干燥温度分别为58℃和75℃时权利要求的新颖性。

（4）上述限定的技术特征的数值或者数值范围落在对比文件公开的数值范围内，并且与对比文件公开的数值范围没有共同的端点，则对比文件不破坏要求保护的发明或者实用新型的新颖性。

例如：权利要求为一种内燃机用活塞环，其活塞环的圆环直径为95毫米，如果对比文件公开了圆环直径为70 ~ 105毫米的内燃机用活塞环，则该对比文件不破坏该权利要求的新颖性。

6.2.5.5 包含性能、参数、用途或制备方法等特征的产品权利要求

如果发明包含性能、参数、用途、制备方法等特征的产品，具有区别于对比文件产品的结构和/或组成，则该权利要求具备新颖性；相反，如果所属技术领域的技术人员根据该性能、参数、用途、制备方法无法将要求保护的产品与对比文件产品区分开，则可推定要求保护的产品与对比文件产品相同，因此申请的权利要求不具备新颖性。

例如："起重机用吊钩"是指仅适用于起重机的尺寸和强度等结构的吊钩，其与具有同样形状的一般钓鱼者用的"钓鱼用吊钩"相比，结构上不同，两者是不同的产品。

又例如：权利要求为用X方法制得的玻璃杯，对比文件公开的是用Y方法制得的玻璃杯，如果两个方法制得的玻璃杯的结构、形状和构成材料相同，则申请的权利要求不具备新颖性。相反，如果上述X方法包含了对比文件中没有记载的在特定温度下退火的步骤，使得用该方法制得的玻璃杯在耐碎性上比对比文件的玻璃杯有明显的提高，则表明要求保护的玻璃杯因制备方法的不同而导致了微观结构的变化，具有不同于对比文件产品的内部结构，该权利要求具备新颖性。

6.2.6 专利新颖性检索及判断案例

案例：针对于1995年1月1日提出的涉及"一种防污染密封膜"的专利申请进行专利文献检索，并判断新颖性和创造性。该专利申请的权利要求书的内容如下：

1. 防污染密封膜，它是一种通过与具有耐气体透过性和耐透湿性的薄膜叠合而使其对于污染物质具有阻挡性，并使各层薄膜之间具有黏合性的防污染密封膜，其特征在于，所述密封膜是总厚度为 $50\sim80\mu m$ 的多层密封膜，它以第一层作为最内层，所述第一层包括选自线形低密度聚乙烯、低密度聚乙烯、聚丙烯、聚丁烯 – 1 中的至少一种树脂，在第一层的外侧，通过第二层而叠合有第三层，所述第二层由无定形聚烯烃、黏合性聚烯烃或乙烯 – 乙酸乙烯酯共聚物组成作为黏结剂层，所述第三层由乙烯 – 乙烯醇共聚物组成。

2. 权利要求 1 所述的防污染密封薄膜，其中，第一层由线性低密度聚乙烯或低密度聚乙烯组成，第二层由无定形聚乙烯、黏合性聚乙烯或乙烯—乙酸乙烯酯共聚物组成。

6.2.6.1　确定技术方案，对技术主题进行分析

（1）由三层薄膜叠合成的防污染密封膜产品。

（2）技术主题词（关键词）：密封膜、聚乙烯、聚丙烯、聚丁烯、聚烯烃、乙烯—乙酸乙烯酯共聚物、乙烯—乙烯醇共聚物。

6.2.6.2　寻找相关国际专利分类号（IPC）的步骤

1. 使用中国专利检索系统（CPRS）的高级检索界面

（1）在"关键词"提示框输入：（密封 * 膜）*（聚乙烯 + 聚丙烯 + 聚丁烯）* 聚烯烃，检索命中 15 篇。

（2）初步确定大组分类号。浏览相关内容的文献，初步确定大组的分类号为 B32B 27。

（3）用分类号"B32B 27"大组进一步对"关键词"进行限定，检索命中 9 篇。浏览著录项目和文摘以及全文，找到最接近的中国专利文献申请号为 87104707，分类号为 B32B 27/32。

根据（1）～（3）选择出最适当的分类号为"B32B 27/28"，并与国际专利分类表的以下内容核对：

B32B 27/00　实质上由合成树脂组成的层状产品

B32B 27/28　·由未全部包含在下列任一小组的合成树脂的共聚物组成的

B32B 27/30　·由乙烯基树脂组成的；由丙烯基树脂组成的

B32B 27/32　·由聚烯烃组成的

B32B 27/34　·由聚酰胺组成的

B32B 27/36　·由聚酯组成的

最终确定检索分类号为"B32B 27/32"。

2. 在德温特世界专利索引（DWPI）数据库中检索

若在中国专利检索系统（CPRS）中找不到最适当的分类号，则可在 DWPI 数据库中重复进行上述（1）～（3）步骤，直至找到最适当的分类号。

6.2.6.3 正式检索

1. 在中国专利检索系统（CPRS）中检索

（1）在关键词中检索，使用以下逻辑运算。

（001）F KW（密封 * 膜）*（聚乙烯 + 聚丙烯 + 聚丁烯）* 聚烯烃 <hits：15 >

检索命中 15 篇。

（2）在摘要中检索，使用以下逻辑运算。

（002）F AB（密封 * 膜）*（聚乙烯 + 聚丙烯 + 聚丁烯）* 聚烯烃 <hits：12 >

检索命中 12 篇。

（3）逻辑运算"关键词"和"摘要"，去重。

（003）J 1 + 2 <hits：15 >

检索命中 15 篇。

（4）用大组分类号检索，以免漏检。

（004）F IC B32B027 <hits：2 913 >

检索命中 2 913 篇。

（5）用大组分类号与"关键词"和"摘要"检索，以免漏检。

（005）J 3 * 4 <hits：9 >

检索命中 9 篇。

（6）用准确的小组分类号检索，以免漏检。

（006）F IC B32B02732 <hits：416 >

检索命中 416 篇。

（7）用大组分类号与"关键词"和"摘要"和准确的小组分类号逻辑检索，以免漏检。

（007）J 5 + 6 <hits：422 >

检索命中 422 篇。

（8）用公告日 1985 年 1 月 1 日～1994 年 12 月 31 日进一步限制检索。

（008）F PD 850101 > 941231 <hits：304412 >

（009）J 7 ＊ 8　＜hits：33＞

检索命中 33 篇。

2. 在德温特世界专利索引（DWPI）系统中检索

1	895552 film OR membrane
2	373092 seal
3	32965 1 AND 2
4	103460 polyethene OR polypropylene OR polybutadiene
5	241296 polyolefin OR copolymer
6	1099 3 AND 4 AND 5
7	78020 B32B27/IC
8	13671 B32B27/32/IC
9	651 6 AND 7
10	13872 8 OR 9
11	4256 10 AND PD ＜ 1995
12	2625 1 AND 11
13	665 12 AND 2

检索命中 665 篇。

阅读检索到的文献，找到最相关的对比文献 EP0236099A。

6.2.6.4　判断新颖性和创造性

对比文件 1（EP0236099A）所公开的薄膜是关于食品包装用的薄膜，既没有公开也没有暗示本发明申请涉及的防污染效果。

对比文件 1 的说明书第 13～16 页公开了一种包装用多层薄膜，包括一个乙烯—乙烯醇共聚物芯层、两个黏合性聚合材料中间层和两个聚合材料外层；外层的聚合材料包括线性低密度聚乙烯，线性低密度聚乙烯和极低密度聚乙烯的混合物，聚丙烯、乙烯丙烯共聚物或它们的混合物，黏合性聚合材料包括羧酸或酸酐改性的聚烯烃（如聚乙烯）；多层膜的总厚度为 0.013～0.05mm（即 13～50μm）。可见，对比文件 1 的乙烯—乙烯醇共聚物芯层即权利要求 1 的第三层，对比文件 1 的羧酸或酸酐改性的聚烯烃（如聚乙烯）层相当于权利要求 1 的第二层，对比文件 1 的线性低密度聚乙烯层即权利要求 1 的第一层，权利要求 1 限定的膜的厚度也与对比文件 1 有一个共同的点，即 50μm。由上述分析可知，独立权利要求 1 的技术方案所对应的产品已经由对比文件 1 的技术方案公开，属于已知产品。

一种已知物质不能因为提出了某一新的应用而被认为是一种新的物质。

虽然在权利要求 1 的技术方案中强调"具有耐气体透过性和耐透湿性"对其薄膜进行限定，而对比文件 1 没有公开其产品具有上述性质，但是，就本申请而言，这种新的性质的发现和应用并不能改变产品的结构或组成，从而使其变成新的产品。因此，权利要求 1 不符合《专利法》第 22 条第 2 款有关新颖性的规定。

从属权利要求 2 进一步限定了第一层由线性低密度聚乙烯或低密度聚乙烯组成。然而，对比文件 1 已经公开了线性低密度聚乙烯层，因此，权利要求 2 的技术方案事实上已被对比文件 1 所公开，不具备《专利法》第 22 条第 2 款规定的新颖性。

6.2.7　专利创造性判断方法

对于发明是否具备创造性，应当基于所属技术领域的技术人员的知识和能力进行评价。

本领域的技术人员，是指一种假设的"人"，假定其知晓申请日或者优先权日之前发明所属技术领域所有的普通技术知识，能够获知该领域中所有的现有技术，并且具有应用该日期之前常规实验的手段和能力，但其不具有创造能力。

评价创造性时，将一份或者多份对比文件中的不同的技术内容组合在一起进行评定。

6.2.7.1　突出的实质性特点

将要求保护的发明与现有技术对比，如果其技术方案相对于现有技术是非显而易见的，则具有突出的实质性特点；如果是显而易见的，则无突出的实质性特点。

按照此审查基准判断该要求保护的技术方案相对于现有技术是否显而易见，通常可按以下三个步骤进行。

（1）确定最接近的现有技术。最接近的现有技术，通常与要求保护的发明技术领域相同，并且与要求保护的发明比所解决的技术问题、技术效果或者用途最接近，和/或公开的发明的技术特征最多；或者虽然与要求保护的发明技术领域不同，但能够实现发明的功能，并且公开发明的技术特征最多。

（2）确定发明的区别特征和其实际解决的技术问题。应当首先分析要求保护的发明与最接近的现有技术有哪些区别特征，然后根据该区别特征所能达到的技术效果确定发明实际解决的技术问题。

（3）判断要求保护的发明对本领域的技术人员来说是否显而易见。要从最接近的现有技术和发明实际解决的技术问题出发，判断要求保护的发明对本领域的技术人员来说是否显而易见。判断过程中，要确定的是现有技术整体上是否存在某种技术启示。

例如：公知的教科书或者工具书披露的解决该重新确定的技术问题的技术手段，本领域中解决该重新确定的技术问题的惯用手段。

6.2.7.2　显著的进步

在评价发明是否具有显著的进步时，主要应当考虑发明是否具有有益的技术效果。其主要有以下表现。

（1）发明与最接近的现有技术相比具有更好的技术效果，例如，质量改善、产量提高、节约能源、防治环境污染等；

（2）发明提供了一种技术构思不同的技术方案，其技术效果能够基本上达到现有技术的水平；

（3）尽管发明在某些方面有负面效果，但在其他方面具有明显积极的技术效果。

6.2.7.3　特定情况下创造性的辅助性判断基准

1. 发明解决了人们一直渴望解决、但始终未能获得成功的技术难题

例如：人们一直期望解决在农场牲畜（如奶牛）身上无痛而且不损坏牲畜表皮地打上永久性标记的技术问题，某发明人基于冷冻能使牲畜表皮着色这一发现而发明的一项冷冻"烙印"的方法成功地解决了这个技术问题，该发明具备创造性。

2. 发明克服了技术偏见

发明采用了人们由技术偏见而舍弃的技术手段，从而解决了技术问题，具备创造性。

例如：对于电动机的换向器与电刷间界面，通常认为越光滑接触越好，电流损耗也越小。一项发明将换向器表面制出一定粗糙度的细纹，其结果电流损耗更小，优于光滑表面。该发明克服了技术偏见，具备创造性。

3. 发明取得了预料不到的技术效果

是指发明同现有技术相比，其技术效果产生的"质"的或者"量"的变化，对所属技术领域的技术人员来说，事先无法预测或者推理出来。

4. 发明在商业上获得成功

当发明的产品在商业上获得成功时，如果这种成功是由发明的技术特征直接导致的，则一方面反映了发明具有有益效果，另一方面也说明了发明是非显而易见的，因而，这类发明具有突出的实质性特点和显著的进步，

具备创造性。

6.2.7.4　几种不同类型发明的创造性判断

1. 开拓性发明

一种全新的技术解决方案，在技术史上未曾有过先例，它为人类科学技术在某个时期的发展开创了新纪元，这种发明称为开拓性发明。开拓性发明同现有技术相比，具有突出的实质性特点和显著的进步，具备创造性。例如，指南针、蒸汽机、白炽灯。

2. 组合发明

组合发明，是指将某些技术方案进行组合，构成一项新的技术解决方案。在功能上彼此相互支持，并取得了新的技术效果，或者说组合后的技术效果比每个技术特征效果的总和更优越，发明具备创造性。

例如：一项带有电子表的圆珠笔的发明。该发明是将公知的电子表安装在圆珠笔的笔身上，将电子表同圆珠笔组合后，两者仍各自以其常规的方式工作，在功能上没有相互支持，只是一种简单的叠加，因而，该发明不具备创造性。

3. 选择发明

选择发明，是指从现有技术中公开的较大范围中，有目的地选出现有技术中未提到的小范围或个体的发明。选择发明是化学领域中常见的一种发明类型，其创造性的判断主要参考发明的技术效果。如果选择发明的技术解决方案能够取得预料不到的技术效果，则具有突出的实质性特点和显著的进步，具备创造性。

例如：一份制备硫代氯甲酸的现有技术对比文件中，催化剂羧酸酰胺和/或尿素相对于每 1mol 的原料硫醇，其用量为 0 ~ 100mol%；在给出的例子中，催化剂用量为 2 ~ 13mol%，并且指出催化剂用量从 2mol% 起，产率开始提高；此外，一般专业人员为提高产率，也总是采用提高催化剂用量的办法。一项制备硫代氯甲酸方法的选择发明，采用了较少的催化剂用量 0.02 ~ 0.2mol%，提高产率 11.6% ~ 35.7%，大大超出了预料的产率范围，并且还简化了对反应物的处理工艺。这说明，该发明选择的技术解决方案，产生了预料不到的技术效果，因而具备创造性。

再例如：一项已知反应方法的发明，其特征在于规定一种惰性气体的流速，而确定流速是所属技术领域的技术人员能够通过常规计算得到的，故这项发明不具备创造性。

又例如：一项改进组合物 Y 的热稳定性发明，其特征在于确定了组合物 Y 中某组分 X 的最低含量，实际上，该含量可以从组分 X 的含量与组合物 Y 的热稳定性关系曲线中推导出来，则该发明不具备创造性。

4. 转用发明和用途发明

转用发明，是指将某一技术领域的现有技术转用到其他技术领域中的发明。如果这种转用能够产生预料不到的技术效果，或者克服了原技术领域中未曾遇到的困难，则这种转用发明具有突出的实质性特点和显著的进步，具备创造性。例如，将作为木材杀菌剂的五氯酚制剂用作除草剂而取得了意想不到的效果，则该发明具备创造性。

但是，如果新的用途，仅仅是使用了已知材料的公知的性质，则不具备创造性。例如，将作为润滑油的公知组合物在同一技术领域中用作切削剂，则不具备创造性。

5. 要素变更的发明

要素变更的发明，包括要素关系改变的发明、要素替代的发明和要素省略的发明。

（1）要素关系改变的发明，是指发明与现有技术相比，其形状、尺寸、比例、位置及作用关系等有了变化。如果要素关系的改变，导致发明质量、功能及用途上的变化，从而产生了预料不到的技术效果，则该发明具有突出的实质性特点和显著的进步，具备创造性。

例如：一项有关剪草机的发明，其特征在于刀片斜角与公知的不同，其斜角可以保证刀片的自动研磨，而现有技术中所用刀片的角度没有自动研磨的效果。该发明通过改变要素关系，产生了预料不到的技术效果，因此具备创造性。

（2）要素替代的发明，是指已知产品或方法的某一要素由其他要素替代的发明。如果这种替代能使发明产生预料不到的技术效果，则具有突出的实质性特点和显著的进步，具备创造性。

例如：一项涉及泵的发明，与现有技术相比，该发明中的动力源是液压马达，替代了现有技术中使用的电机，这种等效替代的发明不具备创造性。

（3）要素省略的发明，**是**指省去已知产品或者方法中的某一项或多项要素的发明。如果与现有技术相比，发明省去一项或多项要素（例如，一项产品发明省去了一个或多个零部件或者一项方法发明省去一步或多步工序）后，依然保持原有的全部功能，或者带来预料不到的技术效果，则该发明具有突出的实质性特点和显著的进步，具备创造性。

但是，如果发明省去一项或多项要素后其功能也相应地消失，则该发明不具备创造性。

6.2.8 专利创造性检索及判断案例

针对涉及"重金刚石"的1998年1月1日提出的专利申请进行专利文献检索，并判断新颖性和创造性。其权利要求书的内容如下：

重金刚石，是一种合成金刚石，其特征是：它采用碳-13同位素作为其主要组成元素，碳-13含量达99.2%以上者除外。

6.2.8.1 确定技术方案，对技术主题进行分析

（1）技术方案：合成的重金刚石产品。

（2）技术主题词（关键词）：重金刚石；金刚石；碳-13。

6.2.8.2 寻找相关国际专利分类号（IPC）的步骤

1. 使用中国专利检索系统（CPRS）的高级检索界面

（1）在"关键词"提示框输入"金刚石"，检索命中1 998篇。

（2）初步确定大组分类号。浏览相关内容的文献，初步确定大组的分类号为C01B31，B01J3。

（3）用分类号"C01B31，B01J3"大组进一步对"关键词"进行限定，检索命中239篇。浏览著录项目和文摘以及全文，找到最接近的中国专利文献申请号为CN1052340A，分类号为C01B31/06。

根据（1）～（3）选择出最适当的分类号为"C01B31/06"，并与国际专利分类表的以下内容核对。

C01B 31/00　碳；其化合物（C01B 21/00、C01B 23/00优先；过碳酸盐入C01B 15/10；碳黑入C09C 1/48；气体碳的生产入C10B）

C01B 31/02　·碳的制备（使用超高压，如用于金刚石的生成入B01J3/06；用晶体生长法入C30B）；纯化

C01B 31/04　··石墨

C01B 31/06　··金刚石

最终确定检索分类号为C01B31/06和B01J3/06。

2. 在DWPI数据库中检索

若在中国专利检索系统（CPRS）中找不到最适当的分类号，可在DW-PI数据库中重复进行上述（1）～（3）步骤，直至找到最适当的分类号。

6.2.8.3 正式检索

1. 在中国专利检索系统（CPRS）中检索

（1）在关键词中检索。

（001）F KW 金刚石　＜hits：1 998＞

检索命中 1 998 篇。

（2）在摘要中检索。

（002）F AB 金刚石　＜hits：1 685＞

检索命中 1 685 篇。

（3）逻辑运算"关键词"和"摘要"，去重。

（003）J 1＋2　＜hits：1 998＞

检索命中 1 998 篇。

（4）用大组分类号检索，以免漏检。

（004）F IC C01B031＋B01J003　＜hits：1 983＞

检索命中 1 983 篇。

（5）用大组分类号与"关键词"和"摘要"检索，以免漏检。

（005）J 3＊4　＜hits：239＞

检索命中 239 篇。

（6）用准确的小组分类号检索，以免漏检。

（006）F IC C01B03106　＜hits：83＞

检索命中 83 篇。

（7）用大组分类号与"关键词"和"摘要"和准确的小组分类号逻辑检索，以免漏检。

（007）J 5＋6　＜hits：245＞

检索命中 245 篇。

（8）用公告日 1985 年 1 月 1 日～1994 年 12 月 31 日进一步限制检索。

（008）F PD 850101＞941231　＜hits：504，374＞

（009）J 7＊8　＜hits：72＞

检索命中 72 篇。

2. 在 DWPI 系统中检索

1	315577 crystal
2	26436 diamond
3	25708 C01B31/IC OR B01J3/IC
4	384 1 AND 2 AND 3
5	1209 C01B31/06/IC
6	1325 4 OR 5
7	7977210 PD ＜1997

8　955 6 AND 7

9　330912 carbon

10　393 8 AND 9

检索命中 393 篇。

阅读检索到的所有文献，找到最相关的对比文献 CN1052340A。

6.2.8.4　判断新颖性、创造性

对比文件 1（CN1052340A）公开了一种具有很高热导率的单晶金刚石及其制备方法，所述单晶金刚石由至少 99.2%（重量）的同位素纯的碳－12 或碳－13 所组成（权利要求 18），在某些申请中，碳－13 是优选的（说明书第 10 页第 17 行）。

本申请的权利要求 1 要求保护的是一种采用碳－13 同位素作为主要组成元素，其中碳－13 含量达 99.2% 以上，作为高热导率的单晶金刚石除外的重金刚石。

本申请与对比文件 1 同属金刚石技术领域；对比文件 1 公开的由至少 99.2% 同位素碳－13 组成的单晶金刚石，是重金刚石的一种。权利要求 1 的技术方案与对比文件 1 相比，区别仅在于碳－13 的含量有所不同，而且该含量的区别并没有为排除了对比文件 1 的单晶金刚石以外的重金刚石（即权利要求 1 的技术方案）带来预料不到的技术效果，使之区别于现有技术（即碳－13 含量达 99.2% 以上的高热导率的单晶金刚石）。而且，基于对比文件 1 第 10 页第 17 行 "在某些申请中，碳－13 是优选的"，因此，权利要求 1 的技术方案相对于对比文件 1 公开的技术方案，不具有突出的实质性特点和显著的进步，不具有《专利法》第 22 条第 3 款规定的创造性。

6.3　同族专利检索

某单位生产一种产品，准备出口。经检索，确定该产品与一项美国专利基本相仿，再经同族专利检索，确定该美国专利也向产品出口目的地国家提出专利申请并被授予专利权。由此得出结论：该产品不能出口。

某研究人员要参考一项德国专利，但他不懂德文，经同族专利检索，找到一件美国相同的专利，解决了因语言不通而带来的问题。

某单位欲使用一项国际申请所涉及的技术，经查该国际申请的检索报告表明该申请具有新颖性，需要得到许可后才能使用，否则该申请一旦进入国家阶段并授权，该单位将会承担侵权责任。经过同族专利检索，找到

其欧洲专利补充检索报告，确定有四篇论文对其新颖性产生影响，该专利申请将不能获得专利保护，该单位可以无偿使用。

以上仅是同族专利检索的几例应用，由此可以知道同族专利检索的重要作用。

6.3.1 同族专利概述

6.3.1.1 同族专利概念

同族专利概念的产生是人们在引用同族专利的过程中为便于引用所使用的称谓。

专利文献大量重复出版的结果，形成了一组组由不同国家出版的内容相同或基本相同的专利文献。各组专利文献中的每件专利说明书之间，通过一种特殊的联系媒介——优先权，相互联系在一起。

所谓优先权，是巴黎联盟各成员国给予该联盟任一国家的专利申请人的一种优惠权，即联盟内某国的专利申请人已在某成员国第一次正式就一项发明创造申请专利的，当申请人就该发明创造在规定的时间内向该联盟其他国家申请专利时，申请人有权享有第一次申请的申请日期。发明和实用新型的优先权期限为 12 个月，外观设计的优先权期限为 6 个月。

人们将具有共同优先权的由不同国家公布的内容相同或基本相同的一组专利申请或专利称为一个专利族（Patent Family）。将专利族中的每件专利文献称为同族专利（Patent Family Members）。

以下为一个专利族：

US4588244A（申请日：1985 年 1 月 14 日；申请号：690915）

JP61198582A（申请日：1985 年 11 月 30 日）

GB2169759A（申请日：1986 年 1 月 3 日）

FR2576156A（申请日：1986 年 1 月 13 日）

其中：

优先权申请国家：US

优先权申请日期：1985.1.14

优先权申请号：690915

美国专利（US4588244）为基本专利，其他国家的专利（JP61198582A、GB2169759A 和 FR2576156A）均以美国专利申请为优先权，与美国专利共同构成一个专利族。其中的每件专利都是该专利族的成员，简称"同族专利"。

6.3.1.2 专利族的类型

尽管对专利族有明确的定义，但在专利文献检索系统中，专利族的概念外延较广。根据 WIPO《工业产权信息与文献手册》中的有关定义，专利族一般分为以下几种类型：

（1）简单专利族（Simple Patent Family），指一组同族专利中的所有专利都以共同的一个或共同的几个专利申请为优先权（见表 6-1）。

表 6-1　简单专利族

文献 D1	优先权 P1	专利族 F1
文献 D2	优先权 P1	专利族 F1
文献 D3	优先权 P1-P2	专利族 F2
文献 D4	优先权 P1-P2	专利族 F2
文献 D5	优先权 P2	专利族 F3

（2）复杂专利族（Complex Patent Family），指一组同族专利中的专利至少共同具有一个专利申请为优先权（见表 6-2）。

表 6-2　复杂专利族

文献 D1	优先权 P1	专利族 F1	
文献 D2	优先权 P1	专利族 F1	
文献 D3	优先权 P1-P2	专利族 F1	专利族 F2
文献 D4	优先权 P1-P2	专利族 F1	专利族 F2
文献 D5	优先权 P2		专利族 F2

（3）扩展专利族（Extended Patent Family），指一组同族专利中的每个专利与该组中的至少一个其他专利至少共同具有一个专利申请为优先权（见表 6-3）。

表 6-3　扩展专利族

文献 D1	优先权 P1	专利族 F1
文献 D2	优先权 P1-P2	专利族 F1
文献 D3	优先权 P1-P2	专利族 F1
文献 D4	优先权 P1-P2	专利族 F1
文献 D5	优先权 P2	专利族 F1

（4）国内专利族（National Patent Family），指由于增补、后续、部分后续、分案申请等原因产生的由一个国家出版的一组专利文献，但不包括

同一专利申请在不同审批阶段出版的专利文献（见表6-4）。

表6-4 国内专利族

同一国家不同专利申请的文献公布		
文献 D1	优先权 P1	专利族 F1
文献 D2	优先权 P1 - 继续申请 C1	专利族 F1
文献 D3	优先权 P1 - 分案申请 D2	专利族 F1
文献 D4	分案申请 C2	专利族 F1
文献 D5	优先权 P1 - 分案申请 D3	专利族 F1

（5）内部专利族（Domestic Patent Family），指仅由一个工业产权局在不同审批程序中对同一原始申请出版的一组专利文献所构成的专利族（见表6-5）。

表6-5 内部专利族

同一专利申请的不同公布级的文献公布		
文献 D1	CC NNNNNNN A1	专利族 F1
文献 D2	CC NNNNNNN A9	专利族 F1
文献 D3	CC NNNNNNN B1	专利族 F1
文献 D4	CC NNNNNNN B8	专利族 F1

（6）仿专利族（Artificial Patent Family），也叫智能专利族、技术性专利族或人为专利族。即内容基本相同，但并非以共同的一个或几个专利申请为优先权，而是根据专利文献的技术内容进行归类组成的一组由不同国家出版的专利文献，人为地把它们确定为仿专利族，但实际上在这些专利文献之间没有任何优先权联系。在同族专利检索服务中，仿专利族通常作为其他类型的同族专利出现（见表6-6）。

表6-6 仿专利族

一组没有共同优先权的专利文献				
文献 D1	国家 A	申请人 A	发明名称 A	权利要求 A	专利族 F1
文献 D2	国家 B	申请人 A	发明名称 A	权利要求 A	专利族 F1
文献 D3	国家 C	申请人 A	发明名称 A	权利要求 A	专利族 F1
文献 D4	国家 D	申请人 A	发明名称 A	权利要求 A	专利族 F1
文献 D5	国家 E	申请人 A	发明名称 A	权利要求 A	专利族 F1

6.3.1.3 同族专利的作用

因为同族专利属于一组具有相同发明技术主题，用相同或不同文种向不同国家或国际专利组织多次申请、多次公开或批准，内容相同或基本相同的一族专利，所以对其加以利用能起到意想不到的作用。

同族专利文献的分布状况，反映了该发明创造潜在的国际技术市场和该企业在全球的经济势力范围。因为人们为了使一项创新技术在全世界占领更大的市场份额、获取更大的经济价值，往往会就新的发明创造寻求多国专利保护，向多个国家申请专利。分析同一发明所拥有的同族专利数量，也有助于评价一项发明的重要性。

首先，同族专利可以帮助阅读者克服语言障碍。读者在阅读专利文献时，经常会遇到由于语言不通而无法阅览到手的专利文献或手边的检索结果的窘况。解决这个问题的最优选方法，就是查同族专利。通过同族专利检索，就可以获得用检索人员所熟悉的语言出版的专利文献，从而简捷地解决语言障碍问题。

其次，同族专利可以解决对专利文献的收藏不足问题。由于受到专利文献服务机构收藏的限制，如果检索人员所需要查阅的专利文献无法获得，则可以借助于同族专利查寻，找到属于该专利族的其他专利文献。

再次，同族专利可以提供有关该相同发明技术主题的最新技术进展、法律状态和经济情报。通过同族专利检索，可以得知申请人就该相同发明技术主题在哪些国家申请了专利，这些专利的审批情况和法律状况如何。另外，通过同族专利之间的相互比较，可以获悉那些在基本专利中没有记载的最新技术进展。通常情况下，越是重要的发明创造，申请的国家越多，技术发展也越活跃。所以，对于从事技术创新的企业和科研机构来说，不论是在开题准备阶段，还是在技术研发过程中，都应当在检索或跟踪专利文献时，对同族专利的作用予以特别关注。当遇到一篇有价值的专利文献时，一定不要忽视对其同族专利的查寻。

最后，同族专利可以为国家行政部门审批专利提供参考。审查员在审批专利时，可以借助同族专利共享其他专利机构在审批该相同发明技术主题专利申请时的检索报告或检索结果，参考其审批结果以及对权利要求保护范围和对申请文件的修改等。

6.3.1.4 同族专利内容的不一致性

同族专利中的每件专利说明书对发明创造的描述并非完全一致，所以更多的人只称其为同族专利，而很少使用相同专利或等同专利（Equivalent

Patent）的概念。同族专利对发明创造的描述的不一致性，主要原因有以下三个方面。

首先，任何一项专利申请必须满足所要申请保护的国家的专利法要求。一项发明在不同国家申请专利时，申请人要根据不同国家的专利法对其专利说明书等申请文件作一些适应性修改。

其次，发明创造是一个动态过程。申请人在提出第一份专利申请后，可能又对发明进行了改进或补充。当申请人在优先权规定的期限内向其他国家申请专利时，可以对专利申请文件进行修改，将新的改进或补充写入专利说明书和权利要求书。因此，较后的专利申请说明书中所阐述的技术内容与第一份专利申请相比有所不同。

最后，在一些同族专利检索系统中，把同族专利的范围放得很宽，如仿专利族及国内专利族。作为专利法律信息这是必不可少的，但把各种专利权种类及专利申请都视为同族专利的对象，不论是范围缩小的还是扩大的，也不论是分案的还是合案的专利申请或专利，统统列为同族专利，致使同族专利中每一份专利申请说明书或专利说明书的内容具有较大差异。

因此，人们在检索同族专利时应注意同族专利内容的不一致性，根据检索目的来确定所使用的检索系统。如果检索同族专利是出于克服语言障碍或解决馆藏不足的需要，则使用德温特的检索系统较合适；如果检索同族专利的目的是获取某一发明创造的法律信息，则使用欧洲专利信息与文献中心检索系统更有益处。

6.3.2 同族专利检索概述

同族专利检索就是从已知的某一个国家一项专利或专利申请的号码（申请号、专利号、公开号、公告号）入手，去查找与其同属一个专利族的专利或专利申请的公布信息。

检索同族专利的系统有：欧洲专利局 esp@cenet 专利检索系统（网址为 http：//ep. espacenet. com），印度国家信息中心专利检索系统（网址为 http：//patinfo. nic. in），汤森路透集团的德温特世界专利索引（DWPI）等。

目前，esp@cenet 系统的"同族专利"检索，专利文献覆盖国家范围大，能够按照国家代码排列同族专利，同时还将同一申请的不同公布信息作合并同类项处理，仅对同族专利检索结果进行了申请数量的统计。

6.3.3 同族专利检索方法

同族专利检索较其他的专利检索简单容易掌握。首先确定检索依据，然后选择检索系统，最后通过检索工具检索出同族专利。

检索依据有：文献号或专利号；优先权，包括优先权涉及的优先权申请国家、优先权申请日期、优先权申请号。

例如：用 esp@cenet 系统检索优先权为 1997.8.25 JP228147/97 的 CN1237181（头孢菌素晶体及其制备方法）的同族专利。其检索步骤如下：

（1）从 http：//ep.espacenet.com 进入欧洲专利局检索系统；

（2）点击进入"number search"，选择"Including family"；

（3）在提示框中输入"CN1237181"。

检索结果如图 6-2 所示：

Family list
12 family members for:
CN1237181
Derived from 9 applications.

Refine search

1	**No English title available**	in my patents list □
	Publication info: AU728627 B2 - 2001-01-11	
2	**Cephalosporin crystals and process for producing the same**	in my patents list □
	Publication info: AU8746898 A - 1999-03-16	
3	**CEPHALOSPORIN CRYSTALS AND PROCESS FOR PRODUCING THE SAME**	in my patents list □
	Publication info: CA2269286 A1 - 1999-03-04	
4	**Cephalosporin crystals and process for producing same**	in my patents list □
	Publication info: CN1090635C C - 2002-09-11	
	CN1237181 A - 1999-12-01	
5	**CEPHALOSPORIN CRYSTALS AND PROCESS FOR PRODUCING THE SAME**	in my patents list □
	Publication info: EP0963989 A1 - 1999-12-15	
	EP0963989 A4 - 2000-10-25	
6	**CEPHALONSPORIN CRYSTALS AND PROCESS FOR THEIR PREPARATION**	in my patents list □
	Publication info: HK1025951 A1 - 2003-03-07	
7	**CEPHALOSPORIN CRYSTALS AND PROCESS FOR THEIR PREPARATION**	in my patents list □
	Publication info: IL129408 A - 2004-01-04	
	IL129408D D0 - 2000-02-17	
8	**Cephalosporin crystals and process for their preparation**	in my patents list □
	Publication info: US2002099206 A1 - 2002-07-25	
9	**CEPHALOSPORIN CRYSTALS AND PROCESS FOR PRODUCING THE SAME**	in my patents list □
	Publication info: WO9910352 A1 - 1999-03-04	

图 6-2　esp@cenet 系统同族专利检索结果

6.3.4　同族专利检索结果解析

当同族专利检索结果数量较大且同一国家的同族专利较多以至于让人难以弄清其相关关系时，可采用同族专利解析方法解决问题。

6.3.4.1　解析专利族的意义

解析专利族的意义在于：

（1）弄清一个专利族中有多少专利申请；

（2）弄清一个专利族中有多少同族专利；

（3）弄清一个专利族中的同族专利之间的关系；

（4）弄清专利族属于哪个种类；

（5）了解一项发明创造的技术流动走向；

（6）了解一项发明创造的市场范围；

（7）为同技术领域的企业制定市场战略提供参考。

6.3.4.2 专利族解析表

专利族解析表可包括以下列表项（见表6-7）。

（1）专利申请项，包括国家、申请号、申请日、主标识、辅助标识；

（2）专利文献公布项，包含公布号、公布日、标识；

（3）专利族解析项，包含优先权、其他关系、简要说明；

（4）结论，专利申请数量、同族专利数量、专利族种类。

表6-7 专利族解析表

序号	专利申请项					专利文献公布项			专利族解析项		
	国家	申请号	申请日	主标识	辅助标识	公布号	公布日	标识	优先权	其他关系	简要说明
1											
2											
3											
4											
5											
结论	专利申请数量					同族专利数量			专利族种类		

6.3.4.3 专利族解析方法

专利族解析方法包括同族专利信息的录入和作出结论。

1. 同族专利信息的录入方法

人们可以通过各种各样的检索系统获得某一专利族尽可能多的同族专利数据。当然，仅以检索系统中的数据为依据，可能会和原始数据有出入，因此还需要找到所有同族专利的原文说明书扉页，并以其作为最可靠依据，然后采集相关信息，用列表的方法来解析专利族。

同族专利信息录入的基本方法有以下一些。

（1）每件同族专利的申请及其第一次公布记录在一行中，同一专利申请的其他公布按其公布日期顺序记录在相邻的下一行中。

（2）所有同族专利按申请日期先后顺序记录在专利族解析表中，

申请日期相同的同族专利按第一次公布的公布日的先后顺序记录在专利族解析表中。

（3）专利申请项中的"主标识"中，用"A"加序号表示专利申请，按照申请日期先后顺序标识"A1、A2、A3……"；用"P"加序号表示优先权，按照优先申请日期先后顺序标识"P1、P2、P3……"。

（4）专利申请项中的"辅助标识"中，用"Div"表示分案申请，用"Con"表示继续申请，用"Cip"表示部分继续申请，用"Rei"表示再颁专利申请，用"Ree"表示再审查专利申请，用"Add"表示增补或补充专利申请，用"Des"表示指定国申请。

（5）专利文献公布项中的"标识"用字母"D"加序号表示，所有被公布的文献按其在表中的排列顺序不分国家和种类混合排序，如"D1、D2、D3……"。

（6）专利族解析项中的"优先权"直接引用专利申请项中的"主标识"，如"P1"；如有多项优先权，则应表示为"P1 + P2"。

（7）专利族解析项中的"其他关系"直接引用专利申请项中的"主标识"加"辅助标识"，如"A3 – Cip"；基于同一项专利申请的多次分案申请、继续申请、部分继续申请、再颁专利申请、再审查专利申请、增补或补充专利申请，则在"辅助标识"后加注序号，如"A3 – Div1"、"A3 – Div2"、"A3 – Con1"、"A3 – Con2"、"A3 – Cip1"、"A3 – Cip2"。

（8）专利族解析项中的"简要说明"则直接指出该件专利或专利申请与其他同族专利的关系，如"基于 P1 + P2 优先权的国际申请，指定 CA、CN、JP、US、EP（AT，BE，DE，FR，IT，SE）"，"进入国家阶段的 A3 专利申请"，"A5 的继续申请"，"A1 的分案申请"等。

2. 作出结论

结论中的"专利申请数量"取专利申请项中"主标识"的"A"排位最大的数字；"同族专利数量"取专利文献公布项中"主标识"的"D"排位最大的数字；"专利族种类"则根据专利族解析项中"优先权"列出的数据判断该专利族属于"简单专利族"、"复杂专利族"、"扩展专利族"或/和"国内专利族"。

6.3.4.4　专利族解析案例

解析 DE 19930877.2 专利族案例（见表 6 – 8）。

表 6 - 8　DE 19930877.2 专利族解析表

序号	专利申请项					专利文献公布项			专利族解析项		
	国家	申请号	申请日	主标识	辅助标识	公布号	公布日	标识	优先权	其他关系	简要说明
1	DE	19930877.2	1999 - 7 - 5	P1 + A1		DE19930877A1	2001 - 1 - 18	D1			优先申请
2	同上					DE19930877C2	2003 - 5 - 15	D2	同上		D1 的二次公布（授权）
3	DE	19962681.2	1999 - 12 - 23	P2 + A2		DE19962681A1	2001 - 6 - 28	D3			优先申请
4	WO	PCT/DE 00//02169	2000 - 7 - 4	A3		WO01/03223A1	2001 - 1 - 11	D4	P1 + P2		基于 P1 + P2 的国际申请，指定:CA, CN, JP, US, EP(AT, BE, CH,CY,DE,DK, ES, FI, FR, GB, GR, IE, IT, LU, MC,NL,PT,SE)
5	CA	2378242	2000 - 7 - 4	A4	Des	CA2378242A1	2001 - 1 - 11	D5	P1 + P2	A3 - Des	进入国家阶段的 A3 专利申请
6	EP	00952898.5	2000 - 7 - 4	A5	Des	EP1194974A1	2002 - 4 - 10	D6	P1 + P2	A3 - Des	进入欧洲阶段的 A3 专利申请，指定: AT, BE, CH,CY,DE,DK, ES, FI, FR, GB, GR, IE, IT, LU, MC,NL,PT,SE
7	CN	00811229.0	2000 - 7 - 4	A6	Des	CN1384984A	2002 - 12 - 11	D7	P1 + P2	A3 - Des	进入国家阶段的 A3 专利申请
8	JP	2001- 508532	2000 - 7 - 4	A7	Des	JP2003 - 520390A	2003 - 7 - 2	D8	P1 + P2	A3 - Des	进入国家阶段的 A3 专利申请
9	US	10/042057	2002 - 1 - 7	A8	Des + Con	US2002/ 0187375A1	2002 - 12 - 12	D9	P1 + P2	A3 - Des + Con	进入国家阶段的 A3 专利申请的继续申请
结论	专利申请数量		8 项			同族专利数量		9 件	专利族种类		简单专利族

注:
"主标识": A——专利申请，P——优先权。
"辅助标识": Div——分案申请，Con——继续申请，Cip——部分继续申请，Rei——再颁专利，Ree——再审查专利，Add——增补或补充专利，Des——指定国。
"标识": D——专利或专利申请公告（专利文献）。

6.4　专利法律状态检索

专利法律状态检索是指对一项专利或专利申请当前所处的状态进行的检索，其目的是了解专利申请是否授权、授权专利是否有效、专利权人是否变更以及与专利法律状态相关的信息。

6.4.1 专利法律状态

专利法律状态检索所获得的信息通常包括：专利权有效、专利权有效期届满、专利申请尚未授权、专利申请撤回、专利申请被驳回、专利权终止、专利权无效、专利权转移。

6.4.1.1 专利权有效

在检索当日或日前，被检索的专利已获权，并且至检索日之后的下一个交费日前专利是有效的，该法律状态称为专利权有效。

6.4.1.2 专利权有效期届满

在检索当日或日前，被检索的专利已获权，但至检索当日或日前专利权有效期已超过专利法规定的期限（包括超过扩展的期限），该法律状态称为专利权有效期届满。

6.4.1.3 专利申请尚未授权

在检索当日或日前，被检索的专利申请尚未公布，或已公布但尚未授予专利权，该法律状态称为专利申请尚未授权。

6.4.1.4 专利申请撤回

在检索当日或日前，被检索的专利申请被申请人主动撤回或被专利机构判定视为撤回，该法律状态称为专利申请撤回。

6.4.1.5 专利申请被驳回

在检索当日或日前，被检索的专利申请被专利机构驳回，该法律状态称为专利申请驳回。

6.4.1.6 专利权终止

在检索当日或日前，被检索的专利虽已获权，但由于未交专利费而在专利权有效期尚未届满时提前失效，该法律状态称为专利权终止。

6.4.1.7 专利权无效

在检索当日或日前，被检索的专利曾获权，但由于无效宣告理由成立，专利权被专利机构判定为无效，该法律状态称为专利权无效。

6.4.1.8 专利权转移

在检索当日或日前，被检索的专利或专利申请发生专利权人或专利申请人变更，该法律状态称为专利权转移。

6.4.2 主要国家与地区专利法律状态检索方法

专利法律状态检索属于号码检索，即主要从一个号码入手查找有关专利信息。

6.4.2.1　中国专利法律状态检索方法

检索网址：政府网站（www. sipo. gov. cn），点击"法律状态查询"。

检索提示框：申请（专利）号、法律状态公告日、法律状态。

可获得专利有效性信息：（1）专利申请是否授权；（2）专利权是否仍然有效；（3）专利权是否转移；（4）专利权何时届满。

中国授予专利权的发明，自申请之日起 20 年届满；授予专利权的实用新型，自申请之日起 10 年届满；授予专利权的外观设计，自申请之日起 10 年届满。

需要注意的是：由于计算机检索系统登录的信息存在滞后的问题，准确的法律状态应以国家知识产权局出具的专利登记簿记载的内容为准。

6.4.2.2　美国专利法律状态检索方法

检索网址：http：//www. uspto. gov/elc/index. html。

检索提示框：专利号、专利申请公开号、专利权人、专利权转移卷宗号。

可获得专利有效性信息。

1. 网站设置的可检索内容

该网站针对不同信息用户的使用需求设置如下内容：

（1）美国专利公报浏览（点击电子商务中心网页上的"Patents Official Gazette"项，即可进入"Electronic Official Gazette"界面检索）。可检索专利维持费交费通知、专利权终止、专利权恢复、再公告申请通知、再审查请求、商标注册终止、专利条例变更、勘误、修正证书等。

（2）美国专利权转移检索（点击电子商务中心网页上的"Search As-signments"项，即可进入"Patent Assignment Query Menu"界面检索）。可检索美国专利权转移、质押等变更情况，专利权转移卷宗号，登记日期，让与种类，出让人，受让人，相对应的地址等。

（3）美国专利法律状态检索。确定专利是否提前失效（检索专利交费情况），确定专利是否在授权的同时被撤回（撤回的专利），确定专利的最终失效日期（专利保护期延长的具体时间），确定专利是否有继续申请、部分继续申请、分案申请等相关联的信息。

2. 专利保护期限计算

判断美国专利权是否届满的依据：1995 年 6 月 8 日以前申请并授权的专利期限为，自专利授权日起 17 年届满；1995 年 6 月 8 日以后申请并授权的专利期限为，自专利申请日起 20 年届满。具体分为以下几种情况。

（1）1995 年 6 月 8 日及以后提出的专利（除设计专利）申请，其专利权有效期限为：自从专利申请之日或最早申请之日起计算 20 年届满。

（2）1995 年 6 月 8 日生效的或公布的于 1995 年 6 月 8 日以前提出申请的所有专利（除设计专利外），其专利权有效期限为：申请提出之日起 20 年届满，或专利授权后 17 年届满，取时间长者。

（3）1995 年 6 月 8 日以前提出的国际申请、且无论在 1995 年 6 月 8 日以前或以后进入美国国家阶段的授权专利，其专利权有效期限为：专利授权后 17 年届满，或国际申请提出之日或更早申请之日起 20 年届满，取时间长者。

（4）1995 年 6 月 8 日以后提出继续、分案或部分继续申请的授权专利，其专利权有效期限为：自最早申请之日起计算 20 年届满。

（5）1995 年 6 月 8 日以后提出国际申请的授权专利，其专利权有效期限为：自国际申请提出之日起 20 年届满。

（6）国际申请的继续或部分继续申请，其专利权有效期限为：自国际申请提出之日起 20 年届满。

（7）有外国优先权的申请，其专利权有效期限为：自在美国提出申请之日起计算 20 年届满，而不是优先权申请日。

（8）国内优先权，即临时申请，不计算在 20 年期限内。

（9）延长专利期限（最多 5 年）。

6.4.2.3 日本专利法律状态检索方法

日本专利局政府网站的网址为：http：//www.jpo.go.jp，按照此网址即可进入"IPDL"工业产权数字图书馆。

检索提示框。日文版网页上的专利、实用新型和外观设计等法律状态情报检索项有：号码对照索引（"番号照会"）、范围指定检索（"範囲指定検索"）、最终处理对照索引（"最終处分照会"）；日文版工业产权数字图书馆网页上的审判信息检索项有：审查决定公报数据库（"審決公報DB"）、审查决定快报（"審决速報"）、审判决定取消诉讼判例集（"審决取消訴訟判决集"）。

可获得以下几种专利有效性信息：（1）专利申请是否授权；（2）专利是否提前失效；（3）专利申请被驳回并有异议；（4）专利权何时届满。

1995 年 7 月 1 日之前，日本发明专利权有效期为自公告日起 15 年，自申请日起不超过 20 年；1995 年 7 月 1 日起改为自申请日起 20 年。1995 年 7 月 1 日之前，日本实用新型权有效期为自公告日起 10 年，自申请日起不超过15年；1995年7月1日起改为自申请日起6年。

6.4.2.4　欧洲专利法律状态检索方法

检索网址：http：//register.epoline.org/espacenet/ep/en/srch – reg.htm。

检索提示框：专利公开号。

可获得以下几种专利有效性信息：（1）专利申请被撤回或视为撤回；（2）专利是否提前失效（终止）；（3）专利权期限是否届满。

欧洲发明专利权的有效期为自申请之日起20年。

6.4.3　专利法律状态检索报告

专利法律状态检索报告通常以表格的形式向检索的委托人报告一项专利或专利申请当前的状态。在专利法律状态检索报告中通常会涉及以下内容：申请号、专利（文献）号、专利状态、申请日期、授权日期、已失效日期、未来终止日期以及用于简要说明的备注。专利法律状态检索报告的格式如下：

法律状态检索报告

根据委托单位的检索要求，对 XX 件专利（美国 X 件，加拿大 X 件，欧洲 X 件，中国 X 件……）的法律状态进行检索，利用 XXX 数据库，检索到 XX 件专利的法律状态，确认了 XX 件至检索日为有效专利，X 件至检索日仅为公开，X 件专利提前失效。

全部检索结果参见以下"专利法律状态检索结果表"。

检索单位：

检索人：

年　月　日

表6–9　专利法律状态检索结果表

序号	申请号	专利（文献）号	专利状态	申请日期	授权日期	已失效日期	未来终止日	备注
1	XXXXXXX	CCXXXXXXX	失效	XXXX.X.X	XXXX.X.X	XXXX.X.X		未交费
2	XXXXXXX	CCXXXXXXX	有效	XXXX.X.X	XXXX.X.X		XXXX.X.X	

XXXXXXXXXXXXXXXXX　　　　年　月　日

6.4.4 专利法律状态检索案例

6.4.4.1 中国专利法律状态检索案例

检索 91231422.2 号专利申请的法律状态。

（1）在申请（专利）号提示框输入：91231422 或 91231422.2。

（2）浏览检索结果：未缴年费专利权终止，法律状态公告日为 1996 年 1 月 3 日。

6.4.4.2 美国专利法律状态检索案例

检索 US6659017 号专利的法律状态。

（1）在专利号提示框输入：US6659017。

（2）检索结果：2003 年 12 月 9 日授权；已按时缴费，专利维持有效。

6.4.4.3 日本专利法律状态检索案例

1. 检索 JP3069338 号专利的法律状态

JP3069338（"登録番号"），申请日 1998.12.14（平 10.12.14），授权日 2000.5.19（平 12.5.19）。

（1）进入"登録情報"栏目，浏览"登録細項目記事"字段。

（2）检索结果：有效，专利权期限届满日为 2018 年 12 月 14 日（平 30.12.14）。

2. 检索 JP03 – 225650 号专利的法律状态

JP03 – 225650（公開番号），申请日为 1990 年 1 月 31 日（平 3.1.31），公开日为 1991 年 10 月 4 日（平 3.10.4）。

（1）进入"審判情報"栏目，浏览："審判記事登録記録"字段。

（2）检索结果：审查驳回（未授权）。1999 年 12 月 29 日（平 11.12.29）提出审查驳回不服请求，2004 年 11 月 11 日（平 16.11.11）因请求不成立而驳回请求。

6.4.4.4 欧洲专利法律状态检索案例

检索 EP963989 号专利的法律状态。

（1）在检索提示框输入：EP963989；点击"INPADOC Legal Status"。

（2）检索结果：申请视为撤回，视为撤回生效日为 2002 年 12 月 11 日。

6.5 专利信息检索的各种应用

前文将专利信息检索总结为四种：专利技术信息检索、专利新颖性检索、同族专利检索和专利法律状态检索。专利信息利用不限于这四种检索，将其中的若干检索进行组合，可解决专利信息利用中的不同问题。据此，还可归纳出以下检索种类：专利族法律状态检索、为防止侵权所进行的专利信息检索、专利无效诉讼中的专利信息检索、技术引进中的专利信息检索、技术创新中的专利信息检索、产品出口前的专利信息检索、竞争对手研究中的专利信息检索、专利战略研究中的专利信息检索。

6.5.1　专利族法律状态检索

6.5.1.1　专利族法律状态检索概述

在很多情况下，人们进行某项专利的法律状态检索是为了解该项专利的法律状态，以防止侵权。但是由于该专利申请了不同国家的专利，或由于该专利还有增补（补充）、再公告（再版）专利、继续或部分继续、分案申请等情况，而人们并未关心这些信息，以至于在专利信息利用过程中出现虽然并不侵犯该专利权，但却侵犯了其增补（补充）、再公告（再版）专利、继续或部分继续、分案申请等所获得的专利权。因此，在进行专利法律状态检索时，可考虑进行专利族法律状态检索，以确保全面了解对被检索的专利及其同族专利的法律状态。

专利族法律状态检索包括以下两种。

1. 同族专利检索

从一件专利入手，检索出该专利族的所有同族专利，以获得该专利族的地域性信息。

2. 专利有效性检索

检索出该专利族的每件同族专利的有效性，以获得该专利族的所有同族专利的有效性信息。

6.5.1.2　专利族法律状态检索案例

1. 案例一

2003 年某单位为使用名称为"头孢菌素晶体及其制备方法"的中国专利生产产品，进行专利族法律状态检索。

（1）从欧洲专利网站检索同族专利。

检索结果：12 个同族专利，其专利文献号是：AU728627B2，AU8746898A，CA2269286A1，CN1090635C，CN1237181A，EP0963989A1，EP0963989A4，HK1025951A1，IL129408A，IL129408D，US2002099206A1，WO9910352A1。

（2）从其他国家或地区的相关数据库检索法律状态。

①中国专利法律状态检索。

检索结果：专利权授予；专利授权公告日为 2002 年 9 月 11 日。

②美国专利法律状态检索。

检索结果：专利申请公布；申请公布日为 2002 年 7 月 25 日。

③欧洲专利局法律状态检索。

检索结果：申请视为撤回；视为撤回生效日为 2002 年 12 月 11 日。

④加拿大专利法律状态检索。

检索结果：专利申请公布；申请公布日为 1999 年 3 月 4 日。

⑤香港专利法律状态检索。

检索结果：专利注册；专利注册日为 2003 年 3 月 7 日。

⑥澳大利亚（AU）和以色列（IL）专利法律状态无法查询。

（3）检索结论。

检索委托单位从专利族法律状态检索结果中得出一个结论：虽然该中国专利有效，但欧洲专利申请被视为撤回了，且导致撤回的原因就是同族专利检索结果中的欧洲补充检索报告 EP963989A4。

最终该中国专利也于 2005 年 3 月 23 日被国家知识产权局专利复审委员会宣告专利权全部无效，无效宣告决定号为 6921。

2. 案例二

在检索 JP03 - 225650 号专利的法律状态时得到审查驳回（未授权）结论。如果不注意在检索结果中还有"分割出願情报"（分案申请信息）的话，就会导致错误结论。

该日本公开的申请号是 02 - 021210，在"分割出願情报"项中，可以得到以下信息。

（1）第一代分案申请：

出願 09 - 033010，登录 3104201；

出願 09 - 033011，登录 3022375；

出願 09 - 033012，登录 3104202；

出願 2000 - 020060。

（2）第二代分案申请（源自 2000 - 020060）：

出願 2003 - 147152；

出願 2003 - 434845。

（3）第三代分案申请（源自 2003 - 434845）：

出願 2004 - 348755。

（4）第四代分案申请（源自 2004 - 348755）：

出願 2005 - 335670。

以上信息应属于日本国内同族专利。根据上述信息再进行日本专利法律状态检索，得到该专利申请最终检索结果如下。

（1）"出願 09 - 033010，登録 3104201"：2003 年 3 月 26 日（平15.3.26）专利权终止；

（2）"出願 09 - 033011，登録 3022375"：2004 年 1 月 14 日（平16.1.14）专利权终止；

（3）"出願 09 - 033012，登録 3104202"：有效，未来终止日为 2010 年1 月 31 日（平22.1.31）；

（4）"出願 2000 - 020060，公开 2000 - 215447"：审查驳回（未授权），驳回日为 2005 年 2 月 17 日（平 17.2.17）；

（5）"出願 2003 - 147152，公开 2003 - 308629"：审查驳回（未授权），驳回日为 2005 年 1 月 17 日（平 17.1.17）；

（6）"出願 2003 - 434845，公开 2004 - 146058"：审查驳回（未授权），驳回日为 2005 年 7 月 7 日（平 17.7.7）；

（7）"出願 2004 - 348755，公开 2005 - 063670"：审查驳回（未授权），驳回日为 2005 年 10 月 21 日（平 17.10.21）；

（8）"出願 2005 - 335670，公开 2006 - 066073"：公开（尚未授权），公开日为 2006 年 3 月 9 日（平 18.3.9）。

6.5.2　为防止侵权所进行的专利信息检索

6.5.2.1　为防止侵权所进行的专利信息检索概述

为防止侵权所进行的专利信息检索是指为避免发生专利纠纷而主动对某一新技术、新产品进行的专利检索，其目的是要找出可能受到其侵害的专利。

1. 为防止侵权所进行的专利信息检索的要点

（1）检索的依据。为防止侵权所进行的专利信息检索的依据为有效专利。因为，只有有效专利才有被侵权的可能。

有效专利的保护期限，依各国或地区的法律规定的不同而不同。中国发明专利的保护期限，1993 年 1 月 1 日之前为自申请日起 15 年，之后为 20年；中国实用新型专利的保护期限，1993 年 1 月 1 日之前为 5 年（可续展3 年），之后为 10 年。美国专利，1995 年 6 月 8 日之前申请并授权的，保护期限为自批准之日起 17 年；1995 年 6 月 8 日之后申请并授权的，保护期限为自申请之日起 20 年。英国、德国、法国、欧洲专利的保护期限，为自申请之日起 20 年。日本专利的保护期限，1995 年 7 月 1 日之前为自公告之日起 15 年（但自申请之日起不超过 20 年），1995 年 7 月 1 日起改为自申请之日起 20 年。

（2）检索的国家范围。为防止侵权所进行的专利信息检索的国家范围依生产、销售产品的国家或地区而定。

（3）检索结果的侵权判断依据。主要依据权利要求书判断是否侵权。因为目前世界上大多数国家的专利法中都规定，专利的保护范围由权利要求确定，专利说明书中的说明书和附图部分可用来解释权利要求。

2. 为防止侵权所进行的专利信息检索的方法

（1）专利技术主题检索——追溯检索。检索出该技术主题所有相关专利（查全）。

（2）新颖性和创造性判定。按照新颖性和创造性判断标准，找出相似或相近的专利。

（3）同族专利检索。找出相似或相近专利的同族专利。

（4）专利有效性检索。确定相似或相近专利及其同族专利的法律状态。

6.5.2.2 为防止侵权所进行的专利信息检索案例

某公司从国外了解到一种"种子培养基"技术，并准备开发利用。在利用该技术前，为防止侵权，对该项技术进行了专利技术信息追溯检索，检索到该技术的美国专利 US5628144、US5910050、US6076301。

经同族专利检索，找到 40 个同族专利，这 40 个同族专利源于 34 个专利申请，其中美国专利 6 件，国际申请 2 件，没有中国专利，但国际申请中指定国信息显示中有中国。

经中国专利检索，确定上述 2 件国际申请均未进入中国国家阶段，因此在中国没有该"种子培养基"技术的专利保护。

6.5.3 专利无效诉讼中的专利信息检索

6.5.3.1 专利无效诉讼中的专利信息检索概述

无效诉讼中的专利信息检索则是指被别人指控侵权时进行的专利检索，其目的是要找出对受到侵害的专利提无效诉讼的依据。

专利无效诉讼中的专利信息检索应包括：

（1）专利有效性检索。检索该专利是否有效。

（2）新颖性检索与判断。根据该专利权利要求的技术特征，检索可以影响其新颖性的专利文献并进行新颖性判断。

（3）创造性判断。根据该专利权利要求的技术特征，针对影响其专利的创造性的专利文献进行创造性判断。

6.5.3.2　专利无效诉讼中的专利信息检索案例

20 世纪 90 年代初，某企业被诉侵犯"瓶盖"实用新型专利权，委托进行专利信息检索。

根据被告提供的由其生产的侵权瓶盖实物和专利权人指控其侵权时提供的中国实用新型专利文献号（CN86204107U）进行检索，分以下三步。

第一步：通过查找实用新型专利公报中的授权公告索引，证实 86204107 号申请已授予实用新型专利。

第二步：根据文献号找出授权依据的实用新型专利申请说明书。将瓶盖实物与该专利说明书的权利要求保护范围进行比较，证实二者相同或等同，应属侵权。

第三步：根据实物和专利说明书的技术特征，检索可提出无效诉讼请求的依据。先进行技术主题分类，确定其分类位置为 B65D41/10 ~ 41/14。然后选择 EPIDOS/INPADOC 的《专利分类服务》（PCS）作为检索系统，经检索查到一件早于中国实用新型专利 86204107 的申请日公开的法国专利 FR2467787A。

经新颖性分析判断，确定该法国专利文献所述内容与该中国实用新型专利的内容特别相关。被告可以法国专利 FR2467787A 为依据，对中国专利 CN86204107 提出无效诉讼请求。最终该专利被判全部无效。

6.5.4　技术引进中的专利信息检索

6.5.4.1　技术引进中的专利信息检索概述

在技术引进特别是专利技术引进过程中，人们为确定被引进的专利技术的有效性以避免上当受骗，同时为确定被引进的技术的水平及实施的可能性，必须进行专利信息检索。

技术引进中的专利信息检索包括：

（1）专利有效性检索。检索欲引进的专利技术是否为有效专利。

（2）专利技术信息检索——追溯检索。根据欲引进专利的技术信息检索出相关专利，以作出该技术优劣的分析判断。

（3）专利族法律状态检索（如果需要的话）。以确定被引进的专利的其他国家的专利的法律状态。

6.5.4.2　技术引进中的专利信息检索案例

2006 年 1 月，我国某塑料厂打算引进新日本石油化学株式会社的"无静电隔离板"技术，生产的产品将销往国际市场，因此进行专利信息检索。

1. 检索条件

已知的信息如下。

该技术为中国专利申请，申请号为 02131428.4，公开号为 CN1412086A。

该种无静电隔离板，是含有聚烯烃系树脂的无静电隔离板，其特征在于：在上述聚烯烃系树脂中，至少含有将具有聚烯烃系骨架和亲水性聚合物骨架两者的共聚树脂混合在其中的组合物，其表面固有阻抗值在 $10''$ Ω 以下。

2. 检索目的

（1）是否为有效专利；

（2）世界上有无类似或更先进的技术；

（3）该技术还在哪些国家申请了专利。

3. 检索过程

（1）确定是否是有效专利。

通过中国专利法律状态检索系统，以中国的申请号 02131428.4 为检索入口进行检索，检索到该专利申请至 2005 年 11 月 23 日为止的状态为：发明专利申请公布后的视为撤回。

（2）确定该技术都在哪些其他国家申请了专利。

用 esp@cenet 系统检索同族专利，检索结果为：CN1412086A、JP2003112764A、JP2003112765A 和 KR2003030924A。除在日本申请专利之外，该技术还在中国和韩国申请了专利。

（3）确定同族专利是否是有效专利。

通过日本 IPDL"經過情報"检索，可知，日本公开专利申请 2003 – 112764A 和 2003 – 112765A 检索结果均为：未审查。

（4）确定世界上有无类似或更先进的技术。

①在中国专利检索系统（CPRS）中检索。

（001）F KW（抗静电 + 防静电 + 无静电）＊聚烯烃 ＜hits：50＞

（002）F KW 聚烯烃 ＜hits：2 989＞

（003）F IC C09K003 ＜hits：2 382＞

（004）J 1＋（2＊3）＜hits：81＞

检索命中 81 篇。

②在 DWPI 系统中检索。

1　1252 antistatic and polyolefin

2　61364 polyolefin

3　47575 C09K3/IC

4　1932 1 OR（2 AND 3）

检索命中 1 932 篇。

4. 检索结论

可以考虑免费使用 CN1412086A 所述技术特征的"无静电隔离板"技术，该产品在中国没有专利保护。此外还应针对专利技术信息检索得到的近 2 000 件中外相关技术的专利文献进行分析，确定世界上有无类似或更先进的技术。

6.5.5　技术创新中的专利信息检索

6.5.5.1　技术创新中的专利信息利用

所谓技术创新，是指企业或组织应用创新的知识和新技术、新工艺，采用新的生产方式和经营管理模式，提高产品质量，开发生产新的产品，提供新的服务，占据市场并实现市场价值。技术创新不能低起点起步，不能重复他人已经完成的创造活动，技术创新要寻求知识产权保护，要使企业的创新产生巨大的价值，因此在技术创新过程中随时利用专利信息，也就是要在创新的过程中分不同阶段进行不同种类的专利信息检索。

技术创新中的专利信息检索应包括：

（1）专利技术主题检索——追溯检索。检索出该技术主题所属领域的所有相关专利，以供开题分析及决策。

（2）专利技术主题检索——定题检索。定期浏览新出现的相关技术主题的专利，以供随时监视创新过程中出现的新情况。

（3）新颖性检索。创新完成后，寻求专利保护。

6.5.5.2　技术创新中的专利信息检索案例

1. 案例一

汉字激光照排系统的发明人王选教授，在发明第四代激光照排系统的过程中从始至终都在利用专利信息，从而能够在照排技术领域走到世界的前面，获得多项专利。

立项之前，他用了 1 年时间，检索和研究国外专利，通过专利技术信息检索，了解到照排技术主要有"手动式"、"光学机械式"、"阴极射线管式"。

在研究过程中，通过专利信息随时跟踪检索，越过当时日本流行的光机式、欧美流行的阴极射线管式照排技术，直接研制出第四代激光照排系统。

研究成果出来后，通过专利新颖性检索确定专利保护的可能性，最终在 1985 ~ 1989 年连续申请以下 9 件与第四代激光照排系统相关的发明专利：85100275 照排机和印字机共享的字形发生器和控制器，85100285 高分辨率汉字字形发生器，85103268 高分辨率字形高速旋转的方法，89101481 逐段生成大号汉字字形点阵和图形点阵的设备和方法，89101482 汉字字形发生器在处理笔画交错情况时的一个措施，89101483 一种适合单路和多路扫描的照排机输出正阳、正阴、反阳、反阴图的控制设备，89103388 高速产生倾斜字和任意角度旋转字的方法，89103389 分段生成报纸和书刊版面点阵的方法，89103390 高集成度的字形发生器和控制器。其中 8 件申请被授予专利权。

2. 案例二

日本旭化成公司计划开发高抗冲聚苯乙烯（HIPS）的项目，该产品广泛用于家用视听设备和其他设备。

项目组对现有技术进行了检索，发现美国 FG 公司拥有关于 HIPS 产品的专利，可能阻碍该公司所计划开发技术的商业化。FG 专利的权利要求书的要点是在聚丁二烯（PB）存在下的苯乙烯聚合反应，聚丁二烯的微观结构是顺式含量 25% ~ 90%，乙烯含量 10% 或更少。

项目组对该专利进行的评估得到两个重要发现。一方面，在该专利文件的记载中，FG 公司强调限制乙烯含量是专利的根本内容和重要内容。另一方面，FG 专利没有说明对该含量进行测定的方法。

因此，如果打算继续开发 HIPS 产品，则必须设计出乙烯含量大于 10% 的聚丁二烯。项目组开发出了乙烯含量大于 13% 的聚丁二烯（用 Morero 测量方法），并申请了大量的外围专利。

6.5.6　产品出口前的专利信息检索

随着我国综合国力的不断增强，我国一些领域的企业在国际市场上的竞争能力也在不断提升，越来越多的企业已经、正在或打算将自己的产品打入国际市场。许多企业开始把产品出口前的专利信息检索作为一项极为重要的工作来做。

6.5.6.1　产品出口前的专利信息检索概述

产品出口前的专利信息检索应包括：

（1）专利技术信息检索——追溯检索。检索出与该产品技术主题相关的所有专利，以了解该产品知识产权状况。

（2）同族专利检索。了解与该产品技术主题相关的所有专利的地域性信息。

（3）专利有效性检索。了解相关专利的有效性信息。

6.5.6.2　产品出口前的专利信息检索案例

某单位生产一种垃圾压实机，并准备将该产品出口，担心专利侵权，委托进行产品出口前的专利信息检索。

根据委托单位提供的资料上显示出的主题词，检索单位进行专利技术信息检索，找到相关专利文献 23 件，其中：美国专利 17 件，英国专利 1 件，国际专利申请 1 件，中国专利 4 件。按照专利权人归类，所有国外相关专利分别属于 6 个专利权人。这 6 个专利权人分别为 3 个美国公司，1 个英国公司，2 个美国个人。在 6 个专利权人中，技术实力最强的是一家美国公司。它拥有 4 824 件美国专利或专利申请，其中与委托单位所描述的垃圾压实机主题相关的有 7 件。它自 1975 年开始第一次提出有关垃圾压实机的专利申请，经过 25 年，到 2000 年仍有专利申请。这 7 件专利由 9 个发明人完成。

检索单位又在专利技术信息检索结果的基础上进行同族专利检索，检索到同族专利 19 件，分别属于 11 个专利族；有 4 个专利族拥有潜在同族专利，其中一个专利族的潜在同族专利数量多达 94 个，其他 3 个专利族分别有 9 个、9 个和 18 个潜在同族专利。已公布的中国同族专利的专利族只有 2 个，全部来自技术实力最强的那家美国公司。

通过专利法律状态检索，确定 32 件专利的法律状态。其中，视为撤回的 3 件；视为放弃的 2 件；届满失效的 5 件；未指定中国的 2 件；指定中国但未进入中国国家阶段的 1 件；授权有效的 19 件。

检索结论：虽然有不少与委托单位生产的垃圾压实机相关的专利及专利申请，但有的虽然申请中国专利但没有请求实审而被视为撤回，有的虽然通过国际申请指定了中国但在规定的时间内没进入中国国家阶段而不可能获得中国专利权，有的根本就没申请中国专利。此外，没有检索到与委托单位生产的那种垃圾压实机相关的产品进入国的专利。

6.5.7　竞争对手研究中的专利信息检索

在市场竞争中，企业会有很多自己的竞争对手，通过专利信息检索和分析，研究竞争对手的专利技术拥有量、所涉及的技术领域、发展趋势等，对找到合作伙伴、确定竞争对手、使自己在市场竞争中占据有利位置具有极大的帮助。

6.5.7.1 竞争对手研究中的专利信息检索概述

竞争对手研究中的专利信息检索应包括：

（1）申请人检索。检索出竞争对手申请的所有专利及其收购的所有专利。

（2）同族专利检索。了解其申请的所有专利及其收购的所有专利的地域性信息。

（3）专利有效性检索。了解其申请的所有专利及其收购的所有专利的有效性信息。

6.5.7.2 竞争对手研究中的专利信息检索案例

2003 年某单位在寻找合作伙伴时，选择了美国 LEAPFROG 公司的学习机专利为合作目标。为此进行了针对美国 LEAPFROG 公司的专利信息检索。

通过美国专利商标局政府网站上的专利检索系统，检索到 LEAPFROG 公司的授权专利 4 件（其中 2 件设计专利），公布的专利申请 8 件，合计为 12 件。又通过专利权转移数据库检索到专利说明书上的原受让人为其他人但最终受让人为 LEAPFROG 公司的授权专利 16 件（其中 3 件设计专利）；此外还有专利申请说明书的原受让人为其他人但以其作为优先权在其他国家或组织提出专利申请的公开文件上的申请人为 LEAPFROG 公司的 2 件和专利申请说明书的原受让人为其他人但专利授权后的文献上的最终受让人为 LEAPFROG 公司的专利申请 1 件。合计 19 件。

再通过同族专利检索，检索到 LEAPFROG 公司美国专利的同族专利 58 件，分属于 15 个专利族。在 15 组同族专利中，看似同族专利数量最多的一个专利族只有 18 件。但如果把国际专利申请指定国这个潜在的同族专利因素考虑进去，则所有含有国际专利申请的每个专利族中的同族专利数量都会大大增加，同族专利数量最多的一个专利族可达 89 件。在所有同族专利中，有 2 件中国同族专利。此外还有 9 件国际专利申请指定了中国。

针对 LEAPFROG 公司美国专利的法律状态进行检索，确定 20 件授权美国专利均为有效专利，其余 10 件专利申请还在审查之中。再针对 LEAP-FROG 公司中国专利的法律状态进行检索，确定 1 件中国专利申请已视为撤回；1 件指定中国的国际专利申请已进入中国国家阶段，但尚未授权；其余 9 件国际专利申请还尚未进入中国国家阶段。

6.5.8 专利战略研究中的专利信息检索

6.5.8.1 专利战略研究中的专利信息检索概述

所请专利战略，是指企业在市场经济条件下，自觉地利用专利保护的武器，有效地提高企业竞争能力的总的谋划和策略。企业要发展，就一定要进行针对企业未来发展的专利战略研究，就应在专利战略研究中利用专利信息检索，为研究提供可靠的分析依据。

前述专利信息的各种应用都可以作为专利战略研究中的专利信息检索所使用的方法，但它们各有侧重。作为专利战略研究中的专利信息检索至少应包括：

（1）专利技术信息检索——追溯检索。检索出技术主题所属领域的所有相关专利。

（2）同族专利检索。排除检索结果中的同族专利，保留基本专利，避免分析中的重复计算。

（3）检索结果统计分析（二次检索）。申请年代分析，授权年代分析，申请人分析，发明人分析，IPC 分析，国家分布分析，同族专利分析。

6.5.8.2　专利战略研究中的专利信息检索案例

例如：在中国专利检索系统（CPRS）中，检索北京各年度在"化学药、兽药及其它们的制造"领域的发明专利申请量。

1. 用与"药"相关的分类号限定检索领域，但是要去除"中药和生物药"

（001）F IC C07B + C07C + C07D + C07F + C07G + C07H + C07J + C12Q ＜hits：48370＞

（002）F KW 药　＜hits：93 011＞

（003）F IC A61K　＜hits：75 526＞

（004）F KW 中药 + 草药 + 中草药　＜hits：28 265＞

（005）F IC A61K009　＜hits：15 719＞

（006）F IC A61K038 + A61K039 + A61K048 + A61K006 + A61K035 ＜hits：43 655＞

（007）J 1 * 2 + 3 − 4 * 5 − 6　＜hits：35 261＞

2. 用北京的国省代码进行限定

（008）F CO 11　＜hits：118 711＞

3. 检索各年度的申请量

（009）F AD 1999　＜hits：124 772＞

（010）F AD 2000　＜hits：151 240＞

（011）F AD 2001　＜hits：177 002＞

（012）F AD 2002　＜hits：228 657＞

（013）F AD 2003 ＜hits：260 062＞

（014）F AD 2004 ＜hits：223 841＞

（015）F AD 2005 ＜hits：45 882＞

4. 逻辑运算得到"化学药、兽药及其它们的制造"领域的各年度专利申请量

（016）J 7 ＊ 8 ＊ 9 ＜hits：65＞

（017）J 7 ＊ 8 ＊ 10 ＜hits：105＞

（018）J 7 ＊ 8 ＊ 11 ＜hits：144＞

（019）J 7 ＊ 8 ＊ 12 ＜hits：283＞

（020）J 7 ＊ 8 ＊ 13 ＜hits：333＞

（021）J 7 ＊ 8 ＊ 14 ＜hits：285＞

（022）J 7 ＊ 8 ＊ 15 ＜hits：106＞

5. 二次检索，得到发明的申请量

（023）R 016 发明 ＜hits：64＞

（024）R 017 发明 ＜hits：102＞

（025）R 018 发明 ＜hits：140＞

（026）R 019 发明 ＜hits：282＞

（027）R 020 发明 ＜hits：332＞

（028）R 021 发明 ＜hits：280＞

（029）R 022 发明 ＜hits：106＞

将以上检索得到的数据制成分析表或分析图，用于评价北京市该技术领域的发展趋势。

具体专利信息分析方法见第七章。

本章思考与练习

1. 哪些因素制约着专利信息检索？它们在哪些方面产生作用？

2. 专利技术信息检索的适用范围、检索要求、检索方法各包含哪些内容？

3. 如何进行专利新颖性和创造性检索与判断？

4. 如何理解专利族、同族专利及其检索与应用？

5. 什么是法律状态？如何进行法律状态检索与应用？

第7章 专利信息分析

本章主要介绍专利信息分析的本质、专利信息分析的价值、专利信息分析的各种方法——特别是定量专利信息分析和专利定性分析方法、专利信息分析流程以及分析报告等内容，旨在帮助专利信息使用者能够挖掘出深藏在大量专利信息中的客观事实真相，从而获得指导国家、行业、企业生产、经营决策的重要专利情报。

7.1 专利信息分析概述

随着知识经济时代的到来，人类社会的变革远比以往任何时期要更加深刻，意义更加深远。全球经济一体化的进程不断加强，技术创新的规模和进程以前所未有的速度发展。与此同时，科技产业化不断加快，技术及产品的生命周期大大缩短，市场竞争愈演愈烈。在竞争如此激烈的市场环境中，企业要在竞争中得以生存，并在竞争中求得不断的发展，就必须不断进行技术创新。为了应对各种变化和不确定因素所带来的风险，人们需要对经济活动、科技活动及其影响作出分析评估，制定相应的发展战略和政策，确定面向未来的发展方向。专利技术是生产力当中最活跃、最先进、最实用的部分，专利制度的核心是保护发明创造、鼓励技术创新，其重要作用之一是在法律保护下，加快专利技术的推广应用，促进社会进步和经济发展。从世界范围看，运用专利战略保护自己的知识产权、增强竞争优势已经成为市场竞争中最为有效的手段。而作为制定、运用专利战略的基础和前提，专利信息分析无疑是十分重要的，而且是不可缺少的。

7.1.1 专利信息分析简介

7.1.1.1 分析的定义

专利文献作为科学知识的一种记录，它展示了许多真实、准确而详尽的信息，例如关于发明的年代（优先权时间）、技术的分类、受让人（申请公司）以及发明人等诸多不同类型的信息。

从专利文献中采集专利信息，经过加工、整理、分析，形成专利竞争情报，为企业乃至国家的科技发展战略服务，这就是所谓的专利信息分析。

7.1.1.2 分析的本质

专利信息分析的本质是通过对专利信息的内容、专利数量以及数量的变化或不同范围内各种量的比值（如百分比、增长率等）的研究，对专利文献中包含的各种信息进行定向选择和科学抽象的研究活动，是情报信息工作和科技工作结合的产物，是一种科学劳动的集合。从专利信息的内在特征上看，专利信息分析的核心是对专利技术的现状、发展等问题的研究；从其外部特征上看，专利信息分析在不断向经济、社会各方面延伸和扩展，因此它的应用领域非常广泛。

专利信息分析过程，是具有增值价值的专利信息再生产过程，它是通过使用各种定量或定性的分析方法，对大量杂乱的、孤立的专利信息进行分析，研究专利信息之间的相互关联性，挖掘深藏在大量信息中的客观事实真相，从而对特定技术或技术领域或行业作出趋势预测、对竞争对手作跟踪研究等，从而产生指导国家、行业、企业生产、经营决策的重要情报。

7.1.1.3 分析的目的

在专利信息分析过程中，无论采用什么分析方法和技术手段，其目的总是在于希望对特定的问题作出合乎逻辑的解答，通过分析，将孤立的信息按照不同的聚集度，使它们由普通的信息转化为有价值的专利竞争情报，根据这些情报可以从专利这一特殊的视角研判企业或国家在相关产业和技术领域的重点技术及技术发展方向、主要竞争对手的技术组合和技术投资动向，为企业乃至国家制定与总体发展战略相匹配的专利战略。

7.1.2 专利信息分析研究历史

7.1.2.1 国际情况

在国际上，对于专利信息分析这一领域的理论研究和实践已有多年的历史。一些发达国家将专利信息分析用于比较、评估不同国家或企业之间的技术创新情况、技术发展现状以及跟踪和预测技术发展趋势，并以此为科技发展政策，尤其是专利战略的制定提供决策依据。

早在 20 世纪 60 年代，国际经济合作与发展组织 OECD（Organization for Economic Co-operation and Development）就开始探究生产率要素与专利质量的内在联系。在美国，美国专利商标局技术评估及预测处（OTAF）从 1971 年建立开始，就一直不惜工本地对专利信息加以统计研究，他们定期出版的 Technology Assessment and Forecast，深得各个专业部门和企业技术评估和预测部门的器重，并把它作为企业专利战略的重要参考信息。美国摩根研究与分析协会（Mogee Research & Analysis Association），自 1985 年以来，一直在为美国《财富》杂志中所列的五百强企业提供专利信息定量研究和分析，其分析报告对企业技术许可、市场竞争、研究与开发管理、专利投资及经济发展提供了很好的帮助。联合国教科文组织发表的《1998 年世界科学报告》中指出"技术活动可以通过专利局公布的专利数描述，这里不把专利看做一种工业手段，而是看做处于知识前沿的技术能力的标志"，同时，该报告还阐述了专利与研究开发成果、国内生产总值的关系。

与此同时，国外学术界对于专利信息与科技活动、经济活动的关系进行了大量的有益探索。例如，1983 年，美国加州大学伯克利分校教授保罗·罗默提出的生产四要素的理论，认为经济的长期增长取决于资本、非技术劳力、人力资本（按接受教育时间的长短衡量）和创新思想（可按专利数量衡量），而专利数量是经济生产的衡量指标之一；1990 年，哈佛大学教授、当代权威的专利数据研究专家之一 Griliches 在其论文"Patent Statistics As Economic Indicators：A Survey"中探讨了专利数据的重要价值和意义，对专利总量的波动与投资增长的关系进行了精辟的分析。

7.1.2.2　国内情况

我国自 1985 年起才开始正式实施专利制度，人们对专利制度以及专利信息的作用从认识到认知需要一个长期的过程，对专利信息的分析以及专利战略的运用还处于初期阶段，所以应加强对专利信息分析的研究。

7.1.3　专利信息分析的价值

7.1.3.1　专利与创新的联系

人们常常利用专利数量来分析比较不同国家之间的技术创新情况，评估技术发展现状，跟踪和预测技术发展趋势，那么，为什么专利指标可以作为一种"尺度"来对这些问题进行"描述"呢？通过对专利与创新以及研发之间关系的研究所得到的结论或许可以对这些问题作出较为理想的解答。

众所周知，科技创新是生产力和竞争力的重要因素。

但是，一个重要问题在于：如何以定量的方法和定性方法来描述科技活动。

通常，科技活动只能间接地使用"投入"、"产出"或"影响因素"指标进行测度。OECD 曾经建议，投入、产出或影响因素指标应当被定义为科技资源、科技结果和影响因素指标。此外，在理论和实践中，确定科技活动的结果远比记录其资源更困难。科技活动的结果和新产品、新工艺在市场上取得成功的可能性，都不能用通常科学概念上的"测量"变量来测度。解决的办法是采用一种替代的指标而不是直接测度，在这种背景下专利数量通常被用来测度科技活动的产出。

创新的线性模式显示这样的规律，即新技术的发展将遵循一个清晰的时间次序，起源于研究，包括新产品发展阶段，直至到达产业化和商品化（参见图7-1）。在整个创新过程中，每个阶段都活跃着专利的身影。专利并不仅仅与某个单独的创新阶段有联系，它几乎贯穿于整个创新的过程。许多调查显示：大部分发明被申请专利，并且大部分专利是伴随着经济用途而产生的；无论是小企业或大公司，专利都能较好地反映它们的生产部门或技术开发部门的发明和创新活动。

研究 → 开发 → 新产品设计、模具制造 → 生产产品 → 市 场

图7-1 从研发到产品的线性模式

此外，研发活动与专利活动的紧密联系还在于两者均描绘了发明创新过程的重要方面，不同国家、地区和企业的研发分布状态与专利申请的状况在很大程度上趋于一致；专利是应用导向型研发（应用研究和实验过程，有时也包括导向型的基础研究）的典型结果（或称为产出），各国专利法要求专利申请必须显示其潜在的工业应用，而且取得专利权的过程中申请人需要付出高额的成本，因此开发申请专利的企业或个人都期望其工业创新活动有较高的投资回报。

然而，关于研发的数据常常不易获得，而专利作为公开的信息源可以提供有关企业或个人创新活动的详细信息。专利数据统一规范的特征使得专利数据具有离散度小的特点，也使得专利数据比研发支出或贸易和产品统计数据有更好的作用。

7.1.3.2 专利信息分析的作用

虽然专利与创新以及研发之间具有密切的关联，然而这种关联却深深地隐藏在专利信息的宝库中。而专利信息分析则是面对大量杂乱的专利信息，使用各种分析方法，探寻、研究专利信息之间的相互关联性，将已经或将要发生的客观事实以科学的手段展现在我们的面前。

1. 提供发明创造的轨迹

专利信息分析的作用在于提供发明创造过程的清晰线路，它可以在宏观或微观的不同层面反映国家或企业的发明创新活动以及研发产出、知识产权的拥有量、技术发展水平及其在国际技术与经济竞争中的地位。

2. 揭示技术发展趋势

专利信息分析，可以揭示相关产业和技术领域的整体状况及其发展趋势、行业技术创新热点及专利保护特征，它可以帮助人们了解相关产业和技术领域中企业或国家的技术活动及战略布局，也可以为国家制定产业政策提供参考，还可以为企业的决策者把握特定技术的开发、投资方向以及制定企业专利战略等方面提供依据。

3. 展现竞争态势

借助于专利信息分析，可以了解竞争对手在不同地域或国家的市场经营活动以及竞争企业间的技术合作、技术许可动向，预测新产品、新技术的推出，市场普及情况以及相关国家的市场规模等。

7.1.3.3 注意的几点问题

有以下几点值得注意。

（1）专利反映了整个创新过程的重要的部分，但是它们不应该被孤立地使用。科技，甚至研发，仅仅是创新中的一个因素，专利仅反映了创新活动的一个重要方面，一件专利不可能描述发明的所有细节，也不能完全衡量发明人的财力投入以及专利权人的组织机构的情况，而这些信息与它的根本效用和市场一样，是不可或缺的。

（2）不是所有发明创造都能申请专利，例如我国《专利法》第 25 条明确规定："对下列各项，不授予专利权：（一）科学发现；（二）智力活动的规则和方法；（三）疾病的诊断和治疗方法；（四）动物和植物品种；（五）用原子核变换方法获得的物质……"

（3）并非所有的发明创造都申请专利（如可口可乐的配方）；在技术发展快速的领域，专利保护或许价值不人，因为创新技术很可能很快变得陈旧，而且企业申请专利必须付出高昂的专利费用。因此，专利保护不是创新技术在市场上取得成功的唯一途径，诸如技术秘密、迅速推出新产品以及低价格策略等都可以作为一种技术保护手段替代专利保护。这就是说：虽然涉及专利申请的技术创新范围是相当广泛的，但专利没有覆盖发明创新活动的所有领域。

7.1.4 专利技术的层次分类

在研究专利信息分析之前，有必要对专利保护的种类即专利技术的层次加以分析。各种不同的专利，其技术含量不同。根据专利技术在发明创造活动中的不同地位，人们常常将专利技术划分为核心专利技术、辅助专利技术、相关专利技术等。在发明创造活动的不同阶段产生的专利（无论是发明专利还是实用新型专利），其技术层次有所不同，通常被分为基本技术、改进技术和组合技术。基本技术构成了创新的基础，在此基础之上的改进技术构成了技术簇，对已有创新技术的组合，最大限度地发挥了基本技术与改进技术的潜力。❶

人们普遍认为技术进步所产生的需求是不断扩张的，知识和技术的存量会制约人们的创新活动，因为创新是建立在人们原有的现存基础知识存量之上的。创新理论的先驱熊彼特认为："创新一般不是孤立事件，创新总是蜂拥而至的。这是由于某项创新内含的技术引发或促成的一系列相关创新的集合构成的。"❷ 但是从专利的现象看，集群现象常常表现为围绕某项基本发明而进行的多次改进及组合的发明。从技术发展的过程看，作为一个规律，基于自然科学领域的重大技术突破的基本发明，其早期专利中要求保护的范围总是较窄的。但是随着这一新技术的不断深入并被越来越多的人所掌握，建立在这一技术基础上的创造性工作的难度越来越大，除非在基本手段和方法上有重大突破和创新，否则未来这个领域的许多发明都将采用改进的发明和组合的发明。❸

1. 专利技术的三个层次

（1）基本技术。是指技术上主要是对新的科学原理的发明和发现。从技术创新角度来说，它是基础性的，是一种全新的技术思想，开辟了一个全新的技术领域。基本技术在其特性、属性以及用途等方面与现有技术相比完全不同。处于基本技术阶段的发明，一般来说都会带来一个全新的技术思想，产生一个全新的应用领域，常常具有广阔的、全新的应用前景。从引文理论角度看，处于这一阶段的专利文献，具有较高的被引用率，其后围绕着该专利技术的专利数量和专利申请人数量都会逐步增加，对基本技术持有者来说，应通过法律程序规定的手续申请专利，获得专利权，从而达到保护自主知识产权和制约竞争对手发展的目的。

（2）改进技术。是指在对现有技术进行分析研究的基础上，找出现有技术的不足与缺陷，并对其进行实质性改进，使改进后的新技术比现有技

❶ 杨武. 技术创新产权 ［M］. 北京：清华大学出版社，1999：89.

❷ Debresson C. Breeding Innovation Clusters：a source of dynamic development ［J］. World Development，1989（17）：1 – 16.

❸ 杨武. 技术创新产权 ［M］. 北京：清华大学出版社，1999：89.

术具有显著的新颖性、创造性和实用性。从技术创新角度来说，改进技术并不是全新的方法或产品的创造，而是对现有技术进行改造，使其产生新的特性或新的局部质变。在基本技术产生后，围绕着基本技术将产生无数的产品和系统的改进，它们数量巨大，具有更大的经济价值和技术进步作用。可以说改进技术是技术创新的重要特征。从引文角度来说，处于改进阶段的技术往往会引用某一基础技术，同时改进技术围绕基础技术形成了强大的网状技术，如果改进技术及时申请专利，则有利于形成网状保护，扩大市场占有率。同时，如果改进技术大量被竞争对手所掌握，则会制约基础技术的应用。

（3）组合技术。是指在对现有技术进行分析研究的基础上，选择现有技术的不同特征进行组合，形成的新技术具有新的性能，并具有显著的技术优点。组合技术表现形式众多：既可以开辟一个全新的技术领域，即提出一个全新的技术方案，如激光的发明对医学航天等方面的应用产生的新领域；也可以是技术要素的组合产生新的性能和技术优点；还可以是同现有技术相比，仅仅是技术要素关系的改进与变更，如大小、形状、比例或物质分子的改变，但产生了突出的技术效果；还可以是组合技术产生新的用途，将已知的产品或方法用到新的技术领域能完成非同寻常的功能。从引文角度来看，随着技术的改进和不断完善，组合技术间的联系更加紧密，引用更加频繁。

2. 确定层次的目的

专利技术的三个层次是随着发明创造的发展而产生的。一项基础性专利的价值虽然是很高的，但是基础性专利的内容必须不断发展，并能围绕着基础性专利派生出一系列的新技术，才能使该技术的质量、性能等不断改进，并在基本技术周围构成网状的小的改进专利，保护自主基本技术的知识产权或削弱竞争对手基本技术的权利。确定技术的层次有利于企业正确定位自主创新技术和正确判断竞争对手的技术定位。目前确定技术层次的方法主要有引文分析、专利申请量及专利申请人范围分析等方法。

7.2 专利信息分析方法

7.2.1 主要专利信息分析方法

对专利信息进行分析的方法有许多种，常见的有定性分析方法、定量分析方法、拟定量分析方法和图表分析方法。专利信息的定性分析着重于对技术内容的分析，是一种基础的专利信息分析方法，在专利信息分析中有重要作用和不可替代的地位。专利定量分析是通过量和量的变化反映事物之间的相互关系，随着科学技术的不断发展，事物之间的联系的高度复杂化，越来越成为专利信息分析中一种重要方法，同样有不可替代的作用。两者之间既有区别，又有必然的联系。因此，在实际工作中，分析人员常常将两者配合使用，由数理统计入手，然后进行全面、系统的技术分类和比较研究，再进行有针对性的量化分析，最后进行高度科学抽象的定性描述，使整个分析过程由宏观到微观，逐步深入进行。随着信息技术的迅猛发展、计算机与网络的普及，图表分析方法因其具有直观生动、简洁明了、通俗易懂和便于比较等特点而被专利信息分析人员广泛采用。

7.2.1.1　专利信息的定性分析方法

专利信息的定性分析是指通过对专利文献的内在特征，即对专利技术内容，进行归纳和演绎、分析与综合以及抽象与概括等，了解和分析某一技术发展状况的方法。具体地说，根据专利文献提供的技术主题、专利国别、专利发明人、专利受让人、专利分类号、专利申请日、专利授权日、专利引证文献等内容，广泛进行专利信息搜集，同时对搜集的专利文献（说明书单行本）内容进行阅读、摘记等，在此基础上，进一步对这些信息进行分类、比较和分析等加工整理，形成有机的信息集合，进而有重点地研究那些有代表性、关键性、典型性的专利文献，最终找出专利信息之间的内在的甚至是潜在的相互关系，从而形成一个比较完整的专利情报链。专利信息的定性分析，着重于对技术内容的分析，是一种基础的专利信息分析方法，常见的定性分析方法包括专利技术定性描述分析和专利文献的对比研究分析。

7.2.1.2　专利信息的定量分析方法

专利信息的定量分析是研究专利文献的重要方法之一，它是建立在数学、统计、运筹学、计量学、计算机等学科的基础之上，通过数学模型和图表等方式，从不同角度研究专利文献中所记载的技术、法律和经济等信息。定量分析方法是在对大量专利信息加工整理的基础上，对专利信息中的专利分类、申请人、发明人、申请人所在国家、专利引文等某些特征进行科学计量，从中提取有用的、有意义的信息，并将个别零碎的信息转化成系统的、完整的有价情报。这种分析方法能提高专利信息质量，可以很好地分析和预测技术发展趋势，科学地反映发明创造所具有的技术水平和商业价值，同时科学地评估某一国家或地区的技术研究与发展重点，用量化的形式揭示国家或地区在某一技术领域中的实力，从而可以获得认识市场热点及技术竞争领域等经济信息。及时发现潜在的竞争对手，判断竞争对手的技术开发动态，及时获得相关产品、技术和竞争策略等方面的信息。

专利定量分析是通过量和量的变化，反映事物之间的相互关系。随着科学技术的不断发展，事物之间的联系高度复杂化，专利定量分析越来越成为专利信息分析中一种重要方法。应用在专利信息分析中的定量分析方法主要有专利技术生命周期法、统计频次排序法、布拉福德文献离散定律应用法、时间序列法和技术趋势回归研究法。

7.2.1.3　专利信息的拟定量分析方法

从本质上说，定量分析和定性分析之间既有区别，又有必然的联系。在实际工作中将二者结合起来应用，可以更好地揭示事物的本质。专利信息分析也不例外，针对不同的分析目的，分析人员有时要采用定量与定性相结合的分析方法，即拟定量分析方法。专利拟定量分析通常由数理统计入手，然后进行全面、系统的技术分类和比较研究，再进行有针对性的量化分析，最后进行高度科学抽象的定性描述，使整个分析过程由宏观到微观，逐步深入进行。它是对专利信息进行深层次分析的方法。专利信息分析中比较常见的拟定量分析方法有专利引文分析方法和专利数据挖掘方法等。

7.2.1.4　专利信息的图表分析方法

图表分析是信息加工、整理的一种处理方法和信息分析结果的表达形式。它既是信息整序的一种手段，又是信息整序的一种结果，具有直观生动、简洁明了、通俗易懂和便于比较等特点。随着信息技术的迅猛发展和计算机与网络的普及，图表分析方法被信息分析人员普遍采用。

在专利信息分析中，图表分析方法伴随着定性分析和定量分析被广泛应用。在定性或定量分析时，被分析的原始专利数据采用定性或定量方法加工、处理，并将分析结果制作成相应的图表。专利信息分析中常见的定性分析图表有：清单图、矩阵表、组分图、技术发展图、问题与解决方案图等。常见的定量分析图表有：排序表、散点图、数量图、技术发展图、关联图、雷达图以及引文树等。

7.2.2　各种专利信息的分析

从其外部特征上看，专利信息分析在不断向技术、经济、法律等社会各方面延伸和扩展，因此各种专利信息，即技术、经济、法律信息的分析各有其不同的重点。

7.2.2.1 技术信息分析

技术信息分析包括产业和技术发展趋势分析、技术分布分析和核心技术的挖掘。主要关注相关产业和技术领域的领先者及竞争对手的专利研发活动和研发能力、行业技术创新热点及专利保护特征，了解相关产业和技术领域中企业或国家的技术活动及战略布局。通过分析，为国家制定产业政策提供参考，为企业的决策者把握特定技术的开发、投资方向以及制定企业的专利战略等方面提供依据。

1. 技术发展趋势分析

申请专利最常见的目的是获得相关领域的竞争优势。因此，专利申请的数量在一定程度上反映了一个国家、地区、部门或企业在科技活动中所处的竞争地位的信息。通常，专利申请的数量按照地理分布或时间分布的聚集程度反映了企业或国家研发活动的规模，可以了解和分析企业或国家的专利活动历史，追踪科技趋势。

2. 技术领域分布分析

大多数国家的专利常常是按照国际专利分类等进行分类的，所以国际专利分类（IPC）经常被用来研究企业的技术领域分布或国家专利活动强势领域的分布。技术分布揭示出企业或国家对特定技术领域的投入和关注程度，对辨别企业或国家研发与创新方向和技术发展的总体趋势有显著的作用。此外，仅从企业层面上而言，技术领域分布还显现了企业的技术轮廓和市场竞争策略，可以用来研究企业的创新战略、技术多样性以及企业不同领域的技术活动组合，分析相关产业和技术领域的领先者及竞争对手的专利研发活动、研发能力、行业技术创新热点及专利保护特征，还可以从中辨识出有关合作伙伴、收购方、协作方以及战略联盟等方面的相关信息。

3. 核心专利分析

一般发明人在进行发明创造活动时，会参考具有相同发明目的的在先专利的发明创造内容和发明人所熟知的在先专利，其所参考的在先专利的信息一般会出现在专利说明书中的发明创造背景知识部分。另外，当专利审查员审查专利申请时常常会将被审查的专利与主题相近的在先公布的专利进行比较，这些被引用的在先公布的专利常常被列在公布的专利单行本扉页上。基于这样的事实，可以通过研究专利的被引用数识别"惰性"的专利和"活跃"的专利：一件专利如果很少被后面的专利申请所引用，则该专利可以被视为无影响力的"惰性"专利；反之，一件专利如果比同时期的专利更加经常被其他专利所引用，则该专利可以被看成是一件有较大影响力的，或是具有更高价值的"活跃"专利。通过引文分析，可以了解专利之间的关系，了解围绕着变化的技术领域形成网状专利保护的轨迹，并显现出基本专利以及技术交叉点的专利趋势和新技术空白点。

7.2.2.2 经济信息分析

经济信息分析包括经济价值、市场、合作伙伴以及发明人等经济信息的分析，主要关注竞争对手在不同地域或国家的主要竞争策略、市场经营活动，以及竞争企业间的技术合作、技术许可动向。通过分析为企业找寻合适的战略合作伙伴、技术开发人才等；同时，预测新产品、新技术的推出以及市场普及情况和相关国家的市场规模等。

1. 经济价值分析

各国专利法均规定，在申请专利并获得保护的过程中，申请人要支付相关费用，包括：申请、审查费用，获得专利权以后需要支付的专利年费、维持费等。如果一项发明创造在多个国家申请专利，则所需费用会很大。这样有理由估计，如果一项发明创造在众多国家寻求保护，则可以认为该发明创造有较高的商业价值。专利的商业潜力或经济价值可以按其专利申请的国家数量信息进行统计研究。

2. 市场分析

专利族信息可以用来研究一个企业的专利申请模式，即在过去的时间内，企业寻求专利保护的国家。研究一个企业过去一段时间内国内外专利申请的模式，可以绘制出它开拓市场的地理分布图，从而发现企业寻求商业利益的市场趋向。

3. 合作伙伴分析

一件专利有时可能有一个以上的专利权人，也就是通常所说的共同专利权人，分析这种数据就可以确立企业同盟、合伙人和不同领域中的合作者等信息。

4. 竞争对手分析

每个企业的核心产品和开发项目会或多或少地反映在专利申请上，因此研究某一技术领域中专利申请量较大的企业，可以了解该领域中的技术领先者和竞争对手的动态。

5. 人力资源分析

研究某一技术领域发明创新最活跃的发明人可以了解相关技术人力资源的分布状况，并及时了解发明人发生变化的情况。而且研究某一特定技术领域研究人员增减变化，还可以了解相关领域的技术热点以及技术热点变化。

7.2.2.3 法律信息分析

法律信息分析的重点在于专利性分析和专利侵权分析等，其中专利性分析和专利侵权分析的共同点在于对专利权利要求本身的解读和分析。

专利性分析主要是指通过定性分析，判断创新技术与现有技术相比是否具备专利法规定的新颖性、创造性和实用性。这种分析常常运用于企业自主发明创造的专利性的判断，对于突破竞争对手的专利壁垒或构筑企业自身的专利保护圈有着极为重要的价值，同时为企业的专利战略的确定和经营活动的选择提供有益的参考意见。

对于专利侵权分析而言，其侧重于对已经发生或可能发生的专利侵权行为的判定。专利侵权行为，一方面是指企业对他人的侵权行为，另一方面则是指他人对企业的侵权行为。因此，通过专利侵权分析，可以对已经发生或可能发生的专利侵权行为作出恰当的评估，为企业采取诸如规避或警告、索赔或赔偿、诉讼以及结盟等策略提供建设性的意见或建议。

7.3 专利信息定量分析的具体方法

定量分析是指利用数理统计、科学计量等方法对研究对象的相关信息进行加工整理和统计分析，从而对研究对象的发展趋势作出预测和推断的一种基础信息分析方法。在科学研究中，通过定量分析可以使人们对研究对象的认识进一步精确化，以便更加科学地揭示规律，把握本质，理清关系，预测事物的发展趋势。

专利信息定量分析是研究专利信息的重要方法之一，它在对大量专利信息加工整理的基础上，对专利信息中的某些特征进行科学计量，从中提取有用的、有意义的信息，并将个别零碎的信息转化成系统的、完整的、有价值的情报。定量分析方法建立在数学、统计学、运筹学、计量学、计算机等学科的基础之上，通过数学模型等方式来研究专利文献中所记载的技术、法律和经济等信息的本质。这种分析方法能提高专利信息分析质量，可以很好地分析和预测技术发展趋势，科学地反映发明创造所具有的技术水平和商业价值，同时科学地评估某一国家或地区的技术研究与发展重点，用量化的形式揭示国家或地区在某一技术领域中的实力，从而可以获得认识市场热点及技术竞争领域的经济信息，及时发现潜在的竞争对手，判断竞争对手的技术开发动态，及时获得相关产品、技术和竞争策略等方面的信息。

专利信息定量分析首先要对专利文献的有关外部特征进行统计。这些外部特征有：专利分类、申请人、发明人、申请人所在国家、专利引文等，它们能够从不同角度体现专利信息的本质。应用在专利信息分析中的定量分析方法主要有专利技术生命周期法、频次排序法、布拉福德文献离散定律应用法、时间序列法和技术趋势回归研究法。

7.3.1　专利技术生命周期分析法

技术生命周期分析方法是专利定量分析中最常用的方法之一。它的研究对象可以是某件专利文献所代表的技术生命周期，也可以是某一技术领域的整体技术生命周期。人们通过对专利申请数量或获得专利权的专利数量与时间的关系、专利申请企业数与时间的关系等分析研究，发现专利技术在理论上遵循技术引入期、技术发展期、技术成熟期和技术淘汰期四个阶段周期性变化。

（1）技术引入期：在技术引入阶段，专利数量较少，这些专利大多数是原理性的基础专利，由于技术市场还不明确，只有少数几个企业参与技术研究与市场开发，表现为重大的基本技术的出现。此时，专利数量和申请专利的企业数都较少（集中度较高）。

（2）技术发展期：随着技术的不断发展，市场扩大，介入的企业增多，技术分布的范围扩大，表现为大量的相关专利的激增。

（3）技术成熟期：当技术处于成熟期时，由于市场有限，进入的企业开始趋缓，专利增长的速度变慢。由于技术的成熟，只有少数的企业继续从事相关领域的技术研究。

（4）技术淘汰期：当技术老化后，企业也因收益递减而纷纷退出市场，此时有关领域的专利技术几乎不再增加，每年申请的专利数和企业数都呈负增长。

基于专利技术理论上存在的生命周期四个阶段，人们利用多种方法来测算专利的技术生命周期。例如利用数理统计中的生长模型（珀尔曲线、冈柏兹曲线、饱和指数曲线等）推算技术生命周期。也可以利用相关专利要素的变化来测量技术的生命周期，如专利数量测算法、图示法和 TCT（Technology Cycle Time）计算方法，专利数量测算法和图示法主要用于研究某个技术领域的技术生命周期，而 TCT 计算方法主要用来计算某件专利的技术生命周期。

7.3.1.1 专利数量测算法

该方法通过计算技术生长率（ν）、技术成熟系数（α）、技术衰老系数（β）和新技术特征系数（N）的值来测算专利技术生命周期。

1. 技术生长率（ν）

$$\nu = a / A \tag{7-1}$$

如果连续几年技术生长率 ν 持续增大，则说明该技术处于生长阶段。

2. 技术成熟系数（α）

$$\alpha = a / (a + b) \tag{7-2}$$

如果 α 逐年变小，则说明该技术处于成熟期。

3. 技术衰老系数（β）

$$\beta = (a + b) / (a + b + c) \tag{7-3}$$

如果 β 逐年变小，则说明该技术处于衰老期。

4. 新技术特征系数（N）

$$N = \sqrt{\nu^2 + \alpha^2} \tag{7-4}$$

在某一技术领域如果 N 值越大，说明新技术的特征越强。

其中：a——该技术领域当年发明专利申请数或授权数；

b——该技术领域当年实用新型申请数或授权数；

c——该技术领域当年外观申请数或授权数；

A——追溯近 5 年的该技术领域的发明专利申请累积数或授权累积数；

N——新技术特征系数。

应用实例：为了分析电动汽车技术的技术生命周期，选择中国专利数据库作为数据采集的信息源，数据采集范围为：1985～2006 年中国专利公开数据，包括发明、实用新型和外观设计，共采集有关电动汽车（B60L）的专利共 1 855 件。为了便于做定量分析，数据的统计以申请年为单位；数据量以篇（或称为件）数为单位。考虑到专利申请公开、公告滞后的问题，趋势分析主要考虑 1985～2005 年的数据情况。

表 7-1　电动汽车年度中国专利申请量（1985～2005 年）

时间	专利申请量（件）	时间	专利申请量（件）
1985	5	1996	36
1986	14	1997	67
1987	19	1998	35

续表

时间	专利申请量（件）	时间	专利申请量（件）
1988	42	1999	94
1989	31	2000	187
1990	30	2001	187
1991	49	2002	174
1992	33	2003	304
1993	42	2004	294
1994	37	2005	139
1995	36		

数据来源：国家知识产权局 CPRS 系统

根据表 7-1 的数据和公式（7-1）～（7-4），计算技术生长率（ν）、技术成熟系数（α）和新技术特征系数（N），绘制表 7-2。从表 7-2 中可以看出，电动汽车技术生长率 ν 值 1996～1997 年增幅很大，而 1998～2000 年，ν 值持续在一定的数值区间，显现出该技术有趋于成熟的迹象；同时电动汽车的技术成熟系数 α 值的变化也反映出从 1998 年开始逐年变小的趋势；同样，新技术特征系数 N 值的变化规律与 α 值的变化规律相似，1998 年以后开始逐年变小，这说明电动汽车技术已不属于新技术范畴。从 ν、α、N 系数的变化情况看，电动汽车技术已脱离了新技术范畴，并趋于成熟，处在技术生命周期的第三阶段，即技术成熟期。由于该技术领域中的外观设计专利较少，因此技术衰老系数（β）基本上等于 1，这说明电动汽车技术尚未显现技术衰老的特征。

表 7-2 ν，α，N 随时间变化一览表（中国专利数据）

系数　　时间	1996	1997	1998	1999	2000
ν	0.2255	0.3333	0.1473	0.3165	0.3585
α	0.6389	0.6567	0.5429	0.5319	0.4064
N	0.6775	0.7365	0.5625	0.6190	0.5419

注：ν—电动汽车技术生长率；α—技术成熟系数；N—新技术特征系数

7.3.1.2 图示法研究专利技术生命周期

在日常研究中人们发现利用专利申请量与时间序列图可以推算专利技术生命周期。

应用实例：在美国专利数据中采集有关电动汽车技术领域的专利，以此研究其技术生命周期。

数据采集范围：1990～2001年公开的美国专利数据，截至2001年年底，有关电动汽车的美国专利共1 960件。从图7-2中，可以看出美国电动汽专利车技术的发展与中国专利的发展趋势大体一致，所不同的是，1990～1995年，电动汽车技术在美国的申请量呈增长态势；1995～2000年，专利申请量持续在一定水平，申请量变化不大，显现出电动汽车技术正处于成熟期的特征。

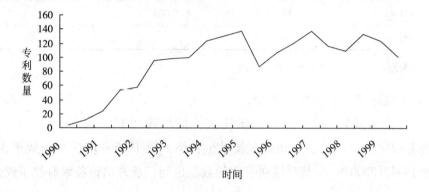

图7-2 电动汽车专利技术生命周期

比较图7-2和表7-1，不难看出，无论是中国专利数据还是美国专利数据均反映出电动汽车技术已趋向成熟，同时，电动汽车技术在中国的发展较美国滞后3～5年。通过以上分析，电动汽车企业应该明确：目前，整体来说，有关电动汽车的技术已经趋向成熟，企业在研究制定相关专利战略时，应根据企业的具体情况，对已经研制成功的技术积极申请专利，以取得法律保护；对尚未投入开发的技术，以实施技术引进战略为宜；或者采取交叉许可战略或协同战略，使企业在最短的时间内获得技术，投入生产，参与市场竞争。

7.3.1.3 TCT（Technology Cycle Time，技术生命周期）计算方法

专利技术生命周期用于捕获企业正在进行技术创新的信息，它测量的是最新专利和早期专利之间的一段时间，很显然，早期专利代表着现有技术，因此技术生命周期其实就是现有技术和最新技术之间的发展周期。一个技术领域以其技术生命周期平均值从本质上区别于其他技术领域。技术生命周期具有产业依存性，相对热门的技术的技术生命周期较短，快速变化的技术领域，如电子技术，其技术生命周期一般为3～4年；而技术缓慢

变化的领域，如造船技术，其技术生命周期一般在 15 年或更长。如果一个企业比它的竞争对手在相同的技术领域拥有更短的技术生命周期，那么它就拥有寻求技术革新的优势。此外，通过测算国家的平均技术生命周期还可以比较不同国家的技术创新速度。在专利信息分析中，有时将技术生命周期指标与专利增长率指标一起使用，来判断企业的技术强势领域。研究表明：如果一个企业增加它的专利申请，而且这些技术有较短的技术生命周期，则说明该公司的技术处在技术领域的前沿，该企业也可以看成是技术领域的带头人。实际工作中 TCT 计算方法主要用来计算单件专利的技术生命周期，但也可以计算企业专利技术的平均生命周期或技术领域的生命周期。

TCT 计算方法是基于这样的理论：专利技术生命周期可以用专利所有引用文献的技术年龄的中间数表示。

应用实例：根据美国专利数据库中引文数据，计算专利号为 6736071 的专利技术生命周期（见表 7-3）。

表 7-3　技术生命周期（TCT）计算实例

专利号	6736071				
申请日	1999 年 2 月 22 日				
授权日	2004 年 5 月 18 日				
题目	Rail cars for intermodal train（整体式列车：轨道车）				
	年代	专利号	年龄	年代	专利号	年龄
	1895 年 8 月	544561	109	1991 年 8 月	5036774	13
	1984 年 6 月	4456413	20	1993 年 3 月	5207161	11
	1987 年 3 月	4652057	17	1993 年 6 月	5216956	11
	1987 年 8 月	4686907	17	1993 年 6 月	5222443	11
引文文献	1988 年 1 月	4718351	16	1993 年 9 月	5246081	11
	1988 年 1 月	4718800	16	1996 年 10 月	5564341	8
	1988 年 6 月	4750431	16	1997 年 7 月	5651656	7
	1989 年 2 月	4805539	15	1998 年 3 月	5722736	6
	1990 年 11 月	4973206	14	2003 年 4 月	6550400	1
	1991 年 6 月	5020445	13	平均年龄	332/19 = 17.47 年	
该专利显示的技术生命周期 TCT =（14 + 13 + 13）/3 = 13.33 年						

数据来源：美国专利数据库

有些学者用所有引用专利年龄的平均数来表示该专利的技术生命周期。

如果研究的专利技术属于技术发展变化较快的领域，则可以用所有引用专利文献年龄的平均数来表示技术生命周期。而对于技术缓慢发展的领域，如造船、铁路等技术领域，一般来说，倾向于用所有引用专利文献年龄的中间数或中间数的平均数来表示技术生命周期，这是因为有些专利的引用专利中，常常有 1~2 个很古老的专利，如上述事例中第一个参考专利文献的年龄为 109 年，将这些专利的年龄计算到平均数中容易造成数据的不准确。另外，如果中间年龄的专利同时有几篇，应该计算它们的平均贡献，如上述事例中参考引文的中间年龄为 13~14 年，共涉及 3 篇专利文献，那么该专利文献的技术命周期为 13.33 年。

7.3.2 频次排序法

对专利数据进行频次排序分析是专利信息定量分析中的一项最为基础的和最为重要的工作。频次—排序分布模型是科学计量学中的重要模型，主要用来探讨不同计量元素频度值随其排序位次而变化的规律。将这一模型用于专利文献的计量分析是非常合适的。因为不同专利分类所包含的专利数量的变化，以及不同专利权人所申请的专利数量的变化等，是科学地评价和预测专利技术，发现专利权人动态的极具价值的信息。频次—排序分布模型对于展示这些专利信息是非常直观和有效的。[1]

在对专利信息进行分析时，根据频次排序分析的目的，首先进行相关的专利检索，然后要对检索结果中的特征数据进行统计。这些特征数据也就是我们要进行频次排序的对象，它们能够从不同角度体现专利信息中包含的技术、经济和法律信息。这些特征有：专利分类号、专利申请人、专利发明人、专利申请人所在国家或专利申请的国别、专利申请或授权的地区分布、专利种类比率、专利引文等，专利信息定量分析的统计一般以专利件数为单位。

在完成特征数据的统计工作后，要对统计数据按照数量的多少进行升序或降序排序。

排序表中通常包括：表格名称、序号、专利统计项的名称和频度值（专利申请数量或专利授权数量等）。然后在图中建立频次—排序分布模型，利用 $x-y$ 坐标系中排列的点阵，进行回归分析。也可以利用 $x-y-z$ 三维坐标系中排列的点阵进行相关分析，有时也可以将普通的坐标系转换成对数 $\lg x - \lg y$ 坐标系或 $\lg x - \lg y - \lg z$ 三维对数坐标系，或半对数 $x - \lg y$ 或 $x -$

[1] 李建蓉. 专利文献与信息 [M]. 北京：知识产权出版社，2002：542.

$\lg y - \lg z$ 坐标系等，目的是将坐标系中分布成曲线的点阵转换为排列成直线的点阵，从而使点阵的排列特征更直观，也便于作回归分析。

7.3.2.1 申请量的频次排序分析

专利信息分析中的专利申请量统计是最为基础的工作，统计方法因分析目的而异，如逐年统计某一技术领域的专利申请量，以便进行时序分析；或统计某一技术领域三种专利类型，以便研判该技术领域的特征等。

应用实例：以"打火机专利技术研究"项目为例，探讨专利信息分析中有关特征数据的频次排序。所采集的数据中，中国专利数据截止到 2006 年 5 月，有关打火机的专利共 3 436 件，这些专利涉及的 IPC 小组约 700 个；德温特世界专利索引（WPI）专利数据库所收录的专利数据中，1991 ～ 2001 年有关打火机的专利记录共 1 281 件，如考虑到同族专利申请，其涉及的专利共 2 673 件，其中，涉及世界知识产权组织的专利申请 444 件，涉及欧洲专利局的专利申请 275 件。

1. 专利申请量统计

通过研究中国专利数据中打火机专利申请量随时间变化的情况（见图 7-3），可以看出：1985 ～ 1990 年，打火机技术的申请量很少，且申请量变化不大；1991 ～ 1997 年，打火机技术领域的专利申请量逐步增加，此时，打火机技术处在技术发展期的特征明显；到 1998 年相关的专利申请进一步增加，1998 ～ 2005 年，相关的专利申请量维持在一个较高水平阶段，从而反映出打火机技术逐步趋于成熟。

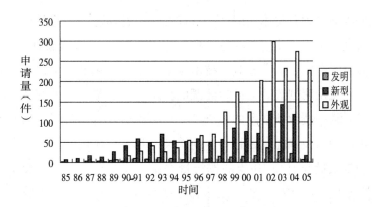

图 7-3 打火机中国三种专利年申请量

2. 专利种类研究

在有关打火机的 3 436 件中国专利中，发明专利 235 件，约占总数的 7%；实用新型 1 195 件，约占总数的 35%；外观设计 2 006 件，约占总数的 58%。从发明专利和外观设计所占总数的比例看（见图 7-4），有关打火机的专利申请大部分涉及产品形状、图案、色彩等外观设计专利，相对而言，其技术含量不高。

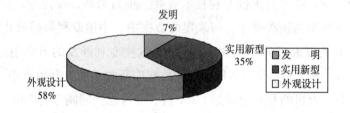

图 7-4　中国打火机专利三种类型的比例

7.3.2.2　分类的频次排序分析

在前面的章节中，已经介绍过一些国家的专利局按照自己的专利分类法，将不同技术主题的专利文献进行分类归档，如美国专利分类法、德国专利分类法、日本专利分类法等。由于各国的专利分类法指导思想的差异，任何国家在利用其他国家的专利文献时都因分类体系的不同而带来困难。因此，在这种情况下，国际专利分类法应运而生。在专利分类分析中比较常见的是利用国际专利分类号（IPC 号）进行频次排序分析，简称 IPC 分析。此外美国专利分类体系因其类目详细、主题功能强劲等特点被专利信息分析研究人员广泛使用。本书主要介绍国际专利分类的统计研究。

统计时，根据各 IPC 号对应技术领域内专利数量的多少，进行频次排序分析，研究发明创造活动最为活跃的技术领域、某一技术领域可能出现的新技术、某一技术领域中的重点技术。利用 IPC 号与时间序列的组合研究，还可以探讨技术的发展趋势。利用某一技术领域内对应 IPC 号最近几年的专利授权量与过去 10 年的授权量之比，统计专利技术增长率，分析"热门"技术。

应用实例：对德温特世界专利索引数据库中有关打火机技术领域的 1 281 件专利记录的分类号进行统计，然后根据每个 IPC 号的数量进行频次排序，取前 30 个 IPC 小组数据制作频次排序表（见表 7-4）。前 30 个 IPC 小组所代表的专利申请数量之和为 1 459 件，约占总数（2 774 件）的

53%。这说明前 30 名 IPC 所代表的技术内容能反映出打火机技术领域的发展重点（由于每件专利申请可能有几个分类号，统计时每个分类号均计数 1 次，因此分类号的总数大于采集的样本专利记录数）。

表 7-4　国外打火机专利前 30 名 IPC 排名对应技术领域

排名	IPC	技　术　领　域	申请量
1	F23Q2/16	气体燃料点火器	221
2	F23D11/36	打火机零部件	136
3	B60N3/14	车辆乘客用电热点火器	121
4	F23Q2/34	装有燃料的点火器，例如点烟用打火机零件或附件	103
5	F23Q2/32	与其他物体结合在一起为特征的点火器	101
6	F23Q2/28	以电点火燃料为特征的点火器	96
7	A24F15/18	结合有其他物件的袖珍的雪茄烟或纸烟容器或盒	62
8	F23Q7/00	炽热点火；采用电热的点火器，例如点烟用打火机；电加热的热线点火塞	47
9	A24F15/10	有点火器的雪茄烟或纸烟容器或盒	45
10	F23Q2/50	装有燃料的点火器，例如点烟用打火机的防护罩	44
11	F23Q2/00	装有燃料的点火器，例如点烟用打火机	36
12	F23Q2/46	装有燃料的点火器，例如点烟用打火机的摩擦轮；摩擦轮的配置	36
13	B65D85/10	用于纸烟（用于物体或物料贮存或运输的容器）	35
14	F23Q2/36	打火机外壳	34
15	F23Q3/00	应用电火花的点火器	33
16	F23Q0/00	点火或灭火装置	27
17	H01R17/04	具有同心或同轴布置的触点	27
18	F23Q1/02	应用摩擦或冲击作用的机械点火器	26
19	F23Q2/42	装有燃料的点火器，例如点烟用打火机的燃料容器；燃料容器的罩	25
20	F23Q2/02	液体燃料点火器	24
21	F23Q2/173	火焰可调节的气体燃料点火器所用阀门	22
22	A24F47/00	吸烟者用品（在其他类未列入的）	21
23	F23Q7/12	由气体控制装置启动的点烟用打火机	20

续表

排名	IPC	技 术 领 域	申请量
24	A24F19/00	烟灰缸	18
25	B60R16/02	电气部件或附件（专门适用于车辆并且其他类未包括的，电或流体管路或其元件的配置）	18
26	F23D14/28	附有气态的燃料源的燃烧器	18
27	F23Q2/167	火焰可调节的气体燃料点火器	18
28	H01R17/18	具有每个连接部件布置在于连接啮合运动的方向平行的线上的触点	17
29	A24F13/24	雪茄烟的截断器、切开器、或穿孔器	14
30	A24F19/10	结合有其他物件的烟灰缸	14

从表7-4可以看出：国外打火机技术的发展重点主要集中在以下几个方面：一是点火技术及其装置，如F23Q2/16、F23Q2/34、F23Q2/32、F23Q2/173、F23Q2/02、F23Q2/167、F23Q2/28等；二是安全技术及其装置，如F23D11/36、F23Q2/50、F23Q7/12等；三是打火机外壳及材料技术，如A24F15/08、F23Q2/36等；四是存放燃料的存储器技术，如F23Q2/42、F23D14/28等；五是打火机燃料技术，如F23Q2/52、F23Q2/44等。国外打火机专利技术中，涉及打火机点火技术的专利也占绝对优势，前30个IPC小组中，有10个IPC小组涉及打火机点火技术。但是，值得注意的是：在国外点火技术专利中，"电热点火器技术"和"车辆乘客用的电热点火器技术"（F23Q2/28、F23Q3/00、B60N3/14、B60R16/02等）占有一定的比重，排名趋前；而且涉及"雪茄烟点火方面的专利技术"（A24F15/18、A24F13/24等）和"火焰调节技术"（F23Q2/167）以及与车用打火机相关的电传导连接等方面的技术（H01R13/24、H01R17/04）所占比重较大。最值得注意的是：国外打火机技术中，涉及"打火机安全方面的专利技术"（F23D11/36、A47G23/04、F23Q2/50、F23Q7/12等）投入的力量相当大，专利申请量排名靠前，是打火机领域的重点技术。

通过以上分析，企业可以了解生产打火机涉及的关键技术，以此评价本企业的技术特点以及在打火机领域的地位，指导企业技术投资方向等。

7.3.2.3 国别频次排序分析

国别频次排序分析是指利用申请人所在国家，对专利申请量或授权量的国家分布进行频次研究。通过这种研究，人们可以了解相关国家的科技发展战略及其在各个技术领域所处的地位。应该注意的是，国别分析方法也可以用于地区间对比研究。

应用实例：表 7 - 5 是 1991 年法国、德国、英国、意大利、美国、加拿大和日本 7 个国家在欧洲专利局就相关领域被授权的专利数量。从该表中可以发现：日本、美国在基本电气元件方面、仪器仪表等行业的专利较多，技术处于领先地位；美国在制药领域独占鳌头；而德国、美国则在加工工艺领域并驾齐驱；德国在消费品、食品、民用工程以及机械工程等领域优势明显；就法国而言，它的科技投入重点主要在机械工程、基本电气元件等方面；而意大利的技术重点相对侧重于机械工程等领域。这种统计结果有助于人们了解某一时期各国科研和开发的重点。

表 7 - 5　1991 年 7 国在欧洲专利局就相关技术领域被授权专利数量

领域 国家	电力 电子	仪器 仪表	化工 医药	加工工艺	机械工程	消费品 民用工程
法国	788	479	561	493	973	373
德国	1 265	1 078	1 382	1 468	2 318	835
英国	371	238	326	317	430	143
意大利	223	189	265	284	544	242
美国	2 784	1 758	2 144	1 422	1 517	462
加拿大	47	36	36	64	39	33
日本	3 686	1 726	1 772	1 105	1 433	256

数据来源：OST - EPAT bibliometric data.

针对不同的信息分析目的，对专利申请量或授权量的国家分布研究有时可以从一个侧面反映某个国家的科技投资组合，或者其相应的市场策略。表 7 - 6 是根据美国、德国、日本、英国、法国和加拿大等国 2001 ~ 2003 年 10 月在中国专利局被公开的专利申请数据所作的频次排序分析。从该表中可以看到：在此期间，上述 6 个国家在中国共申请 35 716 件专利（公开的专利申请，以下同），其中，日本专利有 23 685 件，占总数的 66.31%。日本投入最多的技术领域是电学通信等，其次是在光学物理、产品的外包

装和以车辆为主的运输领域也有较强的技术实力。美国在华专利申请首先
也集中在电学、通信技术领域，其次是产品的外包装和化学、冶金技术领
域。从总体来看，美国在华专利申请是日本的1/3。值得注意的是，德国在
华专利申请中排在首位的是化学、冶金领域，其次是电学通信技术领域和
产品的外包装。而法国在华专利申请总量虽然不高，但它在电通信技术领
域具有强劲的技术实力。

表7-6　美国、日本、德国等国2001~2003年在中国专利局公开的专利申请

国家 类别	加拿大	德国	法国	英国	日本	美国
A：人类生活用品	26	232	193	65	1 209	650
B：作业、运输	33	570	144	59	2 823	824
C：化学、冶金	14	616	227	73	1 964	900
D：纺织、造纸	0	130	8	11	411	71
E：固定建筑物	9	58	9	14	169	77
F：机械工程、照明、加热、武器、爆破	10	279	42	27	1 500	332
G：物理	45	256	176	64	5 153	1 165
H：电学	55	444	549	67	6 779	1 436
外观	18	401	256	168	3 677	1 228
被公开的专利总申请量	210	2 986	1 604	548	23 685	6 683

数据来源：中国专利信息中心2003年10月中国专利光盘。

　　图7-5显示的是有关打火机的中国专利申请的地区分布信息。从采集
到的中国专利数据样本看，有关打火机技术的专利申请分散于国内40个省
地市，并涉及15个国家的来华申请。如图7-5所示，国内相关的专利申
请集中在浙江、广东、台湾地区、上海、福建和北京等地。其中，浙江省
专利拥有量占绝对优势，在中国专利数据样本中占30.21%。广东省紧随其
后，在国内打火机技术市场占有重要地位。此外，台湾地区、上海市、福
建省和北京市等地，在国内打火机技术市场也占有一席之地。该数据表
明，国内打火机专利技术相对集中，其技术市场由浙江等几个主要省份
所控制。

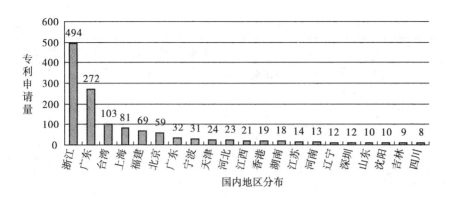

图 7-5　中国打火机专利申请地区分布图

7.3.2.4　申请人频次排序分析

申请人频次排序分析是指按照专利申请人在某个技术领域申请或授权的专利数量，进行升序或降序排列，从而了解该领域中活跃的专利申请人，以判别竞争对手。各国专利法都规定专利申请权或者专利权可以依法进行转让，有些国家将经过合法转让获得专利申请权或者专利权的个人或单位称为专利受让人。在使用美国专利数据、德温特世界专利索引数据库数据进行专利信息分析时常常会对专利受让人作统计分析。

应用实例：利用国内打火机专利技术领域专利申请人数据进行频次排序分析。

在所采集的中国专利数据样本中，按申请人申请专利的数量排序，如表 7-7（前 12 位打火机专利申请人）所示。考虑到共同申请人的情况，截止到 2002 年 6 月，约有 1 693 名申请人在中国专利局申请了打火机技术领域的专利。其中申请量占前 40 名的申请人的专利数约为 638 件，占总数的 37.68%，申请量占前 40 名的申请人中，我国公司（包括合资企业）或个人有 32 家（个）；其他是外国公司的来华申请，其中，多数是日本公司。值得注意的是，申请量占前 40 名的申请人中，发明专利的拥有量有 44 件，占发明总数的 44.90%。

表 7-7　中国打火机专利申请量前 12 名申请人排名

排名	申　请　人	发明	实用新型	外观设计	总计
1	沙乐美（福州）精机有限公司			55	55
2	黄新华		10	34	44
3	株式会社东海	13		21	34

续表

排名	申 请 人	发明	实用新型	外观设计	总计
4	新会市明威打火机厂有限公司		1	30	31
5	黄宇明		2	28	30
6	濑川隆昭	1		26	27
7	李濠中		16	11	27
8	王志林	5	19	1	25
9	舒义伟		3	19	22
10	李伊克		11	10	21
11	顺德县桂洲镇红星打火机厂		4	17	21
12	碧克公司	16		3	19

经进一步研究发现：申请量排名第3位的日本株式会社东海，拥有发明专利13件，其专利的技术主题主要涉及放电点火式气体打火机、液体燃料技术和材料、焰色反应物载体和制造焰色反应件的方法、安全装置及打火机外壳技术等方面，其技术内容十分广泛，与德国的东海清木有限公司一起，形成了强大的"东海"打火机专利技术保护网，是打火机技术领域强有力的竞争者。专利申请量位于12位的碧克公司，拥有发明专利16件，在发明专利拥有量排名中名列第一，其专利的技术主题主要涉及防儿童的打火机、可选择性启动的打火机和打火机安全保险等方面的技术，它同样是打火机技术领域强有力的竞争者。关注打火机技术领域的人都知道，2001年，欧盟拟定了进口打火机的CR法规草案，其核心内容是：规定进口价在2欧元以下的打火机必须带有防止儿童开启装置即带安全锁。这意味着，素有"打火机王国"之称的温州打火机即将遭受严峻考验。其实，安全锁的工艺、结构并不复杂，且万变不离其宗。但国外对它的技术及专利已领先一步，这些技术几乎被国外有关企业申请了专利，例如碧克公司，它在中国申请的19件专利中，有16件为发明专利，而且于1998年在我国专利局申请了7件有关防止儿童开启装置的发明专利，如果我国相关企业能及时关注这些国际上主要竞争对手的专利动态，就有可能在欧盟CR法规遭遇战前先知先觉，处于主动迎战的地位。有人认为，CR法规主要是受世界著名的打火机制造商美国BIC公司和日本东海公司的影响，是为了保护其在欧洲的市场。从深度上分析，这是国际集团公司惯用的以技术优势抢占产品市场的竞争手法，为此，相关企业应引以为戒。

专利申请人分析，实际上是竞争对手分析，应当在专利申请人排序分析的基础上，针对本企业的具体情况，将排名在本企业之前的申请人作为主要竞争对手，对这些申请人的专利活动进一步作专利检索，并关注竞争对手的技术特点和申请专利的技术领域变化；同时对于排名在本企业之后的申请人，应当关注那些申请量逐年增加的企业，因为这些申请人是本企业的主要潜在竞争对手。

7.3.3　布拉福德文献离散定律应用法

1934 年英国文献学家 S. C. 布拉福德（Bradford）明确指出，"对某一主题而言，将科学期刊按刊载相关论文减少的顺序排列时，可以划分为对该主题最有贡献的核心区，以及含有与该区域论文数量相同的几个区域。每个区域里的期刊数量成 1： n： n^2……"这就是为后人所称道的布拉福德文献离散定律。❶

布拉德福这一研究结果表明，科学论文在科技期刊中的分布是不均匀的，少数期刊中"拥挤"着大量高质量的论文，大量的期刊中"稀释"着少量高质量的论文。也就是说，文献的分布存在高度集中与分散的现象，而文献的这种不均匀分布现象同样存在于专利文献中。

专利文献在分类体系中的不均匀分布，与科技论文的分布情况十分雷同。在专利信息引论中，我们提到过专利文献具有数据规范、便于统计的特点，在每一篇专利文献中，无论是哪国的专利文献，都带有统一的国际专利分类号（IPC 号）。国际专利分类体系是按照专利文献的技术主题进行分类的体系，因此即便是同类技术，由于专利申请提出的技术主题保护的侧重不同，其专利文献分类号也会有区别。有时，一件专利可能同时具有几个 IPC 号，而且每个 IPC 号按照国际专利分类表都有对应的技术主题。专利文献 IPC 号的特点，为我们应用布拉福德文献离散定律进行核心技术研究提供了便利的条件。

通常，为了确定某一技术领域的核心专利分类，将布拉福德文献分散定律应用到专利文献的分类统计中，把采集的专利数据按专利分类分为以下三个区域。

第一区域为本领域核心技术分类，该领域的专利文献相对集中于少量的核心分类上；

第二区域为本领域的一般性分类，该区的分类号较多，但每一分类号

---

❶　包昌火．情报研究方法论［M］．北京：科学技术科技文献出版社，1991：220.

下集中的专利文献并不多;

第三区域为与本领域相关分类,该区域的分类是那些主题与本领域技术内容有关联的类别。

对专利文献按 IPC 号进行区域划分,可以较科学、准确地确定某技术领域中专利文献的核心分类,为寻找技术领域中的核心技术提供理论依据。核心专利技术研究是专利信息分析的重要组成部分,通过核心专利技术研究,企业不仅可以了解本行业的重点技术,了解某个国家或地区的关键技术优势,还可以及时跟踪竞争对手的核心技术的变化,制定适合企业发展的竞争战略。

应用实例:应用布拉福德文献离散定律,对 2002 年通信技术领域的专利文献作统计研究,参见表 7-8。2002 年通信技术领域的专利申请(截止到 2004 年 3 月的被公开的中国专利)量为 2 007 件,按每件专利文献的主分类统计,其中,集中在 H04N、H04Q、H04M、H04L、H04B、H04J 等 9 个分类号中的专利数达 1 810 件,集中在 H04R、G02B、G06F、G02F、G11B、H04S、H04H 和 G03B 等 26 个分类号中的专利数仅有 175 件,而其他 22 个分类号中的专利数只有 22 件,按照布拉福德文献离散定律,将这些分类划分为三个区域,来研究通信技术领域专利文献分布的不均匀性。

表 7-8　2002 年通信技术领域核心技术分类研究

分类区域	分　类　号
第一区域: 本领域核心分类区	H04N、H04Q、H04M、H04L、H04B、H04J、H04R、G02B、G06F
第二区域: 本领域一般性分类区	G02F、G11B、H04S、H04H、G03B、G01S、H01L、H01Q、H04K、G03G、H01J、H05K、G06T、H02M、H03M 等 26 个分类号
第三区域: 本领域相关分类区	G01B、G01C、G01M、G01R、G04B、G05B、G06K、G07F、G08G、G09B、B60P、B66B、F24F 等 22 个分类号
总　量	2 007 件

表 7-8 清楚地反映出通信技术领域专利文献的核心分类区、一般性分类区和相关分类区。该实例的目的是帮助读者理解布拉福德文献分散定律应用到专利信息分析中的方法,实际工作中研究相关技术领域的核心分类区域时,先要对采集的数据作一定的研究,还要选择合理的时间跨度,在划分区域时要设定不同区域的专利数量占相关技术领域专利总量的比例。

需要注意的是，不同技术领域应该有不同的划分标准。

7.3.4 时间序列和技术趋势研究法

时间序列分析或回归趋势分析等信息分析方法，是通过对历史数据变化规律的分析，有效地找出数据变化规律与时间的关系，揭示事物发展的轨迹，并对事物的未来发展状况进行预测。

时间序列法是进行定量分析时经常选择的数学模型之一，它的研究对象是同一变量依时间先后次序排列起来的统计数据。这种方法，就是在均匀时间间隔中对上述统计数据进行分析的方法，目的在于掌握这些统计数据依时间变化的规律。可以用 $Y = F(t)$ 表示，其中 Y 为各种变量的统计值，t 为时间（一般以年或半年为单位），$F(t)$ 为 t 的函数。在专利文献的研究中，这个变量可以是专利分类、申请人、专利被引用次数和申请人所在的国家等。

在专利信息分析中，时间序列法也是被经常选择的一种方法。例如通过对专利申请量或授权量随时间变化的分析，研究技术领域的现状；通过研究专利申请人、专利申请数量与时间的对应关系揭示某技术领域在一定时间跨度内参与技术竞争的竞争者数量，从而揭示相关技术领域的技术发展阶段。在时间序列分析的基础上，进一步展开线性回归趋势分析，预测该技术领域未来的发展趋势。

应用时间序列法进行技术趋势的分析和预测时，需要具备一个最基本的条件：要有充足的历史统计数据，构成一个合理长度的时间序列。专利文献是一个数量庞大、年代跨度长的信息集合，它恰好能满足时间序列法所要求的条件。因此在利用专利信息进行技术预测时，选择时间序列法是比较合适且实用的。

应用实例：以日本东海公司（Tokai Corporation）有关打火机方面的专利数据为例，利用时间序列和回归趋势分析方法，研究专利技术发展趋势。

在中国专利数据库中，该公司有关打火机方面的专利共 78 件，涉及 75 个 IPC 分类小组，经过统计排序分析，取前 20 位 IPC 分类小组，参见表 7-9，从中可以了解东海公司在打火机领域的专利申请量随时间变化的情况，并以此分析其技术活动动向。

表 7-9　东海公司打火机专利申请（中国）前 20 名 IPC 排名

IPC 分类大组	1992	1993	1995	1996	1997	1998	1999	2000	2001	2002	总计
F23Q2/16	3	3	1	4	2	4	4	2	7		30
F23Q2/28	1			2	2	1	3		5	2	16
F23Q2/34		2	2	2	2	2	1	1	1		13
F23Q2/02						4	2	4			10
F23D11/36	2	2	2	1			2				9
F23Q2/44						4	2	2			8
F23Q2/30				2	2	1					5
F23Q2/42				1				4			5
F23Q2/167		1			1	2					4
F23Q2/46							1	1	2		4
F23D14/28	1					1	1				3
F23D3/02						1	2				3
F23D3/08						2		1			3
F23Q2/06						2			1		3
F23Q2/50		1			1				1		3
F23Q3/01	1		1		1						3
F23D3/24						1	1				2
F23Q11/00				1	1						2
F23Q2/00		1					1				2
F23Q2/36	1			1							2

　　上述数据表明：东海公司在打火机领域拥有的专利技术十分全面，同时"液体燃料技术和燃料储存器技术"、"安全装置及打火机外壳技术"和"电点火技术"等关键技术是其研究的重点。值得注意的是：在东海公司申请的有关打火机的专利中，F23Q2/02、F23Q2/44、F23Q2/46、F23D3/02、F23D3/08 和 F23Q2/06 等技术领域的专利，大多数是 1998 年以后申请的，同时这些领域的专利申请随时间的变化呈增长的态势，说明 1998 以后

东海公司的专利活动的重点开始向这些领域转移。

与此同时，如表 7 – 9 所示，在东海公司有关打火机的中国专利申请中，有关 F23D11/36、F23Q3/01、F23Q11/00 和 F23Q2/36 等方面的专利申请，多数是 1997 年以前申请的，除 F23D11/36 外，1997 年以后在这些领域均没有新的专利申请，反映出这方面的技术已相对成熟，东海公司不再进行新的投入。

根据表 7 – 9 中的数据，进行回归趋势分析，绘制图 7 – 6。如图 7 – 6 所示，F23Q 2/16（气体燃料点火器）、F23Q 2/28（以电点燃料为特征的点火器）等方面技术呈现增长态势，而 F23Q 2/34（装有燃料的点火器的零件或附件）已呈现明显的下降趋势，说明东海公司在装有燃料的点火器的零件或附件等相应的技术领域的投资在减少。

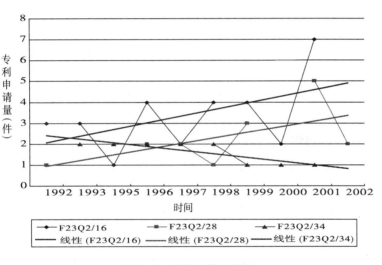

图 7–6　回归趋势分析图

7.4　专利信息定性分析的具体方法

定性分析就是运用归纳和演绎、综合以及抽象与概括等方法，对获得的各种材料进行思维加工，去粗取精、去伪存真、由此及彼、由表及里，达到认识事物本质、揭示内在规律的目的。定性分析的本质是对研究对象进行"质"的方面的分析。要对研究对象进行"质"的分析，首先就要认识这个对象所具有的性质特征，以便把它与其他的对象区别开来。定性分析有两种不同的层次：一种是研究的结果本身就是定性的描述，没有数量化或者数量化水平较低；另一种是建立在严格的定量分析基础上的定性分析。从科学认识的过程看，任何研究或分析一般都是从研究事物的质的差别开始，然后再去研究它们的量的规定，在量的分析的基础上，再作最后的定性分析，得出更加可靠的分析结论。

定性分析在专利信息分析中有广泛的应用。专利信息的定性分析是指通过对专利文献的内在特征，即对专利技术内容进行归纳和演绎、综合以及抽象和概括等分析，探索某一技术发展状况的方法。具体地说，根据专利文献提供的技术主题、专利国别、专利发明人、专利受让人、专利分类号、专利申请日、专利授权日、专利引用文献等内容，广泛进行专利文献搜集，同时对搜集的专利文献内容进行阅读、摘记等，在此基础上，进一步对这些信息进行分类、比较和分析等加工整理，形成有机的信息集合，进而有重点地研究那些有代表性、关键性、典型性的专利文献，最终找出专利信息之间的内在的甚至是潜在的相互关系，从而形成一个比较完整的专利情报链。

在专利信息分析中行之有效的分析方法之一是通过对专利技术的研究分析，用多方面观点进行分群描述，形成各种图表来辨别专利分布情形，常用的有专利技术功效表、技术角度分析法和技术发展图等。

7.4.1　专利技术功效矩阵分析

专利技术功效矩阵分析是指通过对专利文献中要解决的问题和主要技术功能的研究，从二维角度分析二者之间的相互关系。这种研究方法常用功效矩阵图即"目的—功能"矩阵图形式表示。

专利技术功效矩阵分析步骤是先将发明的目的即要解决的问题进行分类，然后再将技术内容的功能分类，最后按照上述分类对相关专利进行标引，寻求发明目的与功能的交叉点，通过归纳显示出发明目的与功能对应的热点及空白点，这种方法可以用来研究现有技术发展重点以及尚未开发的技术空间。

应用实例：图7-7是关于技术功效矩阵分析的结果显示表格。该案例涉及有关"二氧（杂）苣"化合物技术主题的研究。将1984～1998年有关二氧（杂）苣化合物，共56件进行加工、整理和分类。然后按4个技术主题——流化床体燃烧特征、二级燃烧温度控制、二级燃烧混合控制和二级燃烧持续时间，5个发明目的——使二氧（杂）苣分解、降低成本、维护和保养、残渣类型与数量的波动和热恢复及其他，进行分类整理，并按3年为一个时间跨度进行统计，得到图7-7。

该表中的数据显示：首先，该技术领域的发明主要集中在 1987～1995 年，技术主题主要集中在二氧（杂）芑分解过程中流化床燃烧特征、二氧（杂）芑分解过程中二级燃烧温度控制、二氧（杂）芑分解过程中二级燃烧混合控制、二氧（杂）芑分解过程中二级燃烧持续时间等技术领域。其次，涉及的另一个技术主题是流化床燃烧中残渣类型与数量的波动研究，值得注意的是有关该技术主题的专利大部分是 1993 年以后才出现的，属于新的技术热点。另外需要注意的是在表中有几个区域没有专利申请，它们是该技术领域的技术空白点，即潜在的技术发明点，亦是寻求专利创新的方向。

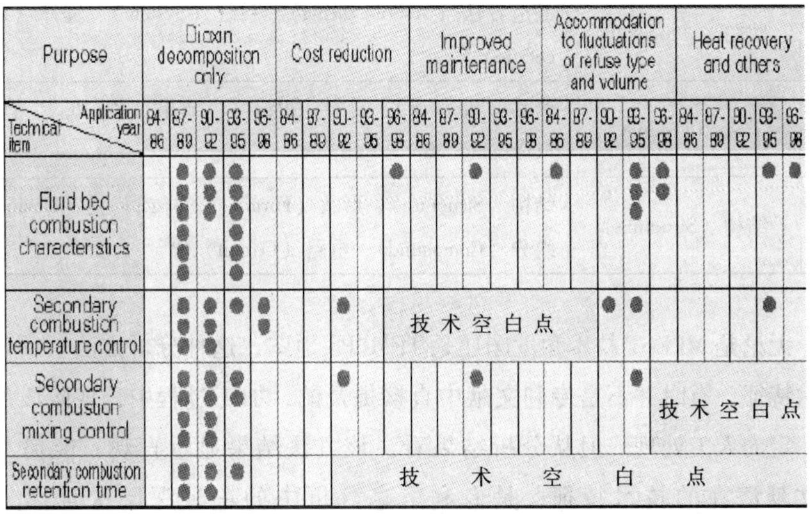

图 7-7 专利技术功效矩阵示意

7.4.2 技术角度分析法

专利技术角度分析法是专利功效矩阵分析方法的延伸，在专利信息定性分析中，分析人员常常会将采集的专利数据按材料（Material）、特性（Personality）、动力（Energy）、结构（Structure）、时间（Time）等 5 个方面进行加工、整理和分类，构造 MPEST 技术角度图，从技术分类入手，将研究对象进行分群来揭示被研究的技术领域的专利特征。

有些分析软件将技术分析角度分为处理（Treatment）、效果（Effect）、材料（Material）、加工（Process）、产品（product）、结构（Structure）等 6 个方面，并且对每个方面也都作了一定的延伸，简称 TEMPST 地图，参见表 7-10。在实际工作中也可以将类与类进行组合，如材料与处理方法，材料与产品等，形成多种矩阵图表，来研究技术重点或技术空白点。

表7-10 技术角度分类示意图

	技术分析角度	概念的延伸
T	处理（Treatment）	温度（Tenmperature）、速率（Velocity）、时间（Time）、频率（Frequency）、压力（Pressure）等
E	效果（Effect）	目标（Purpose）、履行（Performance）、功效（Efficiency）等
M	材料（Material）	材料（Material）、成分（Component）、混合物或化合物（Compound）、附加物（Addition）等
P	加工（Process）	制造方法（Manufacturing）、系统（System）、程序（Procedure）等
P	产品（Product）	产品（Produce）、部件（Parts）、结果（Results）、产量（Outputs）等
S	结构（Structure）	结构（Structure）、形状（Form）、图样或装置（Device）、组分（Compound）、电路（Circuit）等

无论是 MPEST 技术角度图还是 TEMPPS 地图，这种分析方法所反映的技术特征，有时并不是专利文献中直接提及的，加工过程中，现阶段尚需要一定的人工处理。但从分析结果看，该方法结果显示直观，能揭示专利文献潜在的技术特征，是专利信息分析中的一种深层次定性分析方法。

由于技术角度分析方法尚需要一定的人工处理，在不少专利分析软件中，均需要一定的技术专家或分析人员对相关的专利文献进行二次加工、分类。随着信息处理技术的迅猛发展，自然语言技术的广泛应用，这种人工处理的现象将得以解决。

7.4.3 技术发展图

在专利信息定性分析中，分析人员常常会按照技术发展的时间先后，将分析结果中专利文献的简要内容用图示的方式，直接展示给客户，如图7-8所示。在技术发展图中，用户可以根据不同的研究目的，自行设计展示的技术内容，以便为决策者提供简洁、直观的技术信息。

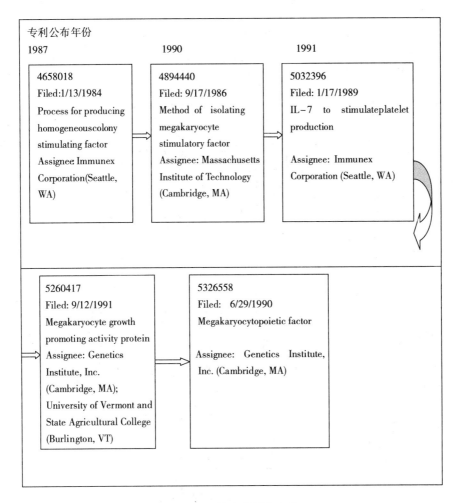

图 7 - 8　技术发展示意图

7.5　专利信息分析流程和分析报告的撰写

专利信息分析流程通常分为三个阶段：准备期、分析期和应用期（见图 7 - 9）。

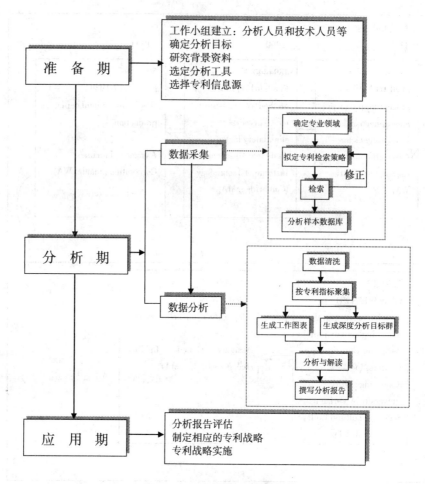

图 7‑9　专利信息分析流程

7.5.1　准备期

准备期的主要工作包括建立专利信息分析队伍、确定分析目标、研究背景资料、选定分析工具以及选择专利信息源等。对整个专利信息分析过程而言，准备期是保证专利信息分析达到目标的基础。

7.5.1.1　分析队伍

一个好的专利分析团队应该由涉及多学科、具有综合知识的人员组成，这些人员包括相关领域的专业技术人员、信息收集人员、信息分析人员以及经济和法律工作人员等。

7.5.1.2　确定分析目标

根据用户提供的分析需求，确定分析目标，即专利信息分析的研究对象，例如竞争对手研究、行业技术现状调查、特定技术研究、核心专利文献对比分析等。

7.5.1.3　研究背景资料

针对研究对象采集背景资料，如行业技术现状、特定技术研究发展历史或投资动向等。

7.5.1.4　选定分析工具

分析工具是指分析统计软件。在市场上流通的专利分析统计软件种类繁多，特点各异。在挑选分析统计软件时，应当充分考虑分析统计软件的优缺点，并根据分析研究的目的，选定合适的分析统计软件。目前，常用的分析统计软件包括：Aureka IPAM，VantagePoint，Citation Link，Snapshot，Patentlab‑Ⅱ，Derwent analysist，Current Patent，M·CAM DOORS，Starlight，MAPIT，Invention Machine，BizInt Smart Charts，entrieva。

7.5.1.5　选择专利信息源

常用的专利信息源包括：中国专利检索数据库、德温特世界专利索引数据库、美国专利商标局专利检索数据库、日本专利检索数据库、国际申请数据库（PCT）以及欧洲专利局世界专利数据库等。上述数据库无论在数据结构、类型上还是在检索入口上都有很大的差异。在选择专利信息源时，应当根据研究目标以及研究层次，并充分考虑数据库的实际情况。

7.5.2　分析期

为了更加简单明了地对分析期加以说明，把分析期分为数据采集和数据分析两个阶段。相对于整个专利信息分析工作而言，分析期是专利信息分析工作的主要阶段，分析期的每一个环节都至关重要，无论哪个环节出现差错，都会影响专利信息分析结论的准确性，因而，谨慎、科学地处理每一个环节，是取得准确的专利信息分析结果的重要保障。

7.5.2.1　数据采集阶段

数据采集阶段主要需要完成针对分析目标的原始数据的采集，即拟定专利检索策略、进行专利检索、确定分析样本数据。

1. 拟定专利检索策略

根据研究对象的不同，选择检索主题词、关键词、专利分类号、发明人或申请人、申请人国别或优先权等检索入口，编制综合的检索策略。

2. 进行专利检索

根据编制完成的检索策略和所选专利检索数据库，进行专利检索。专利检索过程可以细化为初步检索（通常选择某一时间范围，按检索策略进行检索），对初步检索结果进行分析，找出误检或漏检原因，调整已经编制的检索策略，确定最终的检索策略，再次进行检索，建立专利分析目标群，即分析样本数据库。应当注意的是，检索方案有时需要重复多次修正才能最终确定。

3. 分析样本数据

分析样本数据是指根据最终的检索策略，经专利检索而获取的用于专利信息分析的数据集合。

7.5.2.2　数据分析阶段

数据分析阶段的主要任务在于对分析样本数据进行技术处理和分析解读，其过程包括数据清洗、按专利指标聚集数据、生成工作图表和深度分析目标群、分析与解读专利情报及撰写分析报告等。

1. 数据清洗

数据清洗也就是对数据进行加工和整理，其中首要的是清洗分析样本数据库中的数据，无论是哪个专利数据库，每个数据记录进入数据库之前往往会由标引人员对专利文献进行标引，提取相关的技术要素。不同的标引人员因其技术背景的不同在取词时存在用词习惯的差异等，容易造成误差。录入人员在输入数据时，也往往难免产生一系列错误记录，如将"H04M"输成"HO4M"等。此外，在专利申请人提交专利申请案时，有时使用的公司名称或翻译名不完全相同，以及企业兼并、收购等使专利权人发生变化等情况都可能使采集的专利数据内容不完整，所以在信息分析前，对数据进行清洗十分必要。

2. 按专利指标聚集数据

这项工作包含以下两层含义：一是按照分析目标，选定本次分析用的各种专利指标，例如专利数量指标中的专利族指标、当前影响力指标、技术实力指标、科学关联度指标、专利增长率指标以及技术生命周期指标等；二是按预定的专利指标借助相关分析软件对经过清洗的数据进行数据统计或加工。

3. 生成工作图表和深度分析目标群

借助分析软件，生成各种可视化图表，以及需要进一步分析用的深度分析目标群。这里所说的深度分析目标群是指在统计分析得到的图表基础上，为进一步研究而建立的分析样本。例如，需要进一步进行核心专利对比分析样本，或需要进一步研究的竞争对手的分析样本。需要注意的是：建立深度分析目标群这项工作，并不是必需的，而是根据分析目标而定。换句话说，在有些专利信息分析的项目中（例如某行业技术现状调查），并不需要进一步建立深度分析目标群。

4. 分析与解读专利情报

根据数据加工整理得到的可视化图、数据表和深度分析目标群，采用各种分析方法综合有关信息并进一步进行归纳和推理、抽象和概括等分析，探索专利信息所反映的本质问题。

5. 撰写分析报告

专利信息分析报告的主要内容包括：项目的分析目标、技术背景、专利信息源与检索策略、分析方法和分析工具、专利指标定义、专利信息的聚集及解析、建议、附录等。在撰写分析报告时应当注意：分析人员必须以科学的态度、严谨的工作作风，客观地陈述和归纳分析结果；提供的分析报告应当有针对性，充分考虑分析报告的阅读对象及其习惯。

7.5.3　应用期

应用期的主要工作包括对分析报告进行评估、制定相应的专利战略以及实施专利战略等。从理论上讲，应用期的工作是专利信息分析工作的延伸，专利信息分析的最终目的在于将专利情报应用于实际工作中，因而，应当以积极的行动将这些情报用于配合制定企业、国家的发展战略，指导企业的经营活动或国家政策的贯彻实施，这有利于企业或国家相关产业在市场竞争中赢得有利地位。需要注意的是，应用期的主要工作通常由专利信息分析报告的委托方组织实施。

7.5.3.1　分析报告评估

一份好的专利信息分析研究报告必须经得起时间与实践的双重检验。研究报告必须经过严谨分析，具有条理性、系统性，合乎逻辑，并且最后获得一些清晰的科学结论，只有这样才能将专利信息分析的成果很好地应用于实际工作中。因此，慎重阅读和评估专利信息分析研究报告具有非常重要的意义。在实际评估工作中，通常需要对下列问题进行必要的估量：

（1）研究报告是否清楚说明其目标；

（2）数据采集的时间跨度及范围区域是否合理；

（3）检索策略是否准确；

（4）数据库的选择是否具有代表性；

（5）数据本身的质量及影响因素考虑是否全面；

（6）使用的统计方法或统计工具是否合适；

（7）以图表形式表达的结果是否将数据合理量化；

（8）图表内容与文中内容是否吻合以及表与表之间的数据是否一致；

（9）对统计数据推论得到的结果解释是否合理；

（10）是否针对研究结果作出合理的建议。

7.5.3.2 制定相应的专利战略

所谓专利战略是指以专利制度为依据，以专利权的保护、专利技术开发、专利技术实施、专利许可贸易、专利信息应用和专利管理为主要对象，以专利技术市场为广阔舞台，在企业生存和发展的环境中，以符合和保证实现企业竞争优势为使命，冷静地分析环境的变化以及原因，探索未来企业专利工作的发展动向，寻找发展专利事业的机会，变革企业现在的经营机构，选择通向未来的经营途径，谋求革新企业专利经营对策。

通常所称的专利战略包括以下六个方面：一是专利申请战略，二是技术引进战略，三是维权战略，四是市场战略，五是跟踪主要竞争对手战略，六是专利续展战略。

企业专利战略是企业发展战略的重要组成部分，是企业利用专利手段在市场上谋求利益优势的战略性谋划，涉及企业自身行业境况、技术实力、经济能力和贸易状况等诸多因素。因此，制定相应的专利战略时，应当充分利用专利信息分析报告的研究成果，在此基础上注重与企业的实际情况相适应，选择与企业总体发展战略相符合的专利战略。

7.5.3.3 专利战略实施

企业专利战略应当根据国家发展的总体战略方针和国家专利战略的宏观框架，与企业整体发展战略相适应。同时，企业专利战略的制定应当客观分析企业面临的竞争环境，并与企业自身的条件和特殊性相适应。然而，仅有漂亮的专利信息分析报告与宏伟的专利战略是不够的，需要有与其相适应的体制与操作规程。没有相应的制度或管理程序作保证，再好的专利战略也无法正常、有序地实施。因此，企业专利管理是专利战略实施的基础与保证。企业专利管理工作的目的在于充分依靠和有效运用专利制度，有效整合企业资源，积极推进企业专利战略，增强企业技术创新能力和市场竞争能力。

企业在实施专利战略过程中，应注意：要将企业的专利战略切实落实到企业的日常专利管理工作上去，将其作为企业经营战略的重要组成部分，并设立专门机构抓落实，认真贯彻已制定的专利战略，依靠专利技术、专利产品占领市场，为企业带来超额的经济效益；企业专利战略应当具有相对稳定性，既要考虑眼前企业所面临的形势，更要对未来可能的发展变化进行前瞻性的研究，在总的原则确定后，还要依据急剧变化的形势，进行及时的微调。

7.5.4　专利信息分析报告的构成

通常，专利信息分析报告的主要内容包括：项目的分析目标、技术背景、专利信息源与检索策略、分析方法和分析工具、专利信息组的聚集及解析、建议、附录等。

7.5.4.1　项目的分析目标

项目的分析目标源于特定的问题，分析目标通常由客户提出，经分析人员归纳并与客户磋商后确定。分析目标的明确与否直接关系到专利指标的选定、组合以及专利信息分析过程的整体走向。例如欲了解电动汽车领域的整体状况、电动汽车领域的技术领先者或电动汽车领域中细分技术类别的热点等，应当确定分析的层面（国家级或企业级），进而才能设定专利信息的聚集度。否则，有可能因分析目标的模糊而导致专利信息分析结果出现偏差。

7.5.4.2　技术背景

技术背景主要是指专利分析所涉及的领域或行业的技术现状，介绍所涉及的背景技术的特征，被业内普遍认可的技术热点、技术领先者或竞争对手的基本情况，在可能的情况下，还应当对市场环境予以适当的描述。涉及技术背景的内容很多，因此在撰写技术背景时应当注意围绕分析的主题。另外，还应当考虑分析报告阅读者的情况，针对不同的阅读者，如政府机关领导、行业主管、企业管理层、企业技术主管等，提供不同程度的背景技术介绍。

7.5.4.3　专利信息源与检索策略

专利信息源与检索策略是指分析时采用的专利数据或数据库的基本情况介绍，其中应当明确指出采集数据的范围、时间跨度；检索时采用的关键词、同义词、专利分类号等相关的检索策略。

7.5.4.4　分析方法和分析工具

分析方法和分析工具特指分析时针对不同的分析目标所采用的特定的研究方法以及专利信息分析软件。由于目前大多专利信息分析采用专门的分析软件，因此一般只对数理统计原理、分析理论、分析方法和分析工具进行简单扼要的介绍。但是当采用一些特殊的分析方法，如德尔菲调查法、情景分析法、趋势外推法、层次分析法等分析时，应当对这些分析方法以及应用这些分析方法的原则、程序和步骤作详细的说明。

7.5.4.5　专利信息的聚集及解析

专利信息的聚集及解析是专利信息分析报告中的重要组成部分，报告应当根据分析的目标，写明对哪些类别的信息进行聚集、分析，并明确数据加工过程中的处理原则，例如应明确本次分析中对共同申请人、共同发明人或专利副分类的处理原则等。创建相应的表格、示图，并以表格、示图和文字形式对分析结果进行描述。报告应当建立在客观分析的基础上，如实记录分析人员所得出的结论，尽量避免分析人员的主观判断。虽然对从事专利信息分析的研究人员而言，专利信息分析报告中的每一个组成部分具有同样的重要性，但是专利信息分析报告的最终目的是应用于实践，服务于用户，因此这一部分除了确保数据可靠、内容翔实外，还应当具备条理性、系统性、逻辑性和可读性。

7.5.4.6 建议

分析人员应当综合国家相关法律法规、政策以及相关领域或行业的竞争环境等内容，并结合分析结果提出合理的建议。例如对于一个可能造成侵权的分析结果，分析人员应当提出规避侵权的具体措施或策略，如对相关专利提出无效请求，或采取与专利权人谈判以寻求技术合作、合资或技术许可等途径，从而避免由于侵权可能造成的损失。

7.5.4.7 附录

附录可以包括一些与分析紧密相关的，并会对相关领域或行业的竞争环境、竞争策略产生影响的国家法律法规和政策、行业标准等，以及分析人员认为具有参考价值的文献资料。

本章思考与练习

1. 什么是专利信息分析及其本质？

2. 专利信息分析有哪些基本分析方法？

3. 如何进行定量专利信息分析？

4. 如何进行专利定性分析？

5. 专利信息分析各流程包含哪些内容，以及分析报告由哪些内容构成？

参考文献

［1］ 教育部科技发展中心．中国高校知识产权报告（2008）［M］．北京：高等教育出版社，2009．

［2］ 李建蓉．专利文献与信息［M］．北京：知识产权出版社，2002．

［3］ 世界知识产权组织．国际专利分类表（第8版高级版）［M］．北京：知识产权出版社，2006．

［4］ 世界知识产权组织．国际专利分类表（第8版高级版）使用指南［M］．北京：知识产权出版社，2006．

［5］ 杨武，技术创新产权［M］．北京：清华大学出版社，1999．

［6］ 包昌火，主编．情报研究方法论［M］．北京：科学技术文献出版社，1991．

［7］ 刘佳，唐恒．企业由弱到强的专利法宝［J］．商业现代化，2009（5）．

［8］ 严笑卫，何艳霞，殷宇晴．欧共体外观设计保护制度面面观［J］．专利文献研究，2005（2）．

［9］ Debresson C. Breeding Innovation Clusters：a source of dynamic development. World Development，1989（17）．

附录 1　标准 ST.3《表示国家、其他实体及政府间组织代码的
推荐标准》（2005 年 10 月版）

代码	国 别	代码	国 别
AD	安道尔	CI	科特迪瓦
AE	阿拉伯联合酋长国	CK	库克群岛
AF	阿富汗	CL	智利
AG	安提瓜和巴布达	CM	喀麦隆
AI	安圭拉岛	CN	中国
AL	阿尔巴尼亚	CO	哥伦比亚
AM	亚美尼亚	CR	哥斯达黎加
AN	荷属安的列斯岛	CU	古巴
AO	安哥拉	CV	佛得角
AP	非洲地区知识产权组织（ARIPO）	CY	塞浦路斯
AR	阿根廷	CZ	捷克共和国❶
AT	奥地利	DE	德国❷
AU	澳大利亚	DJ	吉布提
AW	阿鲁巴岛（荷）	DK	丹麦
AZ	阿塞拜疆	DM	多米尼克
BA	波斯尼亚和黑塞哥维那（波黑）	DO	多米尼加共和国
BB	巴巴多斯	DZ	阿尔及利亚
BD	孟加拉	EA	欧亚专利局（EAPO）
BE	比利时	EC	厄瓜多尔
BF	布基纳法索	EE	爱沙尼亚
BG	保加利亚	EG	埃及
BH	巴林	EH	西撒哈拉
BI	布隆迪	EM	内部市场协调局（商标和外观设计）（OHIM）
BJ	贝宁	EP	欧洲专利局（EPO）
BM	百慕大	ER	厄立特里亚
BN	文莱	ES	西班牙
BO	玻利维亚	ET	埃塞俄比亚
BR	巴西	FI	芬兰
BS	巴哈马	FJ	斐济
BT	不丹	FK	福克兰群岛（马尔维纳斯群岛）
BV	布韦岛	FO	法罗群岛
BW	博茨瓦那	FR	法国
BX	比荷卢商标局（BBM）及比荷卢外观设计局（BBDM）	GA	加蓬
BY	白俄罗斯	GB	英国
BZ	伯利兹	GC	海湾地区阿拉伯国家合作委员会专利局（GCC）
CA	加拿大		
CD	刚果民主共和国	GD	格林纳达
CF	中非共和国	GE	格鲁吉亚
CG	刚果	GH	加纳
CH	瑞士	GI	直布罗陀

续表

代码	国　别	代码	国　别
GL	格陵兰	LR	利比里亚
GM	冈比亚	LS	莱索托
GN	几内亚	LT	立陶宛
GQ	赤道几内亚	LU	卢森堡
GR	希腊	LV	拉脱维亚
GS	南乔治亚和南桑德韦奇群岛	LY	利比亚
GT	危地马拉	MA	摩洛哥
GW	几内亚比绍	MC	摩纳哥
GY	圭亚那	MD	摩尔多瓦共和国
HK	中国香港特别行政区	MG	马达加斯加
HN	洪都拉斯	MK	前南斯拉夫马其顿共和国
HR	克罗地亚	ML	马里
HT	海地	MM	缅甸
HU	匈牙利	MN	蒙古
IB	世界知识产权组织国际局（WIPO）	MO	中国澳门特别行政区
ID	印度尼西亚	MP	北马里亚纳群岛
IE	爱尔兰	MR	毛里塔尼亚
IL	以色列	MS	蒙特塞拉特岛
IN	印度	MT	马耳他
IQ	伊拉克	MU	毛里求斯
IR	伊朗（伊斯兰共和国）	MV	马尔代夫
IS	冰岛	MW	马拉维
IT	意大利	MX	墨西哥
JM	牙买加	MY	马来西亚
JO	约旦	MZ	莫桑比克
JP	日本	NA	纳米比亚
KE	肯尼亚	NE	尼日尔
KG	吉尔吉斯斯坦	NG	尼日利亚
KH	柬埔寨	NI	尼加拉瓜
KI	基里巴斯	NL	荷兰
KM	科摩罗	NO	挪威
KN	圣基茨和尼维斯	NP	尼泊尔
KP	朝鲜人民民主共和国	NR	瑙鲁
KR	韩国	NZ	新西兰
KW	科威特	OA	非洲知识产权组织（OAPI）
KY	开曼群岛	OM	阿曼
KZ	哈萨克斯坦	PA	巴拿马
LA	老挝人民民主共和国	PE	秘鲁
LB	黎巴嫩	PG	巴布亚新几内亚
LC	圣卢西亚岛	PH	菲律宾
LI	列支敦士登	PK	巴基斯坦
LK	斯里兰卡	PL	波兰

续表

代码	国 别	代码	国 别
PT	葡萄牙	TH	泰国
PW	帕劳	TJ	塔吉克斯坦
PY	巴拉圭	TL	东帝汶
QA	卡塔尔	TM	土库曼斯坦
QZ	共同体植物品种局（欧共体）（CPVO）	TN	突尼斯
RO	罗马尼亚	TO	汤加
RU	俄罗斯联邦❸	TR	土耳其
RW	卢旺达	TT	特立尼达和多巴哥
SA	沙特阿拉伯	TV	图瓦卢
SB	所罗门群岛	TW	我国台湾地区
SC	塞舌尔	TZ	坦桑尼亚联合共和国
SD	苏丹	UA	乌克兰
SE	瑞典	UG	乌干达
SG	新加坡	US	美国
SH	圣赫勒拿岛	UY	乌拉圭
SI	斯洛文尼亚	UZ	乌兹别克斯坦
SK	斯洛伐克	VA	梵蒂冈
SL	塞拉利昂	VC	圣文森特和格林纳丁斯
SM	圣马力诺	VE	委内瑞拉
SN	塞内加尔	VG	英属维尔京群岛
SO	索马里	VN	越南
SR	苏里南	VU	瓦努阿图
ST	圣多美和普林西比	WO	世界知识产权组织（WIPO）
SV	萨尔瓦多	WS	萨摩亚
SY	叙利亚阿拉伯共和国	YE	也门
SZ	斯威士兰	YU	塞尔维亚和黑山❶
TC	特克斯群岛和凯科斯群岛	ZA	南非
TD	乍得	ZM	赞比亚
TG	多哥	ZW	津巴布韦

需要说明的是，该标准近年多次修订，删去了一些已解体的国家的代码，但其专利文献依然存在。为方便专利文献的追溯查阅，本书在此以予以注明：

❶ 原捷克斯洛伐克联邦共和国（CS）于 1992 年 12 月 31 日解体，自 1993 年 1 月 1 日分为捷克共和国（CZ）和斯洛伐克共和国（SK）。

❷ 1990 年 10 月 3 日，原民主德国（DD）与原联邦德国（DE）合并，此后德国代码为（DE）。

❸ 前苏联（SU）于 1991 年 12 月 26 日解体，从此分为俄罗斯（RU）、亚美尼亚（AM）、阿塞拜疆（AZ）、白俄罗斯（BY）、爱沙尼亚（EE）、

格鲁吉亚（GE）、吉尔吉斯斯坦（KG）、哈萨克斯坦（KZ）、立陶宛（LT）、拉脱维亚（LV）、摩尔多瓦（MD）、塔吉克斯坦（TJ）、土库曼斯坦（TM）、乌克兰（UA）、乌兹别克斯坦（UZ）15 个国家。

❹ 南斯拉夫国名改为塞尔维亚和黑山，于 2003 年 2 月 4 日生效。在工业产权领域沿用双字母代码（YU）。

附录 2　标准 ST. 9《关于专利及补充保护证书著录项目
数据的建议》（2004 年 2 月版）

（10）专利、补充保护证书或专利文献标识

（11）补充保护证书或专利文献号

（12）文献种类文字释义

（13）WIPO 标准 ST. 16 规定的文献种类代码

（15）专利修正信息

（19）WIPO 标准 ST. 3 规定的代码，或公布文献的局或组织的其他
标识

（20）专利或补充保护证书申请数据

（21）申请号

（22）申请日期

（23）其他日期，包括临时说明书提出之后完整说明书受理日期和展览
日期

（24）工业产权权利生效日期

（25）原始申请公布的语种

（26）申请公布的语种

（30）巴黎公约优先权数据

（31）优先权号

（32）优先权日期

（33）WIPO 标准 ST. 3 的代码，标识给出优先权号的工业产权局，或
给出地区优先权号的组织；对于按照 PCT 程序受理的国际申请，应使用代
码"WO"。

（34）对于依地区或国际协定提交的优先权，用 WIPO 标准 ST. 3 代码
标识至少一个受理地区或国际申请的巴黎公约成员国的代码。

（40）使公众获悉的日期

（41）未经审查的专利文献，对于该专利申请在此日或日前尚未授权，
通过提供阅览或经请求提供复制的方式使公众获悉的日期

（42）经过审查的专利文献，对于该专利申请在此日或日前尚未授权，
通过提供阅览或经请求提供复制的方式使公众获悉的日期

（43）未经审查的专利文献，对于该专利申请在此日或日前尚未授权，

通过印刷或类似方法使公众获悉的日期

（44）经过审查的专利文献，对于该专利申请在此日或日前尚未授权或仅为临时授权，通过印刷或类似方法使公众获悉的日期

（45）此日或日前已经授权的专利文献，通过印刷或类似方法使公众获悉的日期

（46）仅使公众获悉专利文献权利要求的日期

（47）此日或日前已经授权的专利文献，通过提供阅览或经请求提供复制的方式使公众获悉的日期

（48）修正的专利文献出版日期

（50）技术信息

（51）国际专利分类，对于工业品外观设计专利而言为工业品外观设计国际分类

（52）内部分类或国家分类

（54）发明名称

（56）单独列出的现有技术文献清单

（57）文摘或权利要求

（58）检索领域

（60）与国内或前国内专利文献（包括其未公布的申请）有关的其他法律或程序参引

（61）较早申请的申请号和申请日（如果可能的话），较早公布的文献号，较早授权的专利号、发明人证书号、实用新型或类似文献号，当前的专利文献为其增补申请

（62）较早申请的申请号及申请日（如果可能的话），当前的专利文献为其分案申请

（63）较早申请的申请号及申请日，当前的专利文献为其继续申请

（64）较早公布的文献号，该文献是其再版

（65）与同一申请有关的在先公布的专利文献号

（66）由当前的专利文献所取代的较早申请的申请日及申请号，即就同一发明而言，在放弃较早的申请之后，提出的新申请

（67）专利申请号及申请日，或授权专利号，当前的实用新型申请或登记（或一种类似的工业产权，诸如实用证书或实用创新）以此为基础提交

（68）就补充保护证书而言，基本专利号和/或专利文献公布号

（70）与专利或补充保护证书有关的当事人标识

（71）申请人名称或姓名

（72）发明人姓名，如果是已知的

（73）权利人、持有者、受让人或权利所有人名称或姓名

（74）律师或代理人姓名

（75）发明人兼申请人姓名

（76）发明人兼申请人和权利人姓名

（80）（90）国际公约（巴黎公约除外）的数据，以及补充保护证书法律事项的数据标识

（81）依据专利合作条约的指定国

（83）微生物保存信息，例如根据布达佩斯条约

（84）依据地区专利条约的缔约国

（85）按照 PCT23.1 或 40.1 进入国家阶段的日期

（86）PCT 国际申请的申请数据，即国际申请日，国际申请号，以及如果需要，还包括最初受理的国际申请的公布语言；或者对于工业品外观设计专利而言，海牙协定下的国际申请注册数据，即国际注册数据和国际注册号

（87）PCT 国际申请公布数据，即国际公布日期，国际公布号，及国际申请公布语言

（88）检索报告的延迟公布日期

（91）根据 PCT 提出的国际申请，在该日期由于未进入国家或地区阶段而在一个或几个指定国或选定国失效，或者已经确定该申请不能进入国家或地区阶段的日期

（92）就一件补充保护证书而言，第一次国家批准以药品形式将产品投放市场的日期及号码

（93）就一件补充保护证书而言，第一次批准以药品形式将产品投放地区经济共同体市场的号码、日期，以及如果需要，还包括原产国

（94）补充保护证书的届满计算日期，或者补充保护证书的有效期

（95）受基本专利保护并申请了补充保护证书，或已授予补充保护证书的产品名称

（96）地区申请数据，即申请日、申请号，还可以包括提交的原始申请公布的语种

（97）地区申请（或已经授权的地区专利）的公布数据，即公布日、公布号、还可包括申请（或专利）的公布语种

附录 3　标准 ST. 80《关于工业品外观设计著录项目
数据的建议》（2004 年 2 月版）

（10）注册/续展数据

（11）注册序号和/或设计文献号

（12）公布的文献种类名称

（14）与初始注册号不同的续展号

（15）注册日/续展日

（17）注册/续展的预计期限

（18）注册/续展的预计终止日

（19）公布或注册该工业设计的机构标识，WIPO 标准 ST. 3 规定的双字母代码

（20）申请数据

（21）申请号

（22）申请日

（23）展览名称和地点，以及该工业设计首次展出的日期（展览优先权日期）

（24）工业设计权利生效日

（27）申请或保存种类（开放/密封）

（28）包含在申请中的工业设计号

（29）工业设计申请提交形式的指示，例如，以工业设计的复制品或者以其样品

（30）巴黎公约优先权数据

（31）优先权号

（32）优先权日

（33）WIPO 标准 ST. 3 规定的双字母代码，标识该优先权提出的机构

（40）公众可获得信息的日期

（43）审查之前以印刷或类似方法，以及任何其他可使公众获悉的方法公布该工业设计的日期

（44）审查之后注册之前以印刷或类似方法，以及任何其他可使公众获悉的方法公布该工业设计的日期

（45）以印刷或类似方法，以及任何其他可使公众获悉的方法公布该注

册工业设计的日期

（46）期限延长的届满日期

（50）其他信息

（51）工业设计的国际分类

（52）国家分类

（53）包含在一项组合（成套）申请或注册里的工业设计标识，该组合申请或注册受一项特定和解协议的影响，但不是所有情况都如此

（54）工业设计所涵盖的物品或产品的名称，或者工业设计名称

（55）工业设计的再现（例如，图片、照片）和与再现相关的解释

（56）现有技术文献目录，如果能够从描述正文中分离

（57）包含色彩指示的工业设计实质特征的描述

（58）在注册簿中的任何修改的日期记录（例如，权利人变更、名称或地址变更，国际保存放弃、保护期届满）

（60）有法律关系的其他申请和注册参引

（62）与分案有关的申请号和申请日（如可以获得的话），或文献的注册信息

（66）由本工业设计申请派生的设计申请号或注册号

（68）转让部分的注册号

（69）因（企业）合并产生的注册号

（70）与申请或注册有关的当事人的标识

（71）申请人的姓名和地址

（72）设计人的姓名，如果是已知的

（73）权利人的名称和地址

（74）代表人的名称和地址

（78）当权利人变更时，新权利人的名称和地址

（80）按照"关于工业设计国际注册海牙协定"进行国际注册的工业设计的数据及与其他国际公约有关的数据标识

关于指定签约方/相关文本签约方的信息

（81）相关文本签约方

I 按照 1934 年文本指定的签约方

II 按照 1960 年文本指定的签约方

III 按照 1999 年文本指定的签约方

（82）包含于国际申请中的声明

（83）关于是否有复议或上诉的标识

（84）按照地区性公约指定的缔约国

关于权利人信息

（85）权利人经常居住地

（86）权利人国籍

（87）权利人住所

（88）权利人拥有真实有效的工业或商业场所的所在国

（89）申请人所属的签约方